汤一介集

哲学家与哲学工作者

◎ 汤一介 著

中国人民大学出版社
·北京·

前　言

我这一生可以说是在读书、教书、写书、编书中度过的。年轻时我喜欢读中外文学著作。由于读了一些名著，我对人生、社会产生了许多问题，因此我常常向自己提出一些问题来思考。于是，我选择哲学系，希望能了解到中外哲学家思考的哲学问题及其思考哲学问题的方法。为了积累知识和教好课，我购买了不少书，有五万余册。当然，我认真读的书也就是几百册，其他翻翻而已。在开始写作时，我大体上就是从思考的问题展开的，但此后因环境的变化，思想被一条绳子束缚住了，走了三十年的弯路，把最可能有创造力的时光白白度过。我想，这不是我一个人遇到的问题，而是一两代学人遇到的问题。正如冯友兰先生所说，他在20世纪50年代之前的学术历程中是有"自我"的，但在50年代后则失去了"自我"，只是到80年代又找回了"自我"。因此，严格地说，我是80年代才走上学术研究的正轨。

在80年代后，我头脑中存在着一个矛盾：作为哲学家还是哲学史家两个虽有联系但却很不相同的方向，我是向哪个方向发展呢？这个问题一直到现在仍然是个问题。因此，在七十五岁以后，我一方面主持编纂《儒藏》，另一方面仍然在思考和研究一些哲学问题。当然，我也有自知之明，知道自己不可能创构一有重大意义的哲学体系。但思考哲学问题的习惯，使我还是在关注某些哲学问题，只要有时间我就把这些问题写作成文，作为我思想的记录，也希望得到同行的响应和批评指正。

本想为此文集写一"总序",但我近日有病在身,就写这一短短的"前言"吧!好在本文集每卷的卷首,我都写有"自序",读者或可对我写作的意图有所了解。

汤一介
2013 年 11 月 24 日

自　序

20世纪50年代至六七十年代，我国哲学界存在一种说法：只有马克思、恩格斯、列宁、斯大林、毛泽东等革命领袖才能称为哲学家，而研究哲学的学者只是"哲学工作者"。这种说法，虽未见诸文件，但在历次的"思想改造"和"思想批判"中，却实际体现出这一说法的力量。所谓"哲学家"是哲学理论体系的创造者，而"哲学工作者"则只能是解释这些哲学家的解释者，或者是用这些哲学家的理论解释历史和现实问题的工作者。

我生于1927年，在幼年时代对什么事都好奇，常常提出一些奇怪的问题，如人们常常说的"老天爷"是什么样子；我是从哪里来的；小妹到哪里去了（那时小妹已病逝）；人能不能像小草一样春天再长出来；我父亲为什么喜欢抽那味道很不好闻的纸烟等等。到我上中学的时候（特别是高中阶段），我很爱看各种各样的书，特别是中外哲学、文学书，由于当时处在抗日战争时期，生活艰苦，前途茫茫，颇为悲观。我常常想：我为什么而活？人真能逍遥吗？我真能相信一种宗教吗？理想和现实必定是矛盾的吗？人与人之间是否有真正的爱？人与人之间能相互了解吗？等等。对这些问题，我自己也设想着有自己的回答。这些问题的产生往往和我读中西方文学书有关，例如，我读托尔斯泰的《战争与和平》《复活》等等，想到的是"我是否应该有一种宗教信仰"；当我读了安德烈·纪德的《窄门》后，想到的是"人与人之间之真爱是非常困难的，必须先解决人与神的关系"。常常听父亲用湖北乡间口音沉吟《桃花扇》中的《哀江南》，我总是捉摸历史一代一代是不是总是"眼看他起朱楼，眼看他宴宾客，眼看他楼塌了"；在读《庄子》后，我喜欢想象"逍遥于无何有之乡"是什么样子，在那里能否真正无忧无虑地快乐生活；我读陶渊明的诗文，最喜欢他《与子俨等疏》中的"五六月中，北窗下卧，遇凉风暂至，自谓是羲皇上人"等等。总之，这一时期，我兴趣很广，东看一点，西看一点，思想杂乱，无所适从。我想，当时也许"怀疑主义"不自觉地在我心中发生了重要影响。

1945年春，我从重庆南开中学回到昆明，无学可上。有一天，我在父亲书架上看到一部《妙法莲华经》，由于好奇，就拿起来翻读，但全然未能读懂。问父亲，应如何读懂佛经，他告诉我，可以先读懂熊十力先生的《佛家名相通释》，读后，仍未得要领，作罢。自此以后，我转而去读一些西方哲学的书，如尼采、叔本华、罗素等人的著作和中国学者对他们的介绍，我甚至还读了一些与无政府主义有关的书，如巴枯宁的《互助论》等等，读这些书，又消化不了，故使我的思想更加混乱和杂乱无章了。但很幸运，在1947年夏天后我进入了北大哲学系，我整理了一下我自己的思想，决定先为学好哲学打下必要的基础，于是决定先把"逻辑学"学好，于是我先后选修了三门与此有关的课程：形式逻辑、数理逻辑、演绎哲学方法论。这三门课，对我大有帮助，使我能较为清楚地分析哲学问题。另外，我还选修了《英国文学史》和《欧洲文学名著选读》，这两门课都是用英文讲授，并要阅读大量的英文著作。这就对我在读英文书方面有非常大的帮助。到现在，我仍然认为，这样的选择是对的。

在进入北大哲学系后，我希望自己能成为一名有创造性的、对哲学发展有所贡献的哲学家，因而在读中外哲学著作时总要写点读书笔记，甚至写成某种形式的论文。在我的读书笔记和论文中，我喜欢发一些议论，表达我对某些问题和所读的书的不同看法。例如，我写的《我所认识的玄学》和《对维也纳学派分析命题的一点怀疑》两文，是对冯友兰先生《新理学》和洪谦先生的哲学思想的质疑。这是因为在20世纪40年代，冯先生和洪先生在"玄学"（即"形上学"）上有所讨论。我认为，两方面都有可以质疑处，所以写了上述两文，特别是我对"玄学"的四点看法，说明我确实在独立地思索着形上学的问题。又如，我读了新黑格尔学派柏莱得烈的《现象与实在》（Appearance and Reality）后，写了一篇《论内在关系与外在关系》，我认为柏莱德烈所说的"内在关系"仍然是一种"外在关系"，同时也对金岳霖先生对柏莱德烈的批评有所质疑。今天来看，上面提到的三篇论文是十分幼稚的、无意义的，甚至是有错的，但我敢于和中外大哲学家讨论一些哲学问题，敢于发表一些和他们不同的意见。这种勇气在以后的岁月中渐渐消失了。与此同时（即1947—1949年），我还写了几篇有关魏晋玄学的论文。这一方面是因为我父亲在1938—1948年十年间发表的八篇论魏晋玄学的文章我都读过，这给了我关于"魏晋玄学"的基本知识，另一方面是由于我特别喜欢陶渊明的诗文，而常常陶醉于"纵浪大化中，不喜亦不惧。应尽便须尽，无复独多虑"的境界之中。现在看来，我写的那几篇关于魏晋玄学的文章虽然幼稚，但确有自己的心得和体会，有些论点今天仍有一定价值，如对郭象《庄子序》和欧阳建《言尽意论》的分析都不能说没有意义，其中《谈魏晋玄学》可以说是大体勾画出了它的发展线索。我这一时期所写有关魏晋玄学的论文对我在1981年教授"魏晋玄学与佛教、道教"一课大有帮助。

  从我敢于质疑中外哲学家和中西哲学的勇气看来，我希望自己成为能独立思考的哲学家不是没有可能的。1949年年底北平解放了，这使我的生活和思想发生了巨大变化。在此之前，我虽对国民党政府的腐败、无能非常痛恨，基于义愤，曾多次参加反对国民党政府的争民主、争自由的学生运动，但我对政治并不感兴趣，觉得自己的责任是成为一名杰出的哲学家，从而对国家有所贡献。新中国成立后，我自己给自己提出了一个问题：即使我成为一名杰出的哲学家，对中华民族的独立、富强有用吗？自1949年年底后，我感到我国出现了许多令人鼓舞的新气象，中国人民站起来了，一些社会的乱象消失了，会道门被取缔，妓院被关闭，等等。为什么有这样的变化？于是，我开始读一些毛泽东主席和马、恩、列、斯的著作，希望从中得到启示。马克思主义对我来说是一种很新鲜的学说，有着一种改变旧社会的强烈意愿。我想，这对年轻人无论如何有着极大的吸引力。在1950年年初，共产党政府对高等学校采取的是"接而不管"的政策，所以在1952年院系调整前，旧有的学科系统并没有太大的变化，因此我仍然能学到一些中西哲学的课程。与此同时，出于我对新形势的新认识，我认真听了在北大哲学系新增加的三门马克思主义的课：艾思奇的"辩证唯物主义与历史唯物主义"、胡绳的"毛泽东思想研究"和何思敬的"费尔巴哈与德国古典哲学的终结"。同时，我熟读了斯大林的《辩证唯物主义和历史唯物主义》（即《联共（布）党史》的第四章第二节）和日丹诺夫的《关于西方哲学史的发言》，以及毛主席和列宁、斯大林的其他著作。这些马克思主义的课程及马克思主义的经典著作加深了我对马克思主义的理解，其中影响我思想转变的是对哲学思想必须进行阶级分析，必须坚持"无产阶级的党性"原则。

在1950—1951年，我父亲汤用彤先生在担任行政工作之余仍然开设了两门课程："英国经验主义"和"大陆理性主义"。他的授课方法是根据西方哲学家的英文原著，一章一节地讲授，例如他讲"英国经验主义"的洛克的思想时，主要是引导我们阅读他的《人类理解论》;讲"大陆理性主义"的笛卡尔时,主要是引导我们阅读他的《方法论》。可以说他把英国经验主义和大陆理性主义的哲学家,根据他们的著作原原本本地介绍给了学生。现在收入《汤用彤全集》第五卷中的《欧洲大陆理性主义》和《英国经验主义》就是根据他的讲课提纲和汪子嵩、张岂之、我的听课笔记整理而成的。我的两篇学习报告:《英国经验主义的学习总结报告(一)——论洛克哲学》和《英国经验主义学习报告(二)——论巴克莱的立场、观点、方法》大体上还是较为客观地、清楚明白地介绍了洛克和巴克莱的哲学思想。在1950年1月写的《论洛克哲学》和《论巴克莱的立场、观点、方法》有明显的不同,前者没有受到所谓的"阶级分析"和哲学的"党性"原则的影响,因为那时我还未受到苏式的马克思主义的深刻影响,而1951年写的《论巴克莱的立场、观点、方法》则是在我学了苏式的马克思主义之后写的,因而简单、机械地运用了"阶级分析"方法。其实,在1951年我对巴克莱哲学运用所谓的"阶级分析"时也还有所保留,我总觉得这种"阶级分析"并不能完全解决哲学的问题,所以我在《论巴克莱的立场、观点、方法》中说:"如果我们说巴克莱明明知道他的哲学是不正确的……我觉得这种想法也是不理智的。任何一个唯心主义大哲学家,我们可以相信他在主观上只是要追求真理,并没有想到我要欺骗。"我们可以说他的哲学"是为着保护他的阶级利益,这是无疑问的。但他之所以要保护他的阶级利益,主要的在于他认为这是保护真理"。这就是说,在我当时的思想中常常被"保护阶级利益"和"保护真理"两者之间是否矛盾所困扰,但渐渐地我认同了在哲学问题上"保护阶级利益"比"保护真理"更重要。

1951年1月,在我还没有过完第四年的大学生活时,就被调到中共北京市委党校去学习了。我在那里学习了一些党的基本知识和党的历史后,就留在党校任教,一直到1956年秋又回到北大任教。

在党校五年多的教学中,我先后讲授过"中共党史"、"联共(布)党史",特别是《联共(布)党史》中的第九至十二章有关苏共的"社会主义建设"的问题,也讲授过马克思主义哲学的"认识论"等等。与此同时,我系统地学习了马、恩、列、斯、毛的著作,在思想中真心接受了马克思主义,认为"马克思主义"就是"放之四海而皆准的普遍真理"。回到北大后,我写了不少文章,基本上都是用苏式教条主义的哲学理论来解释中国历史和中国现实,并用这种理论批判一些当时的学者,如冯友兰、吴晗等。这时,我不再奢望当什么"哲学家"了,只希望能成为一名合格的"哲学工作者"或者"马克思主义的宣传员"。

我比较详细地叙述自1947—1966年这一段的读书和教书的经历是想说明,我是如何从想当"哲学家"而变成安心做一个"哲学工作者"的。直到毛泽东主席逝世、"四人帮"倒台,我被隔离审查,在我思想中突然产生了一个问题:"我应该听谁的?"在此之前,我自觉是一个共产党员就应该一切听毛主席的,毛主席是我崇拜的对象。但"文化大革命"失败了,中国人民遭受了一场大灾难,我在这期间犯了不少错误,这个教训是非常深刻的。因而我想,我之所以走了一大段弯路,主要是因为我没有用自己的头脑来思考问题,所以"文化大革命"一结束,我就想:"我只能听我自己的。"冯友兰先生在总结他一生的哲学经历时,认为1949年前在学术的道路上是"有自我的",而在1949年以后直至"文化大革命"时"失去了自我",直至"文化大革命"后才逐渐"找回自我"。我认为,这不仅是冯先生个人的经历,而且也是广大中国学人普遍的经历。每个人都应该在前人的经验中得到有益的启示,但必须通过自己的独立思考来判断是非,这样你即使犯错也会自己总结出真正有益的教训。让他人的思想来指挥你的思想是可悲的，哲学家必须是能独立创造新思想的智者。

汤一介
2012 年 11 月 20 日

目 录

谈魏晋玄学：当时的玄学家怎样调和自然与名教的争论
　　——魏晋玄学的第一个目的 ………………………………… 1
读《庄子序》书后 ……………………………………………… 14
读欧阳坚石《言尽意论》书后 ………………………………… 21
我所认识的玄学 ………………………………………………… 27
对维也纳学派分析命题的一点怀疑 …………………………… 35
论内在关系与外在关系 ………………………………………… 42
英国经验主义的学习总结报告（一）
　　——论洛克哲学 …………………………………………… 53
英国经验主义学习报告（二）
　　——论巴克莱的立场、观点、方法 ……………………… 81
谈谈哲学遗产的继承问题 …………………………………… 123
以毛主席的哲学思想为纲　改革中国哲学史的教学内容 … 132
略谈我国人民公社的分配问题 ……………………………… 150
关于研究中国哲学史特点的一点意见 ……………………… 159
先秦的天道观与阶级斗争 …………………………………… 167
老子思想的阶级本质 ………………………………………… 173
老子宇宙观的唯物主义本质 ………………………………… 182
关于唯物主义与唯心主义的斗争与转化问题 ……………… 202
关于柳宗元哲学思想的评价 ………………………………… 227
孔子思想在春秋末期的作用 ………………………………… 236
研究朱熹哲学的几个问题 …………………………………… 271

寇谦之的著作与思想
　　——道教史杂论之一 ………………………… 284
孟子的哲学思想 ………………………………… 304
略论郭象的唯心主义哲学体系 ………………… 326
中国古代哲学家孔子 …………………………… 340
关于墨子思想的核心问题 ……………………… 343
对墨子哲学思想的一点看法 …………………… 348
关于庄子哲学思想的几个问题 ………………… 356
嵇康和阮籍的哲学思想 ………………………… 377
论裴頠的《崇有论》 …………………………… 389
略论王弼与魏晋玄学 …………………………… 397
董仲舒的哲学思想及其历史评价 ……………… 421
论"治统"与"道统" …………………………… 454
略论魏晋玄学的发展（上） …………………… 484
略论魏晋玄学的发展（下） …………………… 493

谈魏晋玄学：当时的玄学家怎样调和自然与名教的争论

——魏晋玄学的第一个目的

玄学又叫做形而上学，假若说得简单点，就是研究宇宙人生的真实性问题的一种学问。但是因为时代、地域的不同，玄学也就有了古今中外之分。例如德国维也纳学派的石里克大师的玄学已违反了西洋原有的玄学体系（详见西洋哲学名著编译委员会出版的洪谦著《维也纳学派的哲学》）。其实唯物论的学者在玄学上也是别树一帜的，就是冯友兰先生的玄学也以前无古人的姿态出现（详见冯先生的《新知言》）。虽然玄学有种种不同，但所研究的范围却不会有很大的差别。因此我们要研究魏晋玄学，也就是想知道当时人对于宇宙、人生、道德等等的观念是怎样的。由于这些观念与前代及后代的不同，我们也就可以间接地看出这个时代的社会状况、文化动向了。

一个新学问的产生，有它新的方法与新的目的，其能超过前人的就会长久流传，其不能超过前人的就会自然消灭。研究某个时代的学问，首要是在找出其所为的目的与所用的方法。当然研究学问的人也许是没目的的，但是由于时代的风尚和社会的需要，总会有个不自觉的倾向。虽然这种倾向在当时并没有被任何人提出来过，但后来的学者却能由当时学者学问的相同点正确地指出他们的方向。其所用的方法也与所为的目的是一样的。知道了所用的方法及所为的目的，我们才好断定这种学问的价值。这个时代（魏晋）的学者们对于研究学问所为的目的大体上说有两个：一个是想调和老子和孔子的学说，也就是想调和道家和儒家或自然与名教的争论；一个是讨论理想圣人的人格是怎样的。所用的方法大体上说也有两个：一个是内道外儒（即不显明地非难名教，而特别地推崇自然）；一个是寄言显意的方法。我们一样一样地讨论下去。

通常都以为何晏、王弼是魏晋玄学的创始者，这里也就用这种最普通的说法吧！

何晏是"好老庄"的人，著有《道德论》。但他对于儒家的东西也是相当看重的，他对于《易经》有很深刻的理解，并作《论语集解》。在《论语集解》中推崇孔子的人格的地方非常多，对于名教也在赞扬着。钱大昕《何晏论》曰：

> 论者又以王何（王弼、何晏）好老庄，非儒者之学。然二家之书具在，初未尝援儒以入庄老，于儒乎何损。且平叔之言曰：鬻庄躯放玄虚而不周于时变。若是其不足于庄也，亦毋庸以罪平叔矣。

由上面一段可以见出何晏对于道家和儒家的态度了。至于平叔对于调和孔子和老子是否有功劳，我们至少可以说他开了"不特别非难名教"的先例，使后来者也就不忽略名教的重要性。

到王弼就正式展开了调和孔老的工作，他注《易》与《老子》都是非常完美的。王弼曾答裴徽问（见何邵《王弼传》）：

> 徽一见而异之，问弼曰：夫无者，诚万物之所资也，然圣人莫肯致言，而老子申之无已者何？弼曰：圣人体无，无又不可以训，故不说也。老子是有者也，故恒言无所不足。

由这一段我们可以看出王辅嗣是怎样调和孔老争端的了。儒家与道家之所以对立是在于他们对于"名教"与"自然"的偏重。这种偏重是表现在"本末有无"之争的。现在王弼以为"有"、"无"并不对立，而是相生相存，这不就是在积极地调和这个争论吗？辅嗣意为：有与无本为一体，是事物的两方面，有"无"就必然有"有"的存在，有"有"亦然。孔子是圣人，他知道"有"和"无"并不对立，但各有各的功用，这当然就比只知道"万物以无为本"的老子要高明些了。

嵇康、阮籍、向秀、郭象等人也皆是致力于孔老调和工作的，尤以向秀、郭象的《庄子注》为甚。

嵇康的《家诫》里充分表现出他对礼教（名教）与自然的看法，他也主张礼教在"顺乎自然之性"的条件下存在。《家诫》曰：

> 人无志非人也，但君子用心所欲准行，自当量其善者，必拟议而后动，若志之所之，口与心誓，守死无二，耻躬不逮，期于必济。若心疲体解，或牵于外物，或累于内欲，不堪近患，不忍小情，则议于去就。议于去就，则二心交争。二心交争，则向所见役之情胜矣。……不须作小小卑恭，当大谦裕；不须作小小廉耻，当全大让。若临朝让官，临义让生，若孔文举求代兄死，此忠臣烈士之节。

实在嵇康并不是只狂放忘情，他也有积极的理想，但他与曹魏的关系很深，颇有意忠于曹魏，然天意不属曹魏，故叔夜的意志就开始消沉了。

阮籍的思想怕是最近于庄子，看了他的《达庄论》，我们对庄子也会神往的。实在阮籍描写的庄子是已经调和过了的，虽然这种调和并不均匀，但他已经在"他描写的庄子的灵魂"里加了"名教"的成分了。他还说："彼六经之言，分处之教也；庄周之云，致意之辞也。"这与后面要说到的李充的思想又颇相近了。《晋书·阮籍传》曰：

> 籍本有济世志，属魏晋之际，天下多故，名士少有全者。籍由是不与世事，遂酣饮为常。

调和孔老最有功的当然要算向秀和郭象,我们由他俩的《庄子注》上可以看出。《庄子·大宗师》曰:

> 孔子曰:彼游于方之外者也,而丘游于方之内者也。

注曰:

> 夫理有至极,外内相冥,未有极游于外之致而不冥于内者也,未有能冥于内而不游于外者也。故圣人常游外以弘内,无心以顺有。故虽终日挥形而神气无变,俯仰万机而淡然自若。夫见形而不及神者,天下之常累也。是故睹其与群物并行,则莫能谓之遗物而离人矣;观其体化而应务,则莫能谓之坐忘而自得矣。岂直谓圣人不然哉?乃必谓至理之无此,是故庄子将明流统之所宗,以释天下之可悟。若直就称仲尼之如此,或者将据所见以排之,故超圣人之内迹而寄方外于数子,宜忘其所寄以寻述作之大意,则夫游外弘内之道坦然自明,而庄子之书故是超世盖俗之谈矣。

由庄子原来的语气看来,本是讥讽孔子的只能游于方之内,而不能超然物外,逍遥自得。但向秀郭象的注则与原意大有出入。他们的意思是,孔子既然能弘内则一定能游外,因为弘内与游外是不可分离的,就如同一个人有很正确的人生观,他必然有很正确的天道观。这样他们就把游外与弘内变为一事,消去内外的对立,熔本末有无于一炉。这种工作正像辩证法一样,名教是正,自然是反,内圣外王是合。《庄子序》曰:

> 通天地之统,序万物之性,达死生之变,而明内圣外王之道。上知造物无物,下知有物之自造也。

这一段就完全是在破除对立,尤其是打破内圣外王对立的观念。以前的人以为内圣的人只在于独善其身,顺天,顺性,逍遥于天地之外,独化于无形之中;而外王的人就只能做名教分内的事——兴礼乐，建仁义，不能逍遥，也不能独化。但向、郭以为内圣或外王者并不是圣人，而内圣外王者才是圣人。内圣外王的圣人可以为名教中之事，也可以逍遥于天地之外，独化于无形之中，即所谓"身在朝廷，心在山林"是也。所以内圣外王者并不是背道而驰，却是并行驰骋于有形无形之中。在《庄子序》中又说：

> 至人极乎无亲，孝慈终乎兼忘，礼乐复乎已能，忠信发乎天光。

这一段显明地告诉我们，天下没有绝对的事物，圣人对于其父母子女的爱是与众人没有差别的。因为爱是人的天性，要能发挥天性到最高点，则其爱就没有私了。孝与慈到了最高境界是不知道什么是孝，什么是慈。因为孝与慈都是爱的表现，当父母真正爱他们的子女时，他们就会自然而然地爱他们的子女，不必要什么孝呀、慈呀的来限制。礼乐出乎本能是说，礼乐是为人而有的，所以不能也不应与人的本能相违反。忠信也要是出于本心的，不要与本心违背。这种境界岂不是大和谐、大完美吗？万物各安其所，自然名教、本末有无本来就是一个东西，还有什么不能调和的呢？所以我们可以看出向秀、郭象随时随地在做调和孔老的工作。

《世说新语·文学》篇载有：

> 阮宣子有令闻。太尉王夷甫见而问曰：老庄与圣教同异。对曰：将无同。太尉善其言，辟之为掾，世为三语掾。卫玠嘲之曰：一言可辟，何假于三？宣子曰：苟是天下人望，亦可无言而辟，复何假一？遂相与为友。

初看这一段，似乎觉得阮宣子是说老庄与圣教没有一点同处。但细细玩味，就可知宣子之意是说老庄与圣教没有同也没有不同。

因为宣子之意为没有同处，真的一个字就可以说完了，何必三个字呢，更何况"将无同"这句话是包括了同与不同两方面呢。由此看来，阮宣子虽不是在做调和孔老的工作，却可证明当时一般人对于自然与名教的态度。

《世说新语》中除"王夷甫问阮宣子"一事外，还有《德行》篇所载阮瞻等表现顺应自然一事：

> 王平子、胡毋彦国诸人，皆以任放为达，或有裸体者。（刘孝标注引王隐《晋书》载："阮瞻、王澄、谢鲲、胡毋辅之之徒，皆祖述于籍，谓得大道之本。故去巾帻，脱衣服，露丑恶，同禽兽。甚者名之为通，次者名之为达也。"）乐广笑曰：名教中自有乐地，何为乃尔也。

这一段可以看出乐广对名教与自然的看法，似乎已有孙盛所谓的"老彭之道，已笼乎圣教之内矣"的看法（详见后）。乐广并且否认有绝对，他认为一切现象都是相对的。《世说新语·文学》篇：

> 客问乐令旨不至者，乐亦不复剖析文句，直以麈尾柄确几曰：至不？客曰：至。乐因又举麈尾，曰：若至者那得去？于是客乃悟服。

由这段我们看出来，麈尾先"至"而后"去"，既可"去"了，则先前所谓的"至"就不是绝对的"至"了。所以他说："若至者那得去？"所以"至"与"去"只是相对的，有了"去"方才有"至"，由此看来乐令也是反对有对立的一个。

李充的《学箴》是最可以代表他的思想的，其中曰：

> 患乎情仁义者寡，而利仁义者众。道德丧而仁义彰，仁义彰而名利作，礼教之弊直在兹也。先王以道德之不行，故以仁义化之，行仁义之不笃，故以礼律检之，检之弥繁而伪

亦愈广。

由上面一段我们可以看出李充是在极力地推崇自然，但是也并没有全然否定礼教（仁义）的价值，因为仁义没有行得彻底，所以就有了名与利的争夺。其实道德是难以推行于常人的，因为对于常人是不可以为训的。以王弼答裴徽问的意思，假若能在道德行不通时，就很"自然"地行仁讲义，岂不也很好吗？若使人都"情仁义"而不"利仁义"，这岂不可以使民渐渐达到能以道德维系其间的关系吗？"情仁义"是说，只以行仁讲义为己任，不为名或利才行仁义，这是仁义本来的面目。但后人对仁义的本义不加维护，并加以曲解，因此"利仁义"的人就出来了。"利仁义"者是说，以仁义之美名相标榜，以行仁讲义为得到仁义的美誉的手段，利众者小而利己者大也。《学箴》又曰：

> 圣人革一代之弘制，垂千载之遗风，则非圣不立。然则圣人之在世，吐言则为训辞，莅事则为物轨，运道则与时隆，理丧则与世弊矣。是以大为之论以标其旨，物必有宗，事必有主，寄责于圣人而遗累乎陈迹也。故化之以绝圣弃智，镇之以无名之朴，圣教救其末，老庄明其本，本末之涂殊，而为教一也。人之迷也，其日久矣，见形者众，及道者尠，不觌千仞之门而逐适万物之迹。逐迹逾笃，离本逾远，遂使华端与薄俗俱兴，妙绪与淳风并绝。所以圣人长潜而迹未尝灭矣，惧后进惑其如此，将越礼弃学，而希无为之风，见义教之杀，而不观其隆矣。

这一段话，我以为是对"自然"与"名教"最公平的估价。"圣教（名教）救其末，老庄明其本，本末之涂殊，而为教一也。"这不是明白地表现了名教与自然虽然是为教的两种不同的道路，但它们所为的目的只是一个吗？"圣人长潜而迹未尝灭矣，惧后进惑其如此，将越礼弃学，而希无为之风，见义教之杀，而不观其隆矣。"这好像是根据王弼的"圣人体无，无又不可以训，故不说也。老子是有者也，故恒言无所不足"。他们都以为"无"对于常人是没有什么用的，只有留在圣人自己的心里，又因圣人怕"后进"者"越礼弃学"，于是他们连"无"都不愿常常提到了。这样可以使人明白"有"（世间的万理）而后进于知道"无"的阶段。要想叫人知道"本"就不能不先让人对"末"有充分的知识。因为"本"、"末"一体，"末"由"本"而来，"本"由"末"而彰，不知道"末"对于"本"是根本无法了解的。圣人知"本"，而能"从心所欲不逾矩"，当然就没有"本末"、"有无"的对立，且能化"末"为"本"，以"本"为"末"。故圣人教民以"末有"，而其收功则为"本无"。

一切理都像光线穿过凸透镜一样，普通人都站在光线的这一端来看世界上的各种现象；可是圣人自己就好像是一面凸透镜，他可以看见由光线发出来的分散的光线，也可以看见光线通过镜面聚合在一点。分散的光那一端所表现的就是末有、名教等等，聚合的光那一端所表现的是本无、自然等等。假若光在末有的一端分得愈细，它在本无的一端就合得愈紧。其不同在于通过镜面与不通过镜面，但两端仍然都是光。这里若说常人的心好像一面反光镜，万理射在它上面，它又丝毫不改地反射出去；圣人的心好像一面凸透镜，万理射到上面，它都把它们组合成一"体"，或许更好一点。我可以用几个图表示：

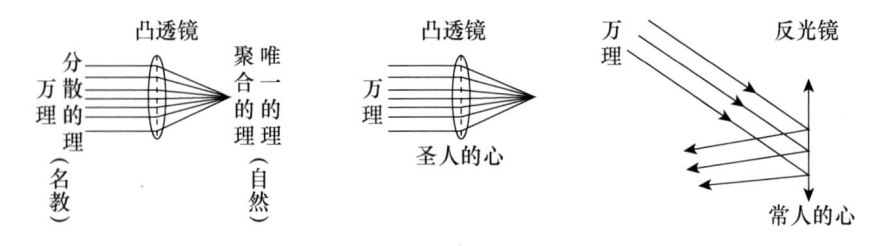

张湛的《列子注》可以代表张湛的思想。当然张湛是很极端的自然主义者，并且又受了佛家的影响，因此他的思想自然就和当时的玄学家们相差很远，当然更说不上在调和孔老的争端上有什么功劳了。不过我们要由这极端的自然者身上找出一两点他自己也不自觉地受当时"调和孔老"的影响的反映。

张湛以为人甚至万物皆须顺应自然，而且他的"顺应自然"是很严格而广泛的，就是要绝对服从本性的一切。但是我们在《列子注》中也可以找出他对于自然与名教在对立时的看法（实在他所谓的自然当然是大范围的自然，是已经包括了名教的了）。《列子注·仲尼》：

> 治世之术，实须仁义，世即治矣，则所用之术宜废。

他的意思就是说，在乱世的时候，仁义道德这一套东西是可以拿出来用的；但是当天下太平了，那么人们就不应该还对仁义恋恋不舍了，就应该不再用什么仁义来治理天下了。这就是说"礼教"是可以要的（至少在乱世是可以要的），但是不要因为有了"礼教"而忘了"自然"。

其实张湛的政治思想是本着王弼、何晏而来的，主张用贤无为。《列子注·说符》曰：

> 自贤者即上所谓孤而无辅，知贤，则智者为之谋，能者为之使。物无弃才，则国易治也。

《列子注·仲尼》曰：

> 明者为视，聪者为听，智者为谋，勇者为战，而我无事焉。

上面两个例子都说明张湛是主张用贤而无为的，也就是说"礼教"在某种情形下（乱世或到治世去的路上）是不可偏废的，而"自然"则是需要特别崇尚的。

东晋孙盛著《老聃非大圣论》和《老子疑问反讯》，提出老庄包括于圣教内之旨，其论点有与郭象《庄子注》相同处。《老聃非大圣论》说：

> 大贤庶几观象知器，观象知器，预笼吉凶，是以运形斯同御治因应，对接群方，终保元吉，穷通滞碍，其揆一也。但钦圣乐易有待而享，钦冥而不能冥，悦寂而不能寂，以此为优劣耳。至于中贤第三之人，去圣有间，故冥体之道，未尽自然运用，自不得玄同。然希古存胜，高想顿足，仰慕淳风，专咏至虚，故有栖峙林壑，若巢许之伦者，言行抗辔，如老彭之徒者，亦非故然，理自然也。

孙盛提出"大贤"及"中贤"两种人品。他的"大贤"恰好与郭象所说的能"内圣外王"者相同。《庄子序》上说的"与夫寂然不动，不得已而后起者，固有间矣"，和"钦冥而不能冥，悦寂而不能寂"的意思又是完全相同的。圣人本来是不想"有为"的，但因为天下无道，圣人不得已而后动。圣人本来喜欢"冥"、"寂"，但是因为天下不治，圣人就不能"冥"、"寂"了。"中贤"可以说等于郭象的"至人"。"至人"只能是"希古存胜"、"高想顿足"、"仰慕淳风"、"专咏至虚"的；圣人（或曰"大贤"、"内圣外王"者）也可以是"希古存胜"、"高想顿足"、"仰慕淳风"、"专咏至虚"的，但是圣人又能"观象知器"、"预笼吉凶"、"御治因应"，所以圣人高于至人一等。《老聃非大圣论》又说：

> 夫形躁好静，质柔爱刚，读所常习，愒所希闻，世俗之常也。是以见偏抗之辞不复寻因应之适，睹矫诳之论不复悟过直之失耳。按老子之作与圣教同者，是代大匠斫；骈拇咬指之喻，其诡乎圣教者，是远救世之宜，违明道若昧之义也。六经何尝阙虚静之训、谦冲之诲哉。孔子曰：述而不作，信

而好古，窃比我于老彭。寻斯旨也，则老彭之道，已笼罩乎圣教之内矣。

这一段，孙盛提出来圣教与老庄有相同处，然而亦有相异处。因为圣教与老庄有相同处，故圣教可以包括老庄，又因为与老庄有相异处，故圣教就不只是老庄。所以圣教是无所不包的，而老庄则只能取其偏也。《老聃非大圣论》又说：

圣人之教，自近及远，未有诗张避险如此之游也。

此处之"圣人之教，自近及远"，是说圣人由其自身出发，然后"善天下人之身"，由此看来又与"兆于变化"之旨相符。

孙盛的《老子疑问反讯》中说：

或问庄老所以故发此唱，盖与圣教相为表里，其于陶物明训，其归一也矣。盛以为不然。夫圣人之道，广大悉备矣，犹日月悬天，有何不照者哉！老氏之言，皆驳于六经矣，宁复有所悆忘，俟佐助于聃、周乎？即庄周所谓日月出矣，而爝火不息者也。至于虚诞谲怪矫诡之言，尚拘滞于一方，而横称不经之奇词也。

这里孙盛提出"圣人"好像日月一样。虽然圣人心想不治，但是他不得不治，因为日月悬于天上，虽然它们想不照，但也不可能不照。除非有云之日，老庄等则可以"藏之名山"也。

我觉得孙盛虽然再三对老庄有所非难，但是他所谓的圣教及圣人（大贤）是已经包括了老庄的思想的。例如他说："六经何尝阙虚静之训、谦冲之诲哉？"这不是明明把老庄的思想引入圣教之内吗？所以说孙盛的圣人也是能"明内圣外王之道"者，"能知一与多"者，是"极高明而道中庸"境界里的人，而他所说的老聃似不及郭象眼中的庄子，然亦不远矣。

最后，我们举出诗人陶渊明的思想来证明"调和老孔"为当时学者的主要工作之一。

陈寅恪先生曾在他的《陶渊明之思想与清谈的关系》这本书中说，渊明世奉天师道教，故为道家思想，所根据为《形影神赠答诗》。但朱光潜在他的《陶渊明》这篇文章中说，渊明的思想与儒家非常接近。这两种说法，当然都有相当的道理，但是我以为都太偏于一边了。说渊明是天师道教徒的理由是因为他的祖父是天师道教徒。但我们知道其祖上为天师道教徒的，他并不一定就是。例如梁武帝的祖上也是世奉天师道教的，但梁武帝就不信了。所以用天师道教的说法来证明渊明是道家是不大合理的。我们只能说渊明是天师道教徒有其可能性，而无必然性。但是我们也不能由渊明的几句诗文来证明他是儒家。朱先生自己也说陶渊明"是一个绝顶聪明的人，却不是一个拘守系统底思想家或宗教家的信徒"。

我认为渊明受其时代影响很大，他也在不自觉地、间接地做调和孔老的思想这项工作。他对于自然与名教都不偏废，我们可以举出几个例子来说明。《与子俨等疏》中说：

> 少学琴书，偶爱闲静，开卷有得，便欣然忘食，见树木交荫，时鸟变声，亦复欢然有喜。尝言五六月中，北窗下卧，遇凉风暂至，自谓是羲皇上人。

这一段写得多么天真可喜。他所表明的对大自然的热爱，对一切自然现象都觉得有趣，这不是充分表现出他内心存有万物要都能自安于所处的环境多么好呀的意思吗？

《感士不遇赋》中有：

> 奉上天之成命，师圣人之遗书。

这两句与名教无冲突，因为"名教之中自有乐地"呀！由渊明的《集圣贤群辅录》及《扇上书赞》看来，他也是一个"不非名教而崇尚自然"的调和者。渊明的《咏荆轲》更是充满了热情：

> 君子死知己，提剑出燕京。
> 素骥鸣广陌，慷慨送我行。
> 雄发指尾冠，猛气充长缨。
> 饮饯易水上，四座列群英。
> 渐离击悲筑，宋意唱高声。
> 萧萧哀风逝，淡淡寒波生。
> 商音更流涕，羽奏壮士惊。
> ……
> 其人虽已没，千载有余情。

这首诗是何等壮烈！何等狂热！我想只是道教徒的渊明是不会写出来的。又如他的《归田园居》、《饮酒》是何等潇洒！何等自然！他是如何地赞美大自然呀！由渊明的诗文里我们至少可以看出魏晋时代的人，对于孔孟与老庄都是同等地重视的。他们（魏晋时代的学者）在不是高官显仕的时候，就隐遁山林了。其实阮籍、嵇康的思想尽管是道家的，但要是他们所遇之主为其所望时，他们也会出仕的。

这就是我大略地对于魏晋时代的学者们在如何做调和孔老的工作的一个介绍，但因为"言不尽意，书不尽言"，我觉得再多说也是如此。

1947 年 10 月 20 日

读《庄子序》书后

中国的学术到魏晋时代可以说是由形而下的境界进到了形而上的境界。那时的人生论不再是仁义道德、忠孝仁爱的讨论，却是想确定"理想圣人人格"的标准；宇宙论不再建立在阴阳五行上，当然更不是"谶纬图书"上，却是把宇宙当做一个"至健的大秩序"看，也可以说是重申自然之教。当时的人还有一个主要工作就是希望能打破一切对立关系。郭象、向秀可以说是对这三方面的工作最积极者。郭象的《庄子序》最能代表他的思想了，根据序文可以找出三点最值得注意的事：第一是"内圣外王之道"，这可以说是郭象的人生观，能"内圣外王"者就是他的理想的"圣人"；第二是"上知造物无物，下知有物之自造"，这就是他的宇宙观了；第三是郭象的调和自然与名教。

庄子是战国时代的一个以感情为主的思想家。在他的每一篇文章里，我们都可以充分地体会人性的活泼与美。郭象（和向秀）都很能了解庄子，但是他并没有被庄子的思想限制住。当然，郭象之所以不受其限制可能是受到时代的影响。但是我们也不能不说《庄子注》出世，玄风才可大畅。这篇文章只就《庄子序》来讨论郭象的思想，在《庄子注》里面的问题，我们留待别的文章里再讨论。

第一我们先讨论"内圣外王之道"。由《序》里面的文辞看来，郭象并不以为庄子是理想的"圣人"，庄子只不过是至人罢了。《庄子·天下》篇说："不离于宗，谓之天人；不离于精，谓之神人；不离于真，谓之至人；以天为宗，以德为本，以道为门，兆于变化,谓之圣人。"由这一段我们可以看出至人与圣人的差别。至人虽也可以"逍遥"、"独化"、"游外弘内",但是不能"兆于变化",只能"应"而不能"会",也可以说庄子只达到了"从心所欲"的境界,尚不能"从心所欲不逾矩"。"从心所欲不逾矩"只是圣人的境界,无论常人、天人、神人、至人,都是不可达到的。《序》里说:"夫庄子者,可谓知本矣,故未始藏其狂言,言虽无会而应世者也。夫应而非会则虽当无用,言非物事则虽高不行,与夫寂然不动不得已而后起者固有间矣。斯言可谓知无心者也。夫心无为则虽感而应,应随其时,言虽谨尔,故与化为体。流万世而冥物,岂曾设对独遘而游谈乎方外哉。此其所以不经为百家之冠也,然庄生虽未体之,言则至矣。"这一段话给了庄子一个很正确的估价,并表示庄子不是圣人,是圣人的却是孔子。他说庄子是知本的,所以不把他的"狂言"隐藏起来,但正因为庄子只是知本,才"应而非会",才不如孔子。孔子知本,亦知末,并知本末之不可分离。只知本者,能"内圣"然不能"外王";只知末者,能"外王"而不能"内圣"。只知本者或只知末者在他们的心里还有本末的对立,所以不够圣人的标准。可是圣人能因人施教,知本末之不可分,"本"根本就是不能言传的,只能叫人由"末"去体会。又说庄子"言虽无会,而独应者也",就是说庄子对于万理可以很清楚地体会,但是他不知道万理直接的种种关系。例如"自然"与"名教"、"本"与"末"、"无"与"有"的不可分离的关系他就不知道,因此他的思想"虽当无用"。又因为他所言多与世事不合,所以"虽高不行",于是就与本愿"寂然不动"但因为不得已而出来救世界的圣人有所不同。也就是说,圣人与至人皆天地境界中人,但前者是"极高明而道中庸"的,后者只是"极高明"的。借用吴宓先生《一多总表》的说法,可谓:"圣人知一且知多,至人知一而已。"

这种独立的性质不是在"理"以外的标准，而是这"理"的属性。因为万理都有独立的特性（太极），所以他们是相同的。但又因为万理都有不同的独立的特性（太极），所以他们又是不相同的。因此万物含有一理（太极），但不是基于一理（太极）。因为有太极，万理才有不同。这当然就与两汉以来用阴阳五行解释万理有所不同了。郑玄注："天地之数五十有五，以五行气通，凡五行减五，大衍又减一，故四十九也。衍，演也。天一生水于北，地二生火于南，天三生木于东，地四生金于西，天五生土于中。阳无耦，阴无配，未得相成。地六成水于北，与天一并，天七成火于南，与地二并，地八成木于东，与天三并，天九成金于西，与地四并，地十成土于中，与天五并也。大衍之数五十有五，五行各气并，气并而减五，惟有五十（上言天地之数所以减五）。以十之数不可以为七八九六卜筮之占以用之，故更减其一，故四十有九也（此则其不用）。"郭象对于天的看法也是以为天并没有什么神秘处，天的变化和人的由小长大、季节的转变、万物的消长全是一样的。万物的生灭都是必然的自然现象，并不是天地叫它们这样的，更不与阴静阳动有关。万物不是天造，根本就没有什么可以造物。（"上知造物者无物。"）一定要问万物是谁造的，那么物就是它们自己造自己。物本来就是自生自灭，其生生灭灭完全是一种自然现象，并没有什么支持。这些自然现象没有源泉，当然也就没有主宰。其所以如此，就是因为如此就如此了。（"下知有物之自造。"）例如黑的就是黑的，并不为什么而是黑的。这样我们就可以窥得郭象的宇宙观的全貌。他以为所有的自然现象都发生于这"至健的大秩序"（宇宙）里，这"至健的大秩序"并没有一个安排者，都是自己安排自己，或者说人可以解释这安排。假若宇宙（"至健的大秩序"）里，有一种东西没有把自己安排好，那么这"至健的大秩序"就不再是"至健的大秩序"了。所以天下混乱全是因为某种东西没把自己安排好（尤以人为最常见），于是也就影响到别的东西，一乱万乱，渐渐就要到不可收拾的局面。若要天下不乱，若要宇宙恢复"至健的大秩序"，那么就要使万理（各种现象）恢复他们原来的样子，万物恢复他们本来的位置。圣人之教也就是教人怎样生活得更丰富而不破坏宇宙的和谐（"至健的大秩序"）。

第三讨论郭象的调和"自然"与"名教"。《庄子·大宗师》曰：

> 孔子曰：彼游于方之外者也，而丘游于方之内者也。

注曰：

> 夫理有至极，外内相冥，未有极游于外之致而不冥于内者也，未有能冥于内而不游于外者也。故圣人常游外以弘内，无心以顺有。故虽终日挥形而神气无变，俯仰万机而淡然自若。夫见形而不及神者，天下之常累也。是故睹其与群物并行，则莫能谓之遗物而离人矣；观其体化而应务，则莫能谓之坐忘而自得矣。岂直谓圣人不然哉？乃必谓至理之无此，是故庄子将明流统之所宗，以释天下之可悟。若直就称仲尼之如此，或者将据所见以排之，故超圣人之内迹而寄方外于数子，宜忘其所寄以寻述作之大意，则夫游外弘内之道坦然自明，而庄子之书故是超世盖俗之谈矣。

由庄子原来的语气看，本是讥讽孔子的只能游于方之内，而不能超然物外，逍遥自得，但（向秀）郭象的注则与原意大有出入。他们的意思是，孔子既然能弘内，一定也就能游外了。因为弘内与游外是不可分离的，就如同一个人有很正确的人生观，他必然就有正确的天道观。郭象把弘内游外由两事变为一事，取消内外的对立，融本末有无于一炉。这种工作像辩证法一样，名教是正，自然是反，内圣外王之道就是合了。《庄子序》曰：

> 通天地之流，序万物之性，达死生之变，而明内圣外王之道。

这一段就完全是在破除对立，尤其是打破内圣外王的对立观念。以前的人以为内圣的人只在于独善其身，顺天顺性，逍遥于天地之外，独化于无形之中；而外王的人就只能做名教分内事——兴礼乐，建仁义，不能逍遥，亦不能冥化。但郭象则以为内圣或外王者并不是圣人，内圣外王者才能是圣人。内圣外王的圣人可以为名教中事，也可以逍遥于天地之外，独化于无形之中，即是所谓"身在朝廷，心在山林"是也。所以内圣与外王并不是背道而驰者，却是并行驰骋于有形无形之中。《序》中又说：

> 至人极乎无亲，孝慈终于兼忘，礼乐复乎已能，忠信发乎天光。

这一段明显地告诉我们，天下没有绝对的事情，至人对于其父母子女的爱应与爱众人无差别。因为爱是人的天性，天性要能发挥到最高点，爱就没有私了。孝与慈到最高境界，也就是爱，无所谓孝，无所谓慈。当父母真正爱其子女时，他们就会很自然地爱他们的子女，并没有想到"对子女应该慈"才去爱他们。孝也是一样。其他如忠呀、信呀，都是出于本性的，并不是要先知道什么是忠，什么是信。因为只要本着人性（良知）去做事，天下就没有忠与不忠、信与不信。只要万物各安其所，天下就自然有了仁义道德。只要万理恢复原来的样子，哪里有自然与名教、有与无、本与末、体与用的对立呢？由此看来，郭象是随时地在做调和孔老的工作。

1947 年 11 月 20 日

读欧阳坚石《言尽意论》书后

自古以来就有"言不尽意,书不尽言"的说法,到魏晋时代这种说法更是普遍地流行着。"言不尽意"本为名学上的法则,王弼用它来解释《周易》,于是"得意忘言"遂成为一种形而上学的方法了。同时有何晏(见其《道德论》)、嵇康(见其《声无哀乐论》)、阮籍(见其《乐论》)、杜预(见其《左传注》)、李充(散见于《论语集注》中)、向秀以及郭象(见其《庄子注》)等人都直接或间接地采用"寄言出意"为他们做学问的方法。并有释者支遁著《即色论》,晋宋间高僧道生说:"象者理之所做,执象则逮理。"更使"言不尽意"之旨风行于世。正当这时代的学者们都用"寄言出意"之法来治学问时,欧阳坚石(欧阳建,字坚石)提出"言尽意"之说,似不可以不加注意。又《世说》以此篇与嵇康之《养生论》并称,想必为当时很有力量的一篇文章了。

《言尽意论》是对话体。这种对话体的文章魏晋时很风行,如嵇康的《声无哀乐论》。本篇由两个人对话,发问的是雷同君子,就是说这位君子只会随声附和而无自立的见解,答问者是违众先生,这当然是指坚石自己。由"违众先生"我们可以看出当时"言不尽意"之说一定占绝对优势的。

《言尽意论》说:

> 夫天不言而四时行焉,圣人不言而鉴识存焉。形不待名,而方圆已著。色不俟称,而黑白以彰。然则名之于物,无施者也。言之于理,无为者也……

这一段说出"言不尽意"之旨。言不尽意犹如天之不言而四时行焉。天不必表示出他所想的，因为表示出来也就不是他所想的了。要是天没有什么表示，万物就会很自然很有规律地运行着。假如天有了什么表示（例如天有瑞徵之后），万物的运行反倒不自然了。因此天不必有什么表示，万物自然就会知道天希望的是什么。这种对天的观念，也有一点《庄子序》的"上知造物者无物，下知有物之自造"的意思在内了。圣人是天（真理）的代表，或者说圣人就是天（真理）。圣人遇事不必说什么，然而在其胸中未尝不存有鉴识，只是他不表示出来罢了。因为有些事情只可以意会而不可以言传。何况魏晋时代的学者们多半主张圣人不可学亦不可至呢。圣人与常人有所不同（王弼曰："圣人茂于人者神明也，同于人者五情也。"），何况圣人根本就无法完全表示出他的思想呢。但是圣人之所以是圣人，就是要能用种种方法来把他的"鉴识"转告给常人，也就是说尽力使常人学他。

"形不待名，而方圆已著。色不俟称，而黑白以彰。"这是说形与名之间的关系，也就是指出意与言之间的关系。"形"不必等到有了"名"以后才与我们发生关系，而是有了一定的形我们立刻就知道什么是方什么是圆了，并不是有了方与圆这个名了然后才有方圆之形，才可分别何者为方、何者为圆（才可被我们认识）。有了色也就是有了黑白，有了黑白这种颜色，我们才对黑或者白有所认识，有了我们主观的认识黑与白才有意义与价值，才可以有黑白的名称。并不是在有黑白的名称以后，我们才对它们有认识的。

方圆黑白已是天地中的几种性质，有了方我们才知道"这是方的，那是方的"。（但是日常我们所看见的方，并不是我们所知道的方，因为画出来的方块不可能是绝对的方。因此绝对的方只是我们的知，而永不能是我们感官所得到的。）有了方我们才知道方形与方形是相同的，方形与圆形是不同的，黑白亦然。在我们的脑子里最初没有方这个字，而是因为天下有了方这个形状以后，我们为了方便起见就称这种方的形状为方，其实方的含义并不如方的形状的含义来得多，因为方有大有小，还有方的程度，在方形里我们可以表示出来的，在方字里就未必可以表示出来。若一定要以文字或语言明确地表示方的大小还可以，例如我们还可以说"这个方的周有四尺"或"这方是一平方尺的方"等等；但是对于方的程度我们就很难以用文字或言语表示了。那么"言不尽意"不是很显明地被证实了吗？

《言尽意论》继续说：

> 而古今务于正名，圣贤不能去言，其故何也？诚以理得于心，非言不畅；物定于彼，非言不辩。言不畅志，则无以相接；名不辩物，则鉴识不显。鉴识显而名品殊，言称接而情志畅。原其所以，本其所由，非物有自然之名，理有必定之称也。欲辩其实则殊其名，欲宣其志则立其称。名逐物而迁，言因理而变，此犹声发响应，形存影附，不得相与为二矣，苟其不二，则言无不尽矣，吾故以为尽矣。

这一段看起来像是说明为什么"言是尽意的"，其实不但没有说出"言尽意"之旨，反而解释了"言不尽意"之故，或者只不过是前面一段"言不尽意"的注解而已。言只不过是说明理的，但它是否能说明？言之说明理，不过影之助形之显明，所言者决不会就是理之本身，就如同影子决不会与形完全相同。声音和它的回响，虽然都是同样的声音，但在本质上毕竟已有些不同了。所以语言文字不过是"末"是"有"，而意思则是"本"是"无"。"本"、"末"，"有"、"无"，"体"、"用"虽是不可截然分开，但"本"、"末"在意义与价值上仍然有些差别。

我觉得所谓言尽意者大概是，能说是都能说，不能说的根本就不能说，要想说出不能说的根本就没有意义。因此我们说了我们所能说的，我们的某方面的意思也就尽了；那些不能说出来的，对于说出来的根本就没有意义。我们可以用语言文字来传达我们的经验，但是我们不能把经验的本质也都传达出去。例如我告诉你，我因为没有钱用而十分痛苦，我只能告诉你我如何如何痛苦，而你也觉得我痛苦的情形你全了解了，但事实上我仍旧不能把我整个的痛苦都告诉你。假若你也曾经因为没有钱用而痛苦过，那么你也许会多知道一点。但你的对于没有钱用的知识并不是我告诉你的，而是你自己体会到的。假若你根本就没有因为没有钱而痛苦过，那么你所知道的，至多不过是我说出来的。

"言尽意"的说法就好像一个快要死的人，他可以很详细地告诉你他的生平，但是他这一生中至少有一个极短极短的经验没有能告诉你，这就是刚刚由生变到死的经验，而且这人还不能告诉你生前与死后呢！因此言语是有限的，意思是无穷的。

于是我可以说，言尽意是相对的说法，而不是绝对的说法。因为我们除了用语言文字来沟通人我的关系，用别的方法是不方便的，要想告诉别人我的经验或者由经验启发别人的思想，都必须凭借语言文字。但这并不是说，有了语言文字以后我们就可以把我们的一切都告诉别人。假若可以，我的一切经验告诉某人以后或者某人的经验告诉了我们后，那么我们就几乎成为一个人了，这是不可能的。

有些事不可以告诉别人的，或者不能告诉别人，因为就是告诉了别人也不会了解。例如圣人告诉你做圣人的方法，但你仍旧不会变成圣人的。我觉得神秀与慧能的诗可以显出"言不尽意"之旨来：

　　　　身是菩提树，心如明镜台。
　　　　时时勤拂拭，莫使惹尘埃。（神秀诗）

菩提本无树，明镜亦非台。

本来无一物，何处惹尘埃？（慧能诗）

天下万物本如佛家所说："一枝一法界，一叶一如来。"要知道事事物物之理，绝不是别人一件一件告诉我们的，而是要我们自己去实际观察、体会。

1947年12月1日

附：本文手稿

我所认识的玄学

玄学又叫形上学。形上学可以说是由"形而上者谓之道,形而下者谓之器"而来。"道"这个字很难解释,大概与"本体"差不多。因此形上学是研究抽象的原理的,与具体事物可以说没有直接的关系。玄学大概由"玄远"而来,玄远者也就是形上的意思。西洋称玄学为 metaphysics,是"后物理学"的意思。在亚里士多德时,要学完物理学(科学)才可以学玄学。由此可见,玄学本来不过是对于万物的原则或原理做更深一步的讨论。例如地心有吸力这是物理学研究的范围,但是到"为什么地心有吸力"的研究则是进到亚里士多德所谓的玄学研究范围了。又如:我们如要测量电子的位置,则对于电子的速度就无所知,甚至于影响电子的速度,这只是自然界中的一种现象,是物理学研究的范围,但因此进而讨论到"物的绝对客观存在"则又是进入了玄学的领域。西洋的玄学没有长久继续亚里士多德式的,而后来渐渐集中讨论"上帝存在"、"意志自由"、"灵魂不灭"三个问题。在中国魏晋玄学方面所讨论的大概是"理想的圣人人格"和"天与人的关系"这两个问题。

冯友兰先生在他的《新知言》里说:"真正的形上学的方法有两种,一种是正底方法,一种是负底方法,正底方法是以逻辑分析法讲形上学,负底方法是讲形上学的不能讲,讲形上学的不能讲,亦是一种形上学的方法。"冯先生这里的逻辑分析法大约是由维也纳学派借来的。根据维也纳学派,分析法的意思是:"维也纳学派关于知识的命题,有以纯粹形式和宇宙事物为对象的两种。

事物的存在是一流行，并且事物是动的，永远没有静。由第四个命题又要我们承认一与多的绝对关系。像冯先生这种玄学的命题怕是最肯定的了。唯心论者的玄学命题是：一切事物，都从心生；或，一切事物，都是心的性质。唯物论的玄学命题是：一切事物都由物生；或，一切事物都有物的性质。像唯心论与唯物论这样的玄学命题与冯先生的"事物有种类的不同的性质"和"事物有动的性质"有什么不同呢？因此我觉得玄学的命题对于实际是有最多的肯定，有最多的肯定的命题才可以称为玄学的命题，有最多的肯定的命题才可以对于一切事物无不适用。

下面我大略地说一下我认为玄学应该是怎样的：

第一，玄学应该恢复亚里士多德所做的玄学定义。恢复亚里士多德所做的玄学定义就是：真正的玄学应该是后科学的学问，是研究"宇宙"、"人生"真实性的学问，是讨论抽象的原则原理的学问，并且要对于实际有最多的肯定（所谓对实际有最多的肯定者就是我们说"事物是动的"或"事物是有心的性质"这一类的命题是对实际有最多的肯定）。有最多的肯定才会无所不适。玄学这种学问是要由科学来厘定、证明的。本来玄学应该根据科学结论才能建立，因此真正的玄学永远与科学无冲突，永远被科学步步证明，当然也永远不能为科学证伪了，更不能被科学推翻。玄学的必要固然在其假设的正确，但更在其能指示科学的方向。

第二，玄学的性质应该有：

（一）是先验的（先天的），是假定的。例如逻辑及数学是先验的，是假定的，所以我们也要把它们算在玄学范围里面（详见《对于维也纳学派的分析命题的一点怀疑》一文）。逻辑及数学是先验的，自然就不是在经验之中的了。因为我们经验之中并无法证明1加1等于2。例如一颗露珠与另外一颗露珠放在一起，照数学的说法应该是两颗了，但是两颗露珠放在一起仍然是一颗露珠，至少形式上是一颗露珠。所以我们先要假定数的系统（number system）。数的系统是先天的，永为我们科学所厘定的，永远为科学所证明着，并且可以指示科学的方向。逻辑也是先天的、假定的。假如说"如果 P 则 Q"这个复合命题是真的，而 P 也是真的，则 Q 是真的，其中"如果 P 则 Q"的真伪值（truth value）是由 P 与 Q 的真伪值来决定的，但为什么要由 P 与 Q 的真伪值来决定呢？那么我们也只能说不由 P 与 Q 的真伪来决定由什么来决定呢？因此"如果 P 则 Q"真，由 P 与 Q 的真伪来决定只是一个假定，是先验的。例如我们说"事物有心的性质"这也是一个假定，是先验的。因为天地之中的事物并不能证明"事物是有心的性质"这个命题，而是因为"事物是有心的性质"，然后我们才可以用来说明"事物"。

（二）对于实际有最多的肯定。这里所谓的肯定是广义的肯定。玄学的命题不是做经验中的叙述，而是做经验外的叙述，至少是我们想象中的经验中叙述，而不是我们经验中的经验叙述。例如我说"火就是月亮"，这个命题是需要科学来证明的。也许科学永远证明不了，但只要这个命题与科学没有冲突了，它就永远不失为有意义的玄学命题。一旦与科学冲突了，它的意义也就瓦解了。所以真正的玄学应该是科学永远追求不到的目标，永远走在科学前面。用了这个玄学的命题，虽然对于实际没有什么关系，但是因为有了这个命题而推演下来的种种系统，就对于实际有关系了。也就如同"如果 P 则 Q"的真伪值不由 P 与 Q 的真伪值来决定由什么呢？（即是：假若这个与事实或者实际无冲突的玄学命题无意义，那么什么玄学命题还能与实际无冲突而有意义呢？）

（三）由科学来厘定。玄学的命题要由科学步步厘定，步步证明。本来玄学就是要建立在科学的基础上，玄学的命题的有意义不外是与实际无冲突及能由科学步步证明。假若这个玄学命题是没有意义的玄学命题，它将会与实际有冲突，永不会被科学证明。至少我们可以说，没有意义的玄学在我们的思想中总有一天会被科学推翻的。假若科学有了某种与实际不符合的线索时，这种科学也就是坏的无意义的玄学了。因此无意义的玄学是总会有一日与实际冲突，被科学推翻了的。

（四）玄学的命题是不受时间的限制的。玄学的命题不受时间的限制就是说玄学的命题不是能在时间内证明的，而是一个超越时间空间认识而存在的实在的命题。假若玄学命题在某一个时间被证明了，那么这个玄学命题就不再是玄学的命题而是科学的定理了。因此我们说真正的玄学永远不能被证明，而是能渐渐被证明。但这种玄学的命题的有意义与否，却是时间内所可渐渐证明的。

（五）玄学命题能解释最多的事物。玄学的命题只是能解释最多的事物，而不是能解释所有的事物。因为人类的科学及眼光永远是在前进的，今日以为必然的正确的现象，明日则未必以为然。例如以前我们以为宇宙是无限的，自爱因斯坦的相对论发表以后，大家又以为宇宙不是无限的，而是一个继续不断膨胀的空间。一个玄学命题在今日能解释所有的现实，这玄学命题就未必是真正的玄学命题。真正的玄学命题是要能解释最多的事物的。这也就是说玄学命题是灵活的（并不是绝对地无所不适）。假若这个玄学命题不是这样，那么就有最多的事物我们无法解释了。例如，假若 a 加 a 不等于 2a，那么 2 加 2 就不等于 4 了，3 加 3 也不等于 6 了，等等。假若 a 加 b 不等于 b 加 a，那么 2 加 3 也就不等于 3 加 2 了，4 加 5 也就不等于 5 加 4 了。又例如，假若 Q 是真的，而"如果 P 则 Q"是伪的；那么"我爱月亮"是真的，而"天塌下来我也爱月亮"则是伪的了。又例如，假若"事物是可以不动的"，那么我们在没有任何活动时也可以算是生存了。由上面几个例子看来，一个玄学的命题要是真正的玄学命题，它就必然可以解释最多的事物。假若一个真正的玄学命题被认为没有意义了，那么倒是一件不可想象的事了。

（六）真正的玄学命题永远与实际无直接的关系。我们说真正的玄学命题永远与人类生活无直接的关系，就是说玄学对于人生的影响不是最直接的。例如我们说"事物有动的性质"，其实事物动与不动对于我们没有什么直接的影响，但是因为没有"事物有动的性质"这个玄学命题，那么地球可以不动了，爱因斯坦相对论的空间观念也不正确了，倒是很麻烦的事。像地球不动，爱因斯坦相对论的空间观念的不正确，这两件才与我们实际生活有直接的关系。又例如，Q 真，则"如果 P 则 Q"亦真，这与我们的实际生活没有直接关系；而"我爱月亮"真，则"如果天塌下来我也爱月亮"也真，这才对于我们的实际生活有影响了。假若"我爱月亮"是真的，而"天塌下来我也爱月亮"却不真了，那么这种"爱"就不能算得真爱，"我爱月亮"也就不会绝对地真了，于是人类的情感（emotion）就无法解释。又例如，2 加 2 等于 4，这与我们的实际生活也是没有什么直接关系的，但是假若 2 块钱加上 2 块钱不等于 4 块钱而等于 1 块钱，这对于我们的直接影响就大了。因此真正的玄学命题永远对于人类的生活没有直接的关系，而有关系的却是由这个玄学命题而引起的生活的规律。所以说玄学命题与实际无直接的关系，但是对于实际又是最有意义的假定。

第三，玄学的作用，应该不是在于对实际有积极的建立，而是在于有消极的引起种种问题，由科学步步厘定、证明。对于实际有积极建立的学问是科学。科学的命题，康德把它算在综合命题里面。所以综合命题是以宇宙事物为研究的对象，我们对于它的效用性的了解，唯一可能的，仅能求之于事实的答复。一切综合命题因其对于实际有所建立，有所叙述，所以我们对于它仅能从观察上去认识，从证实中去判断。其与玄学命题最显明的不同是，综合命题（对于实际有积极建立的命题）是后天的，没有较高的确定性，是已被实际证明了的。所以我们要了解综合命题的有意义与否只需使之与事实对证。如与事实相符合就是真正的综合命题，如与事实不相符合就是坏的综合命题了。然而真正的玄学的作用，则与科学的作用有些不同。真正的玄学命题是对于实际无所建立的（但是对于实际有所肯定的），不做直接的叙述的。虽然我们可以看出它与实际没有冲突，但是我们却看不出来它对于实际有什么直接的建立，更看不出它与实际间的必然的关系。因此玄学的作用是要消极地引起些问题来由科学步步厘定的，例如我们说"事物是有动的性质"，其意义不是只在积极地建立"运动定律"，而是在引起对事物运动的问题的研究和探求。

　　第四，玄学的范围。凡具有"先天性的假定性的"、"对于实际有最多的肯定的"、"能由科学步步厘定的"、"不受时间限制的"、"能解释最多事物的"、"永与实际无直接关系的"命题，都是玄学的命题。凡适合以上所说的条件的学问，都是玄学。因此维也纳学派所说的分析命题应算是玄学命题的一种，康德的先天综合命题也要算在这里面，此外只要有与以上六个条件适合的命题自然都算玄学命题了。

1947 年 12 月 22 日

对维也纳学派分析命题的一点怀疑

这篇文章本来应该叫做"对于维也纳学派反玄学论的观点的讨论",但因主要是在讨论分析命题,因此就叫了"对维也纳学派的分析命题的一点怀疑"这个名字了。

在《我所认识的玄学》里,我说了玄学的六个特性。当然玄学的特性还不应只有这六个,但是有了这六个特性的学问,我以为就足以称之为玄学了。为了方便起见,我们姑且称"玄学的命题是先天(先验)的、假定的"为第一特性,"玄学的命题是对于实际有最多的肯定的"为第二特性,"玄学的命题是能渐渐由科学证明的"为第三特性,"玄学的命题是超越时间性的"为第四特性,"玄学的命题是能解释最多的事物的"为第五特性,"玄学的命题是永远与人类实际生活无直接关系的"为第六特性。我觉得这六个特性里的第一个特性是玄学的基本特性,其他的五个特性大致都可以由第一特性推演出来。下面把它们一个个地证明出来。

(一)"玄学的命题是对于实际有最多的肯定的"。假若玄学的命题对于实际没有肯定,这个玄学命题就不是先天的。是先天的命题至少是实际的形式。例如 Q 是真的,"如果 P 则 Q"也就是真的了。由于这个先天的命题(因为这个命题不能在经验之中得到答复),我们可以推出"我爱月亮"是真的,"天塌下来我也爱月亮"必然是真的。有了 Q 真,则"如果 P 则 Q"真才会知道"我爱月亮"真则"天塌下来我也爱月亮"也真。如果没有 Q 真,则"如果 P 则 Q"也真,我们常常就不知道"我爱月亮"真了,则"天塌下来我也爱月亮"也是真的。所以说先天的命题必然也是对于实际有最多的肯定的命题。

（二）"玄学的命题是能渐渐由科学证明的"。命题是先验的，必然就是绝对真的、绝对有意义的。绝对真的、绝对有意义的命题自然是与实际无冲突、与科学渐相符合的。先验的命题是与科学渐相符合的，当然也就是渐渐由科学证明的，所以先验的命题也就必然是能由科学渐渐证明的命题。

（三）"玄学的命题是超越时间性的"。一个命题如果能在时间之内找出证明来，那么这个命题只是科学定律，先天的命题永远在时间内不能证明的。如果被证明，也仅仅是渐渐被证明，但永不能被证明了，因此先天的命题必然是超越时间的命题。

（四）"玄学的命题是能解释最多的事物的"。是先天的命题至少是真理的形式，因为真理的形式是做成先天的条件。是真理的形式则必然是能适合于最多的事物的，所以符合于最多的事物的命题当然是属于先天的命题。

（五）"玄学的命题是永远与人类实际生活无直接关系的"。是先天的命题也就是不能在时间内证明的命题，当然也就与时间中的事物隔了一层。所隔的就是一个在时间中，一个超越时间性。因此时间中的事物永远与先天的命题无直接关系，也就是先天的命题永不会成为时间内的事物，所以是先天的命题则必然是与实际无直接关系的命题。

在这里，我们就可以更进一步地说，只要是适合第一特性的命题，就必然是玄学命题了，只要具有第一特性的学问则必然是玄学。

逻辑和数学，自从罗素和怀德海发表了他们合著的《数学原理》以后，它们就成为一种最理想的玄学了。因为数学和逻辑可以由一组假定有逻辑性的前提中推演出来。这一组假定是几个先天的命题，不必待证明已是真的。然而这一组先天的命题亦是不能在时间内被事物所证明的。既不能证明，而又用之于所有的事物不误，那么这个命题自然有其先天的效用性，对事物无所不适，自然也就对事物有最多的肯定了。

数学和逻辑是玄学而成为知识，也就是分析命题是知识了。那么先天的综合命题是玄学的命题自然也是知识。不过先天的综合命题不像分析命题得到的那么容易。所以我们虽然知道有宇宙和人生的玄学，但也知道得到这种玄学并非易事。现在我们只能讨论宇宙人生的玄学的可有，而不能去讨论什么就是宇宙人生的玄学。宇宙和人生的玄学之可有，完全在于玄学的性质在知识论中亦可诉诸实际。玄学的性质其可以被证而不误者，有逻辑和数学及一部分没有达到理想的宇宙人生的玄学的命题。玄学的能被渐渐证实性已由逻辑和数学及一部分没有达到理想的宇宙人生的玄学证实无误。那么玄学之为知识，是无可怀疑的了。玄学之可称为能得到的知识，自然也无可怀疑之处。一般批评玄学的人以玄学的无可证实性来说玄学之不可能，实在不知玄学之不可被证实就是玄学之成为玄学的必要条件，而所谓不可证实，却是可以被科学步步证明、厘定的。如果玄学被证实了，玄学还有什么意义？就数学和逻辑的那一组假定来说，假若这组假定完全不是假定了，那么数学和逻辑对于我们还有多少意义？因此我们知道玄学的命题，只要这命题是真正的玄学命题就是不待证实而真的命题了。玄学之可能是因为它们的性质都是知识之中可以诉诸实际的。玄学的命题的不会为无意义，是在于其先天的效用性的完美无缺。所以说玄学是必然有的。

玄学既然是必然有的，我们还要说出它的不能不有。说玄学命题是先验的，先验的命题至少是真理的形式，是真理的形式必然对实际有最多的肯定。因此有真正的玄学命题，知识才有意义。没有真正的玄学的命题，知识的意义是无法说明的。真理的形式的作用在于范围事物的标准,因此事物之所以如此,并非偶然却是自然的。有真理的形式,我们的得到知识才有可能。真理的形式至少可以指出真知识与假知识的不同。假若时间、空间、本质等等观念是真理的形式的话,我们就可以想到它的重要。何况真理的形式我想还不是时间、空间、本质等等观念所可表示出来的。如果我们说"我爱月亮"和"天塌下来我也爱月亮"是两个命题,假若它们是命题,我们就应该可以由形式上看出这两个命题有些什么关系,至少也可以看出来它们在形式上有着某种关系。如果我们不依靠 Q 真则"如果 P 则 Q"亦真(Q T then P→Q T),我们就不一定知道"我爱月亮"真了,"天塌下来我也爱月亮"也必真。所以说真理的形式之重要不但在指出知识的真假,而且我们的知识可以借助其而得到。真正的玄学命题并且是对于个别的实际无所建立,所以才是对于实际有最多的肯定。对于实际有最多的肯定,我们才能用以解释其之所以然。如无此玄学命题则有些事物之所以然是无法解释的。因此我们说玄学的必要虽不是因其对实际无积极的建立,无所叙述,但其必要是在指示知识的方向和解释事物之所以然。

现在我们讨论到维也纳学派分析命题的逻辑部分。维也纳学派的学者们以为复合命题的值只是由原命题的值来决定。例如:P 真则"如果 P 则 Q"必然真。其中"如果 P 则 Q"的真伪是由 P 与 Q 的真伪来决定的。而且"如果 P 则 Q",在同一种情形下其值只能有一个。假若"如果 P 则 Q"真了,则在同一情形下就不能也伪。我觉得说"复合命题的值是完全由原来命题的值来决定的"是可以的。但我们不能用下面那种方法来说明"复合命题的值是完全由原命题的值来决定"。

若我问为什么复合命题的值是由原命题来决定,假若回答者说,你说复合命题的值不由原命题的值来决定由什么决定?事实上我的逻辑先生就如此回答过我，我觉得这种回答是无意义的，就好像我们问唯物论者为什么一切事物是物质所成的，他的回答是"假若一切事物不由物生由什么生呢？"一样地无意义。

我觉得"复合命题的值是完全是由原命题的值来决定的"是一个玄学命题（至少是一个暂时的玄学命题。所谓暂时的玄学命题就是这个命题现在还不能被积极地证明，然而将来是否能被证明我们就不知道了）。玄学命题的有意义有价值是由"假若这命题是有意义的，那么最多的事物才可以被解释；假若这命题是没有意义的，那么就有些事物是不可以解释的了"来决定。这不过是附带的问题。

普通我们所有的命题结合辞有五种，就是：—/∽（not），∧（and），∨（or），→（if…then），≡（if and only if）。由这五种命题结合辞可以结合一个命题或者多个命题成为新的命题（复合命题）。但是复合命题的值（truth value），是由原命题的值来决定的。由于这个复合命题的值的假定，我们可以看出，原命题的值是足以决定复合命题的值的了。那么我们要集中讨论的，有两个问题：

①原命题的值是否足以决定复合命题的值。
②命题结合辞在复合命题中的作用。

一个命题由命题结合辞连接而成为新的命题叫做复合命题。只有"not"可以连接一个命题，例如原命题 P，那么由原命题而得来的复合命题有—P or P̄。在这里 P 的值可以完全决定 P̄ 的值。虽然 P 的值是决定 P̄ 的值的，但是我觉得 P̄ 的命题结合辞的功用是不可忽视的。这复合命题的命题结合辞的作用，我以为至少有使原命题成为决定复合命题的值的功用。

虽然原命题的值是决定复合命题的，但是把孤立的命题放在一起是不能成为复合命题的，且是无意义的。

例如，有 P 与 Q 两个命题，如 P 的真伪值是真的，Q 的真伪值也是真的，（PQ）的真伪值是什么？像这种不用命题结合辞连接的两个孤立的命题在一起是没有任何意义的。因此我们知道，一个或者几个命题放在一起要有意义，必然要由命题结合辞来连接，所以命题结合辞是必要的。

假若我们给命题结合辞所连接的命题的形式名之为复合命题的形式，由命题结合辞我们可以推出复合命题的形式有五种：

①—（　），②（　）∧（　），③（　）∨（　），④（　）→（　），⑤（　）≡（　）。

由上面五个复合命题的形式我们才可以有未分析的命题：

①—（P），②（P）∧（Q），③（P）∨（Q），④（P）→（Q），⑤（P）≡（Q）。

由未分析命题的意义的确定我们才可以到分析命题：

例如有下面两个命题我们可以把它们变成五个命题，并且可以判断它们的真伪。

P：天塌下来了　　Q：我爱月亮

①—（P）就是：天不塌下来

这里假若"天塌下来了"是真的，那么"天不塌下来"一定就是假的。

②（P）∧（Q）就是：天塌下来了并且我爱月亮

这里只要"天塌下来了"或者"我爱月亮"之中有一个是假的，则（P）∧（Q）也就是假的了。除非两个都是真的，那么也可以是真的。

③（P）∨（Q）就是：天塌下来了或者我爱月亮

这个复合命题之中只要一个是真的，则（P）∨（Q）也就是真的了。除非两个都是假的时，它才是假的。

④（P）→（Q）就是：如果天塌下来，则我还是爱月亮

这个命题中除了 Q 是伪的，P 是真的以外，(P)→(Q) 永远是真的。

⑤ (P)≡(Q) 就是：天塌下来我也爱月亮是同值

这两个命题中除了 P 是真的，Q 是伪的或者 P 是伪的 Q 是真的以外，(P)≡(Q) 永远是真的。

由以上命题的演变看来，是应该先有复合命题的形式，然后才会有分析命题。未分析的复合命题我们可以确定地由原命题的值来推知，然后才有分析命题。这也可以说，复合命题的形式与未分析的复合命题，复合命题的形式是逻辑地在先。有未分析的复合命题的值的确定，才可以确定分析的复合命题的值。因此我觉得说"复合命题的值完全由原命题的值来决定"不如说"复合命题的值由复合命题的形式和原命题的值来决定"。

分析命题中的逻辑部分如此，其数学部分亦然。故数学中的孤立的内容与孤立的几个逻辑命题放在一起一样没有意义。

1947 年 12 月 31 日夜里写完，但还应该修改

论内在关系与外在关系

现代黑格尔学派的哲人发挥黑格尔学说最深刻的有：英国的柏莱得烈（F. H. Bradley）、意大利的克罗齐（Benedetto Croce）、美国的鲁一士（Royce）。三人虽同为黑格尔学派的健将，然在思想上仍有很大的距离。我们最熟知的要算克罗齐了，他有三本最重要的著作，即《逻辑学》（Logic）、《美学》（Aesthetics）和《实践哲学》（Philosophy of Practical）。鲁一士在伦理学方面著作甚勤，例如《忠之哲学》（Philosophy of Loyalty）等，并著有《哲学史》一册。而柏莱得烈在伦理学方面发明甚多且甚新鲜，然而其主要著作当为《现象与实在》（Appearance and Reality），他在该书中最主要地是讨论"关系"（relations）和"性质"（qualities）的关系（the relation between relations and qualities）。在这里所谓的"关系"实在是包括"内在关系"（internal relation）和"外在关系"（external relation）。

在这里，我们先得把柏莱得烈的"关系"的意义弄明白，然后我们再对他的学说加以讨论。所谓"关系"，当然是指两个以上的性质和两件以上的事物的关系，因为一个性质或一件事物（这里的性质和事物是指绝对的一件事物和一个性质）无法发生关系。其无法发生关系正如整个的宇宙只有唯一的甲性质（事物亦不能有，因事物可以不是一个性质），那么乙丙丁……却与甲同一（这里的同一包括有逻辑条件的同一和一切非逻辑条件的同一），因此宇宙中如只有甲性质存在则无关系可言，且亦无性质可言。故假若我们承认关系的存在则我们就必须承认有多种的性质与多种的事物的存在。柏莱得烈以为只要某一性质加入于某一关系中，则与未加入此关系中时有些不同，或者说只要是在关系中的事物，那么这事物就不再是不在关系中的事物了。柏氏并且以为，任何关系之发生必为内在关系而无外在关系之可言。

柏氏之所谓内在关系，是指某一事物加入于某一关系中，则此事物除有逻辑条件之改变，并有性质上之改变。故要知柏氏之内在关系之产生，当知柏氏之"关系"与"性质"之矛盾（此处之矛盾为辩证法中之正与反）。他认为由性质方面看来——是指事物本身的性质——与关系不能分开来说，然而亦不能合起来说。不能分开来说，因为有性质则必有关系，因性质是多数的，因其为多数则是不同的，不同则一性质与他性质不是在其内就是在其外。某一性质在他一性质之内则有涵蕴关系，某一性质在他一性质之外则有"在其外"之关系。如有性质而无关系，则性质唯一，只有唯一之性质则无法称之为性质了。因性质只有唯一时，则不必谓其为性质，亦不能谓其为性质，因而我们知道有性质则必有关系，至少有"在其内外"之关系及"涵蕴"之关系。至于关系与性质不能合起来说亦很显然，因性质不能有关系，若性质中就有关系则关系亦为性质了。例性质 A 又必有两种特性：一方面在其成关系及维持关系（因关系无性质为不可能），一方面则为关系所成（因无关系则无性质可言）。由 A 而言，其为关系所成又不为关系所成（维持关系），则 A 之本身即发生矛盾。本来 A 性质就有两方面特性，如这两方面特性成为新的性质，如其已为新的性质了，那么又需要有新的关系来维持，此新的关系即已成，则又为性质了，因此就产生无穷之关系，然而性质本身并无关系我们可以看出的。

再就关系方面来说：关系不能无性质，关系亦不能有性质。关系无性质则关系无法建立，关系亦无意义了。因为关系之所在即性质之所在，性质若不在则关系亦无法在也。故有关系无性质有困难，而关系有性质亦有困难。因关系有性质则关系亦为性质，故有性质则有关系而且关系即为新性质，那么我们又需要有新关系产生。由此看来，原来的性质本身是不自有的关系，对原性质而言关系本不为性质，因若关系已与性质同为性质，则又须新关系也，那么关系有性质亦有困难。由关系之转变为新性质，此当为柏莱得烈以一切关系皆内在之根源也。

前不久听金岳霖先生讲"内在关系与外在关系"，金先生认为柏莱得烈只承认有"内在关系"而无"外在关系"是不正确的。金先生所讲大概如下：

一事物加入某一关系中，此事物就不再是在此关系外之事物了。然关系又分两种，一为内在关系，一为外在关系。所谓有外在关系就是说，某一事物加入某一关系中其逻辑条件上则有所改变。所谓内在关系则是，某一事物加入某一关系中，则不仅其逻辑条件有所改变，就是在其性质上亦有改变。可以由下面的例子看出来：

（1）A 与 B 两性质（或事物），当 A 与 B 发生关系以后则为：

ARB

从形式上我们就可以看出来 A 及 B 在逻辑条件上已是不同了。

（2）如果这个桌子上没有任何东西（虽然事实上不可能，而我们可以想象得到的，例如它上面必定有灰尘、空气等），假若我把手套放在上面，此桌子就与此手套发生与前此时不同之关系，那么这桌子与这手套就与这手套还未放在桌子上时有所不同了，至少是在逻辑条件上有了改变。例如前此时我们以"这桌子上没有任何东西"这个命题是真的，而现在"这桌子上没有任何东西"已是假的了。对于手套，前此时"此手套不在桌子上"是真的，而现在亦为假了。因此任何一性质或事物加入于任何一关系中其必有逻辑条件上之改变是无可怀疑的了。

内在关系，或即前面所说之意义，或曰某一事物在某一关系中与其不在此关系中时其性质上有增加或有减少，由下面一个例子可以看出：

A 与 B 两事物，若 A 与 B 发生关系则为下形式：

A′RB′

而不为 ARB，因其在性质上有所改变。例如氢气和氧气由电流之作用而成为水，本为 H_2 与 O_2，现则为 H_2O，在水中之性质已与氢气及氧气有些不同了。

金先生认为宇宙中外在关系可以有，因依照其外在关系定义外在关系为可能，于是金先生就说柏氏之内在关系说不能成立，正因外在关系之可能。但我们仔细分析金先生之内在与外在关系后，可知金先生并未驳倒柏氏之说。因柏氏之内在关系已包括金先生之外在关系了，柏莱得烈之所以认为外在关系不能有，因是关系之产生，又为新性质，而原性质已有增加。金先生对此点根本没有加以注意，故我们当认为金先生之所谓关系亦全是柏氏的内在关系了。

以上为柏氏"关系"学说及金先生之对柏氏之批评。金先生之说不能成立，因为他没有对柏氏的"关系"为新"性质"加以讨论。然由柏氏之学说看来，有两点我们需要讨论：一为柏莱得烈内在学说之来源，一为外在关系与内在关系如何才能成立。

首先我们要给"关系"与"性质"的关系一个较明确较简单的定义。有 A、B 两事物或两性质：

（1）必有 A 与 B 两性质，才有 ARB 之可能。

（2）有 A 与 B 两性质，则必有关系存在，至少若 B 在 A 之外，则 B 与 A 有 B 在 A 之外之关系，若 B 在 A 之内则 B 与 A 有 B 涵蕴于 A 之内之关系。

（3）"关系"不能在 A 与 B 之中，因 A 与 B 本无关系。

（4）A、B 亦不在"关系"之中，因无 AB 则无"关系"之可能。

（5）所以我们说"性质是关系的性质，关系是性质的关系"。

（6）无性质则无法产生关系，无关系则无所谓性质，因无关系则性质唯一，性质唯一则不必为性质，故性质不离关系而存在。

（7）A 与 B 是同一涵蕴，若 A 与其他任何性质（或事物）皆为同一涵蕴则无法有性质，并无法有关系。

这是对关系与性质最基本的认识。下面再对性质与关系做一较深的讨论：世界中任何性质（事物）与他种性质（事物）之发生关系皆为内在关系。这种说法当是由柏莱得烈"关系之矛盾"的学说而产生的。柏氏谓"关系"不即是性质之说实在很正确，因他已提出若关系即为性质，则性质与性质则必失去联系。如只有性质而无关系则性质唯一，亦无所谓性质了，因性质本着重相异点。如我们深深体会一下就会知道有性质就会有关系之存在，然关系即已存在则我们亦可视其为新性质。新性质即已产生则原性质有所增加，而关系又须重新建立。故可知柏氏之"关系矛盾"实为产生其内在关系说之根源。不明者以为柏氏之学说无根，实为未能理解其"关系矛盾"之学说故。因由性质而有关系之产生，关系即已产生则不复再为关系而为新的性质。由此看来任何一事物加入一关系中则必为内在关系，事物加入任何一关系中亦必有新性质之产生。而新性质是必有新关系之存在，新性质所依之关系既已有则又不复为关系又为性质。由此类推，天下任何一事物之彻底了解，则必已知天下所有之事物之性质。因此，柏氏之谓任何事物加入于一关系中则必为内在关系当不足为奇。

怀德海亦谓："任何有限之知识则常含有无限之联系。"（*Modes of Thought*，p. 66）其意思当为任何一知识，虽仅为一有限之说明，然此知识所涵蕴之意义，非仅其说明之处，其所涉及之"理"是无限的，其与任何一草一木皆有联系。例如对这一张桌子之理解，虽仅此一张有限之桌子，然此桌子仍有未能说明之环境，须待吾人说明之。

故柏氏之学说在理论上似未缺乏根据，然柏氏之内在关系之提出，给予吾人之打击，并不在人类之理智，而在人类之感情也。因我们以为任何事物若为事物，则必有"关系"之存在，而此关系又必为内在关系。因其为内在关系，此事物于性质上必有改变。性质有改变则此事物之本身则不易探得，因而吾人之知识则无法摄得。此皆柏氏内在关系论所未能解释者，故吾人不得不对其内在关系加以补充。

我们既然已经承认关系非即性质，然关系之所以成为性质者因其在于既成关系以后，因此我们对一事物之研究则可不计此关系产生之新性质。然而此事物之加入此关系中之改变当仍为内在，而研究之对象当不为关系之所变成之性质，而此事物我们亦可视为外在关系加以研究之。例 A 性质（或事物）加入于某一关系中，我们可以控制 A 性质之本身，对其新性质可不计算。由此看来我们日常所要研究者虽然表面复杂，然而仍可以外在关系视之。

前面说到金先生对内在关系与外在关系的定义，以内在关系是逻辑条件与性质皆有所改变，这里我们亦不得不有所讨论。依照金先生的定义，宇宙之中根本不会有外在关系之存在，虽金先生再三强调有性质不改变仅逻辑关系改变之外在关系存在，然事实在一事物加入一关系之后必有性质之增加，故我们不能认为金先生之说法更较柏莱得烈合理，然而我们亦必对内在关系及外在关系有一合理确切之解释。现在我们以为柏氏之所谓内在关系（亦金先生所谓内在关系）正是外在关系。我们由下列几个条件就可分别内在关系与外在关系之不同了：

（1）事物加入于某一关系中，则此事物与未加入此关系中时定在性质上与逻辑条件上有些不同。

（2）某一事物之加入某一关系而有性质与逻辑条件之改变，则称为外在关系。

（3）外在关系注重点为由性质之相异而出发。

（4）某一事物加入于某一特定之关系，而失去其本身原有之意义而成为一特定之事物，则称为内在关系。

亦即 B 事物加入一关系中则其不再为 B 而为特定之 A，C 事物加入于一关系中则其不再为 C 而亦为一特定之 A 也。由下列横排中①可由形式上分别内在关系与外在关系之不同：

外在关系：有 BC 两事物（性质）发生关系后则为

BRC

内在关系：有 BC 两事物（性质）发生关系（加入一特定之关系）则为

ARA（A 为特定之事物或性质）

（5）内在关系之注重点是在性质之相同点，例如万物一体之说法。

由以上五个关于"关系"之条件我们可以很明确地了解"关系"并非如柏莱得烈所说皆为外在关系（即柏氏所谓内在关系）。金先生之错误是在强把柏氏之关系分为两部分而并未真正找出柏氏之疏忽处。我们再举几个例子来说明吧。

（1）内在关系之例：

唯心论或唯物论（在这里并不即认为唯心论或唯物论的理论

---

① 手稿原为竖排文字。

是正确的，而是他们的某种观点由"关系"方面说可称之为内在关系）的说法：

唯心论者以为一切皆由心生。

故唯心论者以 ABCD 性质……加入于特定之关系之中，则 ABCD……不再为 ABCD……而为精神（心）。

唯物论者以为一切皆由物生。

故唯物论者以为 ABCD……性质加入于一特定之关系中，则 ABCD……不再是 ABCD……而是物质。

（2）内在关系之例：

韩康伯引王弼文说："演天地之类，所赖者五十也，其用四十有九，则其一不用也，不用而用以之通，非数而数以之成，斯易之太极也。四十有九，数之极也，夫无不可以无明，必因于有，故常于有物之极，而必明其所由之宗。"五十里面不用的一个就是太极，太极不是在万理之外，而是蕴摄于万理之中的。万理之所以为万理而不为混然不清者，实因其有独立的性质。这种独立的性质不是在理之外的标准，而是这理的属性。因为万理都有独立的特性（太极），所以他们是相同的。但因万理又有不同的独立的特性（太极），所以他们又是不同的。因而我们可以说万理是基于一理（太极），因为有太极（独立的特性）它们才有同与不同。由这种说法我们认为是最好说明内在关系的了。

例如世界上有颜色、味道、硬度等独立的特性，然而加入于特定之关系中（太极之观点），则颜色、味道、硬度等等亦仅为相同之理（独立之特性）。

（3）外在关系的例子：

我们知道氢气与氧气因为电流之作用而成为水，于是氢气、氧气之性质皆有改变。然不是其原有之性质已不存在，而是在此境况中因关系所成之新性质过多，而原性质不易察出，至少原性质存在于还原成氢气与氧气之水中。故氢气与氧气与水之性质之不同，实因新性质之产生，而新性质之产生实因电流之作用；如无电流之作用则氢气与氧气性质亦并非不存在，而存在于还原之氢气与氧气中。这种性质之改变，我们是可以控制的。（例如研究氢气与氧气，如欲其不变成水则不使电流通过可也。）任何事物之研究皆可以加以控制，故我们可以设想科学之功用最主要者为在控制着他种某因，而只使一种因素在关系中变动，以便我们研究之用。因此，一切外在关系之研究可为科学之研究。

外在关系是因某一事物加入于某一关系中，则此事物与其未加入此关系时有性质上及逻辑条件之改变。且此关系即已为关系，则为新性质。新性质，则必有新关系。故我们可由下列之式子看出来：

有 AB 两性质发生关系以后，则为：

ARB

AR_1RR_2B

$AR_3R_1R_4RR_5R_2R_6B$

$AR_7R_3R_8R_1R_9R_4R'_1R'R'_2R_5R'_3R_2R'_4R_6R'_5B$

$AR_aR_7R_bR_7R_cR_8R_dR_1R_eR_9R_fR_4R_gR'_1R_hRR_iR'_2R_jR_5R_kR'_3$
　$R_lR_2R_mR'_4\cdots\cdots$

　　$\cdots\cdots\cdots\cdots\cdots$

　　$\cdots\cdots\cdots\cdots$

如果这些关系以外在关系看，我们要讨论什么只需注重什么就行了。例如我们要讨论 AR_1RR_2B 则 ARB 及 $AR_3RR_1R_4RR_5R_2R_6B$ 等等可以不必去管。

所谓内在关系，其式子可如下：

有 AB 两性质发生关系则为：

PRP_1（P 为一特定之性质）

$PR_1PR_1P_1$

(PRPRP)

$PR_2PR_2PR_2PR_2P$

(PRPRPRP)

$PR_3PR_3PR_3PR_3PR_3PR_3PR_3PR_3P$

(PRPRPRPRPRPRPRP)

....

....

由上面所说的一切，我想我们对于内在关系与外在关系已经很清楚了。虽然我们所谓之外在关系正为柏莱得烈所谓之内在关系，但这并没有什么太大的关系。因为我所用的分析的精神仍由柏莱得烈那里得来的。我附带说明一点就是柏莱得烈为什么没有发现我们所谓的内在关系，因柏氏虽为新黑格尔学派中之哲人，然其仍受由洛克（Locke）与休谟（Hume）以来的英国经验主义的限制，因此柏莱得烈只注意到经验中之事（一切他所谓内在关系之事物），而他对于超经验之事物未加注意也。

1948 年 2 月 15 日开始写
23 日写完

附：贺麟教授批语①

认柏拉得列所谓内在关系仍为外在关系，甚有道理，对内在关系的说法，亦可能成一说，但须更深究之。

---

① 贺麟教授时任汤一介"外国哲学"课程讲席。

贺麟教授批语手迹

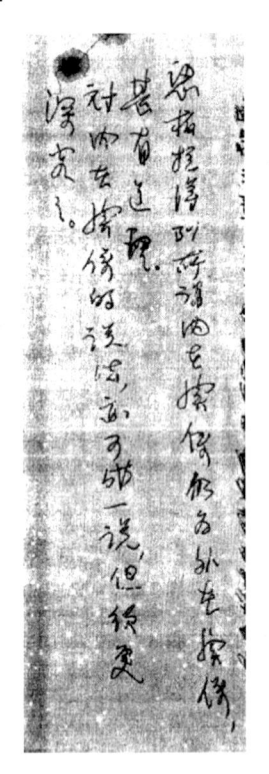

英国经验主义的学习总结报告（一）
——论洛克哲学

我如何写这篇报告

写这篇报告之前我已经花过两个星期看洛克的《人类理解论》和我的听课笔记，并且做了相当多的札记。对于洛克的社会背景，除了看了西洋史之外还看了恩格斯的《社会主义从空想到科学的发展》及普列汉诺夫的《论一元论历史观之发展》，并且希望读到马克思及恩格斯合作的《神圣家族》，但没有读到该书全文。花了这样许多工夫是不是就表示我这篇报告能写得很好呢？那不是的。这里还会有许多问题，有的是我知道的，有的是我自己尚未发觉的，但我却愿尽我最大的努力写这一篇报告。

我想这样写：

（1）洛克哲学发生发展的社会背景。这里面希望能说明洛克哲学一方面是继承了英国经验主义，另一方面是继承了大陆理性主义（笛卡尔）的传统，并且就他当时的社会环境说是由封建社会走入资本主义社会，但英国的走向是不彻底的，洛克在政治理论上是一个折中主义者，因此在哲学上也是一个折中主义者，并且说明洛克哲学的发展影响到法国唯物论及巴克莱、休谟的经验主义。

（2）洛克对于第一性质及第二性质的看法。这里面希望写出他自己对于这个问题的处理，照他这样来有什么矛盾，我们如何才可以修正他的学说。

（3）洛克对于实体观念的看法。这里面我希望能说明，他如何处理这个问题及他在这个问题上表现出他的二元论来，揭示他这个学说并试用辩证唯物论的观点来说明。

（4）洛克的知识论。这是我这篇报告中最主要的一章，希望在里面写明白：第一，什么是知识；第二，知识的种类；第三，知识的范围及真实性；第四，我们对于"存在"所有的知识；第五，使用辩证唯物论的观点来批判洛克的知识论。在这一章里，我已经知道还有些问题没有解决，这些问题都把它提出来，以备以后再来分析研究。

最后祝福我自己能够很愉快地完成我这报告。

1950 年 1 月 20 日

一、洛克哲学发生发展的社会背景

（一）17 世纪末及 18 世纪初的英国社会：由封建社会变到资本主义的年代。

（二）洛克的思想来源：

英国由 17 世纪以来的经验主义（主要是培根）；

欧洲大陆笛卡尔的理性主义的思想；

洛克的二元论折中主义在政治及哲学上的表现。

（三）洛克哲学对 18 世纪法国唯物论的影响。

（四）洛克哲学对 18 世纪英国经验主义的影响。

* * *

17 世纪末的英国社会是由封建主义社会刚刚变到资本主义社会的时代，并且是最早在欧洲出现的一个资本主义社会。它的转变有异于 18 世纪法国的大革命，也有异于德国的资本主义的兴起。英国资产阶级的革命在 1651 年成功了，但它并非彻底打垮封建势力，而是与某些资产阶级化了的贵族携手了，这样造成英国资产阶级在一开始就含有保守性。法国资产阶级的革命发生在1789年，它是彻底消灭了封建势力，自英国革命成功后，法国的资产阶级就与封建势力做不调和的斗争，因此法国大革命是资产阶级革命的典型。德国的革命发生得更晚，比起英国来又更是不彻底了，其资产阶级是脆弱的、卑怯的，用马克思的话说，德国资产阶级的特点是"想得多，做得少"。欧洲这三个国家表示出资产阶级的三种不同的革命形式，因为革命形式的不同，其社会国家的政权形式也不相同，当然表现在文化思想上也有些差异。英国是工业发展最早的国家，是资产阶级革命最早的国家，因此"整个现代唯物论的最初发祥地，也是英国"。法国的大革命是资产阶级最彻底的革命，因此"法国的唯物论者，却能使18世纪成为主要地是法国的一个世纪"。德国在17世纪仍然是一个经济落后、政治分裂的国家，其内部的小国邦都依靠着反动的封建势力，依靠着教会的专制势力，资本主义在这种环境里渐渐地兴起，所以是软弱的。莱布尼兹就是这个时期的哲学家，在他的哲学里表现出对封建的教会的因袭和资产阶级的自由思想的矛盾的结合。18世纪及19世纪初它仍然在经济上、政治上是软弱的，因此在哲学上表现得"想得多，做得少"，只是说明世界的哲学而不是改变世界的哲学。把这几个资产阶级的革命与哲学简单地进行说明比较，我们是想由这里面得到一个结论，就是：在政治上斗争得愈是厉害，革命愈是彻底，则在哲学上唯物论也发展得愈是完备。

下面我们再比较详细地说明英国在17世纪时的社会情况。

远在16世纪初英国的纺织工业已经很发达，并且在国外得到了广大的销售市场，因此已为其改变国家之经济和社会制度准备好了资本原始蓄积的条件。英国的农业经济日益获得了商品的性质，这样就产生了英国新兴的阶级——资产阶级或称新兴的大工商业者，于是在封建制度与新兴的阶级之间的矛盾也开始出现了。到17世纪中叶，由于新兴的阶级代表着向上发展的生产力，于是资产阶级和资产阶级化了的贵族阶级就联合成为英国的统治阶级了。

17世纪的前半期，整个是新兴的资产阶级与没落的封建贵族斗争的时期。自16世纪以来的资本的原始蓄积，新的阶级已经达到"财富充盈而地位巩固，再也不需要强大的君权保护了"。同时，因为这新兴的资产阶级在社会地位上的日渐重要，引起了英王及保守的贵族更进一步地采取了极权的统治。这样形成了当时王权与国会的争端。因此新的资产阶级及资产阶级化了的贵族阶级就联合起来向王权斗争，想由英王及保守的贵族那里取得统治权，从而造成了1640—1660年的英国资产阶级革命。当时一般人民（农民、手工业者、工人）为了解放出在封建势力重压之下的劳动力，使自己不再停留在饥寒的生活线上，也担负了这次革命的重担。这时新兴的资产阶级除了反对王权以外，还要反对封建势力的有力维护者——教会。在这种反对王权、神权的运动中，资产阶级是起了一定的进步作用的，同时英国的哲学也因此在17世纪发展了光辉的唯物主义，所以产生了培根等大哲学家。马克思说："培根是英国唯物论和新时代的一般实验科学的始祖。"

但因英国的革命是由新兴的资产阶级与资产阶级化了的贵族阶级联合完成的，所以统治的权力是共享的。于是在贵族阶级中所遗留的保守性仍然在新的社会里蔓延着，这影响着当时的政治学说，使政治学说也有其两面性。这样一直影响到哲学上的不彻底性的二元折中论。

洛克生在英国资产阶级革命的时代，其思想自然就受当时的环境所影响。洛克又较后于笛卡尔，因为笛卡尔是当时自然科学的集大成者，是由中古经院哲学中较晚出来的大师，因此我们要了解洛克的思想的来源就不得不从英国本身由培根以来的经验主义及大陆上的理性主义——笛卡尔——两方面去进行。

英国的唯物论的第一个创始者是培根。马克思的《神圣家族》中说："在培根——唯物论的第一个创始者——那里，唯物论在朴素的形式中，包含着全面发展的萌芽。物质处于感觉的诗意的光辉之中而对人微笑，但以格言形式叙述的学说本身，却相反地充满着神学的不彻底性。"培根基本上说是一个唯物论者，他认为要战胜自然就只有服从它，就是认识自然及其规律。因此"主要的经常应予注意的东西就是物质本身，及其不同之构造与变化"。他说："凡是在理论上是基础、结果或起因，即在实际上应成规则、目的或手段。"培根要求客观地研究自然。他认为认识的主要工具是经验，但不是偶然的和混乱的而是系统化的、计划化的、作为科学特别是自然科学研究的基本原理的经验。他拿古代唯物论者利用经验来与经院主义哲学家局限于对自然的抽象的和空洞的描述相对立。培根以为对自然界的真正的认识是建筑在现象、物体运动的起因上的认识。因此他在哲学史上的功绩就在于他确定唯物论的世界观，提出经验作为研究自然的重要的工具。马克思说："但培根学说的格言式的叙述却仍充满了神学的不彻底性。"正是因为在17世纪初英国资产阶级的不够发展及其落后性规定了培根唯物论的不彻底性。他限制了无神论而向神学让步，并且在其方法上也缺乏辩证的成分而基本上仍为机械论的。

"霍布士整理了培根的学说，但他并没有更确切地证明培根的根本原则——知识和观念底起源是在于感觉世界的原则。"马克思恩格斯的《神圣家族》中这样说道，并且说："霍布士从培根的观点出发，这样推论说：如果我们的感觉是我们的一切知识的源泉，那么我们的直观、思想、表象等等，不过是物体世界底多少脱去其感觉形式的阴影而已。"又以为："不能将思想从那思想着的物质脱离开来。"霍布士继承了培根的哲学,并加以发展,系统化了培根的唯物论,克服了培根神学上的不彻底性,但同时又给予唯物论以完全机械的和形而上学的性质。

"洛克在他的《人类理解论》中,论证了培根和霍布士底原则。"洛克在哲学上直接承继着培根和霍布士是明显的,这一方面表现在唯物论的思想上的一贯,另一方面表现在他的形上学处理问题的方法。恩格斯在《反杜林论》中说:"被培根和洛克从自然科学移植于哲学的这个方法引导后一世纪达到思维的特殊局限性和形而上学的方法。"

17世纪的法国,封建的生产方式已趋于瓦解,但是资产阶级本身仍然十分软弱,尚无力夺取政权,因此法国哲学就依着与英国不相同的另一道路发展着。17世纪在法国没有一贯的唯物论,笛卡尔的学说带着妥协性的二元论的性质出现了。笛卡尔在哲学上的第一任务是推翻一切传统的教条和成见而发现绝对的可信的始源。因此他倡导怀疑,从这个事实开始对一切怀疑,他怀疑到物的存在。但"在其物理学中,笛卡尔赋予物质以独立的创造力,并视机械运动是物质生活的现象"。笛卡尔又肯定人类理性才能,他说:"任何遥远之物均能达到,任何秘奥皆能揭露。"因此二元论的笛卡尔哲学形成了。洛克恰在笛卡尔之后,他看了《笛卡尔文集》,因此才对哲学发生兴趣。笛卡尔对洛克的影响很大,最明显地表现在于他们同样承认有两个实体——物质和精神。同时笛卡尔的理性主义直接反映在洛克的知识学说里,洛克直接采用了理性知识,因此使得其经验主义的体系被破坏。在其对于抽象的观念的学说上也表明他的理性主义的成分,因为我们知道洛克的经验主义抽象观念永远不能由简单观念拼凑而成。

洛克因为是17世纪中叶后的哲学家,在其政治思想上反映着自由资产阶级的利益。在《关于政府的两篇论文》中,洛克维护着资本主义，另一方面他也反无神论。这个根源在于当时的整个社会的两面性与折中主义。一方面资产阶级革命成功了，另一方面在资产阶级本身里已经流着保守的血液。洛克在政治上就是这样表现的：主张变，但是要和缓的。这样在洛克哲学中也表现出其两面性与不彻底性来。又洛克一方面继承着本国的经验主义，另一方面又受到了笛卡尔的影响，于是在他的哲学中常常表现出矛盾，表现出折中主义的倾向。这就是洛克的哲学。但因他毕竟是多代表了一点革命的资产阶级，多受到了点英国经验主义传统的影响，所以唯物论的成分很浓，以至于马克思指出洛克是法国唯物论的先父。

洛克哲学有这样一个发生发展的关系：

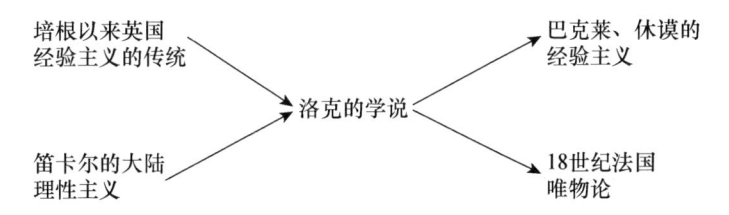

```
培根以来英国                    巴克莱、休谟的
经验主义的传统  ↘            ↗   经验主义
                  洛克的学说
笛卡尔的大陆    ↗            ↘   18世纪法国
理性主义                         唯物论
```

普列汉诺夫在《论一元论历史观之发展》中说："法国唯物论者在辩驳这个观念时（指笛卡尔的先天的观念），实质上说来，只不过是叙述了洛克底学说。洛克在17世纪之末就证明了，先天的观念是不存在的（no innate principles）。可是在叙述他的学说时，法国唯物论者给了他以更彻底的面貌，在那洛克以良好教育的英国自由派资格所不愿提及的 i 上加了一点，法国唯物论者是无畏的彻底到底的感觉论者，即他们把人底一切心理功能看做是感觉底变形。"我们由这段话可以明白地看出法国唯物论与洛克是有着不可分离的关系的。恩格斯的《社会主义从空想到科学的发展》中说："培根、霍布士和洛克都是光荣的法国唯物论者的先父，这是无可否认的。"《费尔巴哈与德国古典哲学的终结》中也说："从笛卡尔到黑格尔和由霍布士到费尔巴哈这一长久时期，推动着哲学

家前进的，并不单是纯粹思维的一种力量而已——正如他们所想。恰为相反，在现实上，推动他们前进的，主要是自然科学和工业底强大的日益迅速和日益风暴般的发展。这在唯物论者中间是特别著目的。"是的，洛克的哲学正如马克思所言："创立了健康思想的哲学，就是说他以迂回的方法说明了，若离开了那依靠于健康人的感觉认识上的悟性，哲学是不能存在的。"洛克唯物论的感觉论给法国唯物论开了个端绪，这派唯物论后来引申到了乌托邦的社会主义。

在《神圣家族》中，马克思又明白地说："法国唯物论有两条来路：一个溯源于笛卡尔，另一个是洛克。"法国唯物论基本上取了洛克的"感觉产生我们的一切知识"学说来反对笛卡尔先天观念的学说。所以，最主要的是法国唯物论在认识论上吸取了洛克对感觉唯物论的理解，并抛弃了他的唯心论的不彻底性，坚持了认识是客观世界在人类头脑中的反映。

法国唯物论之与洛克的关系是很明显的，尤其是分析狄德罗的思想可以看出其中洛克学问的影响。

英国巴克莱的哲学也是直接由洛克来的。他们同为讨论人性的哲学家，研究的对象都是人的心理的内容，因此研究观念成为他们研究的核心。巴克莱一方面继承了洛克，但另外一方面他反对了洛克。他首先由洛克的哲学出发反对掉了洛克的抽象普遍观念。由于把洛克的第一性第二性之分取消了，实体（substance）也被取消了，于是巴克莱变成了主观唯心论，否认了客观存在。不但如此，巴克莱的《人类知识原理》的写法也是按照洛克的写法。

这样说巴克莱既然是由洛克出发，为什么又会走到主观唯心论去？这一方面当然是因为洛克唯物论的不彻底，在洛克的哲学中常含有自身的矛盾，例如洛克的简单观念变成抽象普遍观念的问题，理性知识与经验主义本身，实体的观念等等。另外一方面又因为巴克莱是僧侣阶级的保卫者和反无神论唯物论者。为了保卫宗教，他反对无神论；为了反对无神论，他反对唯物论。这样使得他全然地否定了洛克的哲学的唯物的部分。他利用着科学来保护着反科学的本质，这种巧妙的方法使他的哲学对于当时及以后起着很大的影响。

* * *

以上我们简单地说了 17 世纪的英国社会，以及洛克哲学的来源和发展。我们由这历史的叙述中已可看出洛克在哲学上虽然成就不算高，但他的影响却是十分地大。他一方面做了法国唯物论的先父，影响了法国大革命，影响到以后的乌托邦社会主义。另一方面又是英国经验主义的承先殿后者，在哲学上发展成为怀疑主义，影响到今日的马哈主义新实在论、新休谟主义；在政治上或大或小地起着折中主义的作用，一直使英国在改良主义的路上走着，今日英国的工党或多或少地也受到洛克的影响。但洛克的影响还不止于此，他对美国的政治哲学起着比在英国和法国更大的影响呢！美国的实验主义的哲学是源于洛克的，其不彻底性、调和性，对人心理内容的研究都是由洛克来的。在政治上更是如此，一方面是革命的，主张个人主义的自由竞争的；另外一方面是有其保守性的。美国今日的社会、学术无不是或明或暗地接受着"洛克主义"。

我们要了解洛克的学问绝不能孤立地去了解它，我们要配合着洛克的社会背景、政治主张，找出其发生发展的所在，这样才可以得其全而知其因。

1950 年 1 月 15 日

二、洛克对于第一性第二性的看法

（一）什么是第一性与第二性？

（二）为什么有这样的分别？

（三）这样分别的矛盾：巴克莱所指出来的及与现代科学矛盾之处。

（四）我对于这个问题的看法。

* * *

洛克论第一性与第二性在《人类理解论》的第二卷第八章《关于简单观念的另一些反省》中。我打算分三层写：第一层先就洛克的文本分析什么是第一性与第二性和为什么有这样的分别；第二层就巴克莱的批评和它与现代科学矛盾之处来批评之；第三层说明洛克的分别第一性与第二性是折中主义的表现，由于第一性与第二性的分别，洛克的学说可以发展成主观唯心论，也可发展成机械唯物论。

洛克的哲学是由研究人的心理出发，他以为人的心理像一张白纸："任何东西的性质只要能刺激感官，在心中引起任何知觉来，就能在心中引起简单观念来。"（Ⅱ.8.1）对于观念我们则要由两方面把握它的本性：一方面是由"看做是心中的观念或知觉"，另外一方面则是"看做是物体中能生知识的物质底变状"。如果我们要用这些观念把握事实本身时，那么我们是指物体中能产生观念的性质。但常常能引起我们人心中的积极观念的事物的性质反而是消极的。洛克指出，例如冷和热、光和暗、白和黑等等是事物中的消极的属性，但它们却是人心中的清晰的积极的观念。但在我们理解观念时，以为他们都是清晰的积极的观念，并不问产生它们的那些原因。要追问这原因，则不是要问理解中的观念如何，乃是要问，存在于我们之外的事物的本质。

于是洛克认为，考究物体中的性质可以分两种：

第一性质：

（1）不论在什么情形下，都是和物质不能分离，物体不论经过什么变化，外面的力量不论多大，它仍然把这些性质保持住。

（2）第一性质的观念与原型相似。

（3）第一性质是事物中积极的属性。

第二性质：

（1）不是事物本身所具有的东西，而是能借第一性质在我们的心中产生各种感觉的那种能力。

（2）第二性质的观念则并不与原型相似。

（3）第二性质是事物中消极的属性。

这是洛克认为第一性质与第二性质的分别。他说："总而言之，所谓凝度、广袤、形相、运动、静止、数目等，我叫它们做物体的原始性质或第一性质。"而："如颜色、声音、味道等等，都是借物体中微细部分的体积、形相、组织和运动表现于心中，这一类观念我们叫做第二性质。"因此我们知道，在洛克看起来，第一性质是物体本身所有的独立于人的意识之外而存在的；但第二性质则不单是物体本身所有的，而是要依靠人的意识的。例如在（Ⅱ.8.18）上说："这些疾病痛苦的感觉并不存在于头脑中的，只是它在我们的身上所起的作用，我们如果觉不到它，它们亦就不存在。"

洛克为什么有这种第一性与第二性的分别呢？从他的《人类理解论》可以看出两点：

（1）这两种性质同是为我们的感官所取得，但第二性质则是由一种感官可以取得的，第一性质则由两种或两种以上的感官所取得。例如颜色（第二性质）只是由眼睛取得，而形相则是可由手与眼共同取得。

（2）由于洛克的机械唯物论的方法只是片面地看问题，于是就当时自然科学的基础，洛克是会得到第一性质与第二性质的分别的。例如，同一人的两只手放在不同的温度中然后再放到同一温度的水中所得到的冷热的感觉不同。

由于这两个因素，洛克发明了第一性质与第二性质的学说。其实并不是洛克最早提出来这个问题，而在古希腊时为笛马克里他斯所说过，洛克不过是系统化一下罢了。

我们读巴克莱的《人类知识原理》，在绪论中他把洛克的抽象普遍观念反对掉了。的确，依照洛克的经验主义的发展是可能有这种情形的。因为我们不能设想一个具体的生动的简单观念如何可以被拼凑成为抽象的观念。白羽之白只是白羽之白，这是一个含有时空性质的观念；白雪之白只是白雪之白，这也是一个含有时空性质的观念。我们如何由它们得到"白"这个超时空性质的抽象观念呢？并且洛克以为人心像一张白纸，这样看来是很缺乏主动性的，更难以想象洛克的抽象观念。巴克莱否认有抽象的普遍观念，这是因为就洛克的说法看来我们绝不能想象出什么抽象的观念，因为没有性质能够单独存在。例如我们不能想象有什么非快非慢、非直线非曲线的运动观念。

巴克莱由于反对抽象普遍观念，而进一步反对洛克第一性质与第二性质的分别，由第一章的第一节到第十六节都是叙述着反对第一性质与第二性质的理由，我们现在举其要点说明之：

（1）没有离开了可感性还单独存在的性质。我们所认识到、知觉到的只是与第一性质紧连在一起的物体的观念。"我并没有能力来只构造一个有广袤、有运动的物体的观念。我在构造这观念时，同时一定要给它一种颜色或者和其他可能的性质。"巴克莱以为洛克之所以有这种错误就在于洛克的那个抽象观念在作祟，想把第一性质由人心中抽象出来。因此巴克莱认为既然第一性质是离不开第二性质的，而第二性质又是被人承认是存在于人心中的，那么第一性质也只有存在于人心，而不能存在于别的地方。这样看来，第一性质与第二性质的分别是不可能的也是不必要的了。

(2)"存在就是被知觉。"（Ⅰ.3—Ⅰ.8）巴克莱认为除了上帝与自我外，都是存在于吾心。这因为他说："离开了知觉而存在的，那是完全不可了解的。"（Ⅰ.4）例如我们对于桌子的观念，它之所以存在是要我们摸它、看它、知觉它。如果离开了人的知觉，我们根本什么也不能说了。他以为之所以有这种错误还是在于抽象学说在作祟，想把可感的物象的存在与知觉分离。因此所有东西的存在都是存在于我们的知觉，自然第一性质也存在于我们的知觉。

(3)观念只是与观念相符合，而不是与什么外界客观存在相符合。因为我们不能存想在人心以外还有什么存在着的实体了，这因为存在只是存在于被知觉。所以我们说任何观念存在于不能思想的物体中，那分明是矛盾的。巴克莱说："一种颜色只能和别的颜色相似。……各种观念所模拟所表象的那些假设的原本和外物本身亦是可知觉的不是？如果它们是可知觉的，则它们亦是观念。如果它们是不能被知觉的，那么我请问任何人，要说颜色和一种不可见的东西相似，软和硬可以和一种不可触的东西相似，是否是一种有意义的说法？"由此看来洛克所谓的第一性质与第二性质的分别在于"第一性质的观念与外物相似，第二性质的观念则不是"的命题也不能成立了。

我们由巴克莱的学说可以看到洛克学说的危险性。因为他的机械的方法，对于简单观念变到抽象观念的机械的认识，使洛克的唯物论中含有极严重的唯心的成分，因此在他分别第一性质与第二性质方面表现出来了。这根源就在洛克的不彻底及折中性。虽然洛克主观上并不知道他已是有二元论的倾向，但事实上他是被引导至二元论上的道路。我们知道二元论的发展必然是一面倒的，因为二元论不能根本解决认识的问题，要解决这问题就得倒向唯心或倒向唯物。巴克莱就是由洛克而向右倒，于是就走上了主观唯心论的道路。这一方面是巴克莱本人是一个宗教的保卫者，但另外一方面也因为洛克折中论哲学中的漏洞、错误，使巴克莱继续发展而由洛克部分、不完全的唯心论走上完全的、主观的唯心论。

洛克的学说与现代科学矛盾之处自然很多，就其第一性质与第二性质之分也是现代科学所不允许的，例如光和热已不能再说是与运动、广袤有什么区别的客观存在了。这里不再细说。

最后在结束这部分内容时，我想把我自己对于这个问题的一点很不成熟的看法写下来。

洛克哲学只有一边倒才可以解决其哲学本身之中的矛盾。由其机械地拼凑观念一直到他论知识的问题，整个都是理性主义与经验主义在矛盾着。我们知道单由经验中不可能有抽象的普遍的观念存在，但洛克的唯物的成分（经验主义）又使他知道我们的简单观念是客观事物在我们的心中的反映。在论第一性质与第二性质的分别时，一方面他承认着客观存在是我们观念的来源，但另外一方面他又很混乱地承认了第二性质不是客观存在原有的性质，这样造成了唯心倾向的可能。在他讨论实体（substance）时，一方面他假设了有支持着各种性质存在的实体，这是唯物论的倾向；另外一方面他说这个实体是不可知的，这有不可知论的倾向，也即是有走向唯心论的可能。在他论知识的时候，他把知识分成三种（即三个程度），在直观的知识与解证的知识方面既纯粹是理性主义的说法——不由客观实际中来，而是人心本然；在论到感性知识的时候又是纯粹经验主义的说法——由客观实际中来，但没有提高到理性认识。由此看来洛克的学说是一个充满着矛盾的系统，要解决这些矛盾本应只有一条路，就是倒向唯物论，但巴克莱顺着洛克哲学发展的另外一个可能性而倒向更加错误的唯心论那一边了。现在我来初步尝试着用辩证唯物论的认识论，来解决一下洛克第一性质与第二性质的问题。

列宁在他的《哲学笔记》中说道:"从生动的直观到抽象的思维和从抽象的思维到实践——这便是认识真理、认识客观真理底辩证的道路。"洛克的哲学之所以矛盾,就在于他把认识的过程机械地了解了。他只知道我们的观念是由实际中来,但这些感性的知识到我们的脑中仍然是具体的、生动的,它是永远不会变成为抽象的、普遍的。那么这也就是说洛克不知道把感性知识上升到理性知识去,更不会辩证地了解思维的过程。这样使得他在哲学上存在着不可解决的矛盾。我们是很可以想象的,只能感性地认识外界事物自然无法把它抽象了,这是因为由我们感官所得到的总是生动的、具体的、多样的存在。因此,我们必须更进一步来认识事物内在的必然关系和其发生发展的必然规律,于是我们人的理性活动(思维)不完全是被动的。这个理性思维阶段的意义、抽象思维的意义就在它从单个的具体的现象出发而找到那为所有这些现象所共有的、一般的和本质的东西,就在它在似乎是偶然的乱堆中发现世界的规律。我们所能认识的本质的与一般的东西仍然是客观产生的,我们所得到的抽象的共有的规律仍然是由外界来的。这样我们就坚持了唯物论的立场,这样我们就辩证地了解了认识的过程。

洛克的第一性质与第二性质之分,辩证唯物论者当然要反对。根据科学我们已经知道第二性质也是客观存在的,并且是可以被人认识的。洛克不会运用辩证法,没有发现感性认识可以上升到理性认识的这一个环节,于是整个洛克的学说都有着其内在的矛盾。我们要真想解决这一矛盾就只有向唯物论这一边倒。

1950年1月16日上午

三、洛克对于实体观念的看法

（一）有没有实体及其种类？
（二）我们是否可以认识实体？可以认识多少？
（三）我们不能认识有什么意义？
（四）在这个问题上洛克所表现的折中主义。
（五）试用辩证唯物论的观点来批判这种说法。

* * *

洛克论关于实体的观念在其《人类理解论》（Ⅱ.23）中，这一章相当长，但是我们读过以后知道其意思很简单，其中前后重复之处非常之多。现先就其本身加以摘要的叙述。

我们先可以由（Ⅱ.23.37）了解洛克对于实体学说的大要，然后分别分析叙说之：

（1）我们所有的各种实体的观念不是别的，只是一些简单观念的集合体；除此之外，我们还假设有一种东西是这些观念所依附、所寄托的。不过这种假设的东西，我们是不能有明白清晰的观念的。

（2）我们的杂乱实体观念是由各种简单观念联合为一体的，可是这些简单观念仍只是由感觉和反省而来。对于我们所最熟悉的是如此，对于那些我们还不熟悉的不了解的，也只是由感觉和反省得来的那些简单观念。例如上节的观念。

（3）我们所知道的形成复杂实体观念的那些简单的观念，其中有的是消极的性质，这些消极的性质是只在与别的实体发生关系时才有的；它们仍然是依靠于实体内部组织的第一性质。

这是本章的结论，我们根据这个结论来看洛克实体的学说。

有没有实体？

洛克肯定地回答了这个问题。他认为："我们不能想象那些简单观念会自己存在，所以我们便假设一种基层，以为他们存在的归宿，以为它们产生的源泉。"我们认为这是洛克哲学必然的产物，因为他把一个一个的简单观念都由物质上分析出来，这些分析出来的只是性质呀！因此他不得不假设有这样一个实体作为那些性质的支持。所以他说："我们认为它是支持着一切现有性质的一种支柱，因为我们认为那些性质离了支柱便不能存在。"并且洛克明白地告诉我们，不但物体实体的观念是可靠的，就是精神实体的观念也是可靠的。例如黄金的观念是由颜色、重量等等性质合成的，这些性质必然要有一个支持，所以有了物体实体的观念。又例如思想、推理等作用，它们也是不能自存的，亦不能存想它们可以系属于物体或为物体所产生，因此我们便想到精神实体了。因此洛克认为我们的实体有两类：一类是精神实体，另一类是物体实体。

实体是不是可知？即我们对实体有没有明白清晰的观念？

洛克回答实体是不可知的，我们对它们没有明白清晰的观念。这是因为：我们对于任何特殊的有形实体，如马、石等等，我们对它们所有的观念，虽然仍是一些简单的集合体，而且这些简单观念仍只是代表着我们在石或马中常见在一块联合着的那些可感的性质，但是因为我们不能存想它们单独存在或互相依托，因此，我们就假设有一种公共的寓体支撑着它们，为它们所依托。这种支柱，我们便以实体一名称之，实则我们对于这种假设的支柱，完全没有明白或清晰的观念。在精神实体方面也是一样。

既然实体不可知，那么我们认识的到底是什么呢？

这个问题的回答有两方面：一方面是我们所能认识的那些属于物体实体或精神实体方面的有多少；另一方面我们说明对于实体的不能认识是洛克学说的必然产物。

我们知道复杂实体观念是由三种观念所形成的：

（1）事物的原始性质（第一性质）的观念。这些观念是我们感官所发现的，不过我们不知觉它们时它们亦存在于物体之中。例如物体的体积、形相、数目、位置和运动。

（2）事物的次等性质（第二性质）的观念。是依靠于原始性质的，只是物体的一种能力，物质可以凭借这些能力使我们生起各种观念来，不过这些性质并不存在于物体本身。

（3）物体有产生能力或接受能力的倾向。

由于复杂实体观念的构成我们可以看到，我们所能认识属于物体的只有原始性质，除这些原始性质外我们什么都不能知道。但我们根据（Ⅱ.23.11）"我们如果能发现出物体中微小部分底原始性质，则现在的第二性质亦会消灭了"，可以看出洛克也自知第一性质与第二性质的分别不妥当。他说："如果我们有很敏锐的感官，足以把物体的渺小部分分辨出来，而且足以发现出可感性质所依靠的那种真正的组织来，则我相信，它们所产生的观念一定与现在不同。"由此看来，他很有企图把第二性质全变为第一性质。我猜想他有这种企图的原因，是他对于"能力"到底是第一性质还是第二性质的疑惑。由于这一点，又可以明显地看出洛克倒向唯物论的可能。如果他把第二性质全然地拉到第一性质这边来，正如他所说的，发现它们所依靠的真正的组织，那么洛克的折中主义就从此消灭了。

而且我认为实体的观念之所以产生，正是洛克哲学必然产生的。洛克受了当时自然科学的影响，把心理分析成最小的单位，因此产生他的简单的观念。这些简单的观念，他认为可以凑合成为复杂观念，成为抽象观念。于是他就根据着感性的认识来构造抽象的观念。他把一个一个生动的具体的物体拿来分析，分析出它们的第一性质与第二性质，又由第一性质分析出形相、运动、广袤、凝度等等，分析到最后，他想假如没有一个支持这些性质则无所归宿，于是就产生了他这个实体的观念。由第二性质看，这个实体也是不可少的，因为第二性质是由第一性质的能力所来，因此也必要有一个实体来寄寓这个第一性质才可以产生能力。

由于这个实体观念的说法，我们也可以看出洛克学说的不彻底性及折中性：由洛克向右倒成为巴克莱的主观唯心论，他把一切性质都拉到被知识才存在方面，由于取消了抽象观念，不思想的实体的不可能就产生了；由洛克向左倒，就可以走上唯物论的道路，把那些主观成分的第二性质拉回到客观存在里来，为他们找出所依靠的真正组织。

巴克莱取消了实体的观念，是在于他的主观唯心论不需要。唯物论也可以取消洛克那种实体的观念，尤其是辩证唯物论是这样，像洛克那种"不可知的实体"在辩证唯物论是没有的。辩证唯物论根据科学认为有独立于人类意识之外的客观存在，也承认有各种性质，并且每一特殊的客观实在都是由某些性质构成的。但辩证唯物论者并不以为这些性质要依附于一个不可知的实体，只说这些性质存在着，并且在一起构成某一特殊事物，而这些性质之所以构成这一特殊的具体的事物，在于他们之间存在着内在的必然的联系。这些内在的必然的联系是我们可以认识的，我们依靠着人类的理性可以认识它。因此，洛克学说由"实体观念"方面看起来，其主要缺点还是在于他的方法是机械的，他没有辩证地了解"认识"的过程。

* * *

一点感想：

了解马克思主义的认识论是非常困难的事。虽然我还没有完全了解，但我知道它的意义是伟大的。马克思说："哲学家们曾经只是用不同的方式说明世界，但现在的问题是在于改变世界。"这句话是对辩证唯物论的认识论很好的说明。的确，以前的哲学家只是在进行着说明世界的工作，例如洛克就是，他的哲学并不是在生产斗争及阶级斗争中成长起来的。虽然他说他这完全是根据事实，但他有时不只是夸大了事实或缩小了事实。这不要紧，因为他的哲学只是说明世界，错误了对于世界是不太关疼痒的，所以它可以尽管曲解事实。但马克思主义的哲学则不仅是说明世界的哲学，还是改造世界的科学，是由生产斗争、阶级斗争的实际活动中产生出来的理论，因此他不但要持之有故、言之成理，而且最主要的是要行之有效。那么马克思主义的哲学是不能曲解事实的，曲解了事实就不能诉诸行动，行动了必然是错误的，不但不能改变世界，而且要使世界更加混沌了。

所以马克思主义哲学的认识论是有三个步骤的辩证的发展：第一，由我们的感官认识到独立于我们意识之外的客观实在；第二，由感性的认识升高到理性的认识，我们认识到事物内在的必然的联系及产生抽象的观念；第三，由理性的认识再回到实践。而如何考验我们的知识就是在这最后的一个实践过程里。就整个而言，辩证唯物论的认识论永远是在实践的过程中进行，因为我们的抽象理论必然由实践中得来，然后又要回到实践中去。所以理论永远不能只把它当做理论看，而是在实践过程中的一个实践。

我们永不能使世界不变，如果我们只想说明世界。因此我们永远应该是参加在改变世界的实践中，没有休止，没有停顿。我们马克思主义者的哲学家只是改变世界的哲学家。

1950 年 1 月 16 日下午

四、洛克的知识论

（一）什么是知识？

（二）知识的各种程度。

（三）知识的范围及其实在性。

（四）关于"存在"的知识。

（五）试用辩证唯物论的观点来批判洛克的知识论。

* * *

洛克的知识论是他的学说中很重要的一部分，也是他的学说中最麻烦、最有问题的一部分。读这《人类理解论》的第四卷《论知识》，启发了我想很多的问题，所以这一章我希望能够努力完成，并把我没有解决的问题也写出来。

（一）什么是知识？

洛克的知识是指靠得住的知识，那些靠不住的知识他只认为是判断（judgement）。观念是构成知识的分子，这因为我心理的对象除了我们的观念之外就没有别的了。所以知识就是人心对两个观念的契合或不契合而生的一种知觉。例如"白的不是黑"，这就是由于两个观念的不符合产生的知识，又例如"三角形三内角之和等于两直角"，这就是由于两个观念的相符合产生的。从洛克这个定义看来，他的知识论是相当主观性的。虽然他再三强调观念是由客观事物中来，但他在知识中只是强调出观念与观念的相符合或不相符合，并没有指出这个观念的相符合与不相符合就是客观事实的相符合或不相符合。因此他的这种思想来源是笛卡尔的知识论，他想给它穿上经验主义的外衣，于是使得他自己的知识论充满了矛盾，最能表现出他二元论及折中主义的本质来。

洛克又把观念的契合或不契合归为四种：

（1）同一性或差异性。由"他就是他自身不是别的"，可以了解同一性或差异性；"他就是他自身"就是"各个观念与其自身相符"，称之为同一性。"他不是别的"就是"各个清晰明白的观念是互相不符合的"，称之为差异性。而且人心中只要一发生了各种观念，则它们的同一性和差异性可以立刻被人心所明白地看到，这种情形是不会变更的。

（2）关系。因为各种观念不能永远相契合，所以两个观念之间恒常有此种或彼种观念产生。

（3）共存或必然的联系性。这种契合是属于实体方面的，是指一主体中的共存性或不共存性。

（4）实在的存在。是指实在的存在与观念之间的契合而言，例如"上帝是存在的"。

洛克认为观念的契合与不契合有这四种，这也就是说知识有这样四个来源。

(二) 知识的各种程度

洛克把知识分成三种也就是三种程度的知识——直觉的知识、解证的知识和感性的知识。

（1）直觉的知识。知识所以有高或低的明白的程度，只是因为人心在不同的条件下来知觉它的各种观念的契合或不契合。直觉的知识是最明白最确定的知识，因为它是不借助于别的观念，就可以直接得到它的两个观念契合与否。

（2）解证的知识。不是由直觉就可以得来的，而是由推理，由于人的理性的运用才可以得来的。但每个推理必然包含着直觉的明白性。而且这种知识是不如直觉知觉那样容易，那样明白。解证知识是不限于数量的，例如"上帝存在"就是解证知识，我们可以依靠着"我的存在"、"宇宙的存在"来证明"上帝的存在"。

（3）感性的知识。是我们的观念与外界事物的契合与不契合的一种知识。与直觉的知识不同，因为直觉的知识是观念与观念的契合与不契合。因此感性的知识是不太靠得住的知识。它与洛克知识的定义不合，因此洛克把它算作一种不完全的知识，其确定性远不如前两种。

洛克把知识分为三种，并且他说："我们的观念虽然明白，但是我们的知识却不是常常明白的，因为我们的知识的明白与否是由我们的知觉而言，不是由我们的观念的明白与否而定的。"

(三) 知识的范围

(1) 知识不能超过我们的观念，并且不能超过我们所知觉的观念的契合与不契合。

(2) 我们的知识比我们的观念狭窄。这是因为：首先，直觉的知觉不能通行于一切观念的一切关系；其次，解证的知识也不能；最后，感性的知识比起前两者更狭窄，因为它不能超过我们感官当下得到的事物的存在。

(3) 我们的知识究竟可以达到多远？

首先，关于同一性和差异性的知识。这同我们的观念的范围一样大。因为，我们的直觉知识与我们的观念本身有相同的范围。

其次，关于共存的知识。共存的知识其范围很窄，因为我们要想知道的关于一物除开了其性质和能力无他（对于实体是不可知的）。我们虽知道观念的共存，但我们不知道其本性的必然联系或矛盾。第一性质与第二性质之间的联系亦不可知。因此共存性只是依靠着我们的感官的观察和那些不可明确知道的必然的联系。不共存的知识又比较广了，因为没有同一个主体可以同时有两个或两个以上的广袤、形相、数目或运动。由洛克论共存，我们可以看出他很想找出事物内在的必然的联系，但终因他的经验主义的机械方法限制住了他，使他没有了解感性的知识可以升高到理性的知识，而且他也不去由事物本身的必然的联系来找他常常找的事物与观念之间的联系。

再次，关系的知识。关系的知识是直观的知识也是解证的知识。他认为数学和道德学就是我们关系的知识。数学是解证的知识也是关系的知识，这种知识是思维的知识，是依我们的理性达到证明各种观念间的契合或不契合。在数学中有明白的命题与必然的联系。道德的命题也应和数学的命题一样，是明白的，是有必然的联系。我们由Ⅳ.19看出，洛克的解证的知识纯然是理性的，并不是经验的。因为洛克这样说到数学：这些观念可以用标记代表，这些标记与我们的观念是相近的。这样看来数学的抽象的观念是一切简单观念的代表、类型。那么自然我们心中的观念纯然只是我们心中的观念，可与外界事物无关，因为我们的观念并不依标记而存在。这点与笛卡尔先天观念所差无几。这样不得不使洛克自身的学说发生问题。数学如此，洛克以为道德学也是这样。

最后，关于存在的知识。对于自己实在的存在是一种直觉的知识。对于上帝实在的存在是一种解证的知识。对于东西实在的存在是一种感性的知识。在这个存在的问题上，洛克也发生了极大的困难。对于自己实在的存在的知识，是由经验得来的？还是由理性得来的？如果是由经验得来的，我们是根本得不到自我存在的。因为照洛克的学说是："我们能知觉别的事物的存在，所以我们亦存在。"这正是由笛卡尔的"我思故我在"而来的，是一个先天的自己的观念。因此，在这上面洛克又显出其机械的经验主义的困难来了。

这四方面是洛克知识所能达到的范围，其中以"关系的知识"最重要，但是问题也最多。笛卡尔的哲学常常使洛克这样一个经验主义者陷入其坑。洛克因为其本身经验主义的困难也不可避免地要在处处表现出矛盾、折中性来。

由"什么是知识"、"知识的各种程度"、"知识的范围"，我们可以充分看出洛克哲学的不彻底性。这全是因为他的机械的方法不能解决由简单观念如何可以得到抽象的观念。也就是说，洛克没有辩证地认识感性知识与理性知识的结合的问题。他在感性与理性中间划出了一条不可跳过的鸿沟，因此在可以由感性知识说明的自然他可以运用其"经验主义"自如了；但遇到与理性知识有关的问题则显得忙乱不堪，所以在Ⅳ.7.9中他才大惊小怪地认为抽象观念是奇怪的，是不能存在的、矛盾的。我们又可以由Ⅳ.3.23看到洛克论无知的原因：第一点是由于缺乏观念；第二点是由于我们不能逐步追寻我们的观念；第三点则说是"由于各观念间缺乏可发现的联系"，这一点我们可以充分地看出洛克学说的困难及其两面性。洛克在感性与理性之间自己划了一条鸿沟，感性知识就永远是感性的了。但对事物的了解却不能只限于感性方面，有些是我们感性所不可把握的，例如抽象的各种观念间的必然联系。洛克遇到了这些问题就发蒙了，不知是诉诸感性呢还是诉诸理性。诉诸感性吧根本解决不了，诉诸理性吧又与他的立场相违反。因此洛克一气之下不能不又把我们事物内在的必然联系归之上帝。这样万事大吉，不违反自己的立场又能解决问题。又例如他在Ⅳ.3.31中说："特殊事物的存在只能由经验得知，至于事物的本质方面（就是抽象观念），则各种观念是永久的，是由思维那些本质来的。"我以为洛克所指的特殊事物就是我们日常所谓的具体的生动的事物。这些具体的生动的事物自然是由感性认识的，也就是洛克所说的"由经验得知"。但我们的抽象观念洛克也看出来不是能由我们经验中得来，而是由我们思维那些本质来的。这明明是指理性而言，由这一点看来，洛克不能再继续他纯粹经验主义的说法了。如果不是机械的方法限制住了他，洛克打通感性与理性的认识是很有可能性的。

（四）由人类知识的实在性的问题，总论洛克的知识论上的困难

我们综合了洛克的这个问题来加以批评：

洛克以为我们的知识是有实在性的。因为"一切简单观念都是各种事物在人心上起了作用以及由自然途径所产生的结果",而"一切复杂观念除了实体的观念以外也都是与实在相契合的"。但洛克这样的知识都只是感性的知识,所以说到数学他就没有办法说"我们对于数学的一切观念都是与事物相契合",因此他就把数学看做是纯粹理性的知识。他以为"不是我们的观念(指数学的观念)契合于事物,而是事物契合于我们的观念"。因此我认为洛克认识的道路有两条:

第一条:事物经我们的感官而成为观念,这观念自然只能也只应该是一个特殊的观念。因为我们没有理性地认识它们,所以这些观念永远是停留在具体的、生动的、形式的、表面的阶段。

第二条:我们理性本然的观念——这与笛卡尔的先天观念相同,不只是抽象的观念——一切具体的事物可与之相契合。我们还知道洛克这种理性本然的观念在其本身系统由何而来,如果不是由笛卡尔的理性主义借来的话。因为我们的特殊观念是不能上升到抽象普遍的观念的。照洛克的说法,我们特殊的个别的观念应当永远是特殊的个别的观念。这是洛克纯经验主义的毛病——观念只是由人的感觉得来。因此我们所得来的那些个别的特殊的观念,我们无法想象它们全经过拼凑而变成了抽象的普遍的观念。我们的每一个特殊的个别的观念都是有其客观的时间空间性及具体性的,我们任何由感觉经验得来的知识都是这样子,我们如何能说我们由经验中得来的知识能变成为抽象的一般的普遍的知识呢?又就洛克的数学及道德学来说,他以为它们是一般的普遍知识,但我们已经知道一般的抽象的普遍的知识是不能由我们的感性得来。因此我们再把他这种学说与笛卡尔的理性主义的知识论来加以比较,我们知道无疑地洛克的知识论是由笛卡尔来的。

现在我们可以由以上的叙述得到两个结论:

(1)洛克以为我们的感性的知识——即一般的自然科学(不

同于数学和道德学）——与直觉的知识、解证的知识比起来不确定得多，这是很明显的。因为洛克知识论的第一步与唯物论走得相合。我们也知道辩证唯物论者对于感性的知识也是一样的看法。但只是感性的知识是不够的，因为感性的知识常常停留在片面、孤立上。洛克就是停止在这上面了，没有往前进一步。但我们基本上认为洛克是一个唯物论者，因为他至少是认为一般说来我们的观念是要根据客观存在的。

（2）因为洛克的经验主义，所以他认为感性的知识无法提高到理性上去，因此数学、道德学就不能成为感性的知识了。这样使得洛克的经验主义的知识论由根本上发生了问题。于是洛克就得不自觉地借用笛卡尔理性主义的知识论，以为他们是直观的解证的知识，并不一定要因感觉中来的。而且，例如在数学问题上他说："数学家在喜爱一个三角形或环形的真理和性质时，只把它当做是自己心中的观念。因为他或者在其一生中，不能看到它们底存在有数学上的真实性。但是在环形或任何科学的形相方面，他对于任何真理或数学所有的知识，那在实在存在的事物方面也是真正的、确定的。因为在这些命题中，我们考究实在的事物时，只把它们当做是和人心中那些原型相契合的。"由此看来，他的这种知识只是由我们的心中回到实际中的，至于是不是由实际中来呢？他没有明确说过，但就其系统看则是不能由实际中来的。

洛克的这两面性，就是他哲学发展的方向。一面根据着他的唯物成分发展成为法国的唯物论；另外一方面巴克莱反对了他的唯物成分，反对了他的抽象普遍观念而走到主观唯心论。这都是必然的，因为洛克的哲学是很明显地存在着这两种倾向，不倒向唯心就倒向唯物，而且必然保存在着这两种倾向，不能再继续着折中主义往下发展的。

洛克的知识论就写到这里了，但当我又看一次我这稿子时，我是不太满意我这种写法的。因为我本来想先把洛克自己的学说叙述完，然后再对其加以批评，但我没有做到，所以使得这篇文章前后不一贯，前面一点还是叙述洛克自己的意见，但后面就不行了，于是我根本放弃我原来的计划，在叙述中就加上了批评。现在我想想还是就在叙述中加批评要好些，因为容易看出来意见是否正确，所以我以后写报告将用"在叙述中就批评"的方法。

全文完　1950 年 1 月 17 日下午

英国经验主义学习报告（二）
——论巴克莱的立场、观点、方法

前面的话

我去年写洛克时就试验着用新的观点和新的方法，但那篇报告今天看来是存在着相当严重的缺点的，因为我没有把阶级分析的原则贯穿到洛克整个的思想里去，看起来洛克的社会与其思想还没有全然地辩证统一起来。今天写巴克莱的报告希望能贯彻阶级分析的原则。纯客观是有害的，只可以使人更陷于主观的深渊中。以前我的学习态度是力求纯客观，现在我则一边倒了，首先我倒向无产阶级的怀里，然后用唯物的观点辩证的方法来处理问题。

巴克莱本来是我很喜欢的一个哲学家，那时我主要地喜欢他的一边倒，表面上提出了实事求是的命题来。现在我知道了，一定的阶级是决定着一定的思想意识，他是当时资产阶级思想的代表，因此他的哲学是保护着他本阶级的利益的。

研究哲学家的思想不能单纯地由其经济基础来说明，这样就成为经济决定论了，而不是辩证唯物论者。因此我们研究巴克莱除了找出他的资产根源来，作为他哲学的最后决定，同时我们也要注意他所受的前代哲学思想的影响，他与同时代思想的关系。

同时，我在学习方法与学习态度上也有一个基本的转变。我认为如果单纯地由理论上去批驳一家哲学，常常使我们无法下手。这样解决了问题对于社会到底有多大用处是很可怀疑的，因此我在学习方法上是有所改变的。

以前我主要地是在理论上来了解一家哲学，然后或是反对它或是赞成它，现在我不这样了。我认为要研究某一个哲学家首先要由他的阶级出身及社会背景去了解这种思想之所以产生的原因，然后再分析他的哲学本身，最后又要回去看他的哲学思想对于社会的作用。这种研究的方法就是"由实际中来再回到实际中去"的方法。因为我想，单纯的理论固然有用，但是太狭隘、太片面了，对于解决目前的社会问题用处并不很大，如果我们能由分析一个哲学家的思想产生的社会原因，再分析他的思想对于社会的影响，这样，如果这种思想还对目前社会有着影响我们才可以有所取舍；如果没有什么影响，那么也可以训练出我们批判当前思想问题的能力。研究哲学史应该是研究哲学思想是为了什么，起了什么作用，以便指导我们解决目前的问题。

学习哲学首先是一个立场的问题。我常常想，有些哲学家的思想显然是荒谬的，但是完全由理论上去批驳它吧，常常又是徒劳无功的。现在我了解到哲学的党派性之重要。我们千万不能钻入某一个哲学体系中去，这样将使我们陷入深渊。无产阶级的哲学是由实践里得来的哲学，因此它的哲学理论是要回到实践里去，这与任何其他哲学有着本质上的不同。因此我们批判一家哲学不单纯由理论上去批判，最后应诉诸实践的。今年写巴克莱的报告就想用这样一个方法和这样一个观点。

一、18世纪前半叶的英国社会

在我的关于洛克的报告中已经简单地说到17世纪英国资本主义的革命，下面我仍然要从不同的角度再叙述一下。

马克思在《拿破仑第三政变记》中说："在英国的资产阶级革命中，资产阶级与新贵族联盟反对君主政体、封建贵族和统治的教会。"我们知道英国的资产阶级革命是欧洲最早的一个,在这样各种客观条件还不十分完满的时候,革命是有其一定的妥协性与软弱性的。例如,当时的大工业虽然已经出现,但是比起一百年以后的法国资产阶级大革命来是软弱得多了。又例如,当时的君主专制比法国大革命前夕的君主专制也是差多了,并且君主专制的程度直接影响到被压迫的阶级反抗的情绪。又例如,科学的发达也是远不及18世纪革命时代的法国了。这些方面都表现着英国革命的软弱性。

17世纪的英国革命,是英国新兴的资产阶级联合了资产阶级化了的贵族利用宗教来打倒了英国的封建统治。在英王亨利八世(1509—1547)时,他将英国的教会与罗马的教会分开,自己变成英国教会的领袖,这就是英吉利教会。从此英国的政教开始合一,没有以前的斗争存在了。英吉利教会或称英国国教,虽然是新的教会,但仍然保留了繁琐的礼拜仪式、主教和牧师。这时(16世纪前半叶)英国开始由单独的家庭手工业变到手工工场,工商业开始发达,到16世纪后半叶手工工场兴盛,渐渐有大的商人和工业家起来。当时英王亨利八世因急需金钱就把没收的寺院财产、土地出卖,于是这批大商人及工业家便也成了贵族。又加上旧有的贵族也有些在从事工商业,于是使得工商业变得前所未有的发达。资产阶级也就跟着出现在英国了。

17世纪时,资产阶级和新的贵族已经是"财富充盈而地位巩固,再也不需要强大的君权保护"了。于是资产阶级及新的贵族就起来夺取政权,这样好使他们更能发展,更便于他们个人主义的自由竞争。当然夺取政权是要利用种种的斗争,政治的、经济的、军事的(武装的)、文化的甚至于宗教的,只要有利于本阶级的任何东西都将是用来作为夺取政权的工具。英国的资产阶级推翻封建统治自然是用了这些,而在这些里值得我们特别注意的是资产阶级使用了宗教来作为其夺取政权的工具。

英国资产阶级兴起时双重地利用了宗教：一方面他利用宗教部分达到其原始资本的积蓄，另外一方面他利用宗教来做政治斗争的工具。亨利八世以后的英国国教虽然是不同于罗马的旧教会，但在各种方面自然是繁琐的；因此资产阶级希望在国教中清除旧教会的残余，于是渐渐形成了清教徒。这清教徒是反对旧教及英国国教的繁琐，而主张在各种方面减省一点。这就是资本家们所要求有利于其原始资本的积蓄。在当时，英国又是政教不分，资产阶级正好利用他们的清教来反对封建贵族。当时人民受封建贵族及旧教会的压迫是日甚一日，人民要求解脱这种压迫是很迫切的，正巧资产阶级利用着清教来召唤人民，于是清教得以在民间流行，并得到广大群众的同情。资产阶级为了要推倒封建的政权，当然首先得推倒与政权已有长久血缘关系的旧教会了。所以来我们以为17世纪的英国资产阶级双重地利用了宗教。我们一般地说宗教总是唯心的，但有时宗教也能为进步阶级所利用而起着一定的进步作用。基督教的起源是由于被压迫阶级对于压迫阶级的一种消极反抗，他在历史上起了一定的推动作用。17世纪英国资产阶级也是利用了新教而对于社会起了一定的推动作用。

17世纪后半叶英国的资产阶级革命已经完成了。但英国资产阶级中有封建贵族的成分，是一个不纯粹的混合体。这个社会的经济基础是资产阶级式的，但资产阶级中有的是贵族化了，贵族阶级中也有的资产阶级化了；工业发达，无产阶级起来了，但资产阶级化的贵族或者贵族化的资产阶级仍然是封建地主，他们仍然有大量土地、大量农奴。洛克的哲学是伴着英国资产阶级兴起而来的，它充分地表现着英国资产阶级的发生和长成。他政治上的妥协性、两面性，深深地影响着他学问上的妥协性及折中性。18世纪前半英国资本主义已日趋于稳固，政治上思想上渐渐也与

17世纪后半叶不同。

18世纪是人类有史以来转变得很大的一个世纪。欧洲资产阶级革命因在英国革命以后相继而起，因工业的又推进一步，各种革命的条件更趋于成熟，因此来了一个法国资产阶级的大革命。这个革命一方面结束了向上发展的资产阶级革命；另一方面给世界或社会带来了新的发展的方向，无产阶级渐渐成长了，世界是变了样，来了一个翻天覆地的大转变。欧洲的社会在18世纪是一日千里，英国社会在18世纪也是一日千里。这里我们来分析一下英国的社会吧！

经过了几十年资产阶级的统治，英国变了样，工业更向前推进了，牛顿的物理学为工业的发展打下了坚固的基础，统治阶级的统治权也愈发稳固。正如毛主席所说："随着经济建设高潮的到来，不可避免地将出现一个文化建设的高潮。"18世纪初的英国资产阶级在经济上、政治上都已趋于稳固，并发展着，所以必然出现的是各种维护其统治权的思想了。在这种种思想中，我们单取其宗教思想来看看。恩格斯在《社会主义从空想到科学的发展》中说："传统是巨大的阻碍力量，是历史的惰力，但是，它是消极的，因之，必定要被打破。宗教同样地不能长期地成为资本主义社会的支持。如果我们的法律的哲学的和宗教的观念，都只是统治于特定的社会内的经济关系的亲近的或者疏远的枝叶，那么在经济关系根本改变之后，这些观念，也决不能长期地继续支持下去的。"恩格斯这段话虽然是指19世纪的英国，但我们由它里面可以得到两点启示：一点是资产阶级夺取政权是同样地要消灭封建统治下的宗教，另一点是宗教如同法律一样是特定社会内的经济关系的枝叶。根据着这两点我们看看18世纪初英国的宗教。英国资产阶级夺取了封建贵族的政权，并且用与它紧密结合着的宗教来代替封建贵族们的宗教，这样新的宗教随着新的政权来了，旧的宗教也随着旧的政治失去其统治权。宗教既随着政治而来,当然也就要随着政治而发展。正如法律一样,宗教是特定的社会内的经济关系的枝叶。在资产阶级的社会里,法律保护着私有财产,宗教则保护着统治阶级的道德。英国的资产阶级革命是拖着宗教尾巴的革命,既然成功了,尾巴的功用日益重要。这抓着民心的上层建筑,这欺骗着人民的道德思想,这由于人们的分裂所成形的天堂,这深入劳苦大众心灵的魔鬼——上帝,压迫着受着苦难的人们。资产阶级利用着宗教,迷惑着人民,使人民盲目地信从他,于是新的政治与新的宗教又成了新的结合体,永远不分离,直到更新的阶级起来夺取了政权,宗教才会被消灭。18世纪的英国宗教就这样地随着资产阶级的政权而成长。它作为这种政权有力的保护者,正如恩格斯所说:"敬神的英国资产阶级,就愈加牢固地抓住宗教。"

二、为什么洛克的哲学会影响到巴克莱,同时又会影响到法国唯物论

在历史上有很多的思想体系,我们寻找他的来源和去向是有着各种不同的方面的。例如:印度的佛教在其本土与传到中国后已成为两种不同的思想体系了;黑格尔的哲学在资产阶级的领域与在工人阶级的领域里已成为两种完全相反的思想了。因此我们研究思想史或思想的发展,也是要极其辩证地看问题。如果我们研究思想史单纯地由思想本身发展的线索去找,那我们只能得到充满神秘的不可理解的一本糊涂账。这种方法就是斯大林同志所说的形而上学的方法——孤立地看问题。思想的发展有两个因素:一个是下层的经济基础决定上层的各种意识形态,另外一个是前一个时代的思想影响到后一个时代的思想。马克思的学说一方面

是工人运动直接产生的结果，另一方面是德国古典哲学的否定和发展。所以我们要研究每一个时代的思想，我们就必须把这两个因果结合起来看。但在结合的过程中我们也要认清哪一个是主要的，哪一个是从属的；并且研究出这两者之间有着不可分离的关系与互相影响的关系。假若我们能这样研究一个时代的思想，就会更为全面、更为周密了。我们时常说，讲哲学史应该讲时代背景，也就是这个意思。

洛克之所以会发展成巴克莱，这是有一定的社会条件、历史条件和时代条件的。洛克的思想之所以会发展、影响法国唯物论，也是有其一定的社会条件、历史条件和时代条件的。

洛克发展到巴克莱的思想，对于英国17、18世纪的社会情况方面的原因，在洛克的报告里已经分析过了，没有必要再重复。但我们必须要着重指出的是：培根、霍布士的思想是封建社会要发展到资本主义社会的思想，也就是在绝对君主专制下的思想；洛克的思想是随着资本主义的产生发展而产生发展的，它充分地代表着当时资产阶级的折中性及调和性；当巴克莱的思想出来时，英国的社会条件又变化了，随着其统治的时间而发展的是失去了革命性的一面而加强了反革命性的一面，宗教就成为反革命有利的武器，英国统治阶级利用着它麻醉人民、束缚人民，这样必然地要产生为宗教找哲学思想基础的反人民专家，于是巴克莱产生了。巴克莱的思想是利用着经验主义来达到保护宗教的目的，洛克哲学里正好有着巴克莱可以利用的条件。洛克的哲学有着充分的二元论的倾向。在普列汉诺夫的《论一元论历史观之发展》中说道："二元论永远不能满意地答复下述这个必然的问题，即如何这两个各别的、互相间没有任何共同之处的本体能够彼此影响。所以，最彻底的和最深刻的思想家永远是倾向于一元论的，即借助于某一个基本原则去解释现象。任何彻底的唯心论者，正如任何彻底的唯物论一样是同等程度的一元论者。在这上面，例如在巴克莱和霍尔巴赫之间没有什么区别。"所以，由洛克的思想再往下发展必然是一边倒的问题，不倒向唯物就要倒向唯心，不会长久地停留在二元论的阶梯上。18世纪英国社会是有着足够的条件使洛克的学说倒向唯心论的。在洛克学说里的各种方面是巴克莱利用他哲学的条件。例如第一性质与第二性质的分别的矛盾、普遍抽象观念的矛盾都是给巴克莱空子而取消物质走向唯心论的因素。因此就社会条件来说，巴克莱是必然出现的，就洛克哲学的发展来说，出现一个巴克莱的思想也是可以预料得到的。关于洛克到巴克莱的思想演变在"巴克莱的立场和观点"一节再详细讨论。

法国唯物论产生的社会条件。法国的资产阶级革命比起英国来是晚了一个世纪，这时间的因素是影响着它的革命采取了坚决反对封建主义的姿态。列宁曾经说过："没有革命的理论，就没有革命的行动。"因此我们要了解法国大革命就必须同时了解法国唯物论。但我们要了解一种思想理论，不去对它发生发展的历史社会条件做全面深入的分析，我们是不会把握其本质的。

18世纪上半期的法国社会经过路易十四的专制，不但使国家财产耗费净光，农民也因各种压迫苦痛万分。到路易十五即位，以后各种方面仍然毫无改善，这时农民受着国家、领主和教会的三重压迫，新兴的仍然软弱的资本家们也同样地受绝对君主专制的压迫，他们都想由这重重的压迫下解放自己。但这些第三阶级（除第一阶级教会与第二阶级贵族以外，其他各种成分都称为第三阶级）只有当时的资本家们是代表着进步的力量，其他各种成分就成为环绕着它的革命力量。我们知道一个进步的阶级，例如资产阶级，在他们反对封建主义上，他们的利益是与全体人民的利益一致的。这样的情形下资产阶级革命的理论出现了，而且他们的革命理论是远不同于英国的革命理论的。

在英国和法国资产阶级革命时代,其思想理论最主要的不同有两点:一是法国唯物论的彻底性远甚于英国,也就是他们的不自觉的阶级斗争的革命理论远超过英国;另一是英国革命利用了宗教,而法国革命是坚决反对了宗教。因为这个革命的理论不同,我们也可以充分地理解到法国革命的行动也是与英国大异的。

法国的资产阶级革命是资产阶级团结着广大群众一起的革命,这是与英国资产阶级革命只是由资产阶级团结着新兴的贵族利用着广大的群众有着基本上的不同。在17世纪,英国资产阶级革命并非当时的每一个人都感到是不可少的,因为英国的绝对君主专制在某种意义上说远不及法国大革命前的厉害,因此英国资产阶级革命对于农民、手工业工人及工场工人来说并没有最大的需要。但法国却不同了,在革命前夕,一方面资本家们要求推翻封建贵族及教会的统治,就是农民及其他的非第一阶级第二阶级的人们都要求着革命。我们可以看出由路易十四到路易十六法国人民生活的困苦,农民受着教会、领主及政府的三重压迫,这就激起了一般小资产阶级及农民阶级革命的情绪。这样使各种阶级都团结在资产阶级的周围进行着无情的革命。统治阶级的压迫愈是凶狠,则革命的彻底性也愈是最大。为着在行动上能彻底打垮封建贵族的统治,当然在理论上先要打垮统治阶级的理论,这样必然地有新的思想起来,有革命的思想出来为革命的阶级斗争服务。这正如恩格斯在《费尔巴哈论》中所言:"封建制度的阻碍物被打破了,在英国是一步一步打破,在法国是一下打破。"

在革命的日子,参加革命的人们多半是直接或间接参加生产劳动的人们。因为他们是在努力转换着生产关系和发展着生产力。这自然是因为他们要经常地接触到自然界和物质界,于是他们不能不去了解它、研究它、掌握它。因为他们是代表生产力向前发展着的阶级，于是物质成为重要，唯物论的思想也就兴盛起来。但是唯心论总不同，它是时常代表着保守的制度，并维护着旧的制度（虽然不一定是主观要如此，但因为它是已远离了生产劳动，自然是天上的王国了）。因为它远离了生产斗争，虽然它也有着一定的物质基础（例如巴克莱仍然是根据着经验），但它太夸大一方面，使得知识不是地上的知识，而是神的意志了。法国唯物论产生的物质基础就是18世纪法国的革命阶级，法国革命阶级因为反革命压力的强大，所以革命是最彻底的，这样其唯物论也是最彻底的。因为它要反对从前统治阶级的各方面的诋毁，所以首先要在思想上给以前统治阶级的思想以打击。于是"法国唯物论成为唯一彻底的哲学，它忠于自然科学的学说，仇视迷信和虚伪习气等等"。而且它"不仅表现在反对现存的政治制度、宗教和神学的斗争，还公开地明显地表现着反对17世纪形而上学"。

在洛克的学说里含着很浓厚的唯物论成分。他首先肯定有客观世界的存在，并且在知识上又认为感觉是认识的来源。这样很自然地可以使一边倒的唯物论抛弃那不彻底的一面，而取其彻底唯物论的一面。

"这派唯物论者和当时的官式思想家进行了热烈的争辩，这些官式思想家引用他们所没有好好地理解的笛卡尔的话，断言人有某种先天的（即不依赖于经验而出现的）观念。法国唯物论者在辩驳这个观点时，实在上说来，只不过叙述了洛克的学说，洛克在17世纪之末就证明了，先天的观念是不存在的。"洛克在知识上以为观念是构成知识的分子，知识就是人心对于观念的契合或不契合，但观念是由客观的事物中来的，从这一点说他是认为没有什么先天的观念的。法国唯物论根据着他的这一点发展成为他自己知识论的系统。这样可以肯定外界的存在，肯定了物质，那么唯物论的理论就可以在这上面建筑起来了。肯定了物质，一方面是用了革命阶级与生产密切结合的结果；另外一方面也是要反对旧的制度的原因——法国唯物论，要反对旧的政权，同时就要反对宗教，物质的地位有了保障，"上帝"的地位就大大地动摇了。列宁在《论战斗的唯物主义的意义》中说道，18世纪无神论者天才独到，诙谐而公开地攻击流行僧侣主义的作品，它能把民众从宗教迷梦中唤醒过来。

法国18世纪的唯物论之所以能如此彻底地反对宗教，除唯物论本身排斥宗教外，还有两点使宗教已失去了其仍然为资产阶级利用的意义。

(1) 18世纪的法国是极其黑暗的，教会与王权勾结，使人民对于教会深恶痛绝了。在克鲁泡特金的《法国大革命史》中说到一般人民并非无神论者，但是因为他们痛恨教会，也就痛恨宗教本身了。

(2) 法国18世纪的资产阶级由于英国革命后一个世纪的发展使资产阶级有能力团结其他被压迫阶级一同反对当时的封建贵族，那么就根本没有对于旧势力的妥协性，自然对于教会也不需要。并且法国资产阶级的原始资本的累积根本不需要像英国那样，因为它已经后于英国一百年。科学的发达促使工业的发展早就为法国的资产阶级准备好了革命的条件。

最后可以引用恩格斯的《费尔巴哈论》来总结上面的意思："在基督教方面，也只有在13世纪至17世纪间资产阶级解放斗争的最初阶段中，真正有世界性质的革命才带有宗教的性质（英国资产阶级革命就是这样）。……但到了18世纪，资产阶级强大起来，自己有适合其阶级观点的思想以后，就造成了伟大的确定的资产阶级革命，专只依赖于法律和政治观念；资产阶级只等到宗教成为障碍物时，才去理会宗教，但资产阶级绝未想到拿一种新的宗教去代替旧的宗教；人们看见罗伯斯比尔的企图是怎样失败了的。"

三、巴克莱的立场与观点

（1）巴克莱的立场根源。

（2）由巴克莱的《人类知识原理》分析巴克莱的观点：

Ⅰ．绪论：反对抽象普遍观念是由洛克经验主义发展必然的结果，也是巴克莱反对"物质"确立"上帝"的基本理论。

Ⅱ．§1—§2：提出一个经验主义唯心论的帽子。

Ⅲ．§2—§3：提出存在就是被知觉。

Ⅳ．§4—§8：由抽象普遍观念的不存在来确立存在就是被知觉。

Ⅴ．§9—§16：反对 P.Q. 与 S.Q. 的分别，这样取消"观念"外面的来源。

Ⅵ．§17—§25：反对"物质"存在。

Ⅶ．§26—§33：存在是存在于心中或"大心"（上帝）中。

```
      Introduction
           ↓
      (§1—§2) ——→ §3 ┬ (§4—§8) ┬ (§17—§25) ——→ (§26—§33) ——→ (§1—§2)
                     └ (§9—§16)┘
```

（3）结论：巴克莱的哲学是保护宗教的哲学。

英国 18 世纪的社会必然产生巴克莱，就如 17 世纪末产生洛克一样必然。社会的存在决定着社会的意识，反过来人们的思想意识也可以影响着社会的。18 世纪英国资本主义的社会存在着，并且代表着前进的生产力在发展，因此必然有维护这种生产关系的思想出现。它——英国 18 世纪初的社会——要求稳固其向上发展的统治权。这样，一方面发展它本身及发展能发展它本身的理论，另外一方面限制着有碍于发展它本身的一切力量并且麻醉着有碍于它本身发展的一切人们——即用理论来使人们失去其反抗性英国18世纪哲学家巴克莱就是扮演着这样一个主角，他用理论来保护了资产阶级，同时他也用理论来麻醉了一切想由资产阶级解放出来的人们。

巴克莱巧妙地利用了宗教，就像资产阶级政权机构的官员们巧妙地利用了保护私有财产的法律一样。恩格斯在《社会主义从空想到科学的发展》中说："如果我们法律的哲学的同宗教的观念，都只是统治于特定的社会内经济关系的亲近的或者疏远的枝叶，那么在经济改变之后，这些观念，也就不能长期地继续下去。"这是一个对于宗教很好的说明。法律是政权保障的基本条件，是使资产阶级本身的发展得到保障的条件。同时资产阶级还要有思想意识及上层建筑的发展和巩固。自然这些思想意识也只是保护着他自身，其中之一就是宗教。通过宗教，统治阶级可以使人们变成绵羊，因为宗教不但是利用人们理性的空想，而且利用着人们情感的空想。信仰是理性也是情感的产物。巴克莱在客观的效果上就是这样一个哲学家。

如果我们说巴克莱明明知道他的哲学是不正确的，单单是为了欺骗人们，我觉得这种想法也是不理智的。任何一个唯心论的大哲学家，我们可以相信他在主观上只是要求追求真理，并没有想到我要欺骗。巴克莱之所以利用着宗教——人们思想意识上最弱的一环，是为着保护他的阶级利益，这是无疑问的。但他之所以要保护他的阶级利益，主要的在于他认为这是保护真理。他因为阶级的限制看不到更远更多的东西，于是就把最近最小的东西夸大成为人类永恒的真理。我以为任何比较优秀的唯心论哲学家，他的哲学都是有其一定的物质基础的。因为他总要由客观世界里得到点什么，他才会有知识。但这些哲学家经常是只抓住客观世界中的某一部分，于是他的哲学就建筑在这个基础上，这样发展下去就成为一个片面夸大的东西。正如马克思所言："真理夸大了就成为奇形怪状的东西，而不再是什么真理了。"他们离开了世界说明世界，他们离开了人类历史说明人类历史，这样还会不发生错误，恐怕他们自己也不相信。今天，马克思主义者在哲学上强调实践，其意义就在纠正历史中哲学家们的错误，我们的哲学家不再是以各式各样的方法来说明世界，而是要改变它，这个意义就是叫我们不要离开生产斗争、阶级斗争来研究哲学，要我们哲学家紧密地靠近着现实，历史上的错误我们不应该再犯。

巴克莱在主观上确实只是意味着他是拥护真理，但他的哲学在客观效果上却是对人们不利的。现在我们反对巴克莱主要地是反对他的思想意识是代表当时统治阶级的。巴克莱是当时僧侣们的代表，他早早就以为他对宗教的贡献很大，希望由教会得到他应得的利益。他保护着上帝，于是他就不得不排斥任何唯物论的思想。要使上帝的地位稳固，首先要消灭可以威胁上帝存在的任何思想。唯物论一般地讲的却是"无神论"。"无神"与"神"是绝对不相容的，因此消灭物质、取消客观存在是僧侣们一定要达到的目的。只有这样僧侣们才可以与统治阶级稳坐统治的宝位上。如果动摇了18世纪英国的宗教，就正如割下了统治者的左臂。巴克莱之所以要取消物质，就是因为他的出身使他无法超出他所在的阶级。巴克莱之所以如此是代表他的阶级如此，是他阶级必然的产物。

巴克莱的思想不像笛卡尔的思想那样，他并非不得已才在他的哲学体系顶上加个上帝，而是他整个体系是利用着一些科学的成果而保护了上帝。加上一个上帝是不得已的，为着一个上帝却是自觉自愿的。我们知道洛克的哲学中有很浓厚的折中性、两面性，很多地方是自相矛盾的：很多理论可以引导着别人走向错误的深渊，也有很多理论可以引导着人们走上真理的道路。确实是这样，洛克由其经验主义的立场及机械的形而上学的方法再发展下去，结合着英国 18 世纪的社会，产生巴克莱是天经地义的事。

现在我们要一边倒，倒向辩证唯物论的怀里，这因为我们是站在无产阶级的立场。英国 18 世纪初的哲学也要一边倒，倒向主观唯心论的怀里，这是因为他们也有立场——资产阶级的立场、剥削别人的立场。普列汉诺夫在其《论一元论历史观之发展》中说："二元论永远不能满意地答复下述这个必然的问题，即如何这两个各别的、互相间没有任何共同之处的本体彼此影响。所以，最彻底的和最深刻的思想家永远是倾向于一元论，即借助于某一个基本原则去解释现象。"由洛克的哲学必然地发展成两个方面：一个方面就是巴克莱的主观唯心论，另一个方面就是法国 18 世纪的机械唯物论。因为这都是为了彻底由某一个基本原则去解释现象。法国 18 世纪的唯物论我们这里丢开不谈，我们在这研究一下巴克莱的《人类知识原理》，希望由分析他的哲学本身，也得出这样一个结论：

巴克莱主教是洛克哲学的一边倒，倒向主观唯心论；并且巴克莱的哲学是他阶级的产物。

巴克莱的《人类知识原理》，我希望由他的绪论分析到其文的第三十三节（§33），因为我觉得这一部分已经大体上包括了他的学说。我有这样一个思想线索：

$$(§1-§2) \rightarrow §3 \begin{matrix} (§4-§8) \\ (§9-§16) \end{matrix} (§17-§25) \rightarrow (§26-§33) \rightarrow (§1-§2)$$

（Introduction 指向 §1–§2）

§1 和 §2 一方面提出了知识的对象，另一方面提出了知识的主体。这是一个巴克莱哲学的前提，同时也是他哲学的结论。由 §1 和 §2 产生出 §3 来，即"存在就是被知觉"的命题，这个命题的证明就是 §1 和 §2 命题的证明。于是巴克莱就用 §17—§25 的"没有客观世界的存在"（即没有物质的存在）来证明"存在就是被知觉"。§17—§25 的证明是要依靠 §4—§8 巴克莱证明普遍抽象观念的不可能及§9—§16的证明 P. Q. 与 S. Q. 的不能分离而都是在心内。然而§4—§8及§9—§16的证明是依靠了绪论的证明。这样巴克莱反对了他的敌人。然后由§26—§33他就来积极地证明着"存在就是被知觉"。§26—§33的证明就等于§1—§2的证明。

我下面就把巴克莱的这些理论一点一点地叙述，并说出我自己的意见来。

巴克莱《人类知识原理》的绪论说明了什么。

《人类知识原理》的绪论主要内容就是反对洛克抽象普遍观念。巴克莱认为人类各部分知识中错误的主要来源是在于人们以为"人心对各种事物有形成抽象观念的能力"。他以为我们根本不能想象，我们会有一个"非锐角、非直角、非等边、非等腰，什么都是而什么都不是的"三角形的观念。的确，照洛克以来经验主义的观点，我们是不能设想如何一个具体的、生动的简单观念可以拼凑成为抽象的观念。白羽之白只是这个含有一定时间空间性质的白羽之白的观念，白云之白只是这个也含有一定时间空间性质的白云之白的观念，我们如何可以由它们得到一个超时空的抽象观念呢？并且经验主义的洛克以为人心像一张白纸，这样看来是很缺乏主动性的，因此对于抽象观念是更难想象的了。巴克莱又以为我们根本不能存想这样一个抽象的观念，哪里会有一个普遍的广袤的观念，而这个观念是既非线又非面又非体，既非大又非小，既非黑又非白亦非其他任何颜色的这样一个观念呢？我们也不能存想有那么一个既非快又非慢的抽象运动观念。

由巴克莱这种反对抽象普遍观念的说法看，他纯粹是站在经验主义的立场，形而上学地看问题。他没有了解人类理性对于知识的作用。他只是用着当时自然科学分析各种具体对象的方法，而没有注意到各种具体对象中的内在必然联系。因此对抽象普遍观念的看法不免陷于狭隘的经验主义和机械形而上学的方法里。在这里我们先讨论可不可能有抽象观念，而不讨论是不是需要来源。因此我们只讨论在人的意识中是不是可能有抽象观念。

由巴克莱经验主义的立场，首先他就肯定我们知识的对象是观念，观念又是一个一个地单个的，由这些简单观念然后再构成复杂观念。这样一肯定，自然取消了观念与观念之间的内在必然联系。由经验主义的立场出发自然我们不可能有什么理性的知识。抽象观念在经验中是得不到的，因此巴克莱宣布没有抽象观念。在事实上看，我们说是有抽象观念的。巴克莱说，我们根本不能想象，我们会有一个"非锐角、非直角、非等边、非等腰，什么都是而什么都不是的三角形"，我们承认在经验里是没有这样一个三角形的，因为我们知觉到的总是这个直角三角形或那个等边三角形。但是我们能否认任何三角形都有三个边、三个角和三个角的内角和为两直角吗？我想我们不能。假若是三角形它没有这样的性质，除非不是三角形。因此我们说一个三角形有这些必然的性质，这些必然的性质之间又有着必然的联系，这些必然的关系对于我们而言就是一个抽象的观念，这抽象的观念不是由感性的认识而来，而是由理性认识而来。我们说我们有一个抽象的三角形的观念，并不是说我们有那么一个与"直角三角形、等边三角形"同性质的，而只是说关系，事物内在的联系。因此，这个抽象的观念的三角形与直角形、等边三角形不是量的不同而是质的不同，因为由感性得来的任何三角形，说是这个或那个三角形，他们的不同只是大小形态的不同，而不是本质的不同。因此我们说，由感性升到理性是一个辩证的过程，这辩证的过程包括着量变到质变的过程。

马克思主义的书到现在为止我还没有看到正面地提过，感性的认识到理性的认识是一个量变到质变的过程，这个发展方向我们可以注意。不过我们也可以看到一些和这有关的话，《资本论》第二版序言中说道："叙述的方法，当然形而上学与研究的方法分开，研究必须搜集丰富的材料，分析材料的种种发展形态，并探究这种种形态的内部关系。不先完成这种工作，则对于现实的运动，不能有适当的叙述。不过叙述一经成功，材料的生命一经观念地反映出来，那就好像是一个先验的结构了。"这就指示出一个量变到质变的过程，一切我们的搜集材料、分析材料等等这还是在感性的量的阶级，但当我们"叙述一经成功……就好像是个先验的结构了"，这就由量变到质变而进入纯理性的认识。由这一段话也可以充分看出唯物论与唯心论的不同来。二者都有纯理性的认识，但因认识的过程不同而有了分别。

在列宁的《辩证法》一文中也谈到认识论的问题，这对了解巴克莱的错误也可以有帮助："这样，对立（个别东西和普遍的东西是对立着的）就是同一，个别的东西，不会存在于达到普遍东西的关联之外。……而自然科学也是在这同样的诸性质上把客观的自然指示给我们，指出个别的东西向普遍的东西的转化，偶然的东西向必然的东西的转化，对立的过渡推移，相互联结。辩证法正是马克思主义的认识论。"巴克莱没有了解认识的辩证过程，他把观念都认为是死的、不变的，这样机械地认识自然所得到的都是这个三角形或那个三角形，而没有什么抽象三角形。由这里看出经验主义的片面性，使人类的知识投入狭隘的范围。因此到其晚年也不得不承认有这样一个抽象观念了。

巴克莱在《人类知识原理》§1—§2说明了什么。

我认为巴克莱的《人类知识原理》§1—§2是他的哲学的基本假定，同时也是他所要求的结果。§1—§33很明显地是在打着圈子。我们可以由下两事看出来：

（1）知识的对象是观念。这里他肯定了观念有两种：一种是由感官实在得到的,另一种是由我们的记忆和想象所产生的。他又论到还有一个能知的心,这样使他肯定观念只有两种,除"能知"的心与"所知"的观念之外没有第三个。因此他是明明白白取消了物质,取消了观念的来源,而在后面他要证明的也是这点。但他经验主义的立场,即假定了知识的对象是观念,自然不必证明已经就取消了"物质",这种前提中就包含着结果的命题,实在是片面的知识。固然巴克莱的这种看法是由于要保护宗教,但实在也是洛克留给他的空子。洛克认为有一个"能知"的心及一个"所知"来源的外界存在,由这两者引起了一个"观念"作为我们知识的对象,但由洛克经验主义出发对于外界我们实在难肯定。他的抽象普遍观念似乎是纯粹心理的活动,而与外界客观存在没有关系,这样很容易被巴克莱使用而驱逐"物质"。又因为他的"第一性"(P. Q.)与"第二性"(S. Q.)的分别,使巴克莱看出他们没有分别,于是全都拉到心理层面。因此经验主义的巴克莱使用着洛克的各种困难来建立他的哲学体系。经验主义的缺点,不只是片面,而且是非常机械、消极的。巴克莱不只是没有注意到理性及理性知识的来源;而且他方法上也总是由不是什么而证明是什么,他证明没有"物质"那么就应该而且一定有上帝。

(2)在他肯定了只有"能知"的心和"所知"的观念之后,他说这些观念是存在于人心(mind)或灵魂(soul)或精神(spirit)里,或是说,被它们所知觉。自然没有"物质",当然也就没有什么物质的存在,观念本来离不开能知的主体,因此观念存在于人心之中也是很有理由的事。但问题不在观念是否存在于心中,而是观念的存在是一个什么样的存在。我认为巴克莱的观念的存在只是一个结果而不是一个原因,只是因为他被知觉的缘故而存在了,这样不被知觉那就不存在,因此就巴克莱的这点而言他是先肯定有知识的主体,然后才有被知的存在。这就等于说先肯定了上帝创造万物，然后再去找不是上帝创造的事物一样开玩笑。这样置"存在"于结果的理论的确是很巧妙，因为他可以使人对于至高无上的"神"有着不可倒置的信仰。知识的对象是观念，观念的可能是因为有上帝。这样自然而然地得到知识，可能就是因为有上帝的存在。如果没有上帝的存在，知识既不可能又不必要了。

巴克莱的学说看起来是由科学出发，由"抽象普遍观念"的不可能，"P. Q. 与 S. Q. 的分别"不可能，"物质存在"的不可能而推到上帝存在，但实实在在他是由上帝的存在利用着经验主义推到"抽象观念"的不可能，"P. Q. 与 S. Q. 的分别"不可能和"物质存在"的不可能。这种使因果倒置，在因因果果中打圈子的哲学，不能不令我们惊讶！当然由他的阶级限制这一方面想一想，也是很自然的了。

巴克莱在《人类知识原理》§2—§3说明了什么。

在§1—§2中，巴克莱主要是提出他的基本假定来，而在§3他就由前两假定推出一个命题来：存在就是被知觉。他提出这样一个命题并不足怪，因为的的确确他的存在只能是被知觉，他在假定里就没有假定任何不被知觉的存在有可能，他的存在就等于知觉。知觉自然是人的知觉，不能存在于人心以外。因此由这样一个命题就预设着他的取消外界客观存在。巴克莱的存在只是被知觉，那么不被知觉的自然就不存在。列宁驳他说："没有人存在以前那么什么都不存在了。"巴克莱当然回答上帝存在，因此被上帝知觉到的就存在。因此我们又可以看出来他是在为着上帝，他永远逃不脱他自己的阶级立场，他的阶级限制使他随时随地准备着为上帝服务。在这里我们可以很明显地看出来社会存在决定着社会意识。

巴克莱在《人类知识原理》§4—§8说明了什么。

在绪论里，巴克莱主要的是反对有"抽象普遍观念"，在第三节里他又提出"存在就是被知觉"这样一个命题,而在§4—§8节中他把反对抽象观念用来作为"存在就是被知觉"的理由。在这五节中可以注意下列几事:

(1) 他认为:房屋、山、河及一切可感的东西都有一种自然的实在的存在,并不必被理解所知觉。这纯粹是认为可感物的存在可以与知觉分开的抽象作用。我们不能把存在与知觉分开就像我们不能把色和光、热和冷、广延和形相分开一样。我们可以存想有那么一个没有颜色的形相或者说没有运动的广延吗?他认为,"我们如果不曾实在地感到一种事物,则我们就不能看到它或接触到它,因此我们却在思想中亦不能想:任何可感的事物可以离了我们对它所生的感觉或知觉"简直是不可思议的事。"因此,它们如果不实为我所知觉,不实存在于我的心中,或其他精神的心中,则它们更完全不能存在,否则就是存在于一种悠久神灵的心中。"经验主义的立场使得他无法不否认抽象普遍观念,抽象普遍观念的可能就是使狭隘的经验主义破产。没有抽象观念的存在,自然就不能把山河大地的存在与我们的知觉分开,这样与我们知觉的分开的作用无疑地是一种抽象作用。因这点我们可以看出巴克莱首先就肯定了存在就是知觉,而且不仅只被知觉,知觉的内容就是存在(观念的存在),他从来没有考虑存在可以与知觉分开。巴克莱的妙计就是首先假定了片面的事实,然后由片面的事实推论下去,这样使人们沉到他的圈子里,使人们与他一起钻那似是而非的牛角尖。他是只站在经验主义的立场来看问题,因此在部分言他是合乎科学的,他根本就没有提到理性,根本就不去想观念的原因是外界客观存在,这样他由第一步就存在了问题。当他以为我们不能有抽象观念,就推论到存在就是被知觉,他事实上并不如此,有时事物并不存在于我们的心中,他就说是存在于上帝心中。很明显,他就是要取消"物质",使"存在"只是存在于精神，给他扣上僧侣的帽子恐怕没有什么不恰当。

（2）巴克莱提出除了精神或能知觉的东西以外再没有任何实体，一切可感的性质例如颜色、形相、运动等只是感官所知觉的一些观念。又说，任何观念可以存在于不能思想的物体中，那就是分明矛盾的。站在巴克莱的立场，既然认为存在就是被知觉，知觉的内容就是观念的存在，这样观念的存在自然不能离开知觉的主体，因此只有精神才是实体，而一切可感的性质（观念）只是依附于主体的知觉而存在。他这样地来开始取消"物质"，使精神成为唯一的存在的实体，也就是确立起"至高无上的神的威信"了。巴克莱根本上就没有想追求观念的原因，他只是把观念与知觉混在一起，使观念就是知觉，存在就是知觉，如果你要分开它，他就要说你矛盾了。当然观念并不存在于不能思想的物质中，但是并不妨碍观念的来源是不能思想的物质，巴克莱先肯定了知识的对象只是观念，这样就钻入了牛角尖。我想造成巴克莱这种思想的是哲学史上一直把思维与存在对立起来的做法。如果是客观唯心论还可以有某种限度内的"客观存在"；但主观唯心论只能一面倒，只是精神而没有客观存在了。我了解的辩证唯物论是把思维与存在统一起来，思维的规律就是客观自然的规律，但它们之间的一致是一个辩证的过程，并不是一下子就一致了。我们所说的客观存在（物质）是第一性的，思维是第二性的，并不表示它们是单纯的对立，而是表示着思维同样是物质，它们在矛盾中统一。巴克莱由于经验主义的方法，只知道分别而不知道统一。

（3）巴克莱以为观念只能与观念相似，而不能与别的相似，并且说假若它们（指观念与之相似的外物）是可知觉的，则它们也就是我们的观念。如果不能被知觉，我们说颜色和一种不可见的东西相似，是否是一种有意义的说法？当然在巴克莱已经肯定"知识的对象只是观念"的命题下，我们也只能说观念只能与观念相似，因为知觉的内容只是观念，除此之外无他。但如果我们不就他狭隘经验主义的立场看，就事实的真相看我们可以说巴克莱太片面了。我们说观念与外界存在相似只是说它有一个来源，有一个原因，因为观念本身不能是观念的原因。我们说两个观念的相似正因为有两个客观存在的相似。巴克莱自己也不否认观念不是原因，而需要有一个原因，他只不过以为上帝是原因吧！当然，一个外界的存在被我们认识并不是一个简单过程，列宁说："认识是思维的永远地无限地接近客体。"

我们可以知觉到客观存在，并不等于说客观存在因为我的知觉而失去其客观性，变成我们主观的东西；恰恰相反，客观存在之被我们认识，正是由"自在之物"变成"为我们之物"，这样愈发显露出其客观性来。因为我们以前没有认识到的东西而今天认识到了，我们就毫无理由说在我们没有认识它之前它根本就不存在，新的事物被我们认识正证明着"存在"不是我们主观的，而是客观的。马克思主义之所以要强调客观存在的物质是第一性的而人的思维是第二性的，其中一个原因就是我们认识客观存在，在实践的过程中不断地发现着新的存在。因此马克思主义的认识论有着在科学上最伟大的意义，它不限制科学的自由发展，而领导科学去得到新的东西。

巴克莱在《人类知识原理》§9—§16 说明了什么。

巴克莱在这八篇中主要地是在说明第一性与第二性的不能分。既然它们不能分，那么像颜色、坚硬都是我们的观念——广延、形相、运动自然也不能例外了。其实他这个意思也就是根据着"抽象"的不可能、"存在就是被知觉"而来的。这几节里巴克莱也同样地进行着他的取消"物质"的准备工作：

（1）巴克莱是因着洛克哲学在 P. Q. 与 S. Q. 上留下的空子而来反对他们的分别，并且也因着科学的不发达而来。

Ⅰ. 形相、运动也是存在于心中，而不能存在于不能思想的实体中。因为巴克莱以为如果我们离开了那些可感的性质——这些可感的性质明明是存在于心中的——我们根本不能借着思想的抽象作用，存想一个不兼及任何可感性的形相和运动。因此，形相与运动离不开可感性，而可感性存在于心中，那么运动、形相也存在于心中。

Ⅱ. 大小、快慢，我们并不能承认它们是在人心以外的存在。因为它们完全是相对的，而且是根据着我们感觉器官的组织或位置变的。因此广延、运动只是我们的观念，存在于我们知觉之中的观念。

Ⅲ. 数目完全是人心产生的。因为同一种广延，人心如果把它视为一码、一尺，则它们的比例是一比三，因此数目是相对的，是依靠人心而存在的。

巴克莱因着这种类似的方法证明了广延、形相、运动。一切洛克所认为的 P. Q.，都被他拉到心理中来了。首先因为他利用着洛克即已承认 S. Q. 是在心中，但 S. Q. 与 P. Q. 根本上没有分别，于是他就一边倒，倒向心理。他之所以能倒向心理，是因为他存心要取消"物质"，又利用了科学知识的不够。巴克莱这样地来处理 P. Q. 与 S. Q.，我们也可以看出来是有很大的不妥当的。

首先他就肯定了 S. Q. 在人心，他并不问这 S. Q. 有没有原因，有没有来源，只是含含糊糊地根据了他的"存在就是被知觉"的理论推演下来了；其次他是纯粹由取消"物质"的愿望出发，把主观的相对与客观的绝对混在一起，于是大小快慢自然就成了主观之物。例如他说运动是相对的，是根据我们感官的组织与位置变的，他根本不考虑我们对事物的快慢的感觉的全部条件，他只单纯地抓住一两点，如果我们对于事物的感觉的全部条件不变，他的运动将不是可以快也可以慢的了，而是有着一定的速度。

巴克莱的经验主义看问题永远是片面的。

(2) 巴克莱认为 S. Q. 与 P. Q. 都是在心中存在而不能在别的地方存在。我认为他这里所说的"心中存在"就是说，"S. Q. 与 P. Q. 只是知觉的内容而不是别的"。这样说来，人的心理内容只是这些存在于我们心中的知觉内容，心理的对象将永远是这些，不会多也不会少，并且心理的活动也是非常被动，非常死板。我想巴克莱之所以要这样还是为了上帝，因为我们心理活动的有限才可以显现出上帝的无限来。

巴克莱在《人类知识原理》§17—§25 中说明了什么。

上面 §4—§8 与 §9—§16 的说明就是为了要证明 §17—§25。这十节中主要的问题在由"存在就是被知觉"与 S. Q. 与 P. Q. 的没有分别证明没有"物质"。这里正面地提出没有"物质"来，我分两个小题目叙述如下：

(1) 巴克莱以为哲学中所谓的物质实体有两种意义：一个是概括的存在观念，这是抽象作用，根本上是他反对的；另一个是支撑属性的，但支撑属性的是个什么东西，巴克莱认为这是无意义的，因此"外界物体"的存在根本上是不可能的。若说有那么一个外界物体存在，这是我们感官所无能为力的，因为它并不能告诉我们有那么一个外界物体的存在与我们的观念相似。就人的理性说吧，我们并不能看到有什么理由可以使我们根据自己所知觉的来相信心外有物体存在。即使主张物质说的人亦并不妄谓，在外物和观念之间，有必然的联合；相反地，我们不承认有那么一个外物存在，我们的观念亦可以按照我们常见的秩序产生出来。

要反对巴克莱这种说法最好的方法是用实践。列宁说过，我们可以给你证明在没有人类以前已经有了这个世界。当然巴克莱会回答上帝存在，因此暴露了巴克莱的哲学立场：一切为了上帝。"上帝"这个观念是因为科学没有足够地发达而存在的，而科学的光照到的地方上帝就退缩了。列宁说："僧侣主义（即哲学的唯心主义）当然有其认识论上的根源；它并不是没有根基的，它实是一朵不结果的花，但这一朵不结果的花却是在生动的、结果的、真正的、强大的、全能的、客观的、绝对的人类认识这株活的树木上生长着的。"巴克莱在其认识论上是有他的根基的，他的根基是由洛克发展下来的，洛克的认识论就是巴克莱的认识论的基础。不过巴克莱是建筑在它上面而又反对了它，因为巴克莱自己也感觉到他的这朵不结果的花是与这株大树多么地不相称呀！于是他要求脱离这棵大树，投向上帝的怀抱里。列宁说："人类的概念只有在真理成为实践的真理时，才能把握、捉住、掌握某一客观真理。人的和人类的实践是认识客观性的考核标准。"巴克莱使认识老是停留在感性的阶段，这样一方面使他成为一个狭隘的经验主义者，在他的认识论里根本不需要有什么理性；另一方面又使他停留在感性的阶段，使真理的标准的诉诸实践成为不必要，而给上帝一个至高无上的地位。因此一个马克思主义者强调认识的标准是实践。"物质是第一性"并不是偶然的，而是人类由阶级斗争、生产斗争中积累出来的经验。我们要改造这个世界就要有一个与这个目的相配合的对世界的看法。

在巴克莱的哲学里，我认为他根本分不清什么是我们感官的知识，什么是我们理性的知识。说得正确一点，他根本上就没有什么理性知识，并且他也不承认理性。由他这里谈——"就人们的理性说吧，我们也没有什么理由可以使他们根据自己所知觉的来相信心外有物体存在"，他是完完全全没有能力分别感性与理性的不同，因为他在感性的认识上已经否认了观念来源的问题，再往下谈根本没有必要。不过，如果观念没有原因，没有来源，我们的观念常常可以按照一定的秩序产生那倒是很奇怪的事。这正如如果一个人把重力的观念驱逐出他的脑子以后，那么他从一万米的高空跳下来也不会摔死了。因此归根到底，有没有客观世界的存在是一个实践的问题，而不是理论的问题。上帝的观念并不能证明什么，因为上帝只是因为地上人间的分裂而造成的结果，只是科学领域尚未达到的结果。

（2）巴克莱以为根本不可能有离开我们知觉思想还存在的外界，因为我们要证明有那么一个离开我们知觉思想的外界存在，那我们就得想象它们是不被存想而能存在的，这分明是一种矛盾的说法，我们纵然尽力存想外界事物的存在，而我们所能为力的，亦只是思维自己的观念。

巴克莱的这种说法正如狄德罗所言："只承认自己存在，只承认自己以内所发生的感觉存在，而不承认别的东西存在的哲学家，就叫做唯心论者，那是一种如何荒诞的体系呀！在我看来，它的成立只能说是盲目的结果！可是，这种体系虽是最不合理，却最难驳倒，这正是人类精神的耻辱、哲学的耻辱。"的确是这样，我们如果跟着巴克莱往下钻牛角尖，那我们是永远驳不倒他的，因此在这里哲学是一个立场的问题，是一个党性的问题。我们如果站在他那个立场，那我们只有承认他。如果我们站在工人阶级的立场，那么哲学首先是一个实践的问题，也就是一个改造世界的问题。在这样一个立场上我们将不必怀疑什么客观世界的存在与否，因为实践不允许我们怀疑，而且也随时给我们证明着世界的存在。的确，我们的认识并不是机械的，而是一个辩证的过程，不是没有矛盾的，因为自然本身就是在矛盾的产生和解决的过程中。

（3）并且巴克莱认为这个外界物体的存在实在没有必要，有了它也不能证明什么，反而给上帝创造事物找些困难。这充分说明物质对于一个拥有上帝观念的哲学家是一个麻烦，要上帝，自然物质就没有什么用。但相反地在唯物论看来则要物质就非取消上帝不可，这就是一个一边倒的问题。这也就是为什么唯心论总是有神论的，而唯物论则总是要取消神的。

"物质"对于上帝总是一种威胁，要上帝无限全能就要把物质的地位挤掉，否则上帝不能成为唯一的因。

巴克莱在《人类知识原理》§26—§33说明了什么。

巴克莱在这九节里主要的是谈到观念的原因的问题，并且把自己的要求希望证明的事实说明了。我把它分成下面三个小题目来谈谈：

（1）巴克莱认为观念是被动的，因此一个观念并不能产生或变化成别的观念，观念并不能成为另一种观念的原因或其本身的原因。但是我们常常知觉到继续不断的一串观念，其中有的会重新刺激起来，有的会变化了，或者消灭了。因此，这些观念一定要有一种原因，为它们所依靠，并且能产生它们，变化它们。这个原因就是无形的自动的上帝了。

在巴克莱的这个意思里，我们可以分析出他的两个困难来：

Ⅰ．观念是被动的。这是由于当时自然科学的结果。自然科学，例如化学，其最小的单位为分子，生物最小的单位为细胞，因此巴克莱也以为人的心理内容是由单个的观念拼凑而成，其中并没有什么有机的必然的联系。于是单个的观念只是能被我们的知觉所认识，在我们的知觉中他们联合成为复杂观念了。这种想法使他落入神秘主义的深渊。因为我们常常也会知觉到一串观念，其中有的会重新刺激起来，有的会变化了，或消灭了，巴克莱无法解释，于是诉诸上帝，因此产生了他下面的一个困难。

Ⅱ．上帝是观念的原因。因为它为它们所依靠，并且产生它们，变化它们。这样我们可以问巴克莱两个问题：首先，在他说到没有"物质"时，并不以为观念要有什么原因，而现在为什么又以为观念要有原因呢；其次，有什么理由上帝是观念的原因呢？

由这两个问题，我们可以知道巴克莱的哲学只是为了确立上帝的地位。因此在谈到物质时，他完全看不出观念需要什么原因，这是受了他的阶级片面看问题的限制。但到谈观念的原因时，他又只想到观念的原因是上帝，因为受他的阶级的限制，他是想不出什么别的原因的。

（2）同时巴克莱认为，意志可以产生观念，或对于他们有别的作用。这样，我们可以在自己心中刺激起各种观念来，并且可以把它们变换。我们只要一发动意志，则或此或后的观念立刻可以生起在想象中，而且我们可以用同样的一种能力把那个观念消灭，再生起别的观念来。

这种主观唯心论已经是穷途末路了，正如列宁曾经反驳他说，如果你把重力的观念在你自己的心中消灭，那么我相信你跳进水里也不会淹死的。这种唯我论将使得科学和一切学问都死亡，于是巴克莱就有了他的下面那个最高的理论。

（3）虽然我们有能力运用我们自己的思想，可是我们凭感官实际感到的感觉，并不依靠于我们的意志，这些感觉观念是稳定的、有秩序的而且是互相黏合的，是在有规律的长串中出现，其互相衔接之妙，可以证明造物者之智慧与仁慈。这种上帝的意志就造成我们自然的法则，我们离开了这自然的法则，将会使我们永远处在纷乱中。我们万万不可不去追求上帝，反而去追求一切所谓次等的原因。造物主在我们感官上所印的各种观念叫做实在的事物；至于在想象中所刺激的那些观念则是不规则的、不固定的，因此只是事物的影像。但那种感觉观念我们并不能证明他们是在心外存在的。

在巴克莱的这种见解里，我们可以看出他最后的和最主要的企图来。巴克莱最主要的目的就是要证明上帝存在与上帝有至高无上的权威。在他写完这本书以后，他曾经以为他自己对于宗教有着伟大的贡献，但我们在这里面可以看出巴克莱是毫无根据地假定了一些命题，又毫无根据地排斥了一些命题。如果顺着他的思想发展到最后不加上一个上帝，那么他的理论将是非常荒谬的。他自己也认为要有一定的自然法则，因此他整个的哲学的基本前提就是要有"上帝存在"，而且这个上帝是最智慧与最仁慈的，是最后的判断标准。肯定了上帝存在才有巴克莱的哲学，因此巴克莱的哲学由第一节起就是与上帝的存在分离不开的。并且，要肯定上帝存在就得否定"物质"存在，由第一节起巴克莱就没有给"物质"留余地，首先他就排挤了物质，只是讲心理。巴克莱之所以如此，主要的是他是当时社会的产物，是当时社会的维护者。

§1—§33节分析完了，我们可以得到下面一个结论：

巴克莱的哲学是保护宗教的哲学。

就巴克莱是一个哲学家而言，我们不一定能说他在主观上是在麻醉人民，而主要的是他自己逃不出他的阶级给他布置好的天罗地网，他只能在这个一定的范围中打圈子，并且他的一切活动及理论又使得这个天罗地网更加周密了，于是愈发限制着他的阶级的出路。巴克莱的哲学是他的阶级的产物，他的哲学反过来使得他的阶级统治更加巩固。这样我们清算巴克莱，不是就他个人来清算什么，而是就他在为他的阶级的代表这一方面来严格地批判。

有些人认为，有些哲学家在行动上并没有做过什么危害人民的事，而且有些哲学家自己的生活也是很清苦的，我们为什么还要如此无情地批判他们呢？其实，作为一个哲学家，他个人的事我们实在不必去无情地批判，但他的思想在客观上帮助了统治者，如果我们不批判，那么我们的社会就得永远停留在不前进的某阶段。所以我们说：

"温情主义是我们的大敌人！"

巴克莱的哲学理论主要地是想给上帝找一个巩固的地位。他认为上帝是真理,这是他自己阶级性的限制,但在他为上帝找理论根据的时候则不免有些自欺欺人了,他自己理论中间的漏洞充分证明着这点。例如他在方法上主要是消极地否定,并不积极地建树,在建树理论时是非常主观,有时根本不说什么理由。这一点留在讨论方法时再说明。

总之,巴克莱的哲学是维护宗教的哲学,是当时统治阶级有力的工具。

四、巴克莱的方法

(1) 巴克莱的方法是形而上学的方法:由他反对抽象理念谈到他的方法上的缺点。

(2) 巴克莱的方法是消极地否定,但并不积极地树立。

(3) 由"思想的主体"与"被思想的主体"的问题谈到巴克莱只是认识矛盾,但不能认识矛盾的统一。

(4) 巴克莱在证明他的意见时已经就肯定了他的意见。

(一)

前面一章我已经简单地谈了谈巴克莱之所以否认"抽象观念"的存在,是因为他没有了解由感性认识到理性的认识是一个辩证的认识过程。这里我想就这一方面来说明他在方法上的缺陷。

我认为马克思主义者的哲学主要地是一个斗争的武器,在他与各种错误思想的斗争过程中来发展自己。马克思主义在哲学上从来不是脱离实际地自搞一套,而是要在与一个具体的错误对象的斗争中来显露自己。这是很容易了解的,因为马克思主义的哲学不是制造体系的哲学,而是在具体的阶级斗争及生产斗争中生长起来的。制造体系的哲学是作茧自缚,是把自己关在天罗地网里,而且真正想制造体系的哲学已经随着德国古典哲学的终结而终结了。马克思主义的哲学是在"每当有新的构成自然科学转折时代的伟大发现时就必须采取新的形态"下发展的。因此我这里以巴克莱为对象来说明马克思主义的认识论是一件比较妥当的工作，当然这只是一个初步尝试，希望以后慢慢地来研究。

列宁的《哲学笔记》中说："从生动的直观到抽象的思维和从抽象的思维到实践——这便是认识真理，认识客观真实底辩证的道路。"辩证法不只是自然的规律与人的思想的规律，同时也是人的思维认识自然的规律。列宁说："辩证法正是马克思主义的认识论。"因此，我们研究人的认识的过程就是要研究由感性到理性及由理性到实践辩证法的过程。当我们运用辩证唯物论的理论来斗争一种哲学思想时，我们是可以比较地偏重于某一方面的（例如恩格斯的《反杜林论》主要是由辩证法来驳倒杜林，而列宁的《唯物论与经验批判论》则是由唯物论方面来驳经验主义者），但并不是说把这两者（唯物论与辩证法）分开，而是更着重一方面的问题。这里我们驳巴克莱的认识论，主要是用辩证法，并由辩证法中取"量变到质变"这样一个重点来说明我们的理由。

一个狭隘的经验主义者，他只是注重在人类感性的认识上。本来感性认识是要根据外界客观存在的，就这点而言是有着唯物的成分。但往往因为科学的不发达、阶级利益的限制使得一个哲学家片面夸大而误入唯心论的领域，由洛克到巴克莱就是这样。在洛克的哲学里仍然有着唯物的成分，主要地是因为他是在英国资产阶级革命时期产生的，这样的经济基础是需要洛克这样的哲学服务的；但到巴克莱时因为英国资产阶级已失去其革命性，阶级的利益限制着他，使他必然倒向主观唯心论，当然他能倒向主观唯心论还有当时科学的条件。巴克莱的片面夸大性决定着他整个哲学体系，尤其是他的认识论。现在我们只就他的反对抽象观念这一点来研究他的方法的缺陷。

巴克莱反对抽象观念主要的理由是：任何一个观念，它总是一个具体的生动的观念，而不能存想有那么一个"既非钝角又非锐角又非直角的三角形"的观念。

这里我们主要地先不管观念是否应该有来源——当然来源是一定有的，不是上帝而是客观存在的物质——先就其认识事物的片面性来说。就第一个认识的过程而言，我们的的确确得到的只是生动的具体的观念，这是因为我们感官印入的客观真实本身就是生动的具体的。因此，经验主义一般地说来（不追求其经验的来源）是合乎事实的。巴克莱认为没有抽象观念，对认识的第一过程而言是正确的，因为由我们的感官的确无法认识事物内在的联系等等。至于客观世界的物质如何印入我们的脑中这也不是一个简单的过程，有些问题还要心理学与物理学去证明。不过我们现在可以肯定地说，思维的规律与自然的规律是一致的，因为他们同样是物质的规律。但究竟如何由自然印入心理这也是一个要研究的问题，这里无法解决。

我们认识的第一步，就是认识到生动的具体的事物。但这还不能就说我们有了某事物的知识。我们要能认识在客观现实的过程中所制造的观念、范畴和所发现的规律，因为这样才使我们有真知识，才使我们的认识能由单个的、偶然的，变到大量的、必然的。因此，在这里首先我们要研究如何使我们的感性认识升高到理性认识。

列宁说："从生动的直观到抽象的思维和从抽象的思维到实践——这便是认识真理、认识客观真实底辩证的道路。"就斯大林的《辩证唯物主义与历史唯物主义》而言，辩证法有四个基本原则：

Ⅰ. 辩证法不是把自然界看成什么彼此隔离的，彼此孤立的，彼此不相依赖的各个对象或各个现象的偶然堆积，而是把它看做有内在联系的统一整体，其中各个对象或各个现象是互相密切地联系着，是互相依赖着、制约着的。

Ⅱ．辩证法不是把自然界看成静止不动的状态，停顿不变的状态，而是看做不断运动、不断变化的状态，不断革新、不断发展的状态，其中始终都有某种东西在产生着和发展着，始终都有某种东西在败坏着和衰颓着。

Ⅲ．辩证法不是把发展过程看做什么简单地增长的过程，看做量变不会引起质变的过程，而是看做由不显露的细小量变进到显露的变、进到根本的变、进到质变的发展过程。在这个过程中质变不是逐渐发生的，而是迅速而突然地发生的，即表现于由一种状态突变为另一种状态，并不是偶然发生，而是规律性地发生，即是由许多不明显的、逐渐的积累而引起的结果。

Ⅳ．辩证法所持的出发点是：自然界的对象或自然界的现象含有内在的矛盾。因为所有这些对象或现象都有其正面和反面，都有其过去与将来，都有其衰颓着的东西和发展着的东西。而这种对立面的斗争，旧东西与新东西间的斗争，衰亡着的东西与产生着的东西内的斗争，衰颓着的和发展着的东西内的斗争，便是发展过程的实在内容，是由量变到质变这一过程的内容。

斯大林这四个辩证法的基本原则是辩证唯物论的认识论的基本原则。但我们把它们作为批评巴克莱的武器时最好以"量变到质变"这个原则为中心。因为巴克莱对"抽象普遍观念"的不了解，主要是由于他的认识论里没有这样一个由感性认识升高到理性认识的量变到质变的过程。

在我们的脑子里不是先天地有一种思想的能力，相反，这种思想的能力是由感觉的量变而来。下等动物之所以没有思想，并不是说它没有思想的能力，而是因为它的感觉较人的感觉要粗糙些，它的脑子的构造与人的脑子的构造要不同些。我们的这种认识上的量变到质变，是由大量的经验发展到一定的阶段，就产生了人的思维。这思维是由感觉质变而来，因此我们更加知道辩证法的发展对于唯物论的说明更加方便。我们认识由感觉的量变然后引起了质变，产生了思维，这与我们的社会发展一样。资本主义社会的量的发展最后一定会引起质的变化。而下等动物则与我们不同，他们的社会是永远如一的，这正如他们的感觉是永远不会进入质变而产生思想一样。

我们认为在我们的脑子里不能有一种先天的思维能力，因为"先天的思维能力"必然地引我们到唯心论的困境。我们就会因此而认为在人的思维中有先验的范畴。这样使我们脱离实际，离开科学，马克思在《资本论》上的这句话是值得我们特别注意的："叙述的方法，当然须在形式上与研究的方法分开，研究必须搜集丰富的材料，分析材料的种种发展形态，并探究这种种形态的内部关系，不先完成这种工作则对于现实的运动，必不能有适当的叙述。不过，叙述一经成功，材料的生命一经观念地反映出来，即就好像是一个先验的结构了。"这句话就是指示给我们去了解感性如何辩证地达到理性。我们如果认识到某种规律或法则，是一定要由大量的感觉经验积累而来，不可能是突然产生的。但当我们一旦得到这个规律法则，它就好像是个先验的结构了。本来，在经验的积累阶段只是一个量变的过程，当它一旦变为规律法则在本质上就与感觉经验不同了，我们也就不能再拿对感觉经验的看法来看规律与法则。

但我们仍然得注意，这种理性的认识本身也只是事物内在规律与法则。如果我们要想把它因此而变成一种先验的东西，那我们将大错而特错。因为这种量变到质变的过程不是仅仅为人的认识所有，而为一切物质所有。

"从生动的直观到抽象的思维和从抽象的思维到实践——这便

是认识真理、认识客观真实底辩证的道路。"我们认为感性的认识变到理性的认识是一个量变到质变的过程。这并不是说我们的思维规律经过了质变不再是物质规律了；恰恰相反，我们的思维规律与自然规律同样是物质的规律，因为无论如何人的脑子总是物质的。

自然界是合乎辩证法的，因为自然界本身就是"彼此互相联系着、互相依赖着、互相制约着"，"不断运动着、不断变化着、不断发展着"，是"由不显露的细小的变进到显露的变，进到根本的变，进到质变"，是"对立面的斗争、旧东西与新东西间的斗争"。因此我们对它的认识也是这样的。感性认识固然如此，因为它是直接由我们的感官认识自然；理性认识也是这样，因为我们的思维规律仍然是物质的规律，所以它要有一切物质应有的性质。例如自然界永远是在运动着的，我们的思维也永远不能静止；例如自然界和人类社会中由量变到质变的过程，在人的思想里也同样地有。最显明地，由抽象的思维发展到实践也是一个量变到质变的过程。

这里我们再谈谈"由抽象的思维发展到实践也是一个量变到质变"。"人类的概念只有在真理成为实践的时候，才能把握、捉住、掌握某一客观真理，人的和人类的实践是认识的客观性的考验标准。"（列宁：《哲学笔记》）实践是认识的最高阶段，是真理的标准，因此它必然是由大量的感觉经验经过了思维的作用——是由感觉经验质变而来的，不是先天的，但好像一个先天的结构——再由思维概念的积累转化为行动。思维概念的发展变到行动也是一个由量变到质变的过程，理论只有通过人的行动才会变成力量。理论与力量不是量的不同而是质的不同了，这种由理论转变成的行动力量已经不是低级的力量，而是经过千千万万的实践活动而得到的经验，再由经验经过思维的作用，而变成力量或实践的行动。这就是所谓由实际中来，再回到实际中去，但再回到实际中去时已不是一成不变地回去了。

在马克思以前，因为人类不能有正确的认识论，于是在各种学问里都充满着矛盾与错误。不但在理论上，就是在各种行动上也不能避免。彻底的辩证法一定是与彻底的唯物论结合的。我们只有在唯物论的基础上正确地掌握辩证法才可以认识世界，改造世界。

巴克莱在认识论上的错误主要是由于狭隘的经验主义产生。他全然地不了解世界，他全然不了解人如何去认识世界。狭隘的经验主义是与形而上学分不开的，它以形而上学的观点作为认识论的观念，即斯大林所说的形而上学的教条。认识论由形而上学的观点出发必然导致错误。例如巴克莱对于抽象观念的不能理解，这主要是在于他不了解人的认识是由"量变到质变"的过程。如果我们的认识论以辩证法为基础，不但可以解释世界，主要是能使我们改造世界。不但经验主义的认识论是不正确的，理性主义也是片面的。康德因为不了解认识的最高阶段是实践，于是在认识论上留下了辩证法。但是他的辩证法是有限制性的，因为对黑格尔的辩证法我们仍然可以看出它是有始有限的，自然在他的认识论中仍然是莫明其妙了。马克思主义的认识论之所以正确，主要是它能把辩证法与唯物论结合，使它们变得彻底。辩证唯物论的认识论能解决经验主义所能解决的问题，同样地能解决理性主义所能解决的问题，但它不等于他们两者之和，它们之间不是量的不同而是本质的不同。

（二）

巴克莱在他的《人类知识原理》中所用的方法是消极否定的方法，而不是积极建树的方法。他在方法上只是证明"不是"什么，而对于是什么很少证明。例如他证明"存在就是被知觉"，主要地只证明了不可能"存在不是被知觉",他不正面地证明"存在就是被知觉",因此他这种在限制下证明的命题,他常常把它无限制地应用。不可能"存在不是被知觉"这样一个在经验中的命题,他把它无限制地应用,于是证明着他的"存在就是被知觉"。这种把部分概括全部,而且是由反对反面的部分而证明全部的方法是巴克莱在方法上的特点。

在证明没有"抽象观念"存在时,也是用的消极方法。他总是问,你拿一个抽象观念给我看,你自己去存想一下有没有抽象观念。这都是先肯定抽象观念不存在,而由消极方面去证明。对于第一性、第二性也是一样,他只是消极地证明了它们分开的不可能,但没有积极地证明它们必然地结合在一起。对于"物质"他也是一样。

总起来说,他是由消极地否定"抽象观念"的存在、"第一性第二性"的不能分开,证明到"物质"的不存在,由物质的不存在证明到上帝的存在。这样一个证明至少有两个漏洞:

(1) 第一个命题的不正确,以后的都不正确了。巴克莱因其第一个"没有抽象观念"从部分概括全体,因此是不正确的,所以以后的完全是不对的。

(2) 证明"不是什么"并不等于就证明是什么了。在他证明没有"物质"于是就确定地认为有上帝,这是多么不妥当。他认为"物质"作为原因,观念又不能是其自己的原因,于是就肯定上帝是原因。这样一个推论是显然的荒唐。对于上帝的存在也向来不加以怀疑,因此他以为不需要证明,并且每当问题讲不通时就提出因为上帝存在来。这样使得他的哲学是非常片面、主观的。

这种方法上的缺点仍然是与他狭隘经验主义的限制分不开的。

(三)

巴克莱常常只是认识到事物中的矛盾,因此他以为既然有了矛盾，那么就得否定一面。他没有了解在事物中的矛盾是必然存在的，而在事物的运动中是不断地克服矛盾，然后就产生新的矛盾。例如他认为不可能有第一性的"物质"和第二性的"思维"同时存在，他认为不可能有"思维的主体"同时又有"被思维的主体"同时存在。这主要是因为他没有了解"思维"与"物质"在运动中矛盾的统一。"思维"的运动形式与"物质"的运动形式是一致的，因为思维也是物质的。

我认为对于"客观存在"与"思维"的关系的了解是认识论上的一个很大的问题，我还没有搞得很清楚。不过我有这样一个基本的看法：

物质在它的运动中永远存在着矛盾，运动是物质的形式，运动的表现就是对立面的统一与斗争的发展。自然界与人类社会永远在运动着，永远在对立面的统一与斗争的过程中发展着，人的思维也永远在运动着，永远在对立面的统一与斗争中发展着。这因为两者都是物质的，但另外一方面是人的思维在运动的过程中要求反映自然界与人类社会，而不是自然界和人类社会在运动中要求反映人的思维。因此，人的思维在其运动的过程中认识自然界及人类社会是一个辩证的过程。在这两者之间有着矛盾，但在运动的过程中产生了矛盾后的统一，在两个对立面的发展过程中统一起来，然后又产生新的矛盾。

在主观唯心论者是永远不能理解"思想主体"与"被思想的主体"同时存在的，因为他们觉得一个"思想主体"不可能去认识一个不思想的"被思想的主体"。普列汉诺夫说得好："二元论永远不能满意地答复下述这个必然的问题，即如何这两个各别的、互相间没有任何共同之处的本体能够彼此影响。"辩证唯物论不是二元论，因为它主张物质是第一性的、思维是第二性的，但它却不忽略在"思维"与"存在"中间仍然有着矛盾，要求这矛盾的统一只有在运动中，在发展中。但主观唯心论，甚至一切的唯心论都因为害怕承认这个"思维"与"存在"的矛盾关系，它们抛弃了一个而只抓住一个。巴克莱害怕这样一个事实上存在的矛盾，于是他只得抽掉了一个。因此要使得唯物论彻底贯彻，最主要的是掌握辩证法。

（四）

巴克莱的哲学体系是打圈子的哲学体系，他最初的假设中就包括他要证明的全部东西，因此他不必证明就行了。在他证明着他所想要得到的理论时，他常常是用着他的假设，但因为假设就是他的结论，因此不待证明，结论就成为正确的了。这一点我在谈巴克莱的立场与观点时说得很多了，这里就不再重复。

巴克莱大主教是站在僧侣的立场上，用着主观唯心论的观点、狭隘经验主义的方法，这样完成了一个很荒谬怪诞的哲学体系。他的立场要求着他是一个主观唯心论，因为只有主观唯心论才可以彻底否定"物质"而保护上帝。同样，他的主观唯心论的观点又要求着狭隘经验主义的方法，如果不是用狭隘的经验主义的方法来处理问题，巴克莱的哲学何至于那么片面死板呢？自然，他的狭隘的经验主义的方法——也是形而上学的方法——是受着当时自然科学的影响，这一方面别人谈得很多，我不想再说了。

五、结论：阶级分析是一个问题最深刻的分析

哲学与政治永远是分不开的，我们在历史上从来没有找到过一个哲学家，他的哲学不是为某一个阶级服务的，他的哲学一定是某一个阶级的产物和为着某一个阶级的利益而工作的。因此我们写一个关于哲学家的文章，它愈具有政治性，才愈能为我们解决问题。政治性愈高的论文，它一定也是哲学性最深与最丰富的

论文。

今天我们强调哲学的党性，也就是强调对于哲学问题的阶级分析，因为党性是阶级性的集中表现。每一个人都是某一个阶级的人，哲学家也总是属于某一个阶级的哲学家，因为人长期地在一定的经济情况下生活，长期地受着一定的社会环境的影响，他是很难由这个阶级意识中解放出来的。因此哲学思想是阶级的，哲学的党性是根据着它本身的阶级利益形成的。我们对一个哲学家或一种哲学思想的阶级分析，并不是简简单单说他是个什么样的阶级的产物就了事的，而是要分析这个阶级在这个时代这个地域为什么必然产生这样一个哲学家或哲学思想。分析某种哲学思想的必然产生，是很困难的，一方面我们要由这个哲学家的社会存在分析到他的思想，另外一方面我们要由这个哲学家的思想分析到社会存在。这样来回一分析就像由绝对分析到相对，然后又由相对分析到绝对。一切旧的哲学史家们只是单纯地分析一种哲学思想本身，而从不涉及这个哲学产生的原因及这个哲学的社会影响。这样的哲学史对于人类社会用处很小，因为它不能指给人们在积极上制造什么，在消极上防止什么。德波林在他的《德波林的自我批评》中有两点说得很好，这里可以引用：

> 我们没有能把我们的理论的方法论的论点与社会主义建设的具体的课题联系起来，我们的理论与生活脱了节，并且由于我们停留于纯粹的逻辑的范围之内的缘故，而远离了社会主义的建设，在二者之间筑起了障壁。
>
> 我们曾局限于逻辑的方法论的批判，在大多数的场合，忽视了被批评的派别或思想潮流的社会（阶级的）意义，这从马克思主义的观点看来是最大的错误。

由德波林的自我批评，我们可以看出来，无论我们写什么样的哲学思想的历史，首先我们得把它与我们的国家建设联系起来，与它本身的阶级根源联系起来。如果我们单纯地由思想的本身去进行工作，那我们必然是要陷于客观主义的地位。

学习巴克莱的哲学，写这篇报告，主要的意思就是使自己具有对一种错误哲学思想的阶级分析能力。可惜因知识的限制还不能与今日的错误思想联系在一起批判。我认为对巴克莱应做无情的批判。表面上看来这也许太刺激了，但就他对当时统治阶级的作用说来，我们这一点刺激算不得什么。

如果不由巴克莱的社会条件、阶级根源去分析他的思想，我认为他的思想的产生终究是一个秘密。列宁的《唯物论与经验批判论》给我们指出了批判巴克莱的方法。我想只有像列宁那样批评巴克莱，才是真正地站在与巴克莱敌对的阶级——无产阶级——立场上的有力的批判。

谈谈哲学遗产的继承问题

《光明日报》1月8日发表了冯友兰先生的《关于中国哲学遗产的继承问题》一文。《新建设》1957年1月号刊登了张岱年先生的《关于道德的阶级性和继承性》一文。其中都谈到了道德方面的继承问题。我想就这方面的问题，谈谈我个人的意见。

一

冯先生在举出《庄子·胠箧》篇"盗亦有道"的例子后，接着说："庄子这段话，可以作为一个例子，以说明哲学思想中有为一切阶级服务的成分。"现在且不论庄子原意如何，很显然，如果就"圣人"的"圣"、"勇"、"义"、"知"、"仁"等具体意义（按：指具有阶级内容的意义）和大盗的"圣"、"勇"、"义"、"知"、"仁"等具体意义说，我想，冯先生的意思也是，其中没有什么共同之处的。

那么什么是"圣人"和"大盗"在哲学命题或者伦理范畴上的共同因素呢？也就是说在什么意义上"圣人"和"大盗"在用这些道德范畴时采用同样的意义呢？

我想，我们大家（包括冯先生在内）首先都会承认"圣人"和"大盗"是有着共同的语言，是用着共同的道德范畴的词汇的。这些道德范畴的词汇，是能为一切阶级服务的。但是，这不是道德本身的问题，而是语言学上的问题。大家都知道，语言本身是没有阶级性的，是为一切阶级服务的。我想，如果冯先生所说的"哲学思想中有为一切阶级服务的成分"就是指的这个意思，那是不会有人不同意的。

如果这样，我想，冯先生将会感到可以继承的太少了。当然，冯先生所谓继承的意思主要不在这一点上。

冯先生又说："假使过重于抽象意义方面看，可以继承的东西又太少了，甚至连'君君臣臣'也有人看做是上级和下级的关系，这是不对的。"可见冯先生认为有一部分道德命题（范畴）是不能抽象的，是没有抽象意义的，因而它也就不能为一切阶级服务。例如，"劳心者治人，劳力者治于人"，"民可使由之，不可使知之"，"三从四德"等等，也只能有具体意义，而无抽象意义，从而也就只能为一个阶级（剥削阶级）服务。大概冯先生也是这个意思。所以问题还不在这里。

问题在哪里呢？我想冯先生的意思是在，有些道德命题（范畴）可以分别其具体意义和抽象意义，而抽象意义不只是命题的形式，它本身也是有内容的。这些有内容的抽象部分是可以为一切阶级服务的。例如，"忠"、"恕"、"仁"、"爱"、"自由"、"民主"、"平等"等就是这种具有抽象意义的道德范畴。

在回答冯先生所提出的这个问题之前，我先谈谈道德的阶级性和继承性的问题。常常有人引恩格斯在《反杜林论》中的话来证明"道德中有为一切阶级服务的成分"。恩格斯说："在上述三种道德（按：指封建贵族道德、资产阶级道德、无产阶级道德）中可不是也有一种共同的东西……上述道德论，表现了同一历史发展上的三个不同阶段，这就是说，它们有共同的历史背景，就此而言它们已不能不包含许多共同之处。不仅如此，对于同样的或差不多同样的经济发展的阶段，道德论也必然多多少少互相吻合。"我想，恩格斯的说法大家都会认为是正确的，问题在于我们如何理解它。

道德总是随着一定的社会经济条件的发展而发展的。在原始社会初期，人类为了摆脱动物状态，就需要用群的联合力量和集体行动来弥补个体力量不足以进行自卫的缺陷。那时的婚姻形式就是群婚，整群男性和整群女性互为所有，因此就没有一夫一妻制那样的父母子女关系，也就没有"慈"、"孝"等那样的家庭道德。自从私人所有制发生以来，道德的箴言不能不是"勿偷盗"。只有到了资产阶级要求废除等级特权时，才会有"民主"、"自由"、"平等"等口号的提出。由此可知，道德范畴总是一定历史条件的产物，几种不同的道德观点之所以有共同之处、互相吻合之处的原因，也在这里。例如，在私有制的社会中，无论劳动人民还是剥削阶级的道德，都总是针对着私有制度而来的。劳动人民的"勿偷盗"与剥削阶级的"勿偷盗"在内容上正是相反的，但它总是针对私有制而发的。无产阶级"民主"正是要反对资本主义制度，而资产阶级"民主"则正是要巩固资本主义制度，然而都是针对资本主义制度而来的。我认为只是在这个意义上才能说有共同之处，越过这样一个界限就会混淆两种对立的道德。

在谈到道德问题时，人们也常常引用列宁在《国家与革命》中所提到的"共同生活规则"，来证明"道德中有为一切阶级服务的成分"。列宁说："摆脱了资本主义制度所造成的无数残暴、野蛮、荒谬和卑鄙现象，就会逐渐习惯于遵守数百年来人所熟知，数千年来一切处世箴言中所重复着的起码的共同生活规则。""我们知道，违背公共生活规则的过火行动之所以发生的根本社会原因，乃是群众被剥削……"上引列宁的话，是否证明有一切阶级遵守的"公共生活规则"呢？我想，列宁在这里所指的"公共生活规则"不是指人们本能的那一方面，也不是指人类与动物区别的起点，而是指人们的社会行为的规范、准则。因此，可以看出，列宁的意思，不是说在阶级社会中，一切阶级有个什么共同的行为规范、准则；相反，列宁的意思正是："公共生活规则"已被

"群众的被剥削"所破坏了，只有摆脱剥削才可以恢复"公共生活规则"。所以列宁说："如果没有剥削，如果没有某种引起抗议、起义并使镇压成为必要的令人气愤的现象，那么人们是多么容易习惯于遵守他们所必需的公共生活规则。"

什么社会才有全民的"公共生活规则"呢？我同意张岱年先生的意见：道德起源于原始公社；在原始公社中，道德是没有阶级性的，因而全民有一个"公共生活规则"。当然，消灭了阶级和剥削的共产主义社会中也只有一个全民的"公共生活规则"。由原始公社进入阶级社会后，原始公社的"公共生活规则"如何被保留呢？

阶级社会中的道德基础已不再是原始公社的基础了。这时的道德具有与原始公社完全不同的性质，但这只是问题的一个方面；问题的另一个方面是，阶级社会总是由原始公社演变而来的，原始公社的道德也会这样那样地被继承下来。阶级社会中有着对立的两个阶级，他们对于继承原始公社的道德规范自然是抱着不同的态度。反动的剥削阶级所要求的只是剥削劳动人民，他们的道德也就是为了帮助巩固他们的剥削地位，没有"人压迫人"、"人剥削人"的原始公社的"公共生活规则"自然就不合乎他们的口味了。纵然反动的剥削阶级对原始公社的某些道德有所因袭，但这只是被歪曲地反映在他们的道德体系之中的。因此，对剥削者来说，原始公社的"公共生活规则"就再也不能成为他们律己的规范。然而阶级社会中的劳动者则是处于被压迫地位，他们从事劳动生产，在生活中的某些方面仍与原始公社的成员的生活有相近之点，因而他们必然就成为原始公社道德的真正继承者。劳动群众把原始公社的"公共生活规则"的基本部分保存下来，并加以改造，使其适合他们摆脱剥削地位的需要。我想，我们应看到这一点，因为这是基本的一点，是两种文化各自继承的道路问题。

所以张岱年先生提出的阶级社会中两个对立的阶级对原始公社的道德的继承关系是对的；但是把阶级社会中两个对立的阶级对原始公社的道德上的继承看成是一样的，从而证明在两个对立阶级的道德中有着共同的因素，这些共同的因素能为两个阶级同样服务，这就值得研究了。恩格斯说："因为直到现在社会总是发展于阶级对立之中，所以道德是阶级的道德。"

现在谈一谈冯先生的论点能否成立。冯先生认为在一些道德范畴里有为一切阶级服务的一般意义的道德。例如："忠"的一般意义是"尽己"；"恕"的一般意义是"己所不欲，勿施于人"。是不是这样呢？现在就"忠"和"恕"两个道德范畴做一些分析。

就历史上的剥削阶级看，是不是也和劳动人民一样把"尽己"，"己所不欲，勿施于人"作为"律己"的"准绳"呢？我认为从剥削阶级的经济地位、阶级地位看，他们都不能这样做。如果地主阶级把"尽己"和"己所不欲，勿施于人"和对农民一样来作为"律己"的准绳，他们还能是地主阶级吗？因为像"忠"（"尽己"）和"恕"（"己所不欲，勿施于人"）这样的道德不是直接由反动的剥削阶级本身所引导出来的。反动的剥削阶级的一切道德观点都是为了一个目的，即是为了剥削人民。

劳动人民由于在历史上处于被压迫的地位，他们的一切道德总是为着摆脱被压迫地位而斗争的。所以"忠"的"尽己"的意义和"恕"的"己所不欲，勿施于人"的意义只有劳动人民才会提出来。这样的意义，劳动人民本来是愿意遵守的，同时他们也要求剥削阶级也能这样做。问题就在于剥削阶级是永远也不会接受劳动人民的任何束缚的。有很多道德范畴的意义，表面上看起来似乎是两个阶级都可以采取的，但实际上分析起来，这些意义按其本质说，只能是劳动人民的道德品质，而不可能同样也是剥削阶级的道德品质。

反动的剥削阶级之所以用一些本来是劳动人民的道德范畴的意义，而使之成为似乎是两个对立的阶级可以共同使用的，这样的做法，正是对于维护其剥削地位有利。一方面，反动的剥削阶级偷取了一些劳动人民道德的意义，加上一些维护他们本阶级利益服务的因素，来欺骗劳动人民。例如，他们取"尽己"之意，再加上为君之意，这样就迫使劳动人民为他们"效忠"了。另一方面，反动剥削阶级偷取了一些劳动人民的道德，加上一些为他们本阶级利益服务的因素，来巩固其统治。例如，他们取"己所不欲，勿施于人"之意，来达到"在邦无怨，在家无怨"的目的。所以说，道德如果就内容说，哪怕是最一般的意义，也可以分析出是为哪一个阶级服务的。抽象的、为一切阶级服务的道德是没有的。

那么我们在道德领域中继承些什么呢？我们的任务不是在一些道德范畴中找出为一切阶级服务的"一般意义"来，而是继承劳动人民的道德，要从剥削阶级的著作中，把被他们所歪曲了的劳动人民的道德挖掘出来。我们能继承的道德，是在原始公社中就已经产生，后经劳动人民世世代代在生产和阶级斗争中所发展了的道德。我们之所以可以继承这些道德，并不在于道德范畴有其"一般意义"，而在于过去世世代代的劳动人民在反对剥削阶级制度时，表现出他们高尚的道德品质。至于剥削阶级的道德，我们可以研究分析其剥削的实质，从而吸取经验，提高警惕。要想把剥削阶级道德中的任何部分（哪怕是最抽象的、最一般的部分）变成我们道德的组成部分，变成我们道德的内容，都会模糊道德的阶级性，都是错误的。

二

冯先生在中国哲学道德遗产的继承问题上提出，"假使过重于在抽象意义方面看，所继承的东西又太多了"，"如果过重于在具体意义方面看，那么可继承的东西就很少了"。这样说来，好像很多哲学命题只有就其抽象意义上看，继承才有可能，而就其具体意义上看则不能继承。我想，冯先生的文章本来是为了解决遗产继承的可能性问题，但他在解决这一问题时，实际上给能继承什么和不能继承什么规定了一个一般的标准。冯先生说："孔子所说'为仁之方'，即实行'仁'的方法为'忠恕'之道，'己所不欲，勿施于人'。过去我们说孔子这样讲有麻痹人民、缓和阶级斗争的意义，从具体意义看，可能有这样的意义。但从抽象意义方面看，也是一种好的待人接物的方法。我们现在还是可以用。"除了这个例子外，冯先生在文章中还举了"学而时习之"、"天下为公"、"人皆可以为尧舜"等等来证明他的观点。

关于继承的标准问题，我想就冯先生上述看法提出两点意见。

第一，如果照冯先生的方法处理遗产问题，我们可以继承的遗产是多了呢，还是少了呢？

我们继承哲学遗产就要分析其中的精华与糟粕，吸取古人哲学思想中的精华部分来丰富我们的马克思主义哲学。如果我们认为可以继承的主要是那些"为一切阶级服务的共同部分"，那么，所谓精华就在于超阶级的共同的东西了。如果我们用这个方法来对待遗产，将会发现"不是可以继承的更多了，而是可以继承的更少了"。正像恩格斯所说，"现实内容的贫乏的残余"成为我们继承的对象了。这样写出来的哲学史，怕是更空空洞洞，十分不丰富了。

虽然冯先生在文章的开头处也说，"在了解哲学史的某些命题时，我们应该把它的具体意义放在第一位"；但从冯先生处理问题的方法和最后的结论看，似乎是在了解一哲学命题当时的社会意义时，应该把哲学命题的具体意义放在第一位，但把哲学命题作为继承的对象看，则应注重其抽象意义，因为只有这样才可以使命题超出时空的限制。显然，这种看法是有矛盾的。如就道德方面看，矛盾的原因就在于想在对立的阶级的道德中间找出一些没有阶级性的东西，而没有把过去人类历史中的劳动人民的道德（这些道德常常被歪曲地反映在剥削阶级的道德中）当做我们继承的唯一内容。

第二，我们常常说，接受文化遗产要用批判改造的态度，这也许大家没有意见；但如何"批判"，如何"改造"呢？这就会有很大的分歧。如果我们把冯先生的区别哲学命题的"抽象意义"和"具体意义"作为一种对待哲学遗产的方法，那么冯先生所说的"去掉其具体意义"就是"批判"，"改造"就是给"抽象意义"加上现实的内容。冯先生所举的"天下为公"一例正是运用这样的批判改造的方法。在冯先生看来，我们掌握住哲学命题的抽象意义，随时注意给它加上一些现实的具体内容，于是就能为我们所用。这等于说，哲学命题中抽象意义的部分是永远不变的，是我们可以继承的；命题中具体意义的部分，是随时代变化的，是我们不能继承的。按照这种逻辑推下去，就会得出抽象的东西是不随具体的东西变化的，抽象的东西是在具体的东西之先存在的。照冯先生所举的《庄子·胠箧》的例子看，"抽象意义"的部分似乎是在先的了。这样，就使我们不得不想到是"理在事中"还是"理在事先"这样的老问题了。

由上面两个问题看来，像冯先生这样处理哲学遗产的继承问题是有很多困难的。

三

冯先生还认为我们继承的是哲学命题中的抽象意义，但是并不是一切哲学命题都有抽象意义（一般意义），也不是一切哲学命题的抽象意义（一般意义）都可以继承。但是冯先生没有说明为什么不能继承。我看，如果不解决这样的问题，同样无法达到继承哲学遗产的目的。

我想下面还是用一些道德方面的具体实例来分析一下，证明用冯先生的方法确有困难。

为什么冯先生认为像"君君臣臣"这样的哲学命题我们不能继承呢？我想，问题不在于就抽象的意义看"君君臣臣"不是"上级和下级的关系"，而在于"君君臣臣"是"统治与被统治的关系"，因而我们就不能继承这样的哲学命题。

"劳心者治人，劳力者治于人"之所以不能被我们继承，之所以没有冯先生所说的抽象意义的一方面，大概也正是就它的具体意义看这个命题只能是为剥削阶级服务，而不能为劳动人民服务，它是具有深刻的阶级性的命题。

"己所不欲，勿施于人"之所以"也是一种很好的待人接物的方法"，我想，如果剥去它那为剥削阶级服务来麻痹劳动人民的意义的一方面，就本来是劳动人民自身所要求的道德规范，因而我们可以继承。我们所以能继承这种道德，问题不在于它的抽象意义，而在于它的具体意义，有其能为劳动者服务的一面。

所以我想，判断一个哲学命题的抽象意义能不能继承，归根到底还是取决于命题的"具体意义"。就道德方面论，在阶级社会里道德命题的"具体意义"是有阶级性的，因此能不能继承仍然是要看一个命题的阶级内容。我们能继承的道德是具有人民性的道德。

原收入《哲学研究》编辑部编：《中国哲学史问题讨论集》，北京，科学出版社，1957

以毛主席的哲学思想为纲
改革中国哲学史的教学内容

自从校系调整以来,中国哲学史的教学内容虽然也在不断改进,但是不可讳言,就其内容说,资产阶级方向是十分明显的。长期以来,我们教研室的成员没有认真学习马克思主义,特别是没有认真学习毛主席的著作,并且有些人错误地认为毛主席的著作很少谈到中国古代哲学史的问题,因此不必大力学习。我们经过讨论,彻底粉碎了这种极端错误的意见。很多同志指出毛主席对于中国哲学史的很多原则问题早已提出马克思主义论断,我们的错误主要在于有些教师的资产阶级学术思想没有得到稍微认真的批判,因此对于有些马克思主义的真理就"熟视无睹"、"置若罔闻"了。这样我们的哲学史的教学就不是沿着马克思主义的方向发展,而是被引导到资产阶级的方向去了。现在我们首先概括地提出一个过去中国哲学史教学内容中的问题,其次着重谈一谈如何以毛主席的哲学思想为纲来改造我们的教学内容。

在我们中国哲学史的教学内容中所表现的错误最主要之点就在于它没有摆脱资产阶级哲学史的束缚,特别是没有摆脱冯友兰先生在新中国成立前出版的《中国哲学史》的影响,因此就其总的结构和总的倾向来说是资产阶级的。

提纲和教学内容表现了资产阶级所标榜的"客观主义"和无党性的倾向。这一表现是在强调所谓对古代哲学思想只做"客观"的介绍的情况下发生的。因此,在我们对哲学史上的问题的选择、材料的取舍、人物的分析上就不是根据马克思主义的党性原则,而是基本上沿袭了资产阶级学者对这些问题的观点。我们没有去分别哪些是建立马克思主义中国哲学史所需要的,哪些是原来资产阶级和封建地主所需要的。例如,宋明一段大量地论述了封建道德的问题;对董仲舒几乎把他所谈过的全部问题不分主次地加以叙述;对于一些唯心主义哲学家(例如王阳明)总希望找出点什么合理内核来;对于所有古代哲学家都不采取马克思主义的历史主义态度,即只做了客观主义的叙述,而没有站在马克思主义的立场上加以评论。所有这些,都是符合资产阶级哲学史的要求,而与马克思主义哲学史背道而驰的。

我们的提纲和教学内容中还表现了对马克思主义的一些基本原理采取修正主义的态度。不管动机如何,对马克思主义基本原理的修正,其效果总是很坏的。我们的教学中通过强调所谓中国哲学的特点,而得出什么中国哲学史中的世界观问题不多,企图证明中国哲学史的唯物主义和唯心主义的思想斗争并不是围绕着恩格斯所提出的哲学的根本问题进行的;在区分唯物主义与唯心主义的问题上也不是根据思维对存在的关系,而是把主张"人欲"、"民主和科学"都算成是唯物主义;还有用对史料歪曲的方法,论证了所谓中国哲学史上的唯物主义者在政治上并不一定是进步的,反之,唯心主义者也并不一定是反动的这样的结论;企图论证中国哲学思想中早已有历史唯物主义的成分(如管子、韩非),以达到修正马克思主义的观点。列宁说:"先前一切历史理论,至多不过考察了人们历史活动的思想动机,却没有考察这些动机究竟是由什么所引起的,没有捉摸到社会关系体系发展中的客观规律性,没有认定物质生产发展程度是这种关系的根源。"

在我们的哲学史的教学中没有认真贯彻马克思主义的社会存在决定社会意识、经济基础决定上层建筑的原理。教学中往往只是形式主义地提到一些哲学思想产生的历史条件,但是由于我们没有在这方面下过功夫,就很不能说明问题(例如:为什么由先秦哲学思想转入两汉,由两汉转入魏晋,隋唐转入宋明,明清之际哲学思想产生之原因等等)。特别是在讲到每一个哲学家的哲学思想时,就更加离开了马克思主义的唯物史观了,有些地方竟用唯心史观概念的发展来说明一些哲学问题变迁的原因(例如宋明"理"、"气"和"心"、"物"的问题)。

在我们的教学中对唯心主义的看法上也有着违反马克思主义的表现。我们有些教师认为唯心主义可以起进步作用(例如王阳明);唯心主义对唯物主义是互相补充、互相渗透的关系(例如程朱对张载的关系);或者直截了当地把唯心主义说成是唯物主义(例如认为先秦儒道两家都是唯物主义,北宋五子都是唯物主义);也有教师把唯物主义在实质上说成了唯心主义(例如说周易在自然观方面是唯物主义,可是却把周易中的阴阳说成不是物质性的,而是两个概念)。这样就不仅不能阐明哲学史是唯物主义和唯心主义的斗争史,混淆了两者的界限,而且更坏的是把唯心主义看成和唯物主义一样是哲学上的两种同等地位的流派,这正是无党性的表现。列宁说:"现代哲学是有党性的,正如两千年前的哲学一样是有党派性的。"因此,对唯心主义的颂扬就是对哲学史上的反动路线的颂扬。

在我们的教学中充满了"厚古薄今"的精神。首先,哲学史缺少现代部分,并以我们擅长古代、不擅长现代为借口,来遮掩对马克思主义在中国的传播和对现代资产阶级思想批判的轻视;其次,认为中国哲学史的近代部分没有什么哲学思想,因此在全部讲课时间中仅占七分之一;最后,认为中国哲学史先秦时代特别丰富,因此应大讲特讲,只有先秦讲得详细,后面的哲学思想才能讲清楚。这样我们的教学就完全违背了"厚今薄古"的精神。

在教学中没有认真贯彻列宁和毛主席的两种文化的观点,不仅把一些反动的统治者的哲学当成精华来加以颂扬（例如对董仲舒的看法，对宋明时代封建道德的看法）；而且根本无视去研究和讲授劳动人民、特别是农民革命的思想（例如原始道教中的合理成分）；并对与科学发展相联系的唯物主义思想也不予重视，我们很少注意科学的发展对唯物主义发展的促进作用。

最后，我们的教学也还表现了对马克思主义简单化、庸俗化的资产阶级形式主义的态度。例如对哲学家进行阶级分析不是由其思想代表的阶级利益出发，而是简单地由其家庭出身、官职、生活作风等方面看（例如对张载的阶级分析）。对唯物主义和唯心主义的了解也是简单化、庸俗化的。

* * *

如何以毛主席的哲学思想为纲来改造我们的教学内容。

一、建立新的马克思主义的中国哲学史，彻底打破旧的资产阶级哲学史的体系

任何哲学史都是按照其作者所属阶级的需要写成，作为马克思主义哲学的组成部分之一——哲学史，也必然要按照无产阶级的需要写成。毛主席早就指明："今天的中国是历史的中国的一个发展；我们是马克思主义的历史主义者，我们不应当割断历史。从孔夫子到孙中山，我们应当给以总结，承继这一份珍贵的遗产。这对于指导当前的伟大的运动，是有重要的帮助的。"很明显，毛主席教导我们研究历史（包括哲学史）的目的在于服务于今天革命的需要。具体地说，我们今天的中国哲学史就应当是为着社会主义建设的需要。因此，我们的哲学史问题的选择、材料的取舍、人物的分析都应与资产阶级哲学史不同。

任何阶级的哲学史家在他写的哲学史中对于过去的哲学所提

的问题都是经过他的观点选择的。黑格尔的哲学史主要选择了那些能证明他的绝对观念的发展的；冯友兰的哲学史是围绕着"极高明而道中庸"写成的。作为马克思主义哲学的组成部分的哲学史应该选择什么问题呢？恩格斯早已提出哲学的根本问题是思维对存在的关系问题，而且根据对这个问题的不同看法而构成唯物主义和唯心主义两大阵营。我们的哲学史就应该围绕这个问题来阐明科学唯物主义的发生、发展，唯物主义和唯心主义的斗争——这一斗争就正是阶级斗争的反映。因为只有这样才能揭露出历史上哲学思想斗争的基本规律，并能以此作为指导我们当前思想斗争的武器。换句话说，就是我们的哲学史应根据恩格斯的思维对存在的关系揭露出思维与存在何者为第一性上斗争的规律，并且揭露出世界是否可以认识和如何认识问题上斗争的规律；在历史观方面就是阐明社会存在和社会意识的问题（即什么推动历史发展）上的斗争规律。离开了这些问题就是离开马克思主义哲学史的要求，就是无党性的表现，就必定是对哲学史采取客观主义的态度。

根据这一要求来衡量我们过去哲学史的教学，应该承认，资产阶级客观主义的倾向非常严重。无论是讲授孔、孟、老、庄，还是讲授程、朱、陆、王，都是标榜所谓按照其自身的体系来叙述，其实是按照资产阶级的要求来叙述。我们只想举董仲舒为例来加以简单说明。在我们的教学提纲中对董仲舒的思想共分成九个问题来讲，这样不仅很难看出董仲舒的中心思想，而且会使人错误地认为在董仲舒的思想中还有什么合理内核。甚至于有的教师提出来，因为董仲舒提出"限民名田"，就是代表中小地主阶级的利益，是对劳动人民有利的。其实，董仲舒是不折不扣地代表着当时最高统治者汉王朝的利益的，对劳动人民完全是用最反动的刚柔、威惠并用的中庸之道加以统治的。有的教师认为董仲舒的思想很丰富，好像他把自先秦以来的全部思想都包括在他的体系中了。这些观点是适合资产阶级、剥削阶级的需要呢,还是反映无产阶级的要求呢?显然是有利于剥削阶级。我们认为如果根据上述马克思主义的原则,讲董仲舒的这些思想就应该是紧紧围绕着他的天人感应的目的论来讲授。这样就可以阐明以下三个问题。第一,剥削阶级当他们一旦成为统治者,就立刻走向反动。作为由奴隶社会向封建社会过渡时期的封建地主的思想家荀子、韩非等是唯物主义者,他们反对神秘主义;但到汉武帝时,作为已经形成了的封建地主阶级当权派的思想代表——董仲舒的思想——就必然是反动的,完全接受了宗教的神秘主义,是反理性主义的。第二,唯心主义反对唯物主义的主要形式之一,就是把唯物主义加以歪曲,纳入他们的体系之中,为他们的唯心主义服务,反对唯物主义。虽然在董仲舒的体系中也有元气、阴阳、五行等等原为唯物主义的概念,但他却把这些东西给以精神的性质,并放在"皇天上帝"之下,作为他论证天人感应的工具。第三,天人感应的目的论是直接为当时帝王政治服务的(天人三策)。

根据上述马克思主义的原则,我们认为中国哲学史大体上是围绕着下述问题发展的:在先秦时唯物主义和唯心主义的斗争主要是围绕着"天道观"(天人关系)进行的;西汉时期的唯物主义与唯心主义的斗争主要是表现在目的论和反目的论(元气一元论)的问题上;魏晋到隋唐唯物主义和唯心主义的斗争的主要阵线是佛教有神论(神不灭论)和反对佛教有神论(神灭论)的斗争;宋明时期唯物主义和唯心主义的斗争主要围绕着气和理、心和物的关系进行。

由此可见,要想建立马克思主义哲学史就只有根据马克思主义的党性原则来选择问题、取舍材料、分析人物,而且也只有马克思主义哲学才是党性和科学性一致的。这样处理哲学史就能既为无产阶级服务,又能揭露出哲学发展的本质。

二、应该根据毛主席两种文化观点
来研究和讲授中国哲学史

毛主席说："中国的长期封建社会中，创造了灿烂的古代文化。清理古代文化的发展过程，剔除其封建性的糟粕，吸收其民主性的精华，是发展民族新文化提高民族自信心的必要条件；但是决不能无批判地兼收并蓄。必须将古代封建统治阶级的一切腐朽的东西和古代优秀的人民文化即多少带有民主性和革命性的东西区别开来。"毛主席的这一观点是根据了列宁的两种文化的观点而来的，我们今天所要继承的只是"古代优秀的人民文化"，也就是属于我们民族的"劳动的和被剥削群众"的"民主主义和社会主义的文化成分"。这是继承文化遗产，处理哲学史的阶级路线的问题。

过去一个阶段，有些教师认为哲学史中没有代表劳动人民的思想，因为劳动人民不能产生自己的思想家，因而就把中国哲学史中的唯物主义和唯心主义思想的斗争描写成为中小地主和大地主之间的斗争。甚至有人认为中国哲学史上不仅劳动者没有哲学思想，就是最反动的统治阶级也没有哲学思想，因此中国哲学史中的哲学家都是中小地主的哲学家（由董仲舒到王阳明）。照他们的看法，我们所谓继承哲学遗产的问题只是继承中小地主的哲学传统。这不仅是直接违反了列宁和毛主席的两种文化观，而且也是直接反对在阶级社会中思想斗争是阶级斗争的反映这一马克思主义原理。把我国封建社会中的思想斗争看成只是反映统治阶级内部的集团直接的斗争，公开否认劳动人民不仅是物质文明的创造者，而且也是精神文明的创造者这样的历史唯物主义的基本原理。我们应该如何处理我国长期以来劳动人民留下来的丰富的哲学遗产呢？我们初步考虑有两种办法：

第一，我们应该努力发掘直接代表劳动人民的哲学思想。由于我国封建社会很长，在长期的封建社会中有着数百次的农民革命，因此我们就必须重视这个特点，应该去研究指导农民革命的思想。例如：东汉末年黄巾起义，作为其起义的思想武器的原始道教，抛去其宗教迷信的外衣，我们就可以找到其中的民主主义和社会主义的成分，如平均主义的思想、元气论等等。其哲学思想不仅包含在原始道教的著作中（例如《太平经》），而且在作为地主阶级在原始道教中的代理人的著作中也可以由相反的方向反映出来（例如葛洪的《抱朴子》、魏收的《魏书·释老志》中所记载的寇谦之的思想），因此我们认为今后应该大力研究反映农民革命的要求的思想。

第二，我们认为要善于分析历史上的一些不是直接为劳动者（包括农民革命）服务的思想家的思想，区别其思想中哪些是受当时统治思想的影响，哪些是在实际上代表了劳动人民的利益；绝不能笼统地由这个思想家的出身、官职就来断定其思想的阶级性（固然这方面是判定其阶级性的一个重要方面）。例如，王充的思想，过去我们教研室有人认为是代表中小地主的利益。他们的理由是，王充也歌颂汉王朝，其哲学中也包含着一些定命论和非科学成分。这些当然都是事实，但是王充之所以歌颂汉王朝，一则是因为其所生活的时代是汉王朝相对稳定的时代，而更重要的是他以此来反对是古非今的复古主义。王充思想中包含的命定论和非科学成分是受其时代和当时统治思想的影响的。如果我们由马克思主义的历史主义的观点，由王充思想的本质方面来看，无疑他是反映了劳动者的利益和要求的。他那么坚决地反对天人感应的目的论的正统思想，当然是劳动者的要求的体现。马克思主义的哲学史必须以历史上的劳动的和被剥削的群众的思想发展为主流，这种思想是在反对当时的统治思想的过程中成长起来的，我们必须坚持这一条继承遗产的无产阶级路线。

三、必须以马克思主义的批判的革命精神来研究和讲授中国哲学史

在讲到对待文化遗产时，毛主席说："五四运动本身也是有缺点的。那时的许多领导人物，还没有马克思主义的批判精神，他们使用的方法，一般地还是资产阶级的方法，即形式主义的方法。……他们对于现状，对于历史，对于外国事物，没有历史唯物主义的批判精神，所谓坏就是绝对的坏，一切皆坏，所谓好就是绝对的好，一切皆好。这种形式主义地看问题的方法，就影响了后来这个运动的发展。"可见，不运用马克思主义批判的革命精神对待历史，就必然是用资产阶级的形式主义来对待历史。《〈红旗〉发刊词》中也说："无产阶级要在这个斗争中取得彻底的胜利，就必须充分地、全面地、深入地展开思想战线的斗争，用马克思主义的批判的革命的精神，破除迷信，厚今薄古，打破旧传统，粉碎资产阶级的伪科学，从而把中国人民从资产阶级思想的束缚下面完全解放出来。"马克思主义的发生发展是对一切旧制度、旧思想的批判的革命，因此作为马克思主义哲学的一个组成部分的哲学史，也就必须贯穿对一切旧思想的批判的革命的精神，这样才表明马克思主义哲学是哲学史上的根本的变革。马克思主义是历史主义，但它是马克思主义的历史主义，而不是资产阶级客观主义的历史主义。因此，对于古人我们不仅要十分公正地估价他们在历史上的作用，更重要的是要站在共产主义的高度来评论他们。毛主席在这方面做出了很多范例，是值得我们很好地学习的。例如在《论人民民主专政》一文中对洪秀全、康有为、严

复、孙中山就是既给予公正的评价，又以共产主义的风格评论他们。在《青年运动方向》、《中国农村的社会主义高潮》中对孔子也是这个态度。但是我们过去在处理古代哲学家（特别是对一些包含有唯物主义或辩证法思想的人）时，大体上有以下两种态度：

第一，盲目地颂扬古人、迷信古人，只是在古人的思想中寻找好东西，甚至把糟粕也说成是精华，根本忘记我们的任务应是由更高的角度来批判古人。例如，对于宋明理学家就是采取这样的态度。有人说程朱提出理来是有贡献的，可以补张载之不足。然而只要有一点马克思主义常识的人，就会看出程朱提出理来正是为了打击歪曲张载的唯物主义，说程朱有贡献还不是很明显地站在为唯心主义争地位的立场上吗？甚至还有人想在封建地主的道德中找合理内核，其结果只能是混淆两种道德的界限。

第二，用所谓客观介绍的方法来叙述古人的思想，认为对古人用今天的马克思主义来衡量就是非历史主义。荀子当然是一个在当时的伟大的唯物主义者，但他毕竟是封建社会形成时期的唯物主义者，比起我们马克思主义的唯物主义来说简直是沧海一粟。在我们的教学提纲中对荀子就很少有评论，特别是没有指出他的唯物主义和马克思主义的唯物主义的不同，没有指出其思想中的反科学性和为剥削阶级服务的观点。韩非的思想在当时虽然是革命的，但是站在共产主义高度就应对其反人民（对人民采取暴力）反科学（人性论等）的地方进行批判。在讲到老子的辩证法时，好像老子的辩证法比马克思主义辩证法还要丰富，甚至认为研究老子等人的辩证法就可以发展马克思主义的辩证法，使辩证法的规律增加几条。其实，毛主席在《矛盾论》中已经吸取了中国哲学史中辩证法的全部精华，而且把马克思主义的辩证法和老子以来的辩证法加以对比，认为马克思主义的辩证法不是"古已有之"，而是"前无古人"。毛主席以矛盾的斗争是绝对的观点，反对由老子以来认为矛盾的统一是绝对的之观点。李贽的思想中有着反封建的因素,这在当时是有进步意义的,但却没有指出其世界观方面的唯心主义,认为真理在每个人的心中,因此没有客观标准,矛盾的意见可以并存不悖,这样就必然引导人民走上向封建主义妥协、投降的地步。

如果坚持马克思主义的批判的革命的精神,我们不但能正确地解决哲学史上的问题,即对哲学史上的问题做出真正的历史主义的论断,而且可以阐明马克思主义的辩证唯物主义是哲学史上的革命变革。

四、必须根据毛主席提出的"理论联系实际"、"厚今薄古"、"古为今用"的精神来研究和讲授中国哲学史

毛主席指出理论联系实际是中国共产党的优良作风之一,是马克思主义党性的表现。过去有些教师怀疑教授中国哲学史能否联系实际,认为这样做会造成简单化、庸俗化的情形;或者认为哲学史是历史,本身就是实际,因此,本来就没有联系实际的问题。近来陈伯达同志根据毛主席的研究历史是为了解决当前革命问题的原则提出"厚今薄古"的口号,更加推动我们考虑这一问题。我们感到讲授和研究中国哲学史是可以而且必须和当前的革命实践相联系的。归结起来大体上有以下五个方面:

第一,讲授中国哲学史联系批判现代资产阶级哲学家的哲学史观。如胡适、冯友兰等都有以资产阶级观点写的中国哲学史,我们要建立马克思主义的中国哲学史就必须批判这些哲学史观。"不破不立",胡适、冯友兰的哲学体系是唯心史观的体系,对古代哲学家的估价,例如胡适对王充的思想给以很大的歪曲,我们必须批判;冯友兰对张载、王船山等人的唯物主义思想有意贬低,

而对朱熹的唯心主义思想有意抬高，必须批判；朱谦之认为王阳明的唯心主义思想有进步意义，也必须批判。通过对他们的批判，一方面揭露其伪科学性，肃清他们在中国哲学史研究中的影响；另外一方面，证明马克思主义的科学性，在中国哲学史中插上红旗。

第二，联系批判现代资产阶级哲学家的哲学思想。毛主席在《新民主主义论》中指出："在中国……帝国主义文化和半封建文化是非常亲热的两兄弟，它们结成文化上的反动同盟，反对中国新文化。"不难理解，中国现代资产阶级学者多半是接受了西方帝国主义的哲学。帝国主义哲学是反动的，当然就很容易和封建主义的哲学结合在一起。因此，就有把西方的新实在论与中国的程、朱思想结合在一起的程朱学派（新理学）的冯友兰；把西方的新黑格尔与中国的陆、王结合在一起的新陆王学派的贺麟；还有那些基本上是封建哲学的代言人，只不过抓住了资产阶级哲学的片言只语的所谓真正孔孟儒家哲学的继承者熊十力、梁漱溟。当然，在我们用批判的革命精神讲授中国哲学史时，就一定要联系批判他们，这样做是一举两得的。

第三，联系批判学生中的资产阶级哲学思想。思想的改变总是落后于现实的变革，因此，在很长时期内，无产阶级思想与资产阶级思想的斗争是不可避免的，在这个过程中资产阶级思想还是会影响我们青年同学的，我们有必要去联系学生思想来讲授哲学史。例如，根据大字报的揭发，有不少学生很欣赏庄子逍遥的人生观，我们就应该在讲庄子时着重批判庄子人生观的反动性。

第四，联系批判修正主义思想。列宁说："马克思主义在理论上的胜利，逼得它的敌人也换上一套马克思主义的衣衫，内脏腐朽了的自由派，企图在社会主义的机会主义形态下复活起来。"现在，马克思主义的胜利已经远远超过了列宁那时所谈的理论上的胜利，因此，马克思主义的敌人只要一有时机，就会巧妙装扮所谓"创造性"的"马克思主义"来扩充他们的阵地。因此，今后，哲学领域中的反动思想，将主要是以修正主义的姿态表现出来。自1956年以来，中国哲学史研究中的修正主义思想十分流行，归纳起来，他们都是在反对哲学的阶级性（哲学的继承问题），反对哲学史是唯物主义与唯心主义斗争的历史（唯心主义与唯物主义的关系是互相修改、互相补充的关系），反对恩格斯所规定的哲学根本问题（中国哲学特殊性）等，今后当然还会以其他的花样翻新的姿态来对马克思主义进行修正，因此在讲哲学史时就必须联系这些问题进行批判。

第五，联系当前社会主义建设的问题来讲中国哲学史。例如在讲范缜无神论思想时，就可以联系潮汕地区无神论和有神论的大辩论；讲某些唯物主义者（如稷下黄老学派、王充、范缜、柳宗元、王船山……），他们之所以战胜唯心主义，把唯物主义推动向前发展，就在于他们能由唯心主义的旧思想束缚下解放出来，以说明我们今天思想解放的重大意义，等等。

总之，可以联系的方面、每个方面可以联系的问题多得很，只要我们真心贯彻了理论联系实际、古为今用的方针，就一定能把哲学史讲授得很生动活泼，有战斗性。

五、必须根据毛主席对中国农民革命战争 的看法来处理和研究中国哲学史

毛主席说："中国历史上的农民起义和农民战争的规模之大，是世界历史上所仅见的。在中国封建社会里，只有这种农民的阶级斗争，农民的起义和农民的战争，才是历史发展的真正动力。

因为每一次较大的农民起义和农民战争的结果，都打击了当时的封建统治，因而也就多少推动了社会生产力的发展。"因此，我们必须根据这一精神来研究农民革命的思想，把这一部分作为中国哲学史的主要部分（已如前述）。此外，我们还应该根据毛主席这一原理来处理中国哲学史分期问题。

关于中国哲学史的分期问题，我们认为应该根据马克思主义社会存在决定社会意识、基础决定上层建筑的原理来加以处理。这一方面，毛主席在很多文章中都做出了范例，如《新民主主义论》的论新民主主义文化一节中分析半封建半殖民地文化就是光辉的一例。因此，我们认为哲学史的分期应该大体上根据社会分期。我们国家的历史有一个特点就是封建社会特别长，因此，在封建社会中根据封建社会自身发展的段落，其中哲学思想发展的段落也可以分成若干时期。但如何划分这个段落呢？我们认为应该考虑到农民革命，因为农民革命是我国封建社会中推动生产力发展的真正动力。因此，我们认为哲学史应分以下几个时期和阶段：

（一）奴隶社会的哲学思想（由殷商到春秋时期）。

（二）由奴隶社会向封建社会过渡时期的哲学思想（由春秋到秦统一）。

（三）封建社会的哲学思想，其中又可分若干时期：

（1）秦汉时期的哲学思想（由秦到东汉末黄巾起义）。

（2）魏晋到隋唐时期的哲学思想（由三国到唐中叶以后黄巢起义）。

（3）宋元明时期的哲学思想（由唐末到明中叶以后的农民革命及市民阶级的兴起）。

（4）明清之际的哲学思想（由明末市民阶级兴起到鸦片战争）。

（四）旧民主主义革命时期的哲学思想（由鸦片战争到五四运

动）即近代哲学思想史。

（五）新民主主义革命时期的哲学思想（由五四运动到中华人民共和国的成立）即现代哲学思想史（上）或称马克思主义在中国的传播和发展史（上），其中又可以分成若干时期，可以毛主席在《新民主主义论》中所分的四个时期加上解放战争时期分成五个时期。

（六）社会主义革命时期的哲学思思（由中华人民共和国成立到现在）即现代哲学思想史（下）或称马克思主义在中国的传播和发展史（下）。其中又可分若干时期，目前看至少可分为两个时期：一个是政治上思想上革命的准备时期（1949—1957），一个是政治上思想上的革命时期（1957—1958）。

这里我们必须指出过去的哲学史分期是采取了资产阶级形式主义的分期方法，是没有根据社会存在决定社会意识、经济基础决定上层建筑、在封建社会中农民革命是推动生产力向前发展的动力等原则来处理分期的。

六、此外，我们还必须在中国哲学史的教学和研究中运用毛主席分析问题的方法

在这方面的例子很多，我们只能择其主要的、与研究中国哲学史关系重大的几个例子来加以说明。

第一，我们必须认真学习毛主席对历史人物进行阶级分析的方法。一般来说，我们过去研究中国哲学史不是干脆采取否认阶级分析的修正主义态度，就是教条主义、形式主义地对待阶级分析。形式主义的阶级分析就是资产阶级所谓对阶级进行分析的特点。且不论毛主席对新民主主义革命和社会主义革命阶段的各阶级所做的科学学分析，对此我们必须认真学习；我们只想举出毛

主席对武训和孙中山所做的阶级分析为例来检查我们在这方面存在的问题。毛主席分析武训不是简单根据其出身、原来的社会地位，而是根据其思想行动所代表的是什么阶级的利益，为哪一个阶级服务。但是我们过去在处理中国哲学史上的人物时，就没有运用毛主席这种由本质方面去进行阶级分析的方法，而是根据一些现象来对哲学史上的人物进行阶级分析。例如认为王充不是出身劳动人民，因此他的思想就不是劳动人民的利益的反映，而是中小地主阶级利益的反映。特别可笑的是对张载所做的阶级分析。在讨论张载时，一些教师提出张载家有田几百亩，宋亩比今亩小，宋时田产量又比今日低，加上张载家人口众多，因此张载的思想不能是代表大地主的思想；但是张载毕竟有田有地，因此其思想也就不可能是代表农民利益的，结论是张载的思想是中小地主的思想，他的哲学是中小地主的哲学。这简直是拿"阶级分析"来开玩笑。照这样来进行"阶级分析"，武训就应该是无产阶级的代表；美国有些工人手中有几块钱的股票也就应该要算资本家。这样的阶级分析当然不可能是真正的阶级分析，这样只能混淆阶级界限，扰乱思想阵营。

毛主席在《论人民民主专政》一文中说："孙中山和我们具有各不相同的宇宙观，从不同的阶级立场出发去观察和处理问题，但在二十世纪二十年代，在怎样和帝国主义作斗争的问题上，却和我们达到了这样一个基本上一致的结论。"在对历史人物进行分析时，我们可以看到在一定的条件下，不同阶级和不同宇宙观的人，可以提出相同的口号来。但是，他们之间在提口号的目的和达到这目的的手段上却可以完全相反。根据这样的方法，我们就不会把董仲舒分析成为中小地主的思想家了。（见前）

第二，学习毛主席研究和解决中国哲学史上长期争论的知行问题的范例。在中国哲学史上从宋明以来知行关系问题已是当时哲学家争论的中心问题之一,因此我们在讲授这个问题时,一定要充分利用毛主席对这一问题所做的科学的分析,并通过讲授上述问题来论证毛主席对这一问题解决的伟大意义。

第三,应该学习毛主席研究和解决矛盾的斗争和统一的问题的范例。我国至少由老子以来就提出了事物的对立面的统一问题,但是这个问题从来没有科学地解决过。道家讲事物的对立面最后是达到矛盾的调和、相对主义,儒家讲事物的对立面也是达到矛盾的调和(中庸、中和),只有毛主席根据辩证唯物主义的精神才科学地解决了对立面的斗争和统一的问题。因此在我们讲授中国哲学史时应该根据毛主席《矛盾论》的精神来分析这一问题,并应该阐明马克思主义哲学是哲学史上的根本变革,而不是旧哲学的简单的继续。

第四,毛主席在《在延安文艺座谈会上的讲话》中说:"唯物主义者并不一般地反对功利主义,但是反对封建阶级的、资产阶级的、小资产阶级的功利主义,反对那种口头上反对功利主义、实际上抱着最自私最短视的功利主义的伪善者。"在中国哲学史中也有着各式各样的功利主义,特别是宋明以来对功利(人欲)问题的争论非常激烈,我们根据什么原则去分析功利主义呢?就是毛主席的上述精神。魏晋时代《列子》一书中的功利主义思想,就是反动的完全自私自利的功利主义。宋明时期为反对"天理"而提出"人欲"的功利主义(陈亮、叶适)是有进步意义的,而那些反对功利的(例如王阳明)反而是"抱着最自私最短视的功利主义的伪善者"。

第五,毛主席在上述同一文章中说:"'人性论',有没有人性这种东西?当然有的。但是只有具体的人性,没有抽象的人性。在阶级社会里就是只有带着阶级性的人性,而没有什么超阶级的人性。我们主张无产阶级的人性,人民大众的人性,而地主阶级资产阶级则主张地主阶级资产阶级的人性，不过他们口头上不这样说，却说成为唯一的人性。"人性问题也是中国哲学史上长期以来争论而未解决的问题，由孟子和荀子一直到王阳明和王船山，其中虽有进步与否之分，但都是没有正确地解决这个问题。只有毛主席根据马克思主义原理将这一问题彻底解决了，因此在讲授中国哲学史时，必须根据毛主席的精神来加以处理。

以上六点意见很不成熟，也没有什么系统，但是我们认为这是无产阶级的不系统，比起资产阶级的系统来要高出千百倍。

这篇文章是根据北京大学哲学系中国哲学史教研室的一部分青年教师、进修教师、研究生和同学的意见，并在教研室讨论后写成的，其中错误一定很多，希望得到批评。

原刊于《新建设》，1958（8）

略谈我国人民公社的分配问题

一

规律的客观性是根据唯物主义"物质第一性和意识第二性"的原理来的。因为规律总是某种事物的规律,没有离开客观事物而单独存在的规律,因此,规律是不以人的意志为转移的。不承认这一点就是不承认唯物主义。如果认为规律可以离开事物而单独存在,那就一定会像黑格尔一样成为唯心主义。所以列宁说:"世界是物质底合规律的运动,而且我们的认识,既然是自然界底最高产物,所以只能够反映这个规律性。"赫鲁晓夫在苏共二十一次代表大会上也说:"由社会主义发展阶段向高级阶段过渡,这是个合乎规律的历史过程,这个过程不能任意破坏或越过。"因此可以看到,科学规律是不以人们意志为转移的现实活动过程在人们意识中的正确反映。发现、认识和利用经济规律为社会谋福利则是政治经济学这门科学的任务。若是否认自然发展规律和社会发展规律的客观性,就是否认科学认识的意义。

经济规律与自然规律一样虽然都是某种事物的规律,都是客观的,但是它们也有不同。马克思主义经典作家认为社会规律、经济规律也与自然规律有着不同的地方。(一)经济规律总是和一定的生产方式相联系的,因而它也就随着一定的生产方式的产生而产生,发展而发展,消亡而消亡。因为人类社会的生产方式不是永远不变的,因而经济规律,至少其中的大多数是要变化的。(二)因此,经济规律与自然规律不同,它必须通过人们的活动才能起作用，因为人总是社会生产的决定性因素，而自然规律则不管有没有人都可以起作用。（例如地球绕太阳运行，无论在有人类以前还是有了人类以后都是一样地起着作用的。）因此，经济规律的变化会受到社会的腐朽势力的反抗，同样也会被先进阶级利用来推动社会前进。

经济规律是客观的，但是又必须通过人们的活动才能实现，这样就产生了人与经济规律之间的关系。无论人是不是认识了这个规律，然而总的说来，人们总是在那里实现这个规律，也就是说社会规律总是在那里通过人来起作用。例如在简单商品生产的时候，尽管人们不认识价值规律，但是在人们之间进行交换的时候，总是根据了价值规律的。经典作家认为人们对客观规律的作用，就在于人们能发现这些规律，依靠它们来为社会谋福利，把这些规律所可能发生的破坏作用引导到另一个方向，限制其发生作用的范围等等。这就是说人们可以反映、认识规律，因而可以利用其有利于社会的方面，限制其不利于社会的方面，这正是马克思主义辩证唯物主义对于哲学根本问题的第二个方面的科学的解决。不承认这一点就不是辩证唯物主义，而是形而上学。我们党和国家的政策和计划就是建立在对客观规律的正确反映上面，只有这样才能有利于我们的社会的发展。但是，是不是所有的人都能正确地处理人和规律的关系呢？不是的。

有些人对规律采取盲目崇拜的态度，认为既然人无法改变规律，就等待规律自发地起作用吧！这是规律自发论的崇拜者，也就是条件论者。他们不知道虽然我们不能任意改变规律，但是我们可以在认识规律的基础上，尽可能地发挥主观能动作用，使规律有利于我们的社会发展，并且限制其破坏作用；而且人们虽然不能改变规律，但是可以创造条件来改变客观世界，这样就通过改变客观世界，使一些规律由于失去客观基础而失去作用。例如，我们可以通过发展生产力，当生产品极大丰富的时候，即我们进入共产主义的时候，这样就可以使价值法则完全不起作用。目前在讨论人民公社的分配上，就有那么一些人，他们只看到"按劳分配"是社会主义的经济规律，因而就片面强调其积极作用，这样就不会去对其消极作用加以限制，特别是不去创造条件来逐步使"按劳分配"所赖以发生作用的基础消失。例如，加快发展生产力，在分配制度中保护其带有共产主义萌芽的部分，只有这样才能在一定的情况下，使"按劳分配"的规律不再发生作用。不看到这一点，就是"见物不见人"，就不会在一定的客观条件下充分发挥主观能动性。

同时也有一种人，根本不看到客观规律，在客观规律的作用还没有完结的时候，就想人为地结束这个客观规律的作用，这样就会引起混乱，生产的发展反而会受到影响。所以一个农村干部说："该变的就变，不该变的就别变。该变的不变就会出乱子，不该变的变了也会出乱子。"因为客观规律发不发生作用是不以人们的意志为转移的，因此要人为地消灭规律是不可能的。勉强这样做，就必然产生这样的情况，就是不能自觉地利用规律有利于社会发展的方面，也就不能防止其有害于社会发展的方面起作用。例如，对于人民公社的分配问题，就有人主张在"按劳分配"这一客观经济规律还没有失去作用的情况下，要人为地消灭这个规律，这样就一定会影响生产的发展，影响人们内部的团结。

因为对整个共产主义社会说，无论第一阶段还是第二阶段，生产关系的基础都是公有制，但由于生产力发展的水平不一样，因此在分配的形式上也就不能一样。因此想要在社会生产力水平不一样的情况下，要求分配的形式一样，就不可能做到"有利于劳动者本身"。就生产力发展的水平看，目前只能实行"按劳分配"，这样不仅是对劳动者本身有利，而且对发展生产力有利。在产品还不极大丰富的情况下，不采用"按劳分配"而采取"按需分配"，那么，生产水平与消费水平有着极大的矛盾，因此实际上不可能采取"按需分配"。就目前情况看，我国一般的人民公社如果不基本上采取"按劳分配"，在实际上是很难采取"按需分配"的。如果想人为地废止"按劳分配"的作用，而又做不到"按需分配"，那就不得不用一些平均主义的办法。例如有个别人民公社采用公社成员都一律给一样多的津贴，这就是一种平均主义的做法。这当然不是共产主义。平均主义并不是平等，而是建立在不承认人们有不同的需要的基础上。这不仅是幻想，而且有害于生产的发展。例如，实行这种毫无差别的津贴，就会引起劳动力强而人口少与劳动力弱而人口多之间的矛盾；积极劳动与不大积极劳动之间的矛盾。因而平均主义是不利于生产发展的。所以赫鲁晓夫在苏联共产党第二十一次非常代表大会上说："不能不看到平均主义会引起不公平的分配；不好的和好的工作人员都拿同样的一份，这只对懒汉有利。那就不能从物质上去刺激人们更好地工作，提高劳动生产率，创造更多的产品。平均主义并不是意味着向共产主义过渡，而是破坏共产主义的声誉。"

这就说明，有些人把主观能动作用夸大到可以任意消灭规律的地步，那就必然引起生产的混乱和破坏。这种情况就是"见人不见物"。

正确地对待规律的态度，应该是在承认规律的客观性的基础上尽力发挥人的主观能动作用，利用其有利于社会发展的方面，限制其不利于我们社会发展的方面，并且把它引导到有利于我们社会发展的方面。例如，人民公社的分配问题我们就应该看到现有生产力发展的水平，现有的两种社会主义公有制并存，商品生产还存在，价值规律还起着一定的作用等等这样一些实际情况，因而也就必须承认"按劳分配"在一定程度上还包含着实际上的不平等，既批判其资产阶级法权的残余方面，使人们知道这种方式不是最好的分配方式，同时还得积极去创造条件来实现更好的，即"按需分配"的分配方式。例如，发展生产力，在由"按劳分配"到"按需分配"之间找出过渡的形式，我国的"半供给半工资制"，就是基本上是"按劳分配"，但是已经包含了带有共产主义的"按需分配"的萌芽，我们就应在条件具备的情况下促其发展。所以《关于人民公社若干问题的决议》中指出，社会主义的原则是"各尽所能，按劳分配"，共产主义的原则是"各尽所能，按需分配"。共产主义的制度更合理，但这只是在社会产品极大丰富了以后才可能实现。没有这个条件而否认按劳分配的原则，就会妨害人们劳动的积极性，就不利于生产的发展，不利于社会产品的增加，也就不利于促进共产主义的实现。同时《决议》也指出："农村人民公社制度的发展，还有更为深远的意义。这就是，它为我国人民指出了农村逐步工业化的道路，农业中的集体所有制逐步过渡到全民所有制的道路。社会主义的'按劳分配'（即按劳付酬）逐步过渡到共产主义'按需分配'（即各取所需）的道路……"既然人民公社是实现由社会主义过渡到共产主义的道路的组织形式，因此也就应该在可能范围内促进共产主义的因素发展。

二

我国目前人民公社的最好的分配制度是半工资半供给的分配制度，这一点不是人们随便想出来的，是我们党和劳动人民在考虑到我国目前的客观现实的基础上充分发挥主观能动作用的条件下提出来的。因此这样的制度是与客观经济规律不相违背的，是有利于我国社会主义的发展的。《关于人民公社若干问题的决议》

中指出:"生产关系一定要适合生产力的性质,只有生产力发展到某种状况才会引起生产关系的某种变革,这是马克思主义的一条基本原理。"我国和其他兄弟国家的社会主义建设的实践证明:首先,社会主义国家之所以完成了建设的任务,不是消灭了这个法则,而是依靠了这个法则;其次,还可以看到生产关系一定要适合生产力性质的规律之所以能在社会主义国家充分发挥作用,就在于工人阶级、农民、共产党能够自觉地运用它;最后,当生产关系适合生产力发展的要求时,生产关系就是生产力发展的推动者。

我国目前的生产关系是适合我国生产力的状况的,这是因为:在工业中(除资本家还拿少数的定息外)是全民所有制的,这样就有利于社会化的大生产充分发挥作用;在农业方面,我国由于农业生产的大跃进,就要求有适应于这样飞速发展的生产力的新的公有制的形式。人民公社的建立,这种生产关系不仅适合我国目前的生产力发展的要求,而且成为推动我国生产力飞速发展的动力。这就可以看出生产关系对于生产力的推动作用。但是由于我国生产力的水平还不高,工业方面虽然已经有了机械化的大工业,但并不是所有部门都机械化了,特别是农业尚未机械化,生产品还不丰富,虽然钢去年已经超过 1 100 万吨,但也还是很少,其他方面离开产品极大丰富也还很远,还不能满足人民的需要,这样也就不能把公有制的两种形式马上统一起来。生产关系中由所有制形式决定的分配形式到底用什么制度,这就不仅要看所有制本身,因为社会主义公有制所要求的分配制度只是"实行有利于劳动者本身",这就要看生产力发展的水平了。因为我国生产力的水平比较低,因此目前还没有条件实行"按需分配",只能实行"按劳分配",只有这样才能有利于生产的发展,只有这样才能有利于人民公社的巩固。

但是我们也得同时看到，生产关系（包括分配）对生产力的发展起着反作用。当我们能够正确地利用生产关系一定要适合生产力性质的规律时，我们就一方面不仅要看到不要使生产关系离开生产力发展的水平，即目前在人民公社中基本上采取"按劳分配"的办法；另一方面也要看到分配的办法还得全面推动生产的发展，我们现在实行的半工资半供给制就是既根据了生产力发展的水平，又能大大地推动生产力的发展。

（1）我们的半工资半供给（吃饭不给钱）制基本上是"按劳分配"，不过还带有共产主义"按需分配"的萌芽。这是因为，我们的半工资部分当然是"按劳分配"的，就是半供给部分（吃饭不给钱）也有两重性，也就是说既有"按劳分配"又有"按需分配"的成分。就其对全国说，这一个公社吃饭不要钱也还只能吃这一个公社本身生产出来的，这是由目前人民公社还是集体所有制决定的。如果把一个公社看成一个消费单位，这个公社还是"按劳分配"，每个公社还只是吃自己的，不过已不是每个个人"按劳分配"了，而是整个公社对全国说仍然是"按劳分配"。但是就每个个人对公社说，他在公社内部，根据公社生产发展的水平，他在吃饭上可以尽量吃不受限制，这一点则带有"按需分配"的性质。为什么能这样呢？这就是因为我们去年的粮食大丰收，供每个人吃饱已经不成问题了，因此在吃饭上就可以在一定范围内"按需分配"了。但是由于各地生产发展还很不平衡，也还不能全国在统一标准的基础上来一样吃饭，还只能按每个公社生产发展的水平，在该社内部吃饭、吃饱，这样就每个公社对全国说，也还是"按劳分配"。

（2）我们现在实行的半工资半供给制不仅适合于目前生产力的水平，而且能推动其发展。这是因为：第一，"按劳分配"可以刺激群众的生产积极性，它对劳动力强的起作用，对积极生产的起作用,对不积极生产的也起作用,只是对一些劳动力少而人口多的家庭,就目前情况看,完全采取"按劳分配",他们的生活是有些困难的,因此也就会影响他们安心生产;第二,由于有了吃饭不要钱这一条,不仅对全体农民有利,特别是对那些人口多而劳动力少的家庭有利,这样他们最根本的问题解决了,因而也就能安心生产。所以说,半工资半供给制就大大有利于我国生产力的发展。

由此可见,自觉地利用生产关系一定要适合生产力性质的规律对于我国社会的发展将起多大作用。

国民经济有计划按比例发展的规律是社会主义社会的重要经济规律之一,它要求国民经济计划必须正确反映一定的比例关系;而且正是因为在社会主义制度下,有计划按比例发展的规律发生了作用,社会主义国家才可以去有计划地进行生产。所以这个规律是客观规律。

国民经济有计划按比例的规律要求国民经济各个方面在根据社会主义基本经济规律提出了现实的任务以后,来调节各个生产部门、各个生产方面。我们知道这个规律要求的正确的比例关系很多,其中之一就是要求有正确的积累和消费的比例关系。

当我党根据社会主义基本经济规律的要求提出苦战三年,来建设我们的社会主义的任务的时候,国民经济有计划按比例发展的规律,就会根据这一任务来起调节作用。要这样飞跃地建设社会主义,那就需要相当大量的资金。但是社会主义国家资金的来源主要靠内部积累,因为它不能靠剥削别的国家的劳动人民来积累资金(这是与社会主义性质不相容的),也就不能依靠大量的外国投资(特别是我们这样的六亿人口的大国)。因此就要求我们在积累和消费的关系上很好地考虑,就是说应该在不影响人民生活水平逐渐提高的情况下,把更多的钱作为资金用来扩大再生产。

就这一点看，我们目前实行半工资半供给（吃饭不要钱）的分配制度，较能正确地处理积累和消费的比例关系。因为吃饭不要钱解决了人民生活的根本问题，加上若干工资作为其他方面的用途，这样既提高了全体劳动者的生活水平，又不至于由于供给的方面太多，而占去了大部分资金，使用在扩大再生产上的费用减少。

规律是客观的，在承认客观规律的基础上才能充分正确地发挥主观能动性，所以恩格斯说认识必然才能自由。

1958 年 12 月 10 日初稿

1959 年 2 月 19 日改写

原刊于《光明日报》，1959-03-01

关于研究中国哲学史特点的一点意见

最近由于编写中国哲学史，我们教研室（北京大学哲学系）又讨论到中国哲学史的特点问题。这个问题是个新问题，也是个老问题。说它是新问题，是早在五四前后已经提出来过，那时梁漱溟先生就提出他的所谓"文化类型说"来反对马克思主义的历史唯物主义。但是当时的一些站在帝国主义立场的"学者"认为梁漱溟先生没有重视"西方文化"，因而引起了一场东西方文化的大论战。那一场论战今天看起来，主要的只不过是当时反动统治阶级内部的争论，也就是说不过是封建思想和帝国主义思想（以胡适为代表）还没有结合好的一种表现。这个问题在抗日战争前又以讨论"本位文化"的形式出现了。到抗日战争时期，封建思想和帝国主义思想才结合得比较"完善"，成为比较系统的半封建半殖民地的思想，因而在他们之间也就没有什么争论了。这正如毛主席所说："帝国主义文化和半封建文化是非常亲热的两兄弟，它们结成文化上的反动同盟，反对中国的新文化。"上述的文化问题上的争论只是五四运动以来对于中国哲学史的特点的争论的一面，而且是非主要的一面，而在这个问题上更主要的是帝国主义思想半封建思想和以马克思主义为代表的无产阶级思想的斗争。这一斗争在新中国成立后，特别是在1957年1月举行的中国哲学史座谈会前后，就更加尖锐起来。有些资产阶级学者披着马克思主义的外衣来修正马克思主义，当然通过对中国哲学史特点的讨论就更便利他们对马克思主义加以歪曲了，因为他们认为所谓"特点"就应与马克思主义的一般原理有所不同。因此，这个问题又成为一个新的问题了。

要不要谈中国哲学史的特点？当然要谈，因为马克思主义从来就认为各个民族的文化都有其特点。毛主席在处理中国革命问题时，就把马克思主义的普遍真理与中国革命的具体实践结合起来，使中国革命的一些特点显露出来，这正是马克思主义的唯物主义精神。因此，问题不在于要不要研究中国哲学史的特点，而在于如何研究、用什么观点和方法去研究中国哲学史的特点。

怎样来研究中国哲学史的特点呢？

我们认为首先应该是在马克思主义的一般原理指导下来研究。正因为正确地运用了马克思主义的一般原理，才有可能发现每一个民族的哲学史的真正的特点。

马克思主义的普遍真理之一是社会存在决定社会意识，经济基础决定上层建筑。这就是说社会的任何意识形态（包括哲学在内）总是反映其社会本身的状况的。马克思主义从来没有否认除了社会发展有其一般的规律外，每个民族、每个国家还有其特点。例如马克思、恩格斯对于同样都是资产阶级革命的英国、法国和德国，就指出它们表现为不同的特点。毛主席不仅用马克思主义的一般原理分析了中国社会发展的规律，而且在对中国古代社会、近代社会和现代社会分析时都指明了中国社会发展的一些特点。因此，社会本身的特点，历史发展本身的特点就必然为哲学所反映。这一点在马克思、恩格斯分析英国、法国和德国资产阶级革命时的哲学所表现的极大的不同中，可以得到启发。毛主席的《新民主主义论》，在分析新民主主义的经济和政治的基础上指出："一定的文化是一定社会的政治和经济在观念形态上的反映。"所以在半封建半殖民地的经济与政治的基础上就有半封建半殖民地的文化，即亲如两兄弟的帝国主义文化与半封建文化的结合。毛主席对我国半封建半殖民地社会的文化的分析，就是由于他严格地根据了社会存在决定社会意识、经济基础决定上层建筑的原理，因而才能正确地反映出我国半封建半殖民地社会的文化的特点——帝国主义文化与半封建文化的结合。因此，我们研究中国哲学史的特点，首先就应该深刻地了解中国社会发展的特点。

关于中国封建社会的特点，毛主席在《中国革命和中国共产党》中很清楚地指出："在汉族的数千年的历史上，有过大小几百次的农民起义，反抗地主和贵族的黑暗统治，而多数朝代的更换，都是由于农民暴动的力量才能得到成功的。""中国历史上的农民起义和农民战争的规模之大，是历史上所仅见的。"中国封建社会较之其他国家的封建社会长些，这是大家都公认的。在长期的封建社会中，农民革命是"历史发展真正的动力"，而中国历史上的农民革命次数之多、规模之大是一个显著的特点，因此作为反映阶级斗争的哲学思想，当然也就要反映这样一个历史本身的特点。那也就是说，在中国哲学史中农民革命的思想反对封建地主阶级的统治思想也一定占一个很显著的地位。所以，我们说中国哲学史的重要特点之一是农民革命的思想非常丰富。

实际情况是不是这样呢？我们认为是这样的。由于我们尚未对我国农民革命的思想做充分研究，因此尚不能做全面的论证，但仅就我们初步研究的结果也已经可以充分证明这一点。

中国历史上农民革命的思想大体上有两种类型：一种是在宗教外衣掩护下的农民革命的思想；另一种是抛开了宗教外衣的农民革命思想。我们只想各举一二例加以分析。

东汉末年黄巾起义，是一次在宗教外衣掩护下的农民革命。当时农民革命的思想保存在原始道教的一些著作中，其主要思想有以下几点：

第一，原始共产主义的思想。他们认为：占有亿万财产而不肯救穷周患者,"其罪不除";能劳动而不劳动、靠剥削他人生活者,"其罪不除"。他们在实际行动中,立义舍、义仓,置义米、义肉,供大家居住、食用,表现了反对地主占有制的平均主义思想。

第二,起义农民打破了"天不变"的维护封建统治的思想,提出来"天可以变"("苍天已死,黄天当立")的革命思想,从而论证了革命的合理性。因此,在实践上,由东汉末年一直到两晋,农民革命从未中断过,这表现了农民要求解放的决心。

第三,汉末农民在政治上反对剥削压迫的同时,也强烈地反对作为巩固封建社会统治的正统神权思想。他们认为"事出鬼神而害民生",要求打倒两汉以来浪费民财的一切宗教仪式。如果我们抛开其"养身成仙"的迷信外壳,可以看出其中包含着许多强烈的反对"天"的倾向。他们认为"天"是没有用的东西("我命在我不在天")。这除了作为"养生"的意义外,尚包含反对"天人感应"、要求自己掌握自己的命运的因素。

第四,原始道教虽然披上了有神论的外衣,把一些现实生活中的问题神秘化了,但是作为体现农民革命思想的原始道教并不把"幸福生活"寄托在未来的彼岸世界;相反,他们要求在现实生活中就消灭统治者与被统治者的界限,把人与人的关系还原为宗教上的平等。张角领导的农民革命的实践充分证明了这一点。

第五,原始道教的著作(例如《太平经》)中除了包含有大量的迷信成分外,也还包含了元气一元论的思想。在原始道教的著作中可以看到天、地、人的本质同为元气的思想("道以气为宗");作为自然之根本的"元气"是"不空"的,能变化的,但却是不能被消灭的等等。这虽然和道教中的"养生"问题分不开,但毕竟是唯物主义的,何况有些神秘主义的说法只是以后的道教加上去的呢!

今天看起来,原始道教中所反映的农民革命思想没有什么了不起，而且还包含了不少迷信成分。但是在当时，原始道教的思想却成为劳动人民要求解放的思想武器，统治阶级的"洪水猛兽"。在魏晋时期的很多统治阶级的著作中都把"破三张（张陵、张角、张鲁）伪法"作为重要的课题。魏晋时期统治阶级为什么不能再用两汉以来的"天人感应"的目的论来进行统治，而采用了魏晋玄学呢？其重要的原因之一就是"天人感应"的目的论不足以抵挡农民革命的思想，而魏晋玄学的特点之一就是采取了道家消极无为的思想作为麻痹劳动人民的工具。因为道教中包含了一些道家的思想，因此玄学家们就利用了这一点，发展道教的消极因素，来抵抗农民革命。当时统治阶级除了利用玄学思想作为反对农民革命的思想武器，还钻到道教内部，在道教中寻找代理人，篡改了原始道教中的革命的性质。葛洪、寇谦之、陶弘景的思想就是对原始道教从剥削阶级利益出发的修正。他们反打着"破三张伪法"的招牌，以自己的道教为"正宗"。他们要"破除"的是些什么呢？

第一，葛洪、寇谦之用儒家的礼法思想来排除原始道教中的革命思想。他们认为农民革命是"不合礼法"的，主张用封建等级制度反对平等思想、平均主义思想；用"君是天"、"君是父"的"天不可改"、"父不可易"的思想来排除原始道教中"天可变"的思想；并主张用武力、肉刑来对付农民革命。

第二，寇谦之、陶弘景用佛教唯心主义观点来修正原始道教中的唯物主义革命因素，把"轮回"、"因果报应"等思想引入道教；把世界是"空无"的思想引入道教；把更加虚幻的出世思想引入道教。

第三，寇谦之还制定了戒律来束缚劳动人民的手脚。（关于寇谦之的戒律当另文详细分析。）

这样就使得道教逐渐由农民革命的旗帜变成为镇压农民革命

的旗帜了。不仅如此，由印度传入的佛教，也作为统治阶级的思想武器，参加了所谓"破三张伪法"的斗争。很多和尚反对道教时都提到道教是"米贼"。刘勰《灭惑论》上说："张陵米贼……肌革盈虚，群生共爱，故宝惜潓唾，以灌灵根。避灾苦病，民之恒患，故斩缚魑魅，以快愚情。凭威恃武，俗之旧风，故吏兵钩骑，以动浅心。至于消灾淫术，厌胜奸方，理秽辞辱，非可笔传。事合氓庶，故比屋归宗。是以张角、李弘毒流汉季；卢悚、孙恩，乱盈晋末。……爵非通侯，而轻立民户；瑞无虎竹，而滥求租税。糜费产业，蛊惑士女。运屯则蝎国，世平则蠹民。"这不仅可以看出当时的统治阶级对于农民革命如何仇恨，也可以看出来他们对于作为农民革命的思想武器——原始道教——如何害怕。当时统治阶级的学者反对农民革命的思想那么用心、用力，就可以证明原始道教思想在当时就不是那么简单的。

汉末农民革命的规模非常之大，时间也延续得很长，因此对统治阶级的统治震动很大；而且当时的农民革命不仅是单纯地用武器来批判，而且也有一套批判的武器。这套思想武器虽然包含着很多迷信因素、落后部分，但其基本的革命精神却是统治阶级很害怕的。因此当时的统治阶级调动了一切可以调动的力量，不遗余力地加以"讨伐"，是很可以理解的了。

另一类农民革命不以宗教为外衣，或者基本上不以宗教为外衣。明末李自成领导的农民革命就是比较彻底地摆脱了宗教的外衣，直接提出鲜明的政治纲领；唐末黄巢所领导的农民革命也是大体上不以宗教为号召。现在我们就以唐末黄巢农民革命思想为例来加以分析。

我们知道在阶级斗争尖锐化的时候，统治阶级内部是会分化的。所以马克思、恩格斯在《共产党宣言》中说："在阶级斗争接近决战的那些时期，统治阶级内部，整个旧社会内部瓦解的过程便来得非常强烈、非常尖锐，甚至使得统治阶级中有一小部分人脱离出去而归附于革命阶级，即归附于未来的主人翁的阶级。所以，正如先前有一部分贵族分子会转到资产阶级方面一样，现在也有一部分资产阶级分子会转到无产阶级方面来，而这便是已经进步到在理论上认识全部历史运动进程的那一部分资产者思想家。"唐末地主阶级和农民的斗争尖锐化起来，有一部分统治阶级的知识分子由统治阶级的队伍中分化出来，站到同情农民革命的立场。最著名的有当黄巢翰林学士的皮日休。皮日休是一个无神论者和唯物论者，也是一个了不起的具有民主主义思想的反对封建专制统治的战士。第一，他的哲学思想是唯物主义的。他认为最初只有气，天地万物都是由气构成，事物之所以有不同的形式只不过是由不同性质的气构成；他反对"天命"、"符瑞"、神怪及五德始终的思想，他认为历史上的改朝换代，都是人为并非天意；他反对佛教。第二，在伦理观点上，他反对违反人性地孝顺父母，揭露了当时道德的虚伪性。第三，他的社会政治观点特别丰富，并富有革命性。他指出，历代王朝所谓国家不过是家天下，官吏不过是残酷剥削人民的强盗，用武力反对无道的国君，不算离经叛道。在他的诗文中充满了人民控诉的正义呼声，反映了农民在残酷的压榨、繁重的劳役以及天灾的危害下所过着的悲惨生活。像这样由统治阶级中分化出来，参加了农民革命，或者虽未直接参加但客观上反映了农民革命的要求的知识分子，在历史上虽然不很多，但也并不是个别的，例如汉末的仲长统、明末的李岩等等。过去有人认为这样的人算不得哲学家，这不过是剥削阶级排斥人民文化的表现。像皮日休这样的人正是属于含有"民主主义的和社会主义的文化成分"的阵营。顺便说一下，对于列宁的两种文化观目前有着不同的理解。有人认为既然有两种文化，而带有民主主义和社会主义因素的只是在劳动者的那一方面，那么就把所有不是劳动者的思想，都不看成是属于带有"民主主义和社会主义的文化成分"的这一面。当然这样就产生了一个困难，就是有一些虽然不是劳动者然而有进步思想的人应该属于哪一面呢？因此，就又有一些人认为用两种文化观来处理哲学史的问题是有困难的。以上两种看法都是对列宁的意思没有全面的了解。要了解这个问题，首先应该知道"人民"是一个历史的概念。虽然劳动者永远是"人民"的主体，但在一定的条件下，剥削者也被包含在"人民"之内。毛主席在《关于正确处理人民内部矛盾》一文中指出："人民这个概念在不同的国家和各个国家的不同的历史时期，有着不同的内容。"因此，在一定的历史条件下，剥削阶级的思想也可以是进步的，例如作为法国资产阶级革命时期的法国唯物论的思想就是进步思想。其次，劳动人民的思想当然有些是他们自己直接在生产斗争和阶级斗争中反映出来，但也有一些是反映在同情劳动人民而由统治阶级出身的人的思想中，特别是在阶级斗争尖锐化的时期，有些统治阶级就直接站到劳动者的立场上去了。前者像王充、仲长统、范缜等，后者像皮日休、李岩等。

我国农民革命的思想非常丰富，只要我们正确地运用马克思主义的一般原理，站在人民的立场，在经过一段辛勤的劳动之后，就会使得中国哲学史这一特点更加有无比的说服力。当然，这篇文章只是就一个方面来论述中国哲学史的特点。但是，可以看出如果想要正确地解决中国哲学史的特点，就必须考虑到这样一个"从历史本身的特点"、"从社会发展本身的特点"方面去寻找的方法，离开了这样一种方法，将会陷入混乱当中。

原刊于《光明日报》，1959-03-22

先秦的天道观与阶级斗争

春秋末期以来的诸子百家的"天道观"(宇宙观)大都是对西周的宗教的"有意志的天"的反动,这正是与春秋以来各阶级和当权的奴隶主贵族矛盾的尖锐化相联系的。儒家的孔子由怀疑天达到在思想上包含了有"天道自然"的唯物主义思想的因素。但是由于儒家思想是代表由奴隶主贵族转化到封建贵族的利益的思想,因此随着时代的不同,对现实社会起的作用也就不同,对"天"的看法也就不同。孔子是生活在奴隶社会开始向封建社会转化的时代,他主张在保持"礼"的条件下,由上而下地改变劳动者的生产地位,这在当时是有利于封建经济发展的。与其政治观点相配合的天道观,也就是由怀疑"天"的作用走上了带有唯物主义因素的"天道自然"的宇宙观。孟子时代,已与孔子大不相同,虽然他和孔子一样都是代表着由奴隶主贵族转化而来的封建贵族,但由于社会本身向前发展,奴隶制本身已经被破坏,世官世禄已经完全成为社会发展的阻碍。纵然他也主张在一定程度上改善劳动者在生产中的地位,如他说"民为贵,社稷次之,君为轻",但他还是保守的。因此孟子的"天道观"就向着唯心主义发展。孟子懂得要想恢复西周传统的"天"的权威已不可能,因而他把儒家特有的"道德"性质加在"天"上,那就是说他把人性中的理想性格加给"天"了。他说:"诚者天之道也,思诚者人之道。"这样孟子实际上把自然界的活动归之于人们内心的道德活动,因此孟子走上了主观唯心主义。孟子的主观唯心主义思想正是说明他所代表的由奴隶主贵族向封建贵族转化的思想的保守的一面。而在孟子的时代，他还坚持世官世禄的土地世袭制度，因而保守就成为其主要的一面了。孟子在现实生活中的保守态度，当时只能到处碰壁，这样他就不得不把全部希望寄托在其主观世界中。他说："尽其心者，知其性也，知其性则知天矣。存其心，养其性，所以事天也。殀寿不贰，修身以俟之，所以立命也。"（《孟子·尽心上》）荀子的时代，社会的封建化已基本完成，而封建化的完成是由奴隶主贵族转向封建贵族的集团和由其他各种新兴的地主阶级联合完成的。荀子是代表完全转化了的封建贵族的思想家，他承认了现实生活中的新事物，否认世官世禄有任何存在的必要。他肯定封建生产关系，并且为已经建立起来的封建生产关系创立了一些必要的上层建筑。他对先秦的全部思想加以总结，肯定其中有利于封建生活的因素，否定其中保护奴隶制的因素。尽管如此，荀子在某些方面，而且也是其思想的主要方面（这个问题当另文详论）仍然打上了儒家的烙印。可以看得出来，荀子在某些重要方面正是继承了孔子的进步的思想的那一面，并在新的历史条件下加以发展。荀子完全由封建贵族的利益出发，一方面他肯定了封建制的土地关系；另一方面他继承孔子主张使劳动者在生产中地位多少改善些，即不把劳动者当成奴隶，而当成农奴或农民。无论哪一方面，在荀子的时代，已经可以看出新兴的地主阶级的矛头渐渐由针对着奴隶主贵族而转向劳动者了。因此，在荀子的思想中已经可以找到不少对付劳动者的办法。荀子的"天道观"是唯物主义的，他在这方面完全是吸取了道家的"天道自然"的思想，把"天道"看成是自然界发展的规律。总起来看，先秦儒家的天道观中有唯物主义的派别也有唯心主义的派别，但是由于儒家所代表的特点，因而随着时代的不同，其"天道观"与西周传统的"天道观"却是根本不同的。

墨家的"天道观"也是在某种程度上对传统的"天道观"的

反动。代表正在发展中的小生产者的利益的墨家，是与当权的奴隶主贵族的利益有矛盾的，也是与现实生活发展的某些方面（例如要建立封建生产关系，因此所进行的战争，对小生产者的破坏等）有矛盾的。墨子的社会政治观点中包含着对这些方面的尖锐的批评。他的"兼相爱，交相利"①虽然是由其小生产者的利益出发，但这确实是真正的劳动者的呼声。小生产者在当时总归不是一个独立的阶级，在当时它或者依靠奴隶主贵族或者依靠新兴的封建地主阶级来改善自己的地位。墨家在当时是企图依靠当权的奴隶主贵族来实现他们的要求②，这当然是一种有害的幻想。正因为如此，他的"天道观"就采取了宗教的形式。他们虽然肯定了"有意志的天"的存在，然而我们如果透过这个形式来看，墨子的"天"已经不是西周的传统的"天"，而是照着他们自己的主观愿望塑造出来的，是为了限制剥削阶级的剥削行为的。因此，墨子的"天道观"的形式是保守的，而其内容已含有若干进步的因素。由于奴隶制的逐渐瓦解、封建制度的成长，在过渡社会的夹缝中发展起来的小商品生产者，日益感到依靠当权的奴隶主贵族是没有出路的，因而也就逐渐对现实生活采取实事求是的态度。后期墨家由于抛弃了一些对生活的幻想，特别是抛弃了对奴隶主贵族的幻想，因此一方面放弃了一些企图用小生产者的观点改造社会的想法，另一方面也抛开了"天道观"的宗教的形式。但是由于他们的思想终究不是代表一个独立的阶级的利益，因而也就不能像荀子一样建立起一个完整的哲学思想体系，对先秦思想加以总结。后期墨家就把自己的哲学思想集中在认识论的领域中，建立了相当可贵的唯物主义认识论的理论。后期墨家之所以注重了认

---

① 墨子的"义"就是"兼相爱，交相利"的意思，因此墨子的"义"是含有劳动者要求平等的思想。这与儒家的"仁"不同，"仁"是自上而下的恩赐，是统治阶级对劳动者的一种态度。

② 可由墨子反对"犯上"，提倡"尚同"看出。

识论，正是因为他们意识到像他们这样的小生产者非常需要如实地反映现实生活，否则就不能自保。

先秦道家是诸子百家中在"天道观"上反对传统的"意志的天"最重要的一派。由春秋以来，有势力的当权的大奴隶主贵族一直在压迫小奴隶主贵族；新兴的封建经济的成长，又在逐渐地破坏奴隶制度，这样又对他们加了一层压力；同时，其自身对他自己的奴隶统治和剥削也因为社会经济的发展、奴隶要解放，也就不能像以前那样继续下去了。这样几方面的压力，对这样一个逐渐要消灭的阶层来说，是非常可怕的，使他们感到有一种无可抗拒的必然力量存在着。这些小贵族，不可能像那些当权的大贵族一样，可以转化为封建贵族，他们的命运是注定要被消灭的，因此没落的情绪就集中地反映在他们的身上。就其社会政治观点来看，他们是反对当时现实生活的一切方面，要求恢复古代的氏族奴隶制度。道家反对社会向前发展的一切方面，它反对对封建经济成长有利的私有制，反对商业的交往，反对交通，反对"仁义"，反对"刑法"，这充分暴露出道家的反动的、反历史发展的一面。道家也反对当权的奴隶主贵族，因此也就相联系地在一定程度上反对了统治和压迫，它对当时社会的统治阶级的黑暗做了大胆的揭露。这方面表现了小贵族对大贵族的反抗性，因而在客观上起了暴露剥削阶级黑暗面的作用。道家所代表的阶级是不愿意失去其对奴隶的统治地位的，但是眼看着老一套的办法已不能继续维持统治，大的当权的奴隶主贵族除了靠经济的力量还可以依靠政治的力量来进行统治，可是这些小贵族就不可能有这样的条件，因此他们就主张用另外一套办法来进行统治，这就是道家所提倡的"无为"。道家的社会政治观点就是上述这几个方面的有机结合，其统一性就是在于对现实社会生活的一切方面的否定。当然并不是道家一开始就形成了一个完整的体系，而是逐渐完成的。大体上说庄子的思想是集大成者，是小贵族的没落情绪的集中的体现。道家思想所代表的阶级利益，开始时与当权的奴隶主贵族的矛盾最为尖锐，而当权的大贵族又往往借助"天"的名义来压迫他们，这样他们就集中地对"意志的天"进行了攻击，这样就形成了他们的"天道自然"的唯物主义世界观。这个没落阶层虽然在宇宙观上大胆对抗了传统的宗教思想，可是没落阶级总是不敢面对现实的，因此其认识论就从包含有唯物主义的唯理论，最后达到不可知论的神秘主义境界。认识论上的不可知论和神秘主义又促使其"天道自然"的唯物主义起了质变，这样就构成了先秦道家自身的一个完整的发展过程。这一哲学思想的发展过程正是说明由春秋末到战国末小贵族在现实社会生活中的地位的发展过程。小贵族的社会地位的发展是愈来愈困难的，开始是感到大贵族的压迫，后来又感到奴隶的反抗和新兴地主经济的压迫，因而就愈来愈感到与现实生活的不可调和的矛盾。如果说小贵族反对大贵族在客观上还有点好的作用，因而其世界观还可以是唯物主义的，但当小贵族反对新兴地主阶级的时候，那就只是幻想，因而其世界观就必然走向主观唯心主义。道家由老子思想发展到庄子思想就是这样一个阶级在当时必然的发展方向。老子还主张"损有余而补不足"①，庄子就主张"有余"和"不足"是完全一样的了。老子的"道"还是与"物"相联系的，庄子的"道"就已经是与"物"对立的实体了（"物物者非物"）。②

法家的思想是反映新兴地主阶级革命派的利益的，这也就是说法家的思想是代表着那些不是由奴隶主贵族转化为封建贵族的封建地主的利益的。法家虽是地主阶级中的革命派，但真正的法

---

① 有人认为"损有余而补不足"是代表劳动者的思想，是不对的。全面地考察老子的思想，可以看出这句话的意思是损大贵族来补小贵族。

② 到庄子时，"大道自然"只是在形式上反对"有意志的天"，但就其哲学思想的内容看，就是唯心主义的了。

家是晚出的，大体上是在战国中期才出现真正的法家思想。早期法家，如子产等的思想，大体和早期儒家（孔子）很相近，因此不是真正的法家。法家晚出，已经说明由于封建经济自身的壮大，就要更加迅速地为它的发展开辟道路，因此革命派的思想也就必然出现。法家虽然晚出，但是它的思想一出现，就对现实生活起着重大的影响。战国中期很多国家因采用了法家的一套办法而"国富兵强"了。商鞅变法，更加彻底，因而奠定了秦统一六国的基础。前期法家（子产）就对"天"加以怀疑了，如子产提出"天道远，人道迩"。后期法家晚出，很快地就为其革命的学说找到了唯物主义的世界观，那就是他们吸收道家的"天道自然"的唯物主义世界观，并把这种唯物主义世界观在其革命的社会政治观点的基础上加以改造，韩非的《解老》、《喻老》完成了这一历史的使命。

先秦各家各派由于其所代表的阶级不同或所代表的某一阶级的某些集团的利益不同，他们之间也存在着尖锐的矛盾，其斗争也是非常激烈的。如果说在春秋时期这种斗争主要是针对着传统的"天"来发表意见；那么到了战国时期，由于传统的"天"已经无法维持了，因而各家各派在世界观上的斗争也就更加激烈了，这时诸子百家在世界观上的唯物主义和唯心主义的界限也就更加清楚了。这种斗争，一直到汉武帝"罢黜百家，独尊儒术"后，才改变了唯物主义与唯心主义斗争的形式。春秋战国后期，由于阶级斗争的复杂情况，因而使得思想斗争也非常复杂，"百家争鸣"的局面就是在这样的阶级斗争的基础上形成起来的。

原刊于《光明日报》，1959-05-10

老子思想的阶级本质

前不久我曾写了一篇《先秦的天道观与阶级斗争》，提出老子的思想是反映当时小奴隶主的要求。那篇文章中只是就当时阶级斗争的全貌提出一些看法，没有论证老子思想为什么是反映当时小奴隶主的要求。任继愈和冯憬远同志的《老子的研究》[①] 一文中，对老子思想的阶级性做了分析，认为老子思想基本上是反映农民思想（或自由农民的思想），这是值得研究的问题。我这篇文章想就两个方面来谈谈老子思想的阶级性问题：一个方面是由《老子》的全部内容来分析其所反映的阶级要求，这主要是补我前一篇文章之不足；另一方面想讲讲关于老子阶级分析的一些理论问题。

一

《老子》一书虽只有五千言，但它不仅是先秦诸子百家中宇宙观相当丰富的哲学著作，而且也是反映先秦社会政治观点相当丰富的著作。一般说来，《老子》的宇宙观由于其"言简意赅"，比较不容易断定它的体系基本上是唯物主义还是唯心主义。其社会政治观点虽也是"言简意赅"，但倾向性、阶级性还比较明确。这大概是因为社会政治观点是更加直接为阶级斗争服务的，而宇宙观则是比较曲折地反映着阶级斗争的缘故。

我认为《老子》一书的思想基本上是反映着当时小奴隶主的

---

① 载 1959 年 5 月 24 日和 5 月 31 日的《光明日报·哲学副刊》。

要求。这些人有些知识,掌握了一些古代的文献材料。孔子问礼的老子就是这样的人,长沮、桀溺也是这样的人,庄子也是这样的人(当过漆园吏)。当时小奴隶主所处的地位比当权的大奴隶主困难得多,同时受着几方面的压力,他们为了保持自己的地位不至于继续下降,就对各方面进行反抗。当然,最有利于他们的社会制度是古代家长奴隶制的农村公社,因为那是他们的黄金时代,可以各自在自己的小国中安安稳稳地统治。但春秋战国时代的社会剧变使小奴隶主不仅没有发展的可能,就连自保也极困难。所以,他们就反对当时出现的一切新事物、新现象。老子虽然已经是消极反抗了,但他还似乎有个保持"小国寡民"的希望;庄子时就连这点希望也没有了,已经自认为不行,但却表现出一副超然的样子,"逍遥于天地之间","游于方之外"——因为"方之内"无所安身,不得不到"方外"去遨游。

(一)《老子》一书充满了从统治阶级利益出发的统治人民的办法,而这些社会政治观点又不是为了如何发展自己,而是为了如何维持自己的地位。《老子》一书中,"我"和"民"是对立的,"我"是在上的统治者的自称,"民"是对在下的劳动者的通称。"故圣人云:我无为而民自化,我好静而民自足,我无事而民自富,我无欲而民自朴。"这里的"我"显然不是和"民"同一阶级、同一立场。这几句话是从统治者的利益出发,主张对劳动者少加干涉,以达到不丧失其地位的目的。这一方面是幻想,但另一方面也是根据古代的家长奴隶制农村公社的范围描画出来的。因为古代家长奴隶制农村公社时,在一个小范围内就有一些奴隶主占有土地和一些奴隶,这些奴隶为他们劳动,而奴隶主对他们并不如以后那样有那么多的干涉。任、冯文认为"我无为而民自化"是说明农民的思想是不对的。这里明明是要有一个在上者和在下者的分别,是由在上者的利益出发的,并不是"民自化",而是在上者"无为"了,"民"才能"自化"。

(二)《老子》一书中还经常把"圣人"与"民"对立起来提。从《老子》书中看来,他所说的"圣人"不是指"道德高尚的人",而是指在上的统治者。老子就是要教给他们怎样才能更好地对待劳动者(民)。他说:"是以圣人处无为之事,行不言之教,万物作焉而不为始,生而不有,为而不恃,功成而弗居。"(第二章)"是以圣人之治……常使民无知无欲。"(第三章)"是以圣人后其身而身先,外其身而身存。"(第七章)"圣人常善救人,故无弃人;常善救物,故无弃物。"(第二十七章)"圣人无常心,以百姓心为心。"(第四十九章)这些都是统治者对劳动者的一些统治办法,不过不是一种积极的统治办法,而是企图用这样的办法保持自己的地位就算了。

(三)不仅如此,在《老子》书中还直接把"侯王"、"王公"、"万乘之主"等统治者的名称提出来,并为他们的利益想出一套有理论根据的统治办法来,这就是"无为而治"的统治办法。"道常无为而无不为。侯王若能守之,万物将自化。"(第三十七章)"无为"并不是老子政治主张的目的,而是其统治手段。他认为侯王的政治目的在于能"无不为"。但在当时的情况下,小奴隶主"动辄得咎",因此不如不动,"无为"反而可以得到一些好处,当权的奴隶主贵族因之可能放松对他的注意,在下的奴隶的反抗也可能缓和一些,新兴的地主阶级也许就不去注意他。"无为"正是这个时代(由奴隶制向封建制过渡的时代)这样一种阶级(小奴隶主)的思想结晶。《老子》书中为"侯王"等统治阶级打算的地方很多,如第三、二十六、三十九章等等。

(四)此外,《老子》书中还提出不少作为一般的统治阶级的统治办法,这些对法家的思想很有影响。"国之利器,不可以示人。"(第三十六章)"将欲夺之,必固与之。"(第三十六章)"其政闷闷，其民淳淳；其政察察，其民缺缺。"（第五十八章）"治人，事天，莫若啬。"（第五十九章）这些虽为一般剥削阶级的统治思想，且在中国政治生活中有过相当大的影响，但当时在很大程度上也是反映小奴隶主的要求，因为他们多是以自保为目的，而不是以发展自己为目的。

就以上情况看，《老子》一书中大量地包含着为统治阶级打算的思想，且是为某些要求"自保"的统治阶级打算的思想，这不是小奴隶主的思想又是什么样的阶级或集团的思想呢？

当然我也不否认在《老子》书中多少也反映了一些劳动者的思想，但只是反映而已。因为在马克思主义以前，一个思想家的思想体系虽然总是代表着某一个阶级或某一个阶级的某一集团的利益，但并不是其思想体系中就不同时或多或少地掺杂其他阶级或其他集团的思想。老子的阶级地位是小奴隶主，比起大奴隶主贵族来说是要接近劳动者一些，甚至比那些由奴隶主贵族向封建贵族转化的那个集团来也接近劳动者一些（老子等人就比孔子更加接近劳动者），因此在一定程度上反映一些劳动者的要求并不奇怪。但不能因为这些就认为老子的思想代表农民的利益，而只能说它在客观上起了一些有利于劳动者的作用。

一般认为《老子》书中反映小生产者的利益的地方有两处，现加以分析。

> 有余者损之，不足者补之。天之道损有余而补不足，人之道则不然，损不足以奉有余。（第七十七章）

很明显老子这里是反对"损不足以奉有余"的。但应如何了解这几句话？我认为可以有两种解释。第一种解释：老子的这句话反映了劳动者的要求，它有反对剥削的意思，是提倡平均主义的思想。老子认为，合理的制度应该是把贫富拉平。这就是说，这样的思想就是列宁所说的民主主义和社会主义思想的因素。但也可以做另外一种解释：这句话说明老子是由小奴隶主的利益出发向大奴隶主贵族提的要求，因为当权的大奴隶主贵族占有得太多，可是在过去他们都是一样，因此按"天之道"说就应该没有当时的那种巨大的差别，如何办呢？"损有余而补不足"，这样正与老子的其他思想相合。我看似乎后一种说法更为妥当。即使按前一种解释也不能改变《老子》一书的基本倾向性，只能认为该书掺杂了某些农民小生产者的思想。

小国寡民，使有什伯之器而不用，使民重死而不远徙。虽有舟舆无所乘之，虽有甲兵无所陈之。使民复结绳而用之。甘其食，美其服，安其居，乐其俗，邻国相望，鸡犬之声相闻，民至老死不相往来。（第八十章）

这一段常为人引用，以证老子幻想原始共产主义社会，并认为和《礼运》的大同思想一样。我们知道《礼运》的大同思想是和小康思想对立起来提出的，前者是"公有制"的社会，后者是私有制的社会。但老子这句话中看不出有"天下为公"的思想。《礼运》的大同思想表面上看起来是向后看的，但实是一种"理想"。而老子这句话完全是向后看，是一种消极的思想。更重要的是老子这一段话虽然包含对远古社会的向往，但也是站在他那小奴隶主的立场上的。他说"使民重死而不远徙"，正是说明要用一些办法把奴隶束缚在他的小范围的土地上。要使奴隶不至于逃亡，用什么办法呢？恢复家长奴隶制的农村公社吧！这样理解老子这一段话，不是更合老子的原意吗？

从老子的思想看，我们还可以看到他企图用一些办法，哪怕是消极的办法，来保持其小奴隶主的地位。但历史前进到庄子时，这样一个集团的思想本质就更加充分暴露。我想任何阶级的思想发展都是一个过程，其阶级本质的深刻暴露也有一个发展过程。有的同志认为提先秦道家、先秦儒家是不科学的，是没有根据的。

如果说不科学则还可以，如果说没有根据就不对了。用儒家、道家、法家、墨家等来区别先秦的各派思想是有一定的根据的。尽管同一家中有唯物主义（例如儒家的荀子，道家的老子和宋钘、尹文）也有唯心主义（例如儒家的孟子、道家的庄子），但每一家的各个思想家仍有必然联系，其联系就在对于这些家如用阶级分析的办法则大体上都是属于同一阶级或同一集团。老子的思想还不足以全面、深刻地反映没落的小奴隶主的思想，庄子的思想就更加全面、深刻地反映其阶级本质了。老子还想在现实社会中保存自己；庄子的时代，这样的阶级已经完全不可自保，因此就放弃了对现实生活的幻想，寄托于方外的逍遥了。

二

有的同志认为，老子的思想如果是反映没落的奴隶主的要求，那么其宇宙观又怎么会是唯物主义呢？或者认为老子的思想没有什么战斗性，怎么会是唯物主义呢？这里就不仅是一个事实问题，而且牵涉到一个理论问题。

我也和任继愈同志一样认为老子的宇宙观基本上是唯物主义的，而且也认为应由先秦宇宙观斗争的中心问题来划分唯物主义唯心主义阵营。先秦宇宙观斗争的中心问题，就是"天"是有意志的"上帝"，还是"天道自然"。先秦的"天道观"上的斗争，就是哲学根本问题上的斗争。恩格斯说："唯物主义的世界观不过是对自然界本来面目的了解，而并不附加任何外来成分。"关锋同志认为"天道观"的问题不是哲学的根本问题，这是没有根据的。因为老子的"天道观"正如恩格斯所说，是企图对自然界本来面目不附加任何外来成分来解释的。他认为"道法自然"，显然这是对哲学根本问题的唯物主义的回答。（我另有一文，详论先秦天道观问题的争论就是哲学根本问题上的唯物主义和唯心主义的争论。)

老子的宇宙观既然是唯物主义的,那么为什么没落阶级会有唯物主义的思想呢?我认为有两种唯物主义。一种是战斗的唯物主义,这是有战斗性的,如王充、范缜的唯物主义就是如此。他们之所以是这样的唯物主义,正因为他们是进步阶级或进步集团的思想的反映。但也还有另外一种唯物主义,是从消极方面达到唯物主义的。这一般说是在特定的条件下,没落阶级反对唯心主义而采取了唯物主义形态。让我抄两段出来说明这一点:

> 在英国,在十八世纪,唯物论为旧制度底拥护者,贵族、专制主义底拥护者所热衷。在这里,原因是很清楚的。复辟时代底英国贵族与之发生"矛盾"的人物乃是极端的宗教幻想者;为着要"做"与他们反动派"相反的东西",不得不走到唯物主义。①

> 历史浪漫学派是对资产阶级古典的国民经济学的一个反击,古典的国民经济学把资产阶级的生产方式说成是唯一合乎自然的生产方式,把这个阶级的经济形式说成是永恒的自然规律。历史浪漫学派为了贵族地主的利益,把地主与农奴的经济从属关系加以宗法的神化,来攻击这种夸张。……资产阶级国民经济学和历史浪漫学派之间的理论斗争是资产阶级和贵族地主间的阶级斗争在意识形态上的反映。两者之中的任何一派都宣称它本阶级所喜欢的生产方式和经济形式是永恒的、合乎自然的、不可改变的规律;至于自由派的通俗经济学者们在这方面多谈抽象的幻想,而历史浪漫学派则多谈残酷的事实,那一派多有一些唯心的色彩,而这一派多有一些唯物的色彩,则只不过是因为两个斗争的阶级的历史发

---

① 普列汉诺夫:《论一元论历史观之发展》,293页,北京,人民出版社,1950。

展阶段有所不同而已。①

普列汉诺夫和梅林在这里谈到的唯物主义思想都是那种没落的封建贵族的思想的反映。他们为了反对新的制度、新的思想而采取了这样的哲学主张。但我们可以看出这样的唯物主义是没有什么战斗性的，根本不是唯心主义的对手，而且也不能长久保持下去。老子作为小奴隶主的代言人，一方面他害怕新的生产关系的成长，因此他反对对封建制有利的私有制，反对商业的交往，反对交通，反对仁义，反对刑法，这就是说他是反对历史的发展的；同时他也在想尽办法维持其奴隶主的统治地位，因而提出上述那样一套统治的办法。但他们也感到当权的大奴隶主贵族对他们的压力，特别是认为奴隶制度之所以不能巩固就是由于这些大奴隶主贵族的一些做法引起的。因此，他们反对当权的大奴隶主贵族和他们的一些做法，例如他的"损有余而补不足"、"小国寡民"的思想就是对大奴隶主贵族的反抗。反对当权的奴隶主贵族当然可以有各种各样的方法，而老子这样一批小奴隶主的知识分子从世界观方面来反对，也并不是不可理解的。有意志的主宰之"天"是维护当权的奴隶主贵族的利益的，因此老子抬出一个比"天"更高的"道"来打击"天"的威信。当然他也可以把"道"看成是更高的有意志的主宰，可是老子没有这样，他把"道"看成是自然而然的存在，没有意志，"道法自然"。老子的阶级地位正需要这样，因为"道"无为，人君也才能无为，只有这样才能保持他们的地位。由于老子的政治主张是消极无为，因此他的"天道观"也就是顺应自然，这正与上引恩格斯所说的唯物主义世界观相合。老子当然不是科学地论证了唯物主义的世界观，而是由于把世界看成一个整体猜到了唯物主义的世界观。老子的唯物

---

① 梅林：《论历史唯物主义》，6~7页，北京，三联书店，1958。

主义不具有战斗性，正是他这样一个阶级的要求的反映，并不是不可理解的。

在历史上，小生产者（农民、手工业者）的世界观往往不一定是唯物主义的，这是由于小生产者的地位所限。农民革命常常是用宗教世界观作为思想武器，因为宗教便于组织散漫的小生产者。墨子的思想是代表小生产者的利益的，是我国古代的一位伟大的思想家，有很宝贵的社会政治思想，在认识论上也有唯物主义的因素，但是他的世界观仍然是唯心主义的世界观。我们承认这一点并不因此降低墨子在历史上的地位，反而有助于我们对历史上的小生产者有更深刻的了解。黄巾起义利用道教作思想武器，尽管在原始道教中包含着不少可贵的劳动人民的思想，但就其世界观来说仍然是宗教唯心主义的。只有工人阶级的世界观才是彻底唯物主义的。正如毛主席在《实践论》中所说："在很长的历史时期内，大家对于社会的历史只能限于片面的了解，这一方面是由于剥削阶级的偏见经常歪曲社会的历史；另一方面，则由于生产的规模的狭小，限制人们的眼界。人们能够对于社会历史的发展作全面的历史的了解，把对于社会的认识变成了科学，这只是到了伴随巨大生产力——大工业而出现的近代无产阶级的时候，这就是马克思主义的科学。"我们不能对历史上的小生产者有过于苛刻的要求，只有对他们进行历史唯物主义的分析才能看出其在历史上的价值。

原刊于《光明日报》，1959-06-28；后收入《哲学研究》编辑部编：《老子哲学讨论集》，北京，中华书局，1959

老子宇宙观的唯物主义本质

关锋和林聿时两位同志在他们的《论老子哲学体系的唯心主义本质》①一文中，对老子哲学思想的唯心主义本质做了很充分的论证，确实是一篇比较完善地分析某一家哲学体系的论文。但读过之后，觉得无论就理论上说还是就古代文献的分析上说，有很多地方很难令人心服。我这里不想全面地分析这篇论文，只想就其中几个问题谈谈我的看法。

一、先秦"天道观"的问题是不是哲学的根本问题？

关、林两位同志的文章很重要的企图就是把认为老子哲学思想基本上是唯物主义的主要论点——"天道观"上的斗争是先秦哲学思想中划分唯物主义与唯心主义的根本标准——降到次要地位，提出应以"哲学根本问题"来看当时斗争的性质。显然，如果真的"天道观"不是哲学的根本问题，那么关、林两位同志这样的提法是对的。但是，我们不知道他们根据什么来论证他们的论点。关于先秦哲学思想论争的中心问题，郭老在《先秦天道观的进展》一文中已说得很清楚，这里不再重复。虽然当时也还有一些其他问题的论争，但都是次要的，或是为了论证其"天道观"而产生的。这里，我们首先由马克思主义理论上来看一看"天道观"是不是哲学根本问题。

---

① 载《哲学研究》，1959（6）。亦见《老子哲学讨论集》，176～227页。

恩格斯说："全部哲学，尤其是近代哲学的伟大基本问题，就是思维对存在的关系问题。"这是对全部哲学史的唯物主义和唯心主义斗争的概括。但是在哲学史上，并不是任何哲学体系不经分析就能看出它在哲学根本问题上所属的阵营；特别是哲学史中具体的哲学思想体系是一种具体的唯心主义或唯物主义。有的主张"世界是上帝创造的"，他们是由宇宙起源这个方面来回答世界的本质；有的主张宇宙中的事物都是由原子构成，他们是由宇宙构成方面来回答世界的本质。我们能不能由这里分析出他们属于唯物主义还是唯心主义呢？当然可以。因为，前者在实质上是主张精神第一性，后者在实质上是主张物质第一性。先秦的"天道观"是个什么问题呢？就是"天道"是什么性质的东西，是一种有意志的主宰呢？还是自然而然的存在？恩格斯说："唯物主义的世界观不过是对自然界本来面目的了解，不附加以任何外来的成分。"西周以来，把一切自然现象、社会现象都看成是一个有意志的主宰的上帝（天）的意志的表现，也就是不以自然界本来的面目来了解自然界，而附加以一种精神性的东西，因此是唯心主义。而老子，在这样一个至高无上的主宰之上又加了一个东西，那就是"道"。"道"的其他性质我们且不谈，后面我们还要谈到，但老子认为"天道自然"、"道法自然"，这不是不重要的，这正说明老子比春秋以来的其他唯物主义者在某些方面高出一头。老子以前的唯物主义思想主要表现在用了一些自然界本身的现象来解释自然界的现象，例如用阴阳的观点来解释天地运转，用五行的观点来解释四季变化等等。但是都没有概括成为一个更加一般的命题。老子完成了这个任务，即他提出了应按世界本来面目去了解它。当然，老子自己是否能真正做到，做到多少，那是另外一个问题。但他首先看出这一点，并把这一点作为其思想体系的基础，这是十分可贵的。这是不是回答了哲学的根本问题呢？当然是回答了哲学的根本问题，而且是唯物主义地回答了哲学的根本问题。

为什么关、林两同志认为这不算哲学的根本问题？我认为他们主要是有这样两点错误。一点是脱离当时哲学思想斗争的中心问题，企图另外找出一个哲学斗争的中心问题来。别的先不说，如果说老子的哲学思想是像他们所说明的那样的客观唯心主义体系的话，那么，我们就要问作为老子这样的哲学思想的对立面的哲学体系是什么？也就是老子的哲学思想是与哪些哲学思想做斗争的？其次，我认为他们并不是用哲学的根本问题来对待先秦的"天道观"的问题，而是要用现代哲学的特殊表现形式来对待"天道观"的问题，因而如果不是直接回答哪个是第一性的问题时就不是哲学根本问题。但是古代哲学不同于现代哲学，古代哲学主要的争论问题是在宇宙构成的问题上面，是上帝创造世界呢，还是世界自然就是那个样子？现代哲学由于认识论的问题特别重要，因而比较直接地提出了哪个是第一性的问题。这一点，恩格斯也是这样说的。恩格斯说："因之，全部哲学的最高问题，即思维对存在、精神对自然界的关系问题，是跟任何宗教一样根源于蒙昧时期人们的狭隘愚顽观念中的。但是，这个问题只有在欧洲人类从基督教的中世纪的长久冬眠状态中醒觉以后，才能充分尖锐地提出来，才能获得它完全的意义。思维对存在的关系问题，即究竟何者——精神或自然界——是第一性的问题，这一在中世纪的烦琐哲学方面也曾起过很大作用的问题，故意对着教会采取了更尖锐的形式：世界是由神创造的呢，还是世界本来就存在着呢？"可见哲学的基本问题本身就是有发展的，并不是一开始就以今天这样完全的意思提出来的。就形式上说可能是很复杂的，就内容上说也不是十分完全、清楚的。当然，经过我们分析，可以看出本质上还是"思维对存在"的关系问题。特别是恩格斯指出的"世界是由神创造的呢，还是世界本来就存在着呢？"就是哲学的基本问题在中世纪以后向教会提出的具体形式。春秋时代虽与西欧经院哲学时代不同，但正当有意志的"天"发生动摇的时候，老子提出应该按世界的本来面目来了解世界，这不正是从唯物主义方面回答了哲学的基本问题吗？

因此，我的看法与关、林两位同志相反：如果不把"天道观"问题作为中心问题来对待，对于老子的哲学思想就会永远得不到一致的意见。因为这是时代所规定了的，不这样做，那就像历史上对诸子百家各派的注解一样，各有各的经纶了。

不错，老子的唯物主义战斗性不强，但并不是任何唯物主义都有很强的战斗性的。我们可以分析一下为什么老子的唯物主义思想战斗性不强。

具有战斗性的唯物主义多半是进步阶级的思想反映。王充是在一定程度上反映了农民、小生产者要求的思想家，荀子是新兴的地主阶级的代言人，法国唯物主义者是法国大革命的先锋，但是也有一些唯物主义特别是一些庸俗的唯物主义并不是什么进步阶级的思想反映，因而也就不具有什么战斗性。让我引两段文章作为论证：

> 在英国，在十八世纪，唯物论为旧制度底拥护者，贵族、专制主义底拥护者所热衷。在这里，原因是很清楚的。复辟时代底英国贵族与之发生"矛盾"的人物乃是极端的宗教幻想者；为着要"做"与他们反动派"相反的东西"，不得不走到唯物主义。[①]

> 历史浪漫学派是对资产阶级古典的国民经济学的一个反击，古典的国民经济学把资产阶级的生产方式说成是唯一合乎自然的生产方式，把这个阶级的经济形式说成是永恒的自然规律。历史浪漫学派为了贵族地主的利益，把地主与农奴

---

① 普列汉诺夫：《论一元论历史观之发展》，293 页。

的经济从属关系加以宗法的神化,来攻击这种夸张。……资产阶级国民经济学和历史浪漫学派之间的理论斗争是资产阶级和贵族地主间的阶级斗争在意识形态上的反映。两者之中的任何一派都宣称它本阶级所喜欢的生产方式和经济形式是永恒的、合乎自然的、不可改变的规律;至于自由派的通俗经济学者们在这方面多谈抽象的幻想,而历史浪漫学派则多谈残酷的事实,那一派多有一些唯心的色彩,而这一派多有一些唯物的色彩,则只不过是因为两个斗争的阶级的历史发展阶段有所不同而已。①

普列汉诺夫和梅林在这里所说的唯物主义都是那种没落阶级的思想反映。他们反对新事物、新观点,但新的东西采取了唯心主义的形式表现出来,因此,作为这种特殊的唯心主义的反动,这些没落的封建贵族采取了唯物主义。老子作为小奴隶主贵族,一方面他害怕新的生产关系的成长,因此,他反对对封建制有利的私有制,反对商业的交往,反对交通,反对仁义,反对刑法,也就是说反对历史的发展。同时,他也在想尽办法维持其奴隶主的统治地位,因而提出一套统治办法,但他们也感到当权的大奴隶主贵族对他们的压力,特别是认为奴隶制度之所以不能巩固就是由于这些大奴隶主贵族的一些做法引起的。因此,他们反对当权的大奴隶主贵族和他们的一些做法,例如他的"损有余而补不足"、"小国寡民"的思想就是对大奴隶主贵族的反抗。反对当权的大奴隶主贵族当然可以有各种各样的方法,而老子这样一批小奴隶主的知识分子从世界观方面来反对也并不是不可理解的。有意志的主宰之"天"是维护当权的奴隶主贵族的利益的,因此,老子抬出一个比"天"更高的"道"来打击"天"的威信。当然他

---

① 梅林:《论历史唯物主义》,6~7页。

也可以把"道"看成是更高的有意志的主宰，可是老子没有这样，他把道看成是自然而然的存在，没有意志，"道法自然"，"天道自然"。老子的阶级地位正需要这样，因为"道"无为，人君也才能无为，只有这样才能保持他们的地位。由于老子的政治主张是消极无为，因此，他的"天道观"也就是顺应自然。这正与上引恩格斯所说的唯物主义世界观相合。老子当然不是科学地论证了唯物主义的世界观，而是由于把世界看成一个整体猜到了唯物主义的世界观。老子的唯物主义不具有战斗性，正是他这样一个阶级的要求的反映，并不是不可理解的。无论任何哲学体系都应具体加以分析，分析清楚了就总是有个道理的。

老子的唯物主义宇宙观没有多少战斗性，因此常常只是一些"智慧的灵光"。我国以后的唯物主义者常常或多或少地从老子的一些基本观点出发来发展唯物主义思想，同样，由于老子的唯物主义宇宙观缺乏战斗性，并含有不少唯心主义因素，因此，历史上的唯心主义也在利用他的这一方面。我们只要用先秦的庄子和韩非就可说明这个问题。庄子和老子是一个学派，是同一个阶级的同一个集团的思想家（代表小奴隶主利益的思想家），但庄子时，奴隶制已经完全崩溃或接近完全崩溃，这样，他也就不再对现实生活有什么幻想，也就不再反对当权的奴隶主贵族了。但是，他的思想既然从老子那里发展过来，因此多少还打上了道家"天道自然"的烙印。就这一点说，庄子还是保持了"道家"光荣的传统。可是，庄子并没有停留在这里，他把"道"看成与物完全对立的实体（"物物者非物"），把道看成是"无有"，达到他把自己看成是与"道"合一，完成了他的主观唯心主义体系。这就说明，老子这样的思想，从其发展看，必然是走向唯心主义。我有一个想法：先秦的各家思想在历史上都有一定的作用，就是像庄子、孟子那样的主观唯心主义，在先秦时也起过一定的思想解放作用。

因为春秋战国时代是刚从古代宗教迷信的空气中解放出来的时代，只要是对传统的宗教迷信思想加以反对，或从某些方面加以修正，都是对思想解放起着一点积极作用的。就像孟子，虽然他还讲"命"，但他的哲学特点却在于很重视个人的努力，只是他夸大了这一方面因而成为主观唯心主义者。韩非的宇宙观虽不是其思想中最主要的部分，但他基本上是唯物主义者，而且他的唯物主义是继承了老子的学说，这一点从《解老》、《喻老》两篇可以得到证明。韩非的唯物主义宇宙观并没有排除老子的"道"。他认为："道者，万物之所然也，万理之所稽也。理者，成物之文也；道者，万物之所以成也。"（《韩非子·解老》）韩非的整个思想体系是具有战斗性的，因为他的思想正是代表着新兴的地主阶级的利益。就这点说，就决定他的思想体系与老子的思想体系具有不同的特点。我们看出韩非已经抛弃了老子思想中的唯心主义因素，特别是在认识论方面的直观神秘主义色彩。庄子和韩非的宇宙观都是从老子的"道"出发，一个走向唯心主义，一个走向唯物主义，这正是由他们的阶级地位所决定的。

二、"天道观"的问题是不是先秦诸子百家哲学中争论的中心问题

如果要问什么问题是先秦诸子百家争论最激烈的问题，我认为还是在社会政治观方面：墨子提出兼爱、非乐、节葬、节用等反对儒家的思想；道家提出"为我"、"无为"，反对"仁义"、"礼法"；孟子把杨朱骂成"无君"，把墨子骂成"无父"；庄子对孔子的仁义道德肆意嘲笑；儒家和法家在"礼"和"法"的问题上的斗争就更加尖锐。这方面当然是我们应该研究的一个中心问题。但是，如果就哲学问题方面说，我认为"天道观"还是一个中心

问题。我想郭老的《先秦天道观的进展》一文大概就是认为"天道观"是当时哲学思想争论中的一个中心问题。诚然，春秋战国时代，除了"天道观"的问题以外，当时的哲学家们还讨论了"名""实"关系的问题、认识论的问题、同异的问题、辩证法和形而上学的问题、相对主义的问题以及人性问题等等。（另外，我们还可以补充一些，如形神问题、性命问题，等等。）但无论就哪一个意义上说，"天道观"的问题仍然是当时讨论的中心问题，下面我们来分析一下。

（一）"天道观"的问题是整个春秋战国时代所讨论的问题，而其他问题都只是在这一时期内某一阶段所讨论的问题。"名""实"问题只是从墨子起才开始讨论，孔子就没有谈到"名""实"问题。有人把孔子的"正名"看成就是"名""实"问题的讨论，那是不对的。因为孔子的"正名"既不讨论是"名"在先还是"实"在先，也不讨论是"名""实"结合还是"名""实"分离。其实，"正名"只是一种为政的方法，就是要当君的像个当君的样子，当臣的像个当臣的样子罢了。认识论方面最主要的内容之一就是"名""实"的关系问题。如果说墨子开始接触到认识论的问题，除"名""实"关系问题外，那就是他的带有唯物主义经验论色彩的认识论了。可是孔子的哲学思想还没有把人的认识问题作为一个哲学问题提出来，他只是谈到一些教育实践经验的总结。其他如同异问题，主要是战国中期以后名家和后期墨家讨论的问题，相对主义只是惠施和庄子说到，人性问题也主要是孟子以后才作为重要问题加以讨论。至于形而上学与辩证法，在春秋战国时代还不能很明显地看出来在讨论什么问题，大体上先秦诸子除少数哲学家（如公孙龙）外，都有一些辩证法思想。

（二）先秦诸子除极少数哲学家外，主要的哲学家都在"天道观"问题上发了言，可是在其他问题上就没有这么多人发过言。

"名""实"问题应算是先秦哲学思想中争论的又一个重要问题，但孟子就没有在这个问题上发言。

（三）不仅如此，更重要的是其他问题多半是围绕着"天道观"的问题提出来的。墨子的认识论（包括"名""实"问题）虽然有唯物主义的因素，但就其用经验论来论证鬼神存在这一点，就是和他的宗教有神论的"天道观"相联系的。老子在认识论上的直观神秘主义，也正是因为他把"道"既看成是物质世界的全体又看成是物质世界的规律。而在那时，这样的"道"是不仅不能由感觉把握住，就是理性也很难认识，因此，他诉诸直观。孟子在"天道观"上的特点，不在于他承认有意志的"天"，而在于他认为"天道"都在人心内。他说："尽其心者，知其性也，知其性则知天矣。""君子所过者化，所存者神，上下与天地同流。""万物皆备于我。"所以孟子的思想特点是主观唯心主义，而他的认识论就在于论证他的唯心主义。所以他认为："心之官则思，思则得之，不思则不得也。"就"名""实"关系问题说，墨子认为"名"应与"实"相符合，主要是要说明不要以"名"作为辨别是非的标准，而要以"实"作为辨别是非的标准，因而他就提出实际上有鬼神，"天"有意志，因此，这些都是辨别是非的标准了。老子用"无名"作为道的规定性，庄子也是这样。至于其他问题，像人性问题的争论，主要是和当时社会政治观点中的"仁义"与"法"的斗争相联系的。异同问题在先秦本不是个十分重要的问题。

为什么"天道观"的问题是当时哲学思想斗争中的中心问题呢？我认为就因为它是哲学的根本问题，是主张有意志的"天"，还是主张"天道自然"。为了论证这一根本问题，其他哲学问题也得到了相应的发展。例如先秦的认识论是由经验论经过唯理论，最后达到荀子的唯物主义认识论。这不是偶然的。因为荀子的"天道观"吸取了道家"天道自然"这一方面的长处，在一定程度上克服了道家的消极因素，发挥了儒家所提倡的重"人事"的思想的长处，提出了"戡天"的思想，克服了儒家思想中的"天命"观点，建立起他的唯物主义的"天道观"，而荀子的认识论也正是在这个基础上建立的。由于他认为作为宇宙万物的总名的"天"是客观的，因此要认识世界就得通过感觉，但是，只凭感觉常会弄错（"见寝石以为伏虎"），因此就还要用思维（心）来分析，最后，"知"是为了"行"。"天道观"的问题由孔子发展到荀子时应该说是完成了当时的历史使命，因为就当时的历史发展阶段和科学水平来说，荀子的唯物主义已经是顶峰，认识论由墨子发展到荀子也是到了顶峰。

关、林两同志认为春秋中期对有意志的"天"的怀疑和否定已成定局，不仅新兴的势力怀疑和否定有意志的"天"，就是统治集团中很多人也怀疑和否定"天"的存在。如果说怀疑已是普遍现象还可以，说已否定有意志的"天"的存在，则恐怕没有根据。就拿子产的"天道远，人道迩，非所及也"来说吧，子产也只是说"天道"对人们的社会生活起不了什么作用，并没有否定有意志的"天"的存在，更不能说这里的"天道"不是"上帝"或"人格神"了。因为，如果不是"上帝"或"人格神"，子产就根本没有必要说这句话。春秋末期的孔子的思想中确实有不少无神论和唯物主义的因素，他提出："天何言哉？四时行焉，百物生焉，天何言哉？"（《论语·阳货》）这里就明确地说到"天"没有什么"说"的必要了，四时是自己在运行，万物是自己在生长，但孔子在一定程度上还是保留了"天命"。墨子是代表当时正在发展的小生产者的思想家，有着极丰富的和进步的社会政治思想，在认识论上也有一些唯物主义的因素，但他还承认"天"有意志，承认鬼神还有作用。这怎么能说当时对有意志的"天"已经否定了呢？我认为老子在唯物主义上的贡献，不仅在于他否定了有意志的

"天",还在于他认为应该用自然界本身的因素来解释自然界中发生的一切现象,他的"天道自然"的意义正在于此。否则,老子的"道法自然"就无法解释。《老子》一书中讲到应根据自然界的本来面目来解释自然界的地方很多:

> 道常无为而无不为,侯王若能守之,万物将自化。(第三十七章)
> 道之尊,德之贵,夫莫之命而常自然。(第五十一章)
> 是以圣人……以辅万物之自然而不敢为。(第六十四章)

我认为怀疑有意志的天,只能说是有无神论的因素;否认有意志的"天"的存在,只能说是有唯物主义的可能性;用事物本来的面目来解释事物才是完全意义上的唯物主义。在"天道观"的问题上,老子之所以比他以前的任何哲学家高明,就在于他正面地回答了这个问题,而且是唯物主义地回答了这个问题。因此,中国的唯物主义者多半是从这个方面来继承和发展着老子的学说。这里断定老子哲学思想基本上是唯物主义的最根本的理由是:无论是孔子还是墨子都没有提出一个比"上帝"("天")更根本的东西,只有老子认为"道"是出现在"上帝"之先,是宇宙的大全("吾不知谁之子,象帝之先")。这一点如和上一点结合起来看,我们就可以看出在哲学史上老子对唯物主义的贡献了。

三、"道"是不是"常无"、"常有"的统一

关锋和林聿时两位同志的文章从老子的"道"是"常无"、"常有"的统一这一点出发来论证老子的哲学思想是客观唯心主义。如果老子的哲学思想真是他们所分析的那样,我们当然也同意老子的哲学思想是客观唯心主义,可惜老子的哲学思想恐怕并不像关、林两位同志所想象的那样。

在前不久的中国哲学史讨论会上，我曾经提出关、林两位同志是"以庄解老"。看了他们的文章，这个意见还不能改变，现在感到说"以庄解老"还不足以说明问题。更确切地说，他们是把老子思想现代化、黑格尔化。是不是这样呢？

他们认为"建之以常无、有"这一庄子对老子哲学思想的概括是老子哲学的基本命题。姑不论这是不是老子的原意，就是关、林两位同志对"建之以常无、有"的分析也不是庄子的原意。庄子是说老子的哲学体系是建立在常"无有"上面，并不是关、林两位同志所说的建立在常无与常有的统一上面。"无有"在《庄子》中是一个专用名词，不知根据什么，关、林两位同志在这里把"无"和"有"断开。《庄子》一书中，"无有"或"有无"凡二十五见，但没有"常无"和"常有"这样的词。现录其要者如下：

是以无有为有。（《齐物论》）

老聃曰：明王之治，功盖天下而似不自己，化贷万物而民弗恃，有莫举名，使物自喜，立乎不测，而游于无有者也。（《应帝王》）

泰初有无，无有无名。（《天地》）

有乎生，有乎死，有乎出，有乎入。入出而无见其形，是谓天门。天门者无有也，万物出乎无有，有不能以有为有，必出乎无有，而无有一无有，圣人藏乎是。（《庚桑楚》）

这都说明无论庄子还是老聃都把"无有"连用，而关、林两位同志把两者分开，这就文义上说就与原意不合，而且就中国汉语文法说，古代这样断句是很少见的，甚至是没有的。因此，把"道"看成是"常无"、"常有"的统一是没有任何根据的。为什么关、林两位同志这样来解剖老子的哲学体系呢？这就不得不认为是把老子思想现代化了，是一定要为老子的朴素的唯物主义思想造一个完整的体系，而且像黑格尔那样，把观念建立在"有"和

"无"的统一之上。其实,老子的"道"就是"无",并不是"有"和"无"的统一,这在老子的书中很多地方都可以看到。例如第十四章,老子想各种办法来说明"道",同时也就是说明"无";第三十二章"道常无名",第三十七章"无名之朴"也显然是说明"道"的。而且"无"和"有"是对立面,"有无相生","道"和"有"也是对立面,"道生一"。("一"是"有"。)

关、林两位同志又根据《老子》的第一章分析"道"是"常无"与"常有"的统一,这里也有若干问题:

首先,他们自己也承认,自古以来,对第一章有若干种断句方法。例如"常无欲以观其妙,常有欲以观其徼"两句,也有断为"常无欲,以观其妙;常有欲,以观其徼"的。这且不说,姑且依"常无,欲以观其妙;常有,欲以观其徼"这样断句。根据原书第一章的意思看,"常无"与"常有"合起来叫做"玄"。据杨柳桥分析,"玄"和"道"不是一个意思,"玄"和"一"是一个意思。说"玄"是"一"是对的,但说"一"和"道"有原则区别则是不对的。古"玄"和"元"同音,常通用,因此"玄"大概是"元气",义是可以说得过去的。关、林两位同志也认为"一"不是"道",而是介乎"道"与"万物"之间的。如果说"玄"或"一"是"常有"和"常无"的统一,那么显然,"一"不是绝对观念而是物质世界。

其次,"常无"与"常有"的统一为什么一定是"绝对观念"而不能是物质世界,我想这一点也是没有任何根据的。就上面的分析也可以看出"常无"与"常有"的统一是"玄"或"一",恰恰是物质世界。这且不说它,我们就老子的"有"和"无"的关系看,也并不如关、林两位同志所解释的那样。老子的"有"和"无"虽是对立的范畴,但"无"不是"虚无"而是"无名","有名"则是有形体的物质,第十一章正是说明这个意思(详见后)。

把"无"和"有"了解成"无名"和"有名",是有根据的。这根据也就在第一章:"无名,天地之始,有名,万物之母。"为什么不从这里来了解"常无"与"常有"的统一呢?就第一章的"常无"和"常有"的意思看,"常无"是物质世界无以名状的样子,就时间上说是无始无终的,就空间来说是无所不在的;"常有"是有形有象的万物,就时间上说是有始的,就空间来说是有限的。这样的"常无"和"常有"的统一就是"无名"和"有名"的统一。如果不这样来了解就无法把第一章中"无名"和"有名"、"常无"和"常有"解释清楚。这样,"常无"和"常有"、"无名"和"有名"的统一,自应了解为物质世界的总名。

可见"道"的性质,就第一章文本说也很难如关、林两位同志那样理解。

四、老子的"道"的物质性

《老子》一书中对于"道"没有很清楚地加以说明,因此,就使我们分析起他的哲学体系来发生不少困难;而且老子对于"道"的说明确有些地方可以被解释成"道"是绝对精神,这正说明研究这一问题的困难。但我认为"道"在《老子》书中基本上还是物质性的,除上面已经说到,老子的"道"是"天道自然"一意以外,还可以从以下四点来论证老子的"道"的物质性。

(一)"道"是混沌的物质状态的宇宙全体的名称

《老子》书的第二十五章是全书中很重要的一章。在这一章中老子企图描画出整个宇宙的样子,也就是说企图对"道"做一个全面的说明。对此老子感到十分困难,但他还是把这个意思说出来了。他说:

有物混成,先天地生。寂兮寥兮,独立而不改,周行而不殆，可以为天下母。吾不知其名，字之曰道，强为之名，曰大。大曰逝，逝曰远，远曰反。故道大，天大，地大，王亦大。域中有四大，而王居其一焉。人法地，地法天，天法道，道法自然。

这一章分析起来可以注意的有以下几点：

第一，"道"是先于任何具体事物（有形体的事物）而存在的物质实体，是宇宙的大全。

老子这里的"道"和古希腊原子论者的"原子"是完全不相同的。希腊的原子论者讲"原子"的问题时，主要是讲宇宙万物的构成问题，而老子在这里讲的"道"则是宇宙全体的根本性质。老子这里企图说明的问题正是斯大林在《辩证唯物主义和历史唯物主义》一书中所提到的——世界按其本质说是物质的呢，还是精神的呢？老子在这里是认为世界按其本质说是物质的。因为老子在这里把"道"看成是宇宙的全体（"有物混成，先天地生"；"可以为天下母"），而且这个整个的宇宙（"道"）是自然而然存在着的，没有什么目的（"道法自然"）。这个先于天地存在的"道"，不是什么"上帝"，而是混沌状态的宇宙全体（"道"）。如果把"混沌"了解为绝对观念存在的一种状态是十分困难的。因为作为观念（特别是绝对观念）总是清晰明白的，黑格尔的绝对观念就是如此。"混成"显然只能是指混然一体的天地未分之状，这就是说在万物（包括天地）形成以前，世界是混混沌沌的，分辨不出来哪里是"天"，哪里是"地"。《淮南子》的唯物主义宇宙观也正是这样的，并不牵强附会，怎么能说这样的状况是绝对精神呢？古代唯物主义有一个特点，正如恩格斯所说："在希腊人那里——正因为他们还没有进步到对自然界的解剖和分析——还是把自然界当做一个整体而从总的方面来观察。自然现象的总联系还没有逐一地加以证明：这种联系对于希腊人乃是直接的直观的结果。"

老子正是这样，他把整个宇宙作为一个对象来观察，尽管他观察的方法是直观的，尽管他没有能对这一整体的自然界逐一加以说明，但是他在我国哲学史上第一个看到宇宙是自己存在着的。

第二，"道"是运动着的世界的全体。

宇宙的发生、发展问题，是老子的宇宙观中间一个很重要的问题。老子认为在天地未分之前，宇宙是一种混沌的状态，那时还分别不出来声音、形象；但是这种状况是自足的，不是什么外力使之然，而且是在不停地运动着，从这样的一种状态才逐渐演变成为有形象的天地万物。老子就把这种混沌状态叫做"道"或"大"。"大"是无所不包的意思，是"至大无外"的"大"。这显然是回答这样的问题：有形有象的天地产生以前，宇宙是个什么样子？虽然老子不是科学地论证了宇宙的起源问题，但他从唯物主义的方向摸索对了这个问题。这就是因为他认为宇宙是自然而然存在着的，而且是以运动着的状态存在着，没有什么超自然的外力使之然。这样的思想在当时无疑是很难得的。为什么老子提出这样的理论呢？这是因为必须压低"天"的作用，才能达到保存自己的目的。

第三，道并不是在原则上与天地万物不同的实体，而是同一种实体。

老子讲的道是先于天地存在，只是说在时间上先于天地存在，而不是在逻辑上先于天地存在。老子讲的"道"虽是无形无象，但不是超空间的，而是没有固定的具体的形象。这样的"道"才是可以变化成为有固定、具体形象的天地万物。

老子认为"道"、"天"、"地"、"人"是宇宙间"四大"。如果"道"和"天"、"地"、"人"是不同的实体，就不应当这样放在一起称之为"四大"。而且，老子说"人法地，地法天，天法道，道法自然"，也说明"人以地为法则"和"天以道为法则"没有什么原则不同。虽然道是天地万物产生的根源，但并不是说因此道就一定是超时空的了。

(二)"道"是和"物"结合在一起的"万物"的总称

《老子》书第二十一章对"道"和"物"的关系做了说明。我认为这是《老子》书中讲"宇宙观"的很主要的一章:

> 孔德之容,惟道是从。道之为物,惟恍惟惚。惚兮恍兮,其中有象。恍兮惚兮,其中有物。窈兮冥兮,其中有精。其精甚真,其中有信。自古及今,其名不去,以阅众甫。吾何以知众甫之状哉?以此。

庄子之所以是唯心主义,就是因为他把"道"和"物"对立起来,将其看成是两种完全不同的实体("物物者非物");但老子却相反,认为"道"和"物"不是两种在原则上不同的实体。老子说,在"道"中间可以恍恍惚惚地看到有形有象的东西,有精气。如果说"道"和"物"在原则上是不同的实体,那么怎样会在"道"中恍恍惚惚地有形有象呢?关、林两同志说老子认为"道"是无形无象的,何以这里又认为"道"是有形有象了呢?其实,老子这里不是说"道"本身有形有象,而是说"道"这种没有形象的东西产生了有具体形象的东西。为什么老子要说这个问题呢?这就是因为老子不是把"道"和"物"看成两种实体。老子认为"道"这样的无形无象的东西之所以能产生有形有象的东西,就因为在这种混沌状态的"道"中间是恍恍惚惚、有形有象的,而且真真实实地包含着有形有象的东西。我们可以这样设想,如果老子不是这样解决"道"和"物"的关系,他尽可不必这样费事,不如直截了当地把"道"说成是原则上与"物"不同的实体,为什么还要"惚兮恍兮……恍兮惚兮"地来说明"道"中间含着有形有象的万物呢?所以说,作为宇宙全体的"道"并没有脱离具体的事物,因此,不是绝对观念,不是与万物不同性质的另一种主体,而是与万物结合在一起的万物的总称。

(三)老子的"道"就是"无",但不是"虚无"或"无有",而是"无名"、"无形"、"无象"

老子讲"无"的地方很多,但我认为其中第一、十一、三十二章最值得注意。现在我就这三章把老子对"无"的看法加以分析。

> 道,可道,非常道;名,可名,非常名。无名,天地之始;有名,万物之母。(第一章)

> 三十辐共一毂,当其无,有车之用。埏埴以为器,当其无,有器之用。凿户牖以为室,当其无,有室之用。故有之以为利,无之以为用。(第十一章)

> 道常无名,朴虽小,天下莫能臣也。(第三十二章)

《老子》书中找不出"虚无"、"无有"这样的名词来,常见的是"无"、"无名"、"无形"、"寂兮寥兮"、"大象无形"、"道隐无名"……《庄子》中"无有"常见,而且庄子也用他的"无有"来解释老子的哲学体系。我认为老子是以无名、无形来说明"道"的,当然不能说"道"就等于无名、无形,只是说道有无名、无形这样的性质。《老子》第一章的"无名天地之始",这当然是说明"道"存在的状态,这正和第二十五章相合,也就是说在天地(这里的"天地"是指整个宇宙)开始的时候是无名无状的混沌状态。但这种状态是不是虚无呢?不是的,这从第十一章就可看出来。在老子举出一些例子说明"无"和"有"的关系之后,他总结一句说:"有之以为利,无之以为用。"如果"无"是"虚无",那还有什么"用"与"不用"的问题呢?显然,老子的"无"只是指无具体形象、无具体名称,就是"车毂的空洞"、"陶器的空间"、"门窗的空隙",这些当然不是"无有"、"虚无"。也许可以说作为规定"道"的性质的无是"常无",因此,和"车毂的空洞"、"陶器的空间"、"门窗的空隙"不同。但据第二十一章,老子的"道"并不是与"物"对立的实体。因此,规定"道"的性质的"无",也应是从这些具体的"无"概括出来的。第十一章也正是这样,老子先举出若干种具体的"无",然后概括成为一般的"无"。

从上述几章我们还可以看出,"无"并不是"无有","无"虽与"有"是一对对立的概念,但这只是说"无"没有具体的形象,因此可以成任何形象;"有"已是有了具体形象,因而就只能是那个样子了。就这一点说,"道"也不是"无有"或"虚无",而是"无名"、"无形"。"有"和"无"的对立,也只能是在这样一个意义上的对立,它们同是"道"的性质,不过"无"是"道"的更根本方面。

(四)宇宙的变化是由简到繁,是由混沌到分明

从《老子》书中"道生一,一生二,二生三,三生万物"(第四十二章)和"天下万物生于有,有生于无"(第四十章)两处,可以把老子思想的体系解释成唯心主义。的确,如果没有前面所说的那几段,只是孤立地拿出这两处来分析,老子的宇宙观无疑是唯心主义了。但是配合上面所引的那几章来看,就可以透过这两句话的形式来分析老子这两句话的真实意思。

老子在宇宙观上所注意的问题,主要是宇宙的起源问题。他一方面提出宇宙没有什么外力使之然,是自然而然地存在着;另一方面他提出宇宙开始时是混沌状态,然后才有有形有象的天地万物产生。但是如何由混沌状态成为有形有象的天地万物呢?老子所说的"道生一,一生二,二生三,三生万物",就是这样一个宇宙发展的过程。由于道本身的运动,渐渐就变成有形有象的"元气",但"元气"还只是有形有象的开始,尚不能构成具体的万物;元气又逐渐变成阴阳二气,这样才开始产生天地万物。这里的"道"和"一"当然不是一个东西,"一"是"元气",是"有",是具有形象。"道"是"无",是无形无象。但"道"又不是根本与有形有象的东西绝对对立,因为在这混沌状态的"道"中,恍恍惚惚地包含着有形有象的东西。因此,不能就这一方面把老

子说成是唯心主义。具体地说，"道"是混沌状态的宇宙全体，"一"是"元气"，"二"是阴阳之气，"三"是天、地、人（根据第二十五章"天大"、"地大"、"人大"），有了天、地、人才有万物。这样对"天下万物生于有，有生于无"就很好理解了。这就是说，万物的产生是从有形有象的东西（"一生二，二生三，三生万物"）来的，而任何有形有象的东西，都是由无形无象的东西（"道生一"）变化而成的。

总结以上几点，我认为老子的宇宙观（"天道观"）基本上是唯物主义的。其所以是唯物主义，就在于"道"并不是一种与"万物"对立的精神实体，不是一种超时空的绝对精神，而是整个物质世界的总名，是物质世界存在的混沌状态。

附带说明一下，我同意关、林两位同志提出的把先秦道家一并讨论。这样，问题就会容易解决一些。但这样讨论也确有困难，因为对先秦道家的其他人，目前也还有着极不相同的看法。就是对两汉解释老子的淮南子、严君平、河上公等人是唯物主义还是唯心主义，目前也没有定论。（关、林两位同志认为严君平的《道德真经指归》把老子做唯心主义解释，这是值得商榷的。但该书确不是伪书，《弘明集》中宗炳的《明佛论》里说，"君平之说一生二，谓神明是也"，与《指归》合。）因此，最好还是限制在与老子有关的问题来一并讨论，无关的问题暂时放下，以便集中力量解剖一个麻雀。

1959年6月20日

原收入《哲学研究》编辑部编：《中国哲学史论文初集》，北京，科学出版社，1959；后收入《哲学研究》编辑部编：《老子哲学讨论集》，北京，中华书局，1959

关于唯物主义与唯心主义
的斗争与转化问题

最近在一些报刊杂志上展开了对立统一规律的讨论。对于矛盾的斗争性与统一性有着不同的理解，因而在运用这一规律说明和解决问题时也就各不相同。周景芳同志在最近一期《哲学研究》的论文中提出从这个问题可以联系许多问题来讨论。他举出从哲学史上看唯物主义与唯心主义、辩证法与形而上学有无统一性的问题。同期关锋同志的《庄子哲学批判》一文，也提到庄子主观唯心主义哲学是从老子的客观唯心主义转化而来的，这个问题也是和同一性相联系的。1956年和1957年，哲学史界也曾经提出过唯物主义和唯心主义相互转化的问题。最近在我们的教学中也不断地提出同样的问题。因此，我想趁着目前讨论对立统一规律的机会，通过讨论把唯物主义与唯心主义的斗争与转化问题解决，应该是十分有意义的。搞清唯物主义与唯心主义的斗争与转化问题，对于解决哲学史的对象、哲学思想发展的规律、哲学遗产的继承问题有着重要的帮助。

一

对立统一规律是事物发展的普遍规律，只承认矛盾的斗争性而不承认其同一性，就会导致否认这一规律的普遍性，事实上也就会陷入形而上学。因为正是处于同一个共同体的对立的双方的斗争，才有事物的发展。否认了对立双方处于一个共同体中，互相依存，斗争也就没有意义；否认对立双方的互相转化，就会导致否认事物发展的螺旋式上升的曲折道路，成为一种直线上升或直线下降的形而上学观点。但是，对同一性的错误理解同样也会导致形而上学。认为同一性就是共同性，或对立双方至少有某些共同性，这样就会既取消了斗争性，也在实际上取消了任何互相转化的可能性；认为对立双方互相转化就是事物的一方变成事物的另外一方，这样就会因混淆事物对立双方性质的区别，因而从根本上取消了斗争性，使转化成为不可能。而且矛盾的同一性必须是在斗争性的基础上的同一，取消了斗争性的同一性，就是绝对的共同性，也就会成为形而上学。因此，在研究唯物主义与唯心主义的互相转化之前，就必须把唯物主义与唯心主义的斗争，特别是斗争的性质和斗争的绝对性搞清，否则讨论同一性就容易得出一些片面的结论。

在哲学史上唯物主义与唯心主义是对立的双方，哲学发展的历史就是唯物主义与唯心主义斗争的历史，这似乎是大家都承认了的。但是，如何了解这一对立以及由于对立而引起的互相斗争，则是不同的。

有些人主要从认识方面来考察唯物主义与唯心主义的对立，也就是说，只是从认识正确与错误，从认识片面与认识比较全面这个方面来看两者的对立，这样就不可能真正地了解两者斗争的性质。唯物主义与唯心主义的对立就其性质说，在阶级社会是阶级对立的反映，其斗争则是阶级斗争的反映。唯物主义思想、辩证法思想发展的总趋势是和进步阶级特别是劳动人民（主要是指无产阶级）的利益相联系；而唯心主义思想、形而上学思想发展的总趋势则是和剥削阶级，特别是走向反动的剥削阶级的利益相联系。因此这两者之间斗争的性质是阶级斗争，是和一个阶级打倒另外一个阶级的命运相联系的。可是，目前有一种看法，似乎在马克思主义哲学产生以前哲学史上的两条路线的斗争并不反映阶级斗争，因为过去没有代表劳动人民利益的哲学思想，即或有也很少且不系统，因而有所谓在中国封建社会中哲学思想上的斗争只是反映大地主和中小地主，或士族地主和庶族地主之间的斗争。这样的看法，实际上是把哲学思想的斗争看成不是进步阶级与反动阶级、剥削阶级与被剥削阶级的斗争，而仅仅是剥削阶级这一个集团与另外一个集团的斗争，这样就改变了历史上哲学思想斗争的性质。从这一观点出发，就会对唯物主义与唯心主义两者之间的斗争性和统一性得出各种不正确的结论。例如，认为在唯物主义与唯心主义中间也包含着某些共同的东西。当然，如果把哲学思想上的斗争仅仅看做是统治阶级两个不同集团之间矛盾的反映，其中包含着某些共同因素，甚至是很多共同因素，也是很自然的了。

如何理解哲学史上唯物主义与唯心主义的斗争是阶级斗争的反映，因而斗争性是绝对的，在这两者之间没有什么共同的东西？我觉得应由以下两个方面来看。

首先，在阶级社会中任何哲学思想上的斗争都是阶级斗争的反映。这就是说，哲学思想上的斗争，总是和当时的阶级斗争相联系的。阶级斗争提出一些问题，推动和强迫哲学家回答和解决，根本没有不是因阶级斗争而提出来的问题。尽管朱熹的"理"非常抽象，但分析起来，他的哲学思想完全是现实阶级斗争的反映。南宋时是民族斗争和阶级斗争都很尖锐的时代，这样尖锐的阶级矛盾就要求哲学家来解决。朱熹对当时的主要矛盾——民族矛盾采取了消极的态度，而对解决当时的阶级矛盾非常有兴趣。这是因为朱熹不仅考虑到地主阶级暂时的利益，而且想从根本上解决阶级矛盾（这当然是不可能的，是朱熹的幻想），因而他提出一个按照封建地主要求的"理世界"（太极）来，企图为封建统治建立起一个万世不变的法规。戴东原说朱熹是"以理杀人"正是这个意思。往往问题不发生在这一方面,经常产生问题的是,哲学史上的唯物主义思想并不都是代表劳动人民的利益,或至少不是从劳动人民的利益出发的,而往往是代表着剥削阶级中某个进步集团或某个阶级在上升时的利益。例如范缜是个了不起的唯物主义者,但我们很难说他是个劳动人民的思想家。当然范缜不是劳动人民的思想家,这只是问题的一面。如果我们把范缜与梁武帝的斗争放在当时整个阶级斗争当中看,就会看到,范缜向梁武帝的进攻正是当时广大劳动人民与统治阶级斗争的结果。没有当时广大的劳动人民的斗争,在当时也就没有什么必要争论"神灭"与"神不灭"。而且从范缜斗争的效果来看,也是对生产和劳动者的生活有影响。因此,不把哲学思想斗争和当时的阶级斗争联系起来分析,就会只是从一些政治斗争的现象上进行分析,分析不出哲学思想斗争的深刻的阶级根源。从表面上看有些哲学思想上的斗争似乎只是统治阶级内部的斗争,但这些斗争实际上是阶级斗争在统治阶级不同集团之间的斗争中的反映。因此就不能仅仅把哲学思想上的斗争归结为只是政治集团之间的斗争,而应更进一步把这些思想上的斗争与整个社会阶级斗争联系起来看。了解这一点,也就可以知道哲学史上的唯物主义与唯心主义斗争的性质、斗争的绝对性与对抗性,就不会认为从性质上说唯物主义可以变成唯心主义,唯心主义可以变成唯物主义了。

其次,只承认哲学思想斗争总是和阶级斗争相联系还不够,还必须进一步分析在哲学史上哪些哲学思想是代表被剥削阶级的利益的,是劳动人民的思想,这样才可以更进一步地了解阶级斗争与思想斗争的关系。

在剥削阶级的社会里,剥削阶级的思想是统治阶级的思想,因此剥削阶级的思想传播、发展比起被剥削阶级的思想来说有着无比有利的条件。在工人阶级登上历史舞台以前，劳动人民由于时代及其阶级自身的限制，不可能有十分系统、完备的哲学思想，反映劳动人民利益的思想家也比较少一些，这都是可以理解的，这正说明统治阶级运用他们一切阶级斗争的工具在压迫劳动人民。但这只是问题的一方面。问题的另外一面，就是劳动人民从来就在反抗剥削与压迫，统治阶级压迫得愈是利害，劳动人民反抗得也就愈利害。在他们与剥削阶级斗争的过程中，就不可能没有世界观作为指导。尽管这些思想是不很完整、分散的，但总是有的。而我们的任务就是应该对历史上劳动人民的思想进行整理和分析，使之系统化，这样才能更好地在哲学史中贯彻列宁的两种文化的观点。就哲学史看，哲学思想反映劳动人民利益的情况，大体上有以下三种（下面所谈都是指马克思主义产生以前的情况）：

（1）劳动人民从生产斗争及阶级斗争中所概括的哲学思想。除了一些民间寓言、谚语、民间文学等等的内容中包含着丰富的劳动人民的哲学思想以外，在劳动人民向剥削阶级进行斗争时，也有着极其丰富的哲学思想。这些思想如果用剥削阶级的系统标准看，当然是"不系统"的；如果用剥削阶级的哲学标准看，当然是不够"哲学味"的。但是，这些哲学思想对劳动人民来说，在指导他们与剥削阶级进行阶级斗争上，起着很大的作用。而且就其在阶级斗争中的实际作用说，也不能说是完全没有系统的；就马克思主义对哲学的看法说，也不能说完全没有哲学味。这类思想尽管不那么完备，但在解决实际问题上却往往是非常光辉的。1959年我曾写过一篇《关于研究中国哲学史特点的一点意见》[①]，其中谈到汉末农民革命的思想中不仅有进步的社会政治观点，而且有不少唯物主义与辩证法思想。这只是较早时期的农民革命思

---

① 载《光明日报·哲学副刊》，1959-03-22。

想，随着斗争的深入发展，农民革命的哲学思想也就日益发展。

下面我想就《水浒传》中所反映的农民革命思想提出一些看法①，其目的也只是在论证哲学思想斗争的性质。

《水浒传》是宋元以来伟大农民革命的产物，其中包括宋元以来农民革命的思想和斗争经验。第一，《水浒传》以明确的阶级观点，揭示出封建社会的主要矛盾是地主阶级及其官僚统治机构与广大农民及其他被压迫被剥削群众之间的根本对立。作者深刻地揭露了整个统治阶级的腐朽和反动，上自皇帝、高俅、梁世禄，下至黄文炳、西门庆、毛大公，以至差役张千、李万等人所形成的大集团，他们互相勾结，无恶不作，迫害人民。善良的劳动人民，在他们的残酷压榨下，过着水深火热的生活。"赤日炎炎似火烧，野田禾稻半枯焦。农夫心内如汤煮，公子王孙把扇摇。"（第十六回）对于这样不合理的罪恶社会，作者认为必须加以改变，而且只有依靠广大被剥削被压迫群众组织起来，"撞破天罗，掀开地网"（第三十七回），才能摧毁整个封建秩序，才能改变劳动人民的地位。第二，《水浒传》热烈歌颂了劳动人民的反抗地主的伟大力量和正义性，不但是为了"杀几个贪夫，出一口怨气"（第三十回），在农民起义的威力打击下，整个封建王朝的崩溃是历史必然的规律，"无信之国终必亡，无义之财终必夺，理之自然，无足为奇！"（第六十八回）农民群众的起义及其他"逼上梁山"的参加者的行动，在作者看来是完全有理由的，是"上符天数，下合人心"。第三，从封建统治下农民的切身利益出发，《水浒传》提出了"替天行道"的政治纲领。这个战斗的政治纲领，以"疏财仗义"、"劫富济贫"为行动指南，最后要达到"砍尽鸟官"、"拒敌官军"、"杀去东京，夺了鸟位"的政治目的。这是对于剥削制度

---

① 关于《水浒传》中的哲学思想，主要取材于1958年我们编写的《中国哲学史提纲》。

和封建君权的公开否定。第四，作者表达的劳动人民革命的理想，是一种原始共产主义的思想。"梁山泊的好处"是："八方共域，患难相扶"，消灭了等级制度，从大首领到小喽啰在人格上一律平等，"都是一般儿哥弟称呼，不分贵贱"；在经济上采取了一定的均分制度，"晁盖……便教取出劫得的尘辰纲——金珠宝贝——并自家庄上过活的金银财帛，就当厅赏赐给众小头目并众多喽啰"（第二十四回）。第五，《水浒传》肯定了"造反有理"的革命真理，并以大量事实论证了在封建社会中统治阶级的道德是虚伪的、自私的，只有劳动人民的道德才是我们民族道德的真正精华。从《水浒传》我们就不难看出，我国农民革命的思想是多么丰富了。

《水浒传》还表现了劳动人民在阶级斗争的实践中锻炼出的高度智慧。他们自发地在运用唯物辩证法。在整个战略上，他们意识到封建社会中解决矛盾的对抗性，意识到被压迫、被剥削的人们只有团结起来，"同聚大义"，进行坚决斗争，才有出路，对统治阶级的容忍、退让，只是死路一条；在革命斗争中面临着强大的敌人，必须分化敌人的阵营来充实自己的队伍。在具体战役上，了解情况，制定策略，利用敌人内部的矛盾，有时以退为进，有时在敌人营盘里布置伏兵，做到知己知彼，智勇双全。宋江三打祝家庄，林冲打翻洪教头都是鲜明的事例。从以上几方面，我们可以看出《水浒传》所概括的农民起义的革命理想与斗争经验是非常丰富的，应该认真从其中吸取哲学史的材料。

（2）马克思、恩格斯在《共产党宣言》中就指出："在阶级斗争接近决战的那些时期，统治阶级内部的分化过程，整个旧社会内部的瓦解过程，就显得非常强烈、非常尖锐，这就使得统治阶级中间有一小部分人分化出去归附于革命的阶级，即归附于未来主人翁阶级。"一种社会向另外一种社会革命转变时是如此，在同一社会发展的波浪起伏的各个阶段也是如此。整个封建社会中每一次农民革命的高潮到来,都从统治阶级内部分化出一小部分人,参加农民革命的队伍。毛主席在《中国革命和中国共产党》一文中指出:"地主阶级对于农民的残酷的经济剥削和政治压迫,迫使农民多次地举行起义,以反抗地主阶级的统治。从秦朝的陈胜、吴广、项羽、刘邦起,中经汉朝的宋江、方腊,元朝的朱元璋,明朝的李自成,直至清朝的太平天国,总计大小数百次的起义,都是农民的反抗运动,都是农民的革命战争。"毛主席这里提出的这些农民革命,其领导人物相当数量是由统治阶级中分化出来的,在他们参加了农民革命队伍以后改变了自己的立场(只是指参加农民革命的阶段,以后变质又当别论)。这些人物在参加农民革命后有些著作、言论,应是我们研究农民革命思想的重要资料。此外,例如参加唐末农民革命军黄巢队伍的皮日休本来也是一个地主阶级的知识分子,但他后来在农民革命的队伍中当了翰林学士。皮日休有不少著作,其中包含有在一定程度上反对封建经济的残酷剥削和政治上的压迫以及虚伪的封建伦理道德,反对家天下的思想,而且也包含着反对佛教及其他宗教迷信的唯物主义和无神论思想,对此我们应该加以研究。明末参加李自成农民革命队伍的李严是个举人,其思想也应加以重视。凡此种种等说明并不是没有反映劳动人民利益的思想材料。认真研究这些材料,对于这些思想反映阶级斗争的线索和眉目就会比较清楚,从而也就会更加深刻地认识唯物主义与唯心主义斗争的阶级实质。

(3)历史上某些进步的统治阶级的思想家往往也包含了一些劳动人民的思想因素。历史上的这些进步的思想家的思想是符合历史发展要求的。我们说他们的思想中包含了一些劳动人民的思想因素,是指这样几层意思。第一层,这些思想家在反对那些阻碍历史向前发展的思想时,往往是符合劳动人民的利益的。例如,我国由奴隶社会向封建社会转变时,孔子主张改变劳动者在生产中的地位，这一点是符合历史进程的，因而当时在一定程度上也是有利于劳动者的。尽管孔子的出发点是为了巩固其阶级的利益，为了在反对旧势力中发展他所代表的那个集团的势力；但就其主张改变劳动者的生产地位这一点说，仍是进步的。第二层，有些统治阶级的思想家在反对旧思想的过程中，为了反对旧思想，而一般地反对了剥削制度的某个方面，这当然不是他所代表的阶级的意志的表现，而是在一定程度上说违反了他所代表的阶级的意志，但就其一般地反对了剥削制度的某个侧面说，也是对劳动人民有利的，甚至可以说是符合劳动人民的思想要求的。当然，他们并不是从根本上反对剥削制度，而是从侧面接触到剥削制度的某个方面。而且他之所以在反对旧思想中一般地反对了剥削制度的某个方面，也是当时阶级斗争的反映。例如李贽在对于封建专制主义的批判中，提出了统治阶级的"德礼刑政"都是压迫人们的工具，因而在这个方面一般地接触到对封建制度的批判。但就李贽的整个世界观说，仍然是封建地主阶级的世界观。西欧18世纪和19世纪的一些文学家在揭露社会的黑暗面时，也往往对资本主义社会的某些方面进行了批判，但是他们的世界观仍然是资产阶级世界观。在这种情况下，我们也可以说在剥削阶级的某些进步思想家的思想中包含着一些劳动人民的思想因素，也是可以理解的。第三层，某些进步的剥削阶级思想家的思想中可能直接包含了一些劳动人民的思想因素。例如《礼运》中就包含了代表劳动者利益的大同思想，这正说明阶级斗争的复杂性——各种思想互相影响。但是这些劳动人民的思想在这些剥削阶级的思想体系中并不是有机的组成部分，而正是与其体系相矛盾的。因而往往它们也给这些思想打上该阶级的烙印，这就需要我们进行分析批判工作了。以上所说几种情况，就充分说明在历史上，代表劳动人民利益的思想是有的，但往往是在一种曲折的情况下反映出来的，只有站在无产阶级的立场，以对待劳动人民深厚的感情，用马克思主义观点加以分析，方能得到应有的结果。

唯物主义与唯心主义的斗争既然是阶级斗争的反映，因此我们就必须在两者相互的斗争中来分析其思想体系，只有这样才能看出其思想体系的本质。如果不把思想体系放在现实的斗争中来分析，那就不会真正搞清某个思想体系的阶级本质，因而也就会模糊唯物主义与唯心主义的界限。

二

唯物主义与唯心主义的统一性问题包含着两个方面的问题：一个是互相依存的问题；一个是在一定条件下，各向着相反的方面转化的问题。对于相互依存争论似乎不多，本文想着重谈谈相互转化的问题。

前面已经说过，要了解唯物主义与唯心主义的本质，就必须在其斗争中了解。我们说在斗争中来了解唯物主义思想体系与唯心主义思想体系，正是因为它是一对矛盾。这也就是说两者处在一个共同体中互相依存，否则，斗争也就没有可能。因此我们要想了解对立的一方就必须同时了解对立的另外一方，否则就无法深入了解对立的任何一方的本质。例如我国魏晋时代，如果我们要了解裴頠等的唯物主义观点（"崇有"）和方法（"言尽意"），就必须了解王弼的唯物主义观点（"贵无"）和方法（"言不尽意"），否则就掌握不住裴頠等的唯物主义思想的本质。这就是说在唯物主义与唯心主义两条路线的斗争中分析互相依存的对立双方，揭露其针锋相对的观点和方法，这样才会搞清双方思想体系的本质。

唯物主义与唯心主义互相渗透，也就是唯物主义的同一性。毛主席说："同一性、统一性、一致性、互相渗透、互相依赖（或依存)、互相联结或互相合作，这些不同的名词都是一个意思。"说唯物主义与唯心主义互相渗透并不是说这两者一方的基本观点中也包含其对立一方的观点。这样就会把互相渗透了解成矛盾的方面有共同性，那么就不是一对矛盾，而只剩下一方了，这样不仅斗争性成为相对的，而且也就取消了统一性。这从方法上说是形而上学，从理论上说就会引导到承认存在着一个不变的共同的绝对了，这就是唯心主义。我们所了解的互相渗透，一方面是指互相依存，另外一方面就是指在一定条件下各向其相反的方面转化。至于在唯物主义与唯心主义的斗争过程中，唯物主义思想家受了唯心主义思想的影响，因而在其体系中包含着一些不彻底的地方，例如有些形而上学观点，这观点本身就和其唯物主义思想体系有着矛盾，这并不奇怪。但就其唯物主义观点说仍然是唯物主义，并不因此就成为既是唯物主义又是唯心主义。在唯物主义和辩证法的关系上说，两者从根本上是一致的，唯物主义本身就要求辩证法，辩证法本身就要求唯物主义。因此，就唯物主义观点本身说是符合辩证法的，就辩证法观点本身说是符合唯物主义的。至于唯物主义与唯心主义、辩证法与形而上学两者在斗争中互相影响着，正因为这样，所以就要求唯物主义者经常保持警惕，随时与唯心主义进行斗争，教育自己的队伍。

研究唯物主义与唯心主义相互转化的问题，首先应搞清什么是对立双方的相互转化。毛主席在《矛盾论》中指出，同一性的第二个方面是，"矛盾着的双方，依据一定的条件，各向着其相反的方面转化了去"，"事物内部矛盾着的两方面，因为一定的条件而各向着和自己相反的方向转化了去，向着它的对立方面所处的地位转化了去"。同时毛主席以资产阶级与无产阶级这一对矛盾为例说："被统治的无产阶级经过革命转化为统治者，原来是统治者的资产阶级却转化为被统治者，转化到对方原来所占的地位。"毛主席这里所说的对立双方的相互转化不是指的甲方转化为乙方,乙方转化为甲方,而是指的甲乙双方地位的转化。因此,如果认为唯物主义与唯心主义相互转化就是唯物主义变成唯心主义、唯心主义变成唯物主义,这显然是不对的。这就正如,我们说资产阶级与无产阶级相互转化,不是指资产阶级变成无产阶级,也不是指无产阶级变成资产阶级一样。把事物的对立双方相互转化了解成为甲方变成乙方,乙方变成甲方,不仅不是辩证法,恰恰是诡辩论,其思想根源仍然是形而上学。因为这样不仅排斥了事物任何发展的可能性,导致循环论,而且就要混淆矛盾双方的性质,得出矛盾双方本身就有共同性的错误结论。如果无产阶级和资产阶级的相互转化,就是无产阶级变成资产阶级,那么这对立的双方就将永远转来转去,这样就总存在着无产阶级与资产阶级的对立,这一对矛盾就永远无法解决,那还谈得上什么发展呢?作为被统治阶级的无产阶级经过革命斗争,并不是变成资产阶级,就其性质说仍然是资产阶级的对立面。如果说经过斗争后转化了的无产阶级就其性质说已经是资产阶级了,在事实上不是如此,在理论上也就会混淆资产阶级与无产阶级的界限,导致得出两者之间有着共同的阶级性的结论来。当然,当无产阶级经过革命转化为统治者以后,他自身的性质也起了变化,从一无所有的无产阶级变成拥有全部社会财富的阶级,其变化的基础仍然是从无产阶级发展起来的。因此和资本主义私人占有制就性质上说仍然是对立物,毫无共同之处。对事物矛盾着的双方的相互转化,只能根据毛主席所指出的那样来理解,就是指的"地位的转化",是"向着自己相反的方向转化"。这就是说,对立双方的相互转化就是互相转化其地位,在地位转化的过程中或在地位转化以后,其性质也随着在原有的基础上改变着、发展着。由于对立双方的地位互相转化了,事物性质也就发生变化了,旧的矛盾解决了,新的矛盾形成了。例如，在资本主义社会中，由于无产阶级斗争的结果，推翻了资产阶级政权，使无产阶级居于统治地位，事物的性质就由资本主义社会变为社会主义社会，旧的矛盾解决了，新的矛盾形成了。转化后居于统治地位的工人阶级，就其性质上说已与原来的无产阶级不同了，但仍是在原有的基础上的发展，并不是变成资产阶级了，它的性质仍然是与资产阶级对立的，在这两者之间没有什么共同性。认为对立双方有共同性才有转化的问题，正是形而上学思想。

唯物主义与唯心主义是对立的双方，它们如何转化呢？从理论上说，它们之间的相互转化也就是在一定条件下相互转化其地位。下面让我们用哲学史本身的发展来论证这一观点。

中国哲学史是如何发展的？当然首先取决于阶级斗争和生产斗争的实践。离开这一点不仅哲学的发展无从谈起，就是哲学本身也不存在了。但是阶级斗争与生产斗争所决定的哲学思想是如何发展着的呢？是按照什么规律发展着的呢？难道是没有规律，难道是按照唯物主义变成唯心主义、唯心主义变成唯物主义，或者说主观唯心主义变成客观唯心主义然后再变成唯物主义这样一个规律发展着的吗？不是的，它是按照对立统一规律发展着的，具体地说也就是按照唯物主义与唯心主义互相斗争发展着的。唯物主义与唯心主义的斗争是处于一共同体中，互相依存，经过斗争，唯物主义与唯心主义相互转化其地位。中国哲学史的发展充分证明了这一点。下面举个具体例子来说明。

董仲舒是汉朝著名的唯心主义哲学家，他的思想在汉武帝以后取得了统治地位。这当然一方面是靠着统治阶级的政治力量所取得的，但是仅仅靠政治力量是不是就能使董仲舒的唯心主义思想居于统治地位呢？显然是不行的。一则因为如果可以这样的话，哲学思想作为上层建筑来说就没有什么作用，即实际上取消了哲学在阶级斗争中的能动作用；二则如果是这样，为什么别的思想在当时不被统治阶级视为正统，并帮助其居于统治地位呢？这显然证明董仲舒的唯心主义哲学思想在当时成为居于统治地位的哲学思想是有其历史必然性的。这就是说，当时已经存在着一定的历史条件使董仲舒的思想居于统治地位。由于汉武帝已经建立起一个统一的封建帝国，因而需要建立起一整套的统治思想，董仲舒的唯心主义思想正是反映着这样的要求。董仲舒的唯心主义哲学思想之所以能居于统治地位，不是没有经过斗争，而是经过与唯物主义进行激烈的斗争而取得的。董仲舒一方面继承了先秦以来唯心主义的传统，另一方面他把先秦以来的唯物主义思想加以歪曲，并利用其弱点，把唯物主义观点加以唯心主义化，使之成为他的体系中的一个组成部分，这样他的体系就居于统治地位了。先秦的唯物主义主要的贡献就是提出宇宙万物是由"气"构成的。但是它不能对于在宇宙中存在着的精神现象给以科学的解释，不能认识精神现象是物质发展到一定阶段的产物，是物质的属性，因而认为精神现象也是由一种"气"构成的，称之为"精气"或"灵气"，这样就有被唯心主义利用和歪曲的可能。董仲舒正是这样歪曲和利用了先秦的唯物主义。他从"精气"、"灵气"是精神现象这一点出发，提出"气"（又称之为"元气"）都具有喜怒哀乐之情，"春气爱，秋气严，夏气乐，冬气哀"，又认为"气"是有道德目的的，"阴，刑气也；阳，德气也"，从而进一步把"气"本身变成为精神性的东西。接着他又把"气"从根本性的东西、第一性的东西变成为从属性的、第二性的东西。"气从神而成"，"心，气之君也"，于是在这一点上他暂时取得了胜利，战胜了先秦的唯物主义。另外他还利用当时的科学成就并加以歪曲，使之有利于他的唯心主义体系。由于汉唐的统一，天文学、数学、物理学、医学都有了相当的发展，发现了自然界的一些相联系的情况，"试调琴瑟而错之，鼓其宫，则他宫应之，鼓其商，而他商应之"，以及人体和客观世界的相互联系，"天将阴雨，人之病故为之先动，是阴相应而起也"，等等。董仲舒就利用这些加以歪曲，推演出天人感应的学说。从物质世界有着相互联系这一事实，推出天与人是相互联系的，并使任何联系带有目的论的性质，"人之受命于天也，取仁于天而仁也"；"天地之符，阴阳之副，常设于身，身犹天也"；"天亦有喜怒之气，哀乐之心，与人相副，以类合之，天人一也"。这样不仅胡乱地运用相互联系，而且把相互联系神秘化，使这一联系成为神的意志的表现，"灾者天之谴也，异者天之威也"。"故琴瑟报弹其宫，他宫自鸣而应之，此物之以类动者也。其动以声而无形，人不见其动之形，则谓之自然。其实非自然也，有使之然者矣。物固有实使之，其使之无形。《尚书》传言：周将兴之时，有大赤乌衔谷之种而集王屋之上者，武王喜，诸大夫皆喜。周公曰：茂哉！茂哉！天之见此以劝之也，恐恃之。"董仲舒就是这样建立起了他的天人感应目的论神学体系。董仲舒的唯心主义哲学就是这样向唯物主义进行斗争而成为居于统治地位的哲学思想。唯心主义向唯物主义进行斗争就是利用旧唯物主义的弱点加以歪曲，或利用一些科学成果加以歪曲，因而在理论上也就居于统治地位了。但是能不能说董仲舒的唯心主义哲学思想是由先秦唯物主义思想变来的呢？当然不是这样，恰恰相反，他是继承了先秦唯心主义哲学的传统，在与先秦以来的唯物主义思想进行斗争的基础上建立起了自己的哲学体系。因此，就性质、路线上说，他的哲学是先秦唯物主义哲学的对立面，二者是没有什么共同之处的。

事物总是要发展的，而且是按照对立统一的客观规律发展着的。在阶级社会里始终存在着唯物主义与唯心主义相互转化的客观条件，这就是阶级斗争。经过两汉的阶级斗争、生产斗争和科学的发展，到东汉中叶以后，阶级斗争日益尖锐，汉王朝的统治日益困难，劳动者的生活也更加困难，于是对现实社会的批判就必然发展。王充、仲长统等人的思想就是在这样的条件下产生的。批判的武器的发展必然导致对现实社会的武器的批判，这就是汉末的农民革命。

王充是东汉中叶时最重要的唯物主义哲学家，也是中国古代哲学史上极其少有的唯物主义哲学家，他对两汉居于统治地位的官方哲学——董仲舒唯心主义哲学，进行了相当彻底和全面的批评。所有的董仲舒的唯心主义观点，王充都针对着一一加以批评。王充在批评董仲舒时充分运用了当时所达到的科学水平。王充对唯心主义批评的水平已经远远超过了先秦的唯物主义者，他是在对唯心主义具体的观点一一地进行批判中发展了唯物主义。例如他对天人感应的批判，从对具体的"雷之声"的分析，得出雷是自然现象的结论，从而否定了"天怒"的唯心主义观点；王充对一些灾异现象进行了具体分析，肯定这一切都是自然现象，其原因只是在自然界本身，不仅与"天谴"、"天威"无关，而且"天谴"、"天威"本身也是自然现象，并且这些自然现象不为人而改变。他在《论衡》中的《变虚》、《雷虚》、《谈天》、《说日》、《自然》、《变动》、《寒温》等许多篇里，利用当时的科学知识反复论证天与人并无感应关系，从而建立起元气一元论的唯物主义体系，提出世界的统一性是统一于物质，而不是由上帝的意志所创造。在神形关系问题上一定程度排除了以前精气说的神秘主义色彩，把精气与具体的物质血脉联系起来，从而沿着唯物主义的路线前进了一步。尽管王充在反对董仲舒时，其思想体系中也包含着不少错误，但他的路线是正确的。经过王充的批判，唯物主义在中国哲学史上转化成居于统治地位。这里所说王充的唯物主义哲学思想转化成为居于统治地位，并不是说他的哲学思想在当时比董仲舒的哲学思想影响更大，更不是说王充的哲学思想因而就成了官方哲学了，恰恰相反，由于统治阶级的压迫，王充的哲学思想在当时不仅没有比董仲舒的思想影响大，而且几乎失传了。① 这也正是阶级斗争的规律。但是从理论上看，从哲学斗争上看，王充的唯物主义哲学确实居于统治地位了，因为他战胜了董仲舒。因此，作为两汉官方的唯心主义哲学思想要想再沿着董仲舒的唯心主义的特定形式发展下去已经不可能了。这样就出现了以后魏晋玄学中的唯心主义路线（何晏、王弼等）。魏晋玄学中的"贵无"派就是企图在新的历史条件下，运用更加精致的办法来对客观世界加以歪曲，从而在新的基础上战胜唯物主义。从这里我们可以看出，并不是王充的唯物主义哲学思想是由董仲舒的唯心主义哲学思想变来的，而是恰恰相反，王充是继承了先秦的唯物主义思想，并沿着这一路线，在对董仲舒唯心主义哲学进行彻底批判的基础上发展了唯物主义，从而在理论上取得了统治地位。就性质上说，王充的哲学思想是与董仲舒的唯心主义针锋相对、完全相反的；就其转化说，也只是唯物主义转化成居于统治地位了。当然王充的唯物主义思想战胜董仲舒的唯心主义思想，我国的唯物主义也就因之而发展了。

　　承认哲学史上唯物主义与唯心主义的相互转化，并不会混淆唯物主义与唯心主义的界限。按上述意思来了解唯物主义与唯心主义的相互转化，即在一定的条件下（阶级斗争、生产斗争、科学发展的水平）相互转化其地位，这样使我们更加了解两者斗争的性质。随着阶级斗争的发展，生产斗争的发展，哲学思想也就向前发展。唯物主义与唯心主义通过斗争，相互转化其地位，整个哲学史就是这样地发展着的。前进的总的趋势是唯物主义日益

---

① 《论衡》失传近千年，直到 1045 年才在我国南方被偶然发现。

与辩证法相结合，而唯心主义日益与形而上学相结合；发展的趋势是由于唯物主义和辩证法思想的彻底结合，因而最终战胜了唯心主义与形而上学。

关于唯物主义与唯心主义相互转化的问题可以归结为以下五点：

第一，唯物主义与唯心主义的相互转化不是在哲学史上唯物主义变成唯心主义，唯心主义变成唯物主义，而是互相转化其地位。地位的转化是事物性质起了质的变化的标志，是矛盾一方对另外一方克服的表现，是旧矛盾的解决、新矛盾的形成。辩证唯物主义与历史唯物主义居于统治地位，标志着唯物主义与辩证法发展的最高阶段、根本变革，意味着对唯心主义和形而上学的彻底克服。

有人认为唯物主义与唯心主义的相互转化不仅是地位的转化，而且是历史上的唯物主义本身就可以转化为唯心主义，或历史上的唯心主义本身也可以转化为唯物主义。他们的理由是，因为历史上的唯物主义和唯心主义都是不彻底的，其中都包含有其对方的某些因素，因此这样就使唯物主义变成唯心主义、唯心主义变成唯物主义成为可能。历史上的唯物主义由于其不彻底，其中包含着若干唯心主义的因素，当然是对的，而且由其体系中的唯心主义因素发展成为唯心主义体系也是有的。但是这并不是唯物主义变成唯心主义，恰恰是旧唯物主义体系中的某些唯心主义因素发展成为唯心主义体系，使唯心主义在其体系中居于统治地位，因而这样的思想体系就成为唯心主义的思想体系了。正因为由唯心主义因素可能发展成为唯心主义体系，就要求唯物主义不断提高自己，使自身更加完备起来，所以认为历史上某种唯物主义本身会发展成为唯心主义是错误的。唯物主义作为唯物主义就是在思维与存在的关系问题上承认物质第一性意识第二性。尽管形而上学的唯物主义看不到意识的能动作用，但在这个根本问题上，唯物主义仍然是唯物主义，而且只有在这基础上发展，进一步承认意识的能动作用，才能使其唯物主义更加完备，绝不是要否定这个基础，才能使唯物主义发展。因此与其说唯物主义不彻底会转向唯心主义，不如说，唯物主义作为唯物主义来说，正是由于其发展过程的不完备、不彻底，就要求日益完备、日益彻底。从辩证法与唯物主义的关系上说，也是这样。正是由于历史上的唯物主义没有很好地与辩证法相结合，因而不能彻底战胜唯心主义，于是唯物主义的发展就要求摆脱形而上学，与辩证法相结合，这一结合在无产阶级登上历史舞台的条件下实现了。所以说，就整个哲学史说，要么是唯心主义居于统治地位，决定着哲学的性质是唯心主义哲学；要么是唯物主义居于统治地位，决定着哲学的性质是唯物主义哲学。就一个哲学体系说，要么在这个体系中是唯物主义居于统治地位，决定着这个体系的性质是唯物主义；反之亦然。

还有人认为后来的唯物主义总是从前面的唯心主义的基础上转向唯物主义的。冯友兰先生曾经举出"王夫之又从程朱底基础上转向唯物主义，与程朱对立起来"。这也是不对的，恰恰相反，正是由于阶级斗争与生产斗争的需要促使王夫之从过去的唯物主义的基础上，与程朱的理学对立，与之斗争而发展了唯物主义。如果王夫之是在程朱的唯心主义的基础上发展唯物主义，就势必混淆两者的界限，根本取消了对立。唯心主义作为唯心主义来说，其性质永远是与唯物主义对立的，这就像我们不能改变反动派的本性一样，唯心主义的本性也是不会改变的。

第二，唯物主义与唯心主义的互相转化，只能在一定的条件下转化，而不是无条件地随便乱转。

唯物主义与唯心主义的相互转化就如同世界上一切事物的对

立双方一样，只能在一定的条件下相互转化，离开了一定的条件来谈相互转化就会陷入相对主义，转化就只能是抽象的概念的转化，而不能成为现实的转化。因为离开了一定条件的转化，就没有任何规律可言，这样了解的转化不是辩证法而是诡辩论。唯物主义与唯心主义相互转化的条件是阶级社会中的阶级斗争、生产斗争，以及以此为基础的哲学家的主观能动作用。唯物主义与唯心主义对立双方的哪一方居于统治地位，取决于现实的阶级力量的对比，离开了阶级斗争这样的条件来谈唯物主义与唯心主义相互转化，那就只能把转化看成是偶然的了。例如，为什么王充能从哲学上战胜董仲舒呢？如果不是阶级斗争的结果，不是当时阶级力量对比逐渐地不利于当权的统治阶级，是什么呢？那么就会认为是王充个人的聪明才智等等，这显然是荒谬的。把唯物主义与唯心主义相互转化其地位与阶级斗争这一根本条件联系起来看，再加上其他各方面的条件（生产斗争、科学水平的提高，等等）就会看到转化的必然性。

如果不存在这一对矛盾相互转化的条件，那么转化也就不会有现实性。所以有的人提出，如果唯物主义与唯心主义相互转化是哲学史发展的规律，那是不是辩证唯物主义还会转化成为唯心主义呢？当然不会。辩证唯物主义是无产阶级的世界观，无产阶级的历史使命就是消灭阶级，建成无产阶级的共产主义社会，这样就从根本消除了唯心主义、形而上学转化成为居于统治地位的条件。在共产主义社会里没有要维护人剥削人的阶级了，因此从总的方面说，唯心主义也就失去其转化为居于统治地位的基础。但是在建设共产主义的过程中，甚至在共产主义社会中，个别人或个别地方的某一部分人并不是不可能把唯心主义作为他们的世界观。对于这些人来说，唯心主义又居于统治地位了。辩证唯物主义也就必须与这些思想进行斗争，在斗争中丰富和发展自己。

就整个、总体说辩证唯物主义是居于统治地位的，但辩证唯物主义自身也在发展，其发展仍然是符合对立统一规律，那也就是说也有转化，那就是在主观克服客观、主观与客观的矛盾斗争中，主客观的相互转化从而得到发展。

第三，唯物主义与唯心主义在一定条件下相互转化其地位，这些条件使一方面向上发展从被统治的地位转化为居于统治的地位，而使另一方面向下衰落从居于统治地位转化为居于被统治地位，转化的结果，是旧矛盾的解决、新矛盾的形成。而唯物主义与唯心主义自身也在发展，性质也在逐渐变化。其地位的转化是其自身性质发展和变化的标志。

唯物主义在一定条件下转化为居于统治地位，和唯心主义一样，绝不是仅仅靠政治力量可以达到的，而是要靠自身的理论威力。神与形的关系问题发展到佛教的"神不灭"思想，对精神现象还像以前一样用精气来解释，或用薪火之喻来说明，显然是不够了。范缜把唯物主义提高了一步，指出形与神的关系是"体"与"用"的关系问题，是"质"与"用"的关系问题，这不仅充分利用了魏晋以来哲学上关于"体"与"用"、"本"与"末"的关系的理论，而且给正确地解决精神和物质关系问题开阔了新的方向，因而从理论上战胜了唯心主义。所以说，在事物的转化过程中唯物主义在发展，唯心主义也在发展。如果居于被统治地位的对立的一方停留在原有的水平，就不可能转化为居于统治地位。在唯物主义与唯心主义的整个斗争过程中，更重要的是唯物主义本身不仅在发展，而且在逐渐改变着它自身的性质，最后引起了根本性质的变化，而发展成为辩证唯物主义。辩证唯物主义居于统治地位，是唯物主义与辩证法自身性质根本变化的标志。这里所说的改变其自身的性质不是唯物主义变成唯心主义，辩证法变成形而上学，而是整个唯物主义发展过程是日益与辩证法结合的过程，从另一个角度说也是辩证法发展的过程日益与唯物主义相结合的过程。这样的结合，就使唯物主义和辩证法都起了性质上的变化。从阶级性上说辩证唯物主义是无产阶级的世界观；从认识论上说，这才使人们从片面认识达到全面认识，从不完全正确走向完全正确。唯心主义在整个发展过程中是日益与辩证法相分离，而与形而上学相结合的过程。今天的帝国主义反动哲学，就一方面说，它是彻底的唯心主义与形而上学相结合的思想体系。因此我们可以说，从总的发展趋势看，唯物主义是日益与辩证法相结合，而唯心主义则是日益与形而上学相结合。唯物主义思想就其性质本身说是要求与辩证法相联系，而唯心主义思想就其性质说是要求与形而上学相联系。尽管费尔巴哈是形而上学的唯物主义，但就其唯物主义反对唯心主义的观点上说是自发地符合辩证法的；尽管黑格尔哲学体系中有不少辩证法思想，但是由于其辩证法与唯心主义体系相联系，因而它的辩证法最后也不得不受其形而上学限制，因此他最终仍然是形而上学。同样，辩证法本身就要求与唯心主义相联系，形而上学本身就要求与唯心主义相联系。当然哲学史发展的过程是曲折复杂的，需要具体分析，但总的发展趋势总是这样的。

第四，唯物主义与唯心主义互相转化，是两者之间相互斗争发展到一定阶段的结果，斗争越是激烈，转化得越是快，越是彻底。没有唯物主义与唯心主义的坚决斗争，唯物主义是不会自发地变成居于统治地位的。

毛主席指出："矛盾的斗争则是不断的，不管在它们共存的时候，或者在它们互相转化的时候，都有斗争的存在，尤其是在它们互相转化的时候，斗争的表现更为显著，这又是矛盾的普遍性和绝对性。"唯物主义之所以能在一定条件下转化成为居于统治地位，是经过斗争而得来的。王充的唯物主义从哲学上说，能居于统治地位，是在一一批判了董仲舒的唯心主义观点的基础上取得的。没有斗争，那就只能是一个方面永远居于统治地位，而另一个方面永远居于被统治地位。而且越是斗争得激烈，转化就来得越快、越彻底。王充坚决向董仲舒进行了斗争，因而他的哲学很快居于统治地位，两汉唯心主义哲学就很快不能统治下去，不得不改变自己的形式，因而后来有魏晋玄学中的"贵无"派。相反，斗争得不坚决转化得也就慢，甚至不能转化。例如王充以前的那些两汉的唯物主义者淮南子、杨雄等，对汉朝唯心主义斗争得不坚决、不彻底，因而不能使唯物主义转化为居于统治地位。因此，不能把斗争本身了解为转化，而必须是斗争发展到一定阶段，创造了新的条件，事物才有转化。

唯物主义与唯心主义和平转化是根本不可能的。和平转化不仅否认了斗争的绝对性，而且也否认了哲学思想斗争是阶级斗争的反映。任何反动阶级是不会自动退出历史舞台的，因而不经与代表其阶级利益的哲学思想进行坚决的斗争，它也不会自动地让出其居于统治地位的权力，辩证唯物主义也就不会取得统治地位。

在这里想顺便谈一个问题，就是如何估价哲学史上的唯物主义的历史地位问题。历史上有不少唯物主义，但是今天来看有些唯物主义的历史地位，不仅应看它在对唯物主义思想的发展上有什么新的贡献，这当然是很重要的；而更重要的是要看它在与唯心主义进行斗争时其批判精神如何。因此，我觉得王充和范缜在中国古代哲学史上确实应有较高的地位，但对柳宗元、刘禹锡则不能与王充、范缜一样看待。就王充说，他敢于全面地反对两汉以来的唯心主义官方哲学，这样的斗争精神是不容易的；就范缜说，他是对当时最尖锐的中心问题"神不灭"的理论进行了相当坚决的批判，与梁武帝组织的七十余名御用学者进行争论，更是难能可贵；而柳宗元、刘禹锡虽然对唯心主义某些方面进行了尖锐的批评，在发展唯物主义方面有着贡献，但其斗争精神则比王充、范缜等差多了。他们对当时最重要的反动唯心主义思想"佛教"不仅没有批判，而且在某些方面加以肯定，这就大大降低了唯物主义的批判革命精神。

第五，唯物主义与唯心主义、辩证法与形而上学的互相转化，从实质上说是矛盾的一方对另一方的克服，但这并不妨碍其互相转化在形式上的多样性。

唯物主义与唯心主义、辩证法与形而上学的互相转化，不是前者变为后者，后者变为前者，已如前述，但两者之间的转化可以有多种多样的形式。（一）有的是由于某一唯物主义体系包含着唯心主义的因素，在一定条件下，其中唯心主义因素的发展建立起唯心主义体系，从而战胜了唯物主义。这也就是说，由于唯心主义因素的发展，居于统治地位，因此这一体系就是唯心主义体系了。董仲舒的唯心主义哲学与先秦的唯物主义的哲学的关系正是这样。（二）由于某一唯物主义体系和形而上学相联系，由于其形而上学思想在一定条件下的发展破坏了唯物主义体系，建立了唯心主义体系；反之，由于唯心主义体系中唯物主义因素和辩证法的合理内核的发展，在一定条件下突破其体系，建立起唯物主义体系。例如德国古典哲学在新的历史条件下其"基本核心"与"合理内核"为马克思主义哲学的产生提供前提。在这种互相转化的情况下，仍然不是唯物主义变成唯心主义，唯心主义变成唯物主义，而是矛盾的一个方面对另一个方面的克服，在克服其对立面的过程中发展着自身，促使矛盾转化，改变事物的性质，形成新的矛盾。（三）由于旧唯物主义的不彻底性，其本身就包含着若干矛盾，就其本身说是唯物主义观点，但是从这观点向前发展一步，则可以走向唯心主义。例如旧唯物主义，在它承认物质第一性这一点是唯物主义，这是其基本方面；但是如唯物主义的经验论，就承认经验可靠是唯物主义，但只承认经验可靠，从这向前一步，就可能成为唯心主义，这也是由于不承认物质第一性而变成唯心主义了。（四）也有另一种情况，并不是由于唯心主义或唯物主义包含着其对立面的因素，而是由于在一定的历史条件下，由于某些人的阶级立场的改变，而转化为其对立面。这是不是就是说唯物主义变成唯心主义、唯心主义变成唯物主义了呢？当然也不是的。而是就某些具体的人、某些具体的学派说，从唯物主义居于统治地位变成唯心主义居于统治地位，或是从唯心主义居于统治地位变成唯物主义居于统治地位，因此，事物的性质变化了，矛盾双方也变化了，新的矛盾形成了。转化的形式还可以有更多的样式，或者是学派自身的发展，或者是一个人自身的发展，或者是在不同学派斗争中互相发展等等。但其发展由唯物主义转化为唯心主义，或唯心主义转化为唯物主义，仍不是唯物主义变成唯心主义，唯心主义变成唯物主义，而是发展的结果使矛盾中原居于统治地位的一方转化为居于被统治地位，原居于被统治地位的转化为居于统治地位，事物的性质变化了。因此，这种地位的转化就说明着事物由量变到质变的发展过程，它本身是质变的标志。

研究唯物主义与唯心主义、辩证法与形而上学的相互转化，是为了研究哲学史发展的规律，是为了研究唯物主义如何战胜唯心主义、辩证法如何战胜形而上学以及辩证唯物主义与历史唯物主义如何成为哲学史上的根本变革，从而帮助人们树立和巩固无产阶级世界观，战胜资产阶级世界观。因此，从以上五点可以看出，不能抽象地来谈唯物主义与唯心主义的相互转化，而是应把转化的问题放在唯物主义与唯心主义的关系如何体现对立统一规律的全体上来考察，否则就容易得出片面的结论。

原刊于《哲学研究》，1961（1）

关于柳宗元哲学思想的评价

柳宗元是唐代重要的唯物主义哲学家,这在目前没有多大争论。侯外庐等同志首次肯定柳宗元在中国哲学史上的地位,是完全正确的。但我感到对柳宗元哲学思想的研究,目前仍然存在若干问题,其中一个是柳宗元的唯物主义哲学思想在中国哲学史上究竟应占什么样的地位;另一个是应如何对柳宗元的哲学思想进行阶级分析,以及怎样评价他的哲学思想在当时所起的进步作用。这是两个既具体又带有理论性的问题,因此提出来讨论是有必要的。

一

唯物主义和唯心主义在哲学史上是对立的双方,唯物主义是在和唯心主义的斗争中发展起来的,因此一种唯物主义学说的价值是和它与唯心主义的斗争分不开的,应视其对当时唯心主义各流派所进行的批判的深度与广度而定。柳宗元的唯物主义思想在中国哲学史上是有着一定的批判精神的,他对韩愈的宗教唯心主义进行了相当尖锐的批判,也就是说在新的历史条件下再一次对我国两汉以来的天人感应的宗教唯心主义进行了批判,这方面是应该加以肯定的。而且他还在批判唯心主义的过程中发展了唯物主义,接触到唯心主义的认识论根源问题,更是应该在哲学史上给予一定的地位。但是,柳宗元的唯物主义哲学,在当时来说,是有很大的缺点的,那就是它没有对佛教唯心主义进行批判,还在某种程度上接受了佛教思想的影响，因此，对他的哲学思想不能估价过高。那种认为柳宗元在中国唯物主义史上的地位不仅超过荀子，而且超过王充和范缜的说法，是不恰当的。这里有两个问题，一个是根据什么标准来评价一种唯物主义思想在哲学史上的地位，另一个是柳宗元为什么没有批判佛教。

关于对荀子哲学思想的评价，我们姑且不论；就王充和范缜来说，他们却是在与当时的唯心主义进行斗争的过程中发展了唯物主义。王充对当时以董仲舒为代表的官方唯心主义哲学进行了全面的批判，他的唯物主义体系几乎接触到董仲舒提出的全部唯心主义论点。他批判了董仲舒的天人感应的目的论，批判了董仲舒的灵魂不死的有鬼论，批判了董仲舒的神秘主义的天道福善祸淫的报应论，批判了董仲舒的神秘的先知主义的认识论，批判了董仲舒的"天不变道亦不变"的历史唯心论。王充的唯物主义哲学思想从我们今天的马克思主义观点看来，其中当然有很多错误，我们只能对之加以批判的继承。但是，王充在当时董仲舒官方哲学弥漫整个社会的时候，敢于利用当时的科学水平对其一一加以批判，是难能可贵的。因此，王充的哲学思想在我国古代哲学史中应当占重要的地位。范缜的著作，今天所能看到的很少，除《神灭论》和《答曹舍人》外就没有什么重要的东西留下来。但据《梁书》本传，范缜的著作有文集十卷。可是，他的著作由于不合统治阶级的口味而被抛弃掉了。范缜的著作所留下来的虽然很少，但这两篇著作在中国古代哲学史上作为唯物主义发展的一个环节是十分重要的。范缜的神灭论思想从理论上说，为解决神形问题开辟了一个新的唯物主义的方向。更加难能可贵的是，范缜敢于用唯物主义思想对当时的统治思想进行尖锐的批判的那种不屈不挠的精神。当时佛教是最流行的统治思想，范缜提出神灭的理论来，梁武帝就组织了七十几个御用学者与他争论，范缜毫不畏惧，丝毫没有妥协，于是"朝野大哗"。正是范缜这种批判精神，把唯物主义推进了一步。

柳宗元虽然在他与韩愈争论的问题上，明确地站在唯物主义的立场上，但他对当时重要的唯心主义流派——佛教，没有从哲学上给以批判，这就使其唯物主义哲学为之逊色，削弱了他的唯物主义的批判精神，特别是他对佛教某些方面的肯定，那就更加不对了。

柳宗元与佛教的关系不是一般的应酬关系，他是对佛教思想的内容有深刻了解的。关于这一问题，可分以下三点来说明。

第一，柳宗元认为，佛教的一部分内容与《论语》、《易经》有相合之处，因而应该从这方面加以肯定。他在《送僧浩初序》中说："浮屠……吾之所取者，与《论语》、《易》合，虽圣人复生不可得而斥也。"这说明柳宗元是从哲学上来了解佛教的，认为佛教在根本上与圣人之道是相合的。柳宗元自己也谈到他与僧人往还的原因，他说："吾之所以嗜浮屠之言，以此。与其人游者，未必能通其言也。且凡为其道者，不爱官，不争能，乐山水而嗜闲安者为多。"这是柳宗元嗜佛的一个原因，从这方面看，他的思想在当时是具有一定的进步意义的。但柳宗元和佛教的关系绝不止于此，更主要的是他对佛教的某些内容是欣赏的，这就表现在他对般若涅槃的推崇上。他曾称赞琛上人，说他"观经得般若之义"。

第二，柳宗元也反对佛教的某些方面，其所反对的若干方面与韩愈所反对者大体上差不多。在柳宗元《送僧浩初序》中，他认为，韩愈只是批判了佛教的形式和现象，而没有批判佛教的内容。他说他自己也反对这些方面："退之所罪者其迹也，曰：髡而缁，无夫妇父子，不为耕农蚕桑而活乎人，若是，虽吾亦不乐也。"这说明柳宗元对作为宗教的佛教是不赞成的，因为它破坏社会生产和社会生活，这一点也正是韩愈反对佛教的理由。可以看出,柳宗元反对佛教,主要是从政治方面,用儒家的某些政治理论加以反对,并未涉及佛教的哲学思想。

第三,柳宗元虽然反对作为宗教的佛教,但他却对作为哲学的佛教经典《般若》、《涅槃》有所尚好。他在《送琛上人南游序》中说:"法之至莫尚乎《般若》,经之大莫极乎《涅槃》,世之上士将欲由是以入者,非取乎经论则悖矣。而今之言禅者,有流荡舛误,迭相师用,妄取空语而脱略方便,颠倒真实,以陷乎己,而又陷乎人,又有能言体而不及用者,不知二者之不可斯须离也。离之外矣,是世之所大患也。"这里柳宗元对当时的一般僧人是反对的,认为他们根本不了解《般若》、《涅槃》之经义,因此,妄谈空有、体用,颠倒真实,自欺欺人。但柳宗元这里对《般若》、《涅槃》不仅不加以批判,反而赞扬两经为佛教之大法,可见柳宗元对佛教之唯心主义实质尚无认识。

据此,对柳宗元的全部唯物主义哲学的评价应是:(1)肯定他的哲学思想是唯物主义的,他在其批判所及的范围之内,对唯心主义的批判是坚决的,是具有较鲜明的哲学的党性的;(2)他对作为宗教的佛教是反对的,这一点是和他反对其他宗教迷信思想相一致的,因此,认为柳宗元根本没有反对佛教,也是错误的;(3)但他却对作为哲学的佛教的唯心主义实质没有充分认识,因而没有进行批判,相反,有所肯定。我们对柳宗元的唯物主义哲学思想的估价应考虑到以上三个方面,既承认他是唐代一个重要的唯物主义者、无神论者,并应在中国古代哲学史上占一定地位;也应看到,由于他对佛教哲学的唯心主义实质没有认识,致使其唯物主义体系不很丰富,斗争的方面不很广阔,限制了其斗争性的充分发挥,因此,在中国古代哲学史上的地位也就不能和王充、范缜一样高,更不能超乎他们二人之上。唯物主义对唯心主义批判的深度与广度,决定着这一唯物主义在哲学史上的地位。

二

柳宗元和韩愈在哲学思想上的斗争是当时政治斗争在哲学战线上的反映。这一点，已由侯外庐等同志具体地进行了分析，是十分正确的。但是如何通过对柳宗元的哲学思想和政治斗争的联系分析其哲学的阶级性，看来还是一个问题。由于对其哲学思想的阶级性分析不清，因而也就很难正确估价其哲学思想在当时的进步作用究竟有多大。对这个问题，我也想提出点很不成熟的看法：

第一，柳宗元和韩愈所属的两个统治集团的斗争，从表面上看，是两个不同的政治集团的斗争，但实质上是社会阶级斗争的反映。当时的社会阶级斗争迫使统治阶级本身起了分化，分成若干政治上的集团，统治阶级中进步集团之所以采取某些推动生产和改善人民生活的政策，并不是出自他们这个阶级的善心，或仅仅是由这个剥削阶级的阶级地位所决定，更重要的是为被压迫和被剥削阶级的斗争所推动的。这一进步集团之所以被推动，则是因为统治阶级中分成若干阶层，他们之间存在着现实的矛盾。阶级斗争加深了统治阶级内部各个阶层之间的矛盾，促使他们分化。所以我们看柳宗元所属这一政治集团与韩愈所属的政治集团的斗争，必须把它放在当时整个社会阶级斗争中来考察，否则，就不能深刻了解这个斗争的根本原因。在政治斗争中，对现实社会问题采取了现实主义的态度，看到并承认现实社会的某些方面必须改变，这就是柳宗元唯物主义哲学思想的阶级根源；对现实采取保守的态度，不愿去改变必须改变的现存政治的某些方面，即是韩愈的唯心主义哲学思想的阶级根源。因此，目前流行的所谓我国封建社会中哲学思想的斗争只是反映大地主与中小地主之间的利益的斗争或世族地主与庶族地主之间利益的斗争的观点，都是对哲学思想反映阶级斗争做了简单化的理解，实质上取消了哲学思想斗争反映阶级斗争这一马克思主义的观点。从这我们可以看出，韩柳之间的斗争，虽是同一阶级内部的斗争，仍然有其深刻的阶级根源，是与整个社会阶级斗争相联系的。

第二，韩柳的哲学思想是根本对立的，反映着当时政治上进步与保守的对立。但是，柳宗元的唯物主义有很大的局限性，这就不仅仅是由于他在政治上是统治阶级某一集团所能说明的，还得进一步分析他的思想作为剥削阶级的思想与当时劳动人民的利益是如何具体地矛盾着的。柳宗元反对当时的残酷剥削与压迫（如《捕蛇者说》），反对当时当权的宦官与藩镇，都有着进步意义，这是问题的一方面。但柳宗元对当时的农民革命是采取反对的态度的，柳集中有《贺诛淄青逆贼李师道状》、《为裴中丞上裴相乞讨黄贼状》等等，其中对作乱的农民，无丝毫同情之语。柳宗元还从原则上肯定富贵贫贱之分的合理性。他说："夫富室，贫之母也，诚不可破坏，然使其大幸而役于下则又不可。"（《答元饶州论政理书》）这不过是孔子"仁政"思想的继续，故柳宗元十分推崇《论语》。柳宗元的《封建论》，一方面企图说明封建的历史必然性，另一方面也是在论证这种制度的合理性。可见，我们在分析柳宗元的思想时，必须有两条界线：一条是柳宗元与韩愈之间的界线，这是历史上的进步与保守之间的界线；另一条是柳宗元与劳动人民之间的界线，这一条是剥削者与被剥削者之间的界线。而前一条界线中，进步力量的大小，取决于后者劳动人民的斗争。因此，在分析柳宗元时，不能只分析前一方面的矛盾，而忘记后一方面的矛盾，应该把两者联系起来对柳宗元的思想进行阶级分析。柳宗元在当时虽然代表进步势力，但是，他这一政治集团与农民之间的矛盾仍是根本的，他不能是属于从地主阶级分化出来而依附于农民阶级的思想家，对他的思想的进步性，应当有适当的评价。

第三，分析哲学家的阶级立场，不应只看其经济地位，还应考虑其政治态度，因为"政治是经济的集中表现"。简单地根据哲学家的经济地位分析其阶级性，会导致唯成分论；但也不能把政治态度与经济地位割裂开来分析，这样，也不会深刻地揭露其政治态度的经济根源，往往会被一些表面的政治斗争的现象所迷惑。分析柳宗元的哲学思想，应从他在当时政治斗争的主张入手。正因为他的政治主张对当时发展生产和改善人民生活、打击反动势力有一定的积极作用，因此，他的哲学才有可能是唯物主义的。但是，这样的政治主张是代表处于什么样经济地位的阶级的利益呢？那就必须再做进一步的分析。中唐以后，是否还有世族地主与庶族地主之分，也是值得研究的。一般地说，当时世族地主的势力已经很小了。在地主阶级中，就其经济地位说，有大中小之分；就其政治上说，视其在阶级矛盾和民族矛盾中的态度，可分为左中右。而中小地主在农民阶级与整个地主阶级做斗争时，由于阶级斗争的推动，在反对大地主的利益时，对农民表现了一定程度的让步，这样的情况是可能的。我认为，柳宗元的哲学思想是代表政治上进步、经济上处于中小地主地位的集团的利益，是合乎实际的。这正是把他的政治态度与经济地位统一起来观察他的哲学思想的阶级性。

第四，一个阶级的思想家的哲学思想总是曲折地反映着本阶级的阶级利益的。马克思在《路易·波拿巴政变记》中说："同样，也不应该想象，以为所有的民主派分子都确实是些小店主或是崇拜小店主的人物。依照其教育程度和他们的个人地位来说，他们可能是与小店主相隔天壤的。使他们成为小资产阶级代言人物的是如下一种情况，即他们的思想不能越出小资产阶级的生活所越不出的界限，因此他们在理论上所得出的任务和办法，也就是小资产者的物质利益和社会地位在实际上引导小资产者得出的任务和办法。一般说来，凡属一个阶级在政治方面和著作方面的代表人物与他们所代表的这个阶级间的关系，都是如此。"深刻地领会马克思这段话，对于我们分析哲学家的哲学思想有很大的指导意义。这样，既能防止对哲学思想进行阶级分析的简单化，又可以防止脱离了阶级抽象地分析哲学思想。柳宗元的哲学思想是很难直接看出来是代表中小地主的，但就柳宗元的思想分析起来确实是没有超出中小地主这个阶层所能超出的界限。他的结论也就是这个阶层的物质利益和社会地位所能达到的。中小地主阶级在当时地主阶级中是一个有上升可能的阶层。因为，从唐以来，世族地主在瓦解中，当权的官僚地主企图形成新的门阀士族，因此，中小地主在农民劳动者对地主阶级进行斗争的推动下，一定程度地反映了这个时代的要求，是可能的。柳宗元又提出孔子早已提出过的"不患贫而患不均"，其目的是在反对大地主，要求在地主阶级中应有一定的"均"，这是由其阶级地位决定的，他超不出这个范围。但是，这种提法，是企图用幻想的形式来反映整个社会的要求。因此马克思在上述那本书（《路易·波拿巴政变记》）中说："小资产阶级把实现其私自阶级利益的意图推崇为原则。"这就说明，对哲学家的哲学思想进行阶级分析，并不是直接从这个阶级当时的个别要求直接推论出来。柳宗元所代表的中小地主阶级在当时与大地主进行斗争中，有发展的客观可能性，从而他的思想多少是那个时代精神的表现。这样，就不会感到柳宗元思想的阶级性同人民性、进步性、唯物主义是矛盾的了，而且，恰恰是矛盾的统一。

评价古代唯物主义哲学家的哲学思想是一个十分复杂而困难的工作，既要看到它在与唯心主义斗争上和我们马克思主义者的联系,又要看到它作为剥削阶级的世界观与马克思主义哲学的根本对立;既要坚持原则,又要具体分析;在评价这一哲学思想时,既看到它比前人在哪些方面提出了新的东西,又要看到它对唯心主义的批判精神如何。据此,我认为柳宗元的哲学思想在我国唯物主义的发展史上应有一定地位,但不应高于王充和范缜。

对柳宗元的哲学思想还有很多问题需要研究,如前所述,柳宗元没有认识到佛教的唯心主义实质,因此,没有对佛教哲学进行批判。但是,为什么柳宗元认识不到佛教哲学的唯心主义实质呢?这就要做进一步的探讨。我们有毛泽东思想为指导,经过大家的共同劳动,旗帜鲜明地进行讨论,这些问题是可以解决的,学术水平必将迅速提高。

原刊于《文汇报》,1961-02-02

孔子思想在春秋末期的作用

一

孔子（公元前551—前479），鲁人。他所处的时代正是奴隶制经济开始瓦解、封建制经济开始产生的时候。我国由奴隶制到封建制有一个相当长的过渡状态的时期。大体上在鲁国"初税亩"以前，封建经济已经开始出现；经过三家分晋，封建的经济制度的成长，集中地表现为政治上的封建化在一个国家里建立了；大体到商鞅的时代，在我国由奴隶制向封建制的过渡基本上完成了。孔子正是生活在这样一个开始转变的时代。

从孔子的全部生活和思想看，他正是反映着为这样的经济本身发展的要求，而从奴隶主贵族向封建贵族转化的思想家。从奴隶制向封建制的转化，在我国是由于私田肥于公田而引起的。私田的扩大，其结果就必然为奴隶主贵族的当权者所反对。在春秋时期上下的斗争非常尖锐，不是诸侯把扩大私田的大夫、家臣消灭，就是大夫、家臣的势力日渐壮大，把诸侯的宝座打翻。这样的私田的发展，总的说来是历史的必然，是符合社会发展的要求的。奴隶逃亡、暴动层出不穷。这在斗争过程中也往往会破坏生产，这只是暂时的现象。可是土地制度的改革是生产关系改变的重要方面，但不是生产关系改变的全部内容。特别是由奴隶社会向封建社会转变，改变劳动者在生产中的地位同样是很重要的。孔子基本上不主张破坏奴隶主贵族的土地世袭制度，但从他的行事和言论可以看出，他看到了现实生活是非改变不可的。那么如何变呢？孔子主张由上而下地改变劳动者在生产中的地位，把奴隶的身份逐渐改变成为农奴或农民。孔子这样的主张就表现在他主张的"仁"上，他提倡行"仁政"，反对行"苛政"，反对对劳动者的残酷的非人行为。就这方面看，孔子的主张在客观上是符合当时社会发展的要求的，在某种程度上也是有利于生产力的发展的。先秦的儒家的思想家虽然有着很大的差别，甚至在根本问题上是对立的，但基本上对社会制度都是同一态度，只是由于客观的形势变了，因而在不同的形势下起着不同的作用罢了。当然，孔子在主张改变劳动者的地位的同时，也反对改变奴隶主贵族的土地世袭制度①，就这一方面说是保守的，这正说明孔子和儒家的思想是代表由奴隶主贵族向封建贵族转化的这样一个集团的思想。但在孔子的时代，由于封建经济刚刚成长，劳动者还处在奴隶的地位，因此他的思想仍起着积极作用，这是孔子思想的基本的一面，可以说他的思想是一种在当时起过一定进步作用的改良思想。

孔子要求提高劳动者的地位，当然不是为了劳动者的利益，而是为了他所代表的由奴隶主贵族向封建贵族转化的剥削集团的利益。② 在要对劳动者进行剥削这一点上，他和一切剥削阶级一样；但是在如何进行剥削这一点上，由于他反对把劳动者当成奴隶，而要把劳动者当成"人"看待，则是符合历史进程要求的。孔子看到国家要"富强"，就必须提高生产，提高生产就必须使劳动者对劳动稍微感些兴趣。他说：

> 道千乘之国，敬事而信，节用而爱人，使民以时。（《学而》）

---

① 孔子曰："天下有道，则礼乐征伐自天子出；天下无道，则礼乐征伐自诸侯出。自诸侯出，盖十世希不失矣；自大夫出，五世希不失矣；陪臣执国命，三世希不失矣。天下有道，则政不在大夫。天下有道，则庶人不议。"（《季氏》）

② 孔子曰："上好礼，则民易使也。"（《宪问》）

民之于仁也，甚于水火。水火，吾见蹈而死者矣，未见蹈仁而死者也。(《卫灵公》)

足食，足兵，民信之矣。(《颜渊》)

百姓足，君孰与不足？百姓不足，君孰与足？(同上)

《论语》中有这样一段记载，很可以看出孔子对劳动者的基本态度："子适卫，冉有仆。子曰：'庶矣哉！'冉有曰：'既庶矣，又何加焉？'曰：'富之。'曰：'既富矣，又何加焉？'曰：'教之。'"(《子路》)这些都说明，孔子的主张基本上符合当时的要求。

孔子在当时的政治主张的另一特点，就是他对于新的经济制度的两面态度。他一方面愿意帮助新兴的地主阶级，并赞美过这种新的政治运动，例如"公山弗扰以费畔，召，子欲往"就是很好的证明①；但是由于孔子是一个从奴隶主贵族成为代表封建贵族的人，他是懂得"犯上作乱"不仅不利于当权的奴隶主贵族，同时也不利于他所代表的由奴隶主贵族转化而来的封建贵族的利益的，因此孔子在原则上是反对"犯上作乱"的。这样，孔子在实践上和原则上就陷入了矛盾，他在原则上反对"犯上作乱"，但在实践上又同情或参加"犯上作乱"。这正是因为他所代表的是由奴隶主贵族转化为封建贵族的这样一个特殊的、新兴的封建地主阶层。但是，"实践高于理论"，孔子因此就不能为当时当权的奴隶主贵族所赏识。孔子由于这样的矛盾，虽不为当时所用，可是他的政治主张在当时的政治生活中却起了很大的作用。

孔子是一个较有远见的统治阶级的思想家。他知道剥削阶级和劳动者的界限不能混淆。他认为劳动者永远是为剥削阶级服务的。他说："民可使由之，不可使知之。"他的政治思想是反动的。孔子知道"礼"对任何剥削阶级都有用，因为"礼"可以保持上

---

① 郭沫若同志在《十批判书》中列举了孔子在实践活动中帮助新兴阶级的例子，这是对的，但亦应注重孔子的另一面，即有在原则上仍然反对"犯上作乱"的主张。

下等级的分别。孔子从来没有反对过"礼",正因为他懂得,如果取消了"礼"就根本无法防止"犯上作乱"。但孔子知道旧的"礼"的内容已经不能适合现实生活的要求,于是就提出"仁"作为"礼"的新的内容,他企图这样来解决"礼"和现实生活的矛盾。为了保护作为剥削阶级统治工具的"礼",孔子反对"刑鼎",当然也不足为怪。因为"刑鼎"是不利于"礼"的巩固,也就是说不利于对劳动人民进行有效的统治的。孔子反对"刑鼎"还有另外一方面的意思——晋国的刑律对奴隶是相当残酷的,这也和孔子所主张的"仁政"不相符合。孔子是一个剥削者,而且是一个有远见的剥削阶级的思想家,这点无论如何总是对劳动人民不利的,是我们应该加以批判的。可是从历史唯物主义的观点来看,在当时并不一定是反动的,而是应当批判地加以肯定的。那就是说,孔子给"礼"以新的内容——"仁"——是适合社会发展的前进的进程的;把"礼"当做一种永恒的制度保存下来,则是孔子的罪过。因此,"五四"运动前后反封建的斗争就不得不是集中在"反对吃人的礼教"上。孔子虽然反对"刑鼎",但是就孔子的全部政治主张看,他仍然是和子产等人大体一样。《论语》中有好几处孔子赞美子产的地方,如:"子谓子产有君子之道四焉:其行己也恭,其事上也敬,其养民也惠,其使民也义。"(《公冶长》)这很明显地说明孔子和子产在政治主张上是大体一致的。

孔子是一个伟大的教育家,他的教育也正是为他的政治主张服务的。在当时的社会大变动的情况下,保守的奴隶主贵族是无法应对现实生活的。从奴隶主贵族本身说,很难培养出适应社会发展的人才来。但是,从整个社会发展来说,则需要一批有才干的人才,要他们来解决现实社会中发生的种种复杂问题。孔子就是从代表奴隶主贵族向封建贵族转化的阶级利益出发,来培养人才的第一个大师。孔子提出"有教无类",培养了许多当时迫切需要的解决现实生活中种种问题的人才。从孔子培养出来的学生看，确实有各种各样的人才，他们在实践中有很多都是在做着有助于封建社会成长的事。孔子结束了"官府之学"，开始了学问的私家传授，这都是有利于当时社会发展的。

总之，孔子的思想代表着由奴隶主贵族向封建贵族转变的阶层的利益，他的基本思想是改良的思想，但改良的思想在当时是基本上有利于封建阶级发展的，因此在当时是一种起着一定进步作用的改良思想。当然，改良主义在今天就是完全反动的东西，我们必须批判，以肃清其影响。

二

春秋末期以来，诸子百家的"天道观"（宇宙观）大都是对西周宗教的"有意志的天"的反动或修正，这正是与春秋以来各阶级与当权奴隶主贵族的矛盾的尖锐化相联系的。儒家的孔子由怀疑"天"达到在思想中包含了"天道自然"的唯物主义思想的萌芽，但是由于儒家思想代表着由奴隶主贵族转化而来的封建贵族的利益，因此随着时代的不同，对现实社会起的作用也就不同，对"天"的看法也就不同。孔子是生活在奴隶社会开始向封建社会转化的时代，他主张在保持"礼"的条件下，由上而下地改变劳动者的生产地位，这在当时是有利于封建经济发展的。与其政治观点相配合的天道观，也就由怀疑"天"的作用走上了带有唯物主义因素的"天道自然"的宇宙观。孟子的时代，已与孔子大不相同，虽然他和孔子一样都是代表着由奴隶主贵族转化而来的封建贵族，但由于社会本身向前发展，奴隶制本身已经被破坏，世官世禄已经完全成为社会发展的阻碍因素。纵然他也主张在一定程度上改变劳动者在生产中的地位，说过"民为贵，社稷次之，君为轻"（《孟子·尽心下》）这样的话，但他还是保守的，因此孟子的"天道观"就向着唯心主义发展。孟子懂得要想恢复西周传统的"天"的权威已不可能，因而他把儒家特有的"道德"性质加在"天"上，那就是说他把人性中的理想性格加给"天"了。他说："诚者天之道也，思诚者人之道也。"（《孟子·离娄上》）这样孟子就走上了主观唯心主义。孟子的主观唯心主义思想正是说明他所代表的由奴隶主贵族转化而来的封建贵族的思想保守的一面。而在孟子的时代，他还坚持世官世禄的土地世袭制度，因而保守的思想就成为其主要的一面了。孟子在现实生活中的保守态度，在当时只能到处碰壁，这样他就不得不把全部希望寄托在他的主观的世界中。他说："尽其心者，知其性也，知其性则知天矣。存其心，养其性，所以事天也。殀寿不贰，修身以俟之，所以立命也。"（《孟子·尽心上》）荀子的时代，社会的封建化已基本完成，而封建化的完成是在奴隶逃亡和暴动的打击下，由奴隶主贵族向封建贵族转化和由其他各种新兴的地主阶级联合完成的。荀子是完全转化了的封建贵族的思想家，他对现实生活采取了完全现实主义的态度。他承认了现实生活中的新事物，否认世官世禄有任何存在的必要，肯定封建生产关系，并且为已经建立起来的封建生产关系创立了一些必要的上层建筑。因而他对先秦的全部思想加以总结，肯定其中有利于封建社会的因素，来巩固其封建剥削，否定其中保护奴隶制的因素。尽管如此，荀子的某些方面，而且也不是不重要的方面（这个问题当另文详论）仍然打上了儒家的烙印。可以看得出来，荀子在某些重要方面还是继承了孔子的进步思想的那一面，并在新的历史条件下加以发展。荀子完全由封建贵族的利益出发，一方面他肯定了封建制的土地关系；另一方面他继承孔子主张使劳动者在生产中的地位多少改善些，即不把劳动者当成奴隶，而当成农奴或农民。无论哪一方面，在荀子的时代，已经可以看出新兴的地主阶级的矛头渐渐由针对着奴隶主贵族而转向劳动者了。因此，在荀子的思想中已经可以找到不少对付劳动者的办法。荀子的"天道观"是唯物主义的，他在这方面完全吸取了道家的"天道自然"的思想，把"天"直接看成是自然之天，把"天道"看成是自然界发展的规律。总起来看，先秦儒家的天道观中有唯物主义的派别也有唯心主义的派别，但是由于儒家所代表的阶级的特点，因而随着时代的不同，其"天道观"与西周传统的"天道观"就是根本不同的。

墨家的"天道观"也是在某种程度上对传统的"天道观"的反动。代表正在发展中的小生产者的利益的墨家，是与当权的奴隶主贵族的利益有着矛盾的，也是与现实生活发展的某些方面（例如要建立封建的生产关系，因而所进行的战争，对小生产者的破坏等）有着矛盾的。墨子的社会政治观点中包含着对这些方面的尖锐的批评。他的"兼相爱，交相利"虽然是由其小生产者的利益出发，但这确实是真正的劳动者的呼声。作为小生产者在当时总归不是一个独立的阶级，它的命运不是自己所能掌握的，它必须依靠其他独立的阶级。在当时，它或者依靠奴隶主贵族，或者依靠新兴的地主阶级来改善自己的地位。墨家在当时是企图依靠当权的奴隶主贵族来实现它们的要求[1]，这当然是一种有害的幻想。正因为如此，他的"天道观"就采取了宗教的形式，他们仍然肯定了"有意志的天"的存在，然而我们如果透过这个形式来看，墨子的"天"已经不是西周的传统的"天"，而是照着他们自己的主观愿望塑造出来的，是为了限制剥削阶级的剥削行为的。由此，墨子的"天道观"的形式是保守的，而其内容已含有若干进步的因素。[2] 由于奴隶制的逐渐瓦解、封建制度的逐渐成长，在

---

[1] 可由墨子反对"犯上"、提倡"尚同"看出。
[2] 以"兼相爱，交相利"作为"天"的最重要的标志。

过渡社会的夹缝中发展起来的小商品经济，日益感到依靠当权的奴隶主贵族是没有出路的，因而也就逐渐对现实生活采取更加实事求是的态度。后期墨家由于抛弃了一些对生活的幻想，特别是抛弃了对奴隶主贵族的幻想；因此一方面放弃了一些企图用小生产者的观点改造社会的想法，另一方面抛开了"天道观"的宗教的形式。但是由于他们的思想终究不是代表一个在当时政治斗争中能起独立作用的阶级的利益，因而也就不能像荀子一样建立起一个完整的哲学思想体系，对先秦思想加以总结。后期墨家就把自己的哲学思想集中在认识论的领域中，建立了相当可贵的唯物主义认识的理论。后期墨家之所以注重了认识论，正是因为它们意识到像它们这样的小生产者非常需要如实地反映现实生活，否则就不能自保。

先秦道家在先秦诸子百家中，在"天道观"上是反对"有意志的天"最重要的一派。由春秋以来，有势力的当权的大奴隶主贵族一直在压迫小奴隶主贵族；新兴的封建经济的成长，又在逐渐地破坏奴隶制度，这样又对它们加上了一层压力；同时，其自身对奴隶的统治和剥削也因为社会经济的发展，奴隶要求解放，而不能像以前那样继续下去了。这样几方面的压力，对这样一个逐渐要被消灭的阶层来说是非常可怕的，使他们感到有一种无可抗拒的必然力量存在着。这些小贵族，不可能像当权的大贵族一样，可以转化成为封建贵族，他们的命运是注定要被消灭的，因此没落的情绪就集中地反映在他们的身上。就其社会政治观点看，他们是反对着当时现实生活的一切方面，要求恢复古代的家长奴隶制度。道家反对社会向前发展的一切主要方面，它反对有利于封建经济成长的私有制，反对商业的交往，反对交通，反对"仁义"，反对"刑法"，这充分暴露出道家反动的一面、反历史发展的一面。道家也反对当权的奴隶主贵族，因此也就相联系地在一定程度上反对了统治和压迫。它对当时社会的统治阶级的黑暗面做了大胆而辛辣的揭露，这方面表现了小贵族对大贵族的反抗性，因而在客观上起了暴露黑暗面的作用。道家所代表的阶级是不愿意失去其对奴隶的统治地位的，但是眼看着老一套的办法不能继续维持其统治，大的当权的奴隶主贵族除了依靠经济的力量还可以依靠政治的力量来进行统治，可是这些小贵族就不可能充分利用这些条件，因此他们主张用另外一套办法来进行统治，这就是道家所提倡的"无为"。道家的社会政治观点就是上述几个方面的有机结合，其统一性就是在于对现实生活的一切主要方面的否定。当然这并不是说道家一开始就形成了一个完整的体系，而是逐渐完成的。大体上说庄子的思想是集大成者，是小贵族的没落情绪的完整、集中的体现。道家思想所代表的经济利益，开始与当权的奴隶主贵族最为尖锐，而当权的大贵族又往往借助"天"的名义来压迫他们，他们就集中地对"有意志的天"进行了攻击，这样就形成了他们的"天道自然"的唯物主义世界观。这个没落阶层虽然在宇宙观上大胆对抗了传统的宗教思想，可是没落阶级总是不敢面对现实的，因此，其认识论就从包含有唯物主义的唯理论走上了唯心主义的唯理论，最后达到不可知论的神秘主义的境界。认识论上的不可知论和神秘主义又促使其"天道自然"的唯物主义起了质变，这样就构成了先秦道家自身的一个完整的发展过程。这一哲学思想的发展过程正是说明由春秋末到战国末小贵族在现实生活中的地位的发展过程。小贵族的社会地位的发展，是愈来愈困难的，开始是感受到大贵族的压迫，后来又感受到奴隶的反抗和新兴地主经济的压迫，因而就愈来愈感到与现实生活的不可调和的矛盾。如果说小贵族反对大贵族在客观上还有点好的作用，因而其世界观还可以是唯物主义的；那么当小贵族反对新兴地主阶级的时候，那就只是幻想，因而其世界观就必然走向主观唯心主义。道家由老子思想发展到庄子思想就是这样一个阶级在当时必然的发展方向。老子还主张"损有余而补不足"①（《老子》第七十七章），庄子就主张"有余"和"不足"是完全一样的了。老子的"道"还是与"物"相联系，庄子的"道"就已经是与"物"对立的实体了（"物物者非物"）。

法家的思想是反映新兴地主阶级革命派的利益的，这也就是说法家的思想是代表着那些不是由奴隶主贵族转化为封建贵族的封建地主的利益的。法家虽是封建地主阶级中的革命派，但真正的法家是晚出的，大体上是在战国中期才出现真正的法家思想。早期法家例如子产等的思想，大体和早期儒家（孔子）很相近，因此不是真正的法家。法家晚出，已经说明由于封建经济自身的壮大，就要求更加迅速地为它的发展开辟道路，因此革命派的思想也就必然出现。法家虽然晚出，但是它的思想一出现，就对现实生活起着重大的影响。战国中期很多国家采用了法家的一套办法，因而"国富兵强"了。商鞅变法，更加彻底，因而奠定了秦统一六国的基础。前期法家（子产）就对"天"加以怀疑了，"天道远，人道迩"；后期法家晚出，很快地就为其革命的学说找到了唯物主义世界观，并把这种唯物主义世界观在其革命的社会政治观点的基础上加以改造，韩非的《解老》、《喻老》完成了这一历史的使命。

先秦各家各派由于所代表的阶级不同或所代表的某一阶级的某些集团的利益不同，他们之间也存在着尖锐的矛盾，斗争也是非常激烈的。如果说在春秋时主要还是针对着传统的"天"来发言；那么到了战国时期，由于传统的"天"已经无法维持了，因而各家各派在世界观上的斗争也就更加激烈了，这时诸子百家在

---

① 有人认为"损有余而补不足"是代表劳动者的思想，这是不对的；全面地考察老子的思想，可以看出这句话的意思是损大贵族的利益来补小贵族的利益。

世界观上的唯物主义和唯心主义的界线也就更加清楚了。这种斗争，一直到汉武帝"罢黜百家，独尊儒术"后，才改变了唯物主义与唯心主义斗争的形式。春秋战国时期，由于阶级斗争的复杂情况，因而使得思想斗争也非常复杂，"百家争鸣"的局面就是在这样的阶级斗争的基础上形成起来的。

孔子是当时的第一个最有名的哲学家，他的哲学思想在这一时期（在以后的整个封建社会时期）起着重大的影响。下面我们就来谈谈孔子的"天道观"吧！

三

从西周到春秋占统治地位的思想是神权思想，巩固"天"的地位就是实现奴隶主贵族的意志。春秋时代，由于奴隶主贵族地位的动摇，因而至高无上的"天"的地位也跟着动摇了。孔子继承了春秋以来对"天"和鬼神怀疑的无神论的思想，并把它向前发展了。

到了春秋的初期，由于社会生活的发展，阶级斗争的加强，人本身的作用和自然力的作用的进一步发现，以及生产知识的增加，就在人们的思想中产生了一些唯物主义的和无神论的因素。在《诗经》和《左传》中，这方面的记载很多，主要表现为：对"天"、"上帝"、"鬼神"的怀疑和给自然界一些按其自身的情况的解释。对"天"的怀疑主要是由于人的自身作用的发现；对自然界给以大体上合乎实际的解释，主要是由在生产斗争中科学知识的增加引起的。这样的进步思想在当时还是零碎的，常常是些"智慧之光"。孔子就是在这样的思想影响之下，建立了他的很不完备的"天道观"。

首先，孔子怀疑"天"和"鬼神"的存在及其作用。

孔子没有正面否认有意志的"天"的存在，也没有否认鬼神的存在，但他认为"天"没有什么作用了（"以天为不明"），鬼神也没有什么能力了（"以鬼为不神"）。特别是由于孔子对于生活的现实主义的态度，他对鬼神等超自然的力量，采取了完全不感兴趣的态度。《论语》中有如下的记载：

> 子不语怪、力、乱、神。（《述而》）
> 季路问事鬼神。子曰："未能事人，焉能事鬼。""敢问死。"子曰："未知生，焉知死。"（《先进》）
> 子疾病，子路请祷。子曰："有诸？"子路对曰："有之。诔曰：祷尔于上下神祇。"子曰："丘之祷久矣。"（《述而》）

孔子之所以对鬼神怀疑，是和他的对待人生的整个态度相联系的。孔子是一个对现实生活颇有野心的人，他是有志做一番事业的，已经失去人们信仰的"皇天上帝"岂能有助于孔子？他栖栖惶惶不可终日，到处奔走，也是希望他的"道"能为当时的统治者所用。《论语》上有两段记载，很可以看出孔子的"志"来：

> 公山弗扰以费畔，召，子欲往。子路不说，曰："末之也，已，何必公山氏之之也！"子曰："夫召我者，而岂徒哉？如有用我者，吾其为东周乎！"（《阳货》）
> 佛肸召，子欲往。子路曰："昔者由也闻诸夫子曰：'亲于其身为不善者，君子不入也。'佛肸以中牟畔，子之往也，如之何？"子曰："然，有是言也。不曰坚乎，磨而不磷；不曰白乎，涅而不缁。吾岂匏瓜也哉？焉能系而不食？"（同上）

这样的人生态度，自然对鬼神不会抱什么希望。因此，孔子对"人"比对"鬼神"更感兴趣。孔子对祈祷居然会问出来："有诸？"可见其对"天"和"鬼神"的态度了。

其次，孔子虽然主张祭祀，然而他并不认为真有"鬼神"和

"上帝",而是为了要表示敬意。这一点孔子也和传统的祭祀思想不相同。荀子在这个问题上是孔子的真正继承者。

樊迟问知。子曰:"务民之义,敬鬼神而远之,可谓知矣。"(《雍也》)

祭神如神在。子曰:"吾不与祭,如不祭。"(《八佾》)

子曰:"非其鬼而祭之,谄也。"(《为政》)

可见孔子是不信有鬼神的。如真信有鬼神,那么就应该是亲近鬼神,而不是远离鬼神;应该是什么鬼神都可以祭祀而不是有关系的死者才可以祭祀。孔子这种对待祭祀的态度也只能从他对生活的看法得到解答。孔子的思想代表着由奴隶主贵族转化而来的封建贵族的利益,他懂得"礼"对于剥削阶级的重要,而祭祀在古代是一种重大的"礼"。孔子说:"出门如见大宾,使民如承大祭。"(《颜渊》)教民懂得"敬",才能维持"礼",从而能巩固上下尊卑贵贱的等级关系。孔子在超自然的意义上否定了鬼神和上帝,但在封建的伦理关系、礼教上却肯定了祭祀的重要。就其否认有超自然意义上的上帝及鬼神说,孔子是个无神论者;就其教民对祖先、统治者要有"敬"意说,孔子是个剥削者。

再次,孔子上述无神论思想因素,是与其朴素的唯物主义思想因素相联系的,也可以说孔子思想中的唯物主义思想因素是其无神论思想因素的发展。列宁说:"不应按照历史活动家与现代要求比较所没有做出的东西来评价历史功绩,而应按照他们与前辈比较做出了什么新的东西来评价历史功绩。"恩格斯说:"一般说来,传统在一切思想体系的所有领域内都是一种巨大的保守理论。"看一个哲学思想的基本倾向,应该注意他提出了哪些前人所没有提出过的新的东西。如果他所提出的新的东西是进步的、唯物主义的,就应该多从唯物主义这个方面考虑;如果他所提出的新的东西是反动的、唯心主义的,就应该多从唯心主义这个方面考虑。至于其中还是有一些和以往的旧思想相联系的部分，虽然也很重要，但往往不是这个哲学家的哲学思想中最根本的部分。这是因为，摆脱传统的旧思想的束缚并不是很容易的事情，因此新的思想总是很难得的。孔子给当时的宇宙观中增加了新的因素，而且是无神论和唯物主义的因素。

我们应该注意到这一点，从这一点出发，认为孔子是倾向无神论和唯物主义，应该大体不差的。在孔子以前，虽然已经有了一些思想家对"天"采取怀疑的态度，但在他们的看法中，都还是把"天"看成是"主宰的天"、"有意志的天"。孔子虽然没有完全摆脱"有意志的天"的影响，但已经开始把"天"看成是"自然"，这一点有点像斯宾诺莎把上帝看成是自然一样。孔子说：

天何言哉，四时行焉，百物生焉，天何言哉！（《阳货》）
逝者如斯夫，不舍昼夜。（《子罕》）

虽然在《论语》中只有这样两句，但这是新东西，荀子的唯物主义宇宙观大体上就是在这个基础上吸收了道家的唯物主义思想因素加以发挥而成的。这里孔子的"天"直接就是自然的意思，而自然界中的一切现象，是自身在发展变化着，"逝者如斯夫，不舍昼夜"，并不是天对它下个什么命令。孔子的朴素的唯物主义思想是和他的朴素的辩证法思想相联系的。他看到事物的变化，通过这点，他认识到变化是事物自身的一种现象，并没有什么超自然的外力。

最后，孔子也讲"天命"，这一方面显然是孔子思想中的保守方面。对孔子的"天"也应加以分析，我们认为他所说的"天命"已与传统的天命有若干不同之点。

孔子是比较注意人自身的努力的，他从没有把自己看成超人，而是常常把自己看做是一个普通的人，他认为他自己的成就和知识都是由自己努力得到的。《论语》中这方面的记载很多：

子曰："我非生而知之者，好古，敏以求之者也。"（《述而》）

太宰问于子贡曰："夫子圣者与，何其多能也？"子贡曰："固天纵之将圣，又多能也。"子闻之，曰："太宰知我者乎？吾少也贱，故多能鄙事。君子多乎哉？不多也。"（《子罕》）

可见孔子是主张看重人的主观努力的。他认为由于个人的努力不同，因此成就也就不同。他说："后生可畏，焉知来者之不如今也，四十五十而无闻焉，斯亦不足畏也。"为什么个人努力不同就可以得到不同的结果呢？如果个人的成就受"天命"决定，那么就是努力也没有用，孔子显然不是持这样主张的人。他重视个人的努力，是有他自己的根据的。他说："性相近也，习相远也。"儒家的"性"与"命"是相联系的，孔子大体上认为"天命"不可改变，"人性"也是不可改变的，可是在同样的环境里，个人成就的大小，那就取决于个人的努力了。孔子这种主张在当时的情况下，是有利于新的生产关系的发展的，说明了只要通过个人（这里当然是指剥削阶级）的努力就可以逐渐代替旧的奴隶主贵族。

孔子虽未否认天命，但确实很少说到"天命"。《论语》上有这样的记载："子罕言利，与命，与仁。"（同上）有人解释为：孔子不大谈到利，但常说"天命"和"仁"。我看这样的解释不对，还是应解释为：孔子很少谈到"利"、"命"与"仁"。因为子贡也说："夫子之文章，可得而闻也；夫子之言性与天道，不可得而闻也。"（《公冶长》）子贡的话当然不是偶然的，如与孔子全部生活和思想联系起来看，他很少谈到"天命"大体上是真实的。我们且看孔子说到"天命"时的各种情况。在《论语》中，孔子谈到"天命"或与"天命"有关的地方共十余处，大体上有这样几种情况。

第一种情况是孔子在有困难的时候提出"天命"，表示感叹的意思。

颜渊死。子曰："噫！天丧予！天丧予！"（《先进》）

子曰："道之将行也与？命也！道之将废也与？命也！公伯寮其如命何？"（《子路》）

伯牛有疾，子问之，自牖执其手，曰："亡之，命矣夫！斯人也而有斯疾也！"（《雍也》）

子畏于匡，曰："文王既没，文不在兹乎？天之将丧斯文也，后死者不得与于斯文也；天之未丧斯文也，匡人其如予何？"（《子罕》）

子曰："天生德于予，桓魋其如予何？"（《述而》）

子曰："凤鸟不至，河不出图，吾已矣夫！"（《子罕》）

子曰："莫我知也夫！"子贡曰："何为其莫知子也？"子曰："不怨天，不尤人，下学而上达。知我者其天乎！"（《宪问》）

以上诸条都很难说明孔子主张"天命"，分析起来，大都是在孔子遇到了困难的时候的一种感叹。生老病死在那时总是一种痛苦的事，总是人们很难解释的事，富于人情味的孔子，遇到这些问题，当然会有所感叹，喊两声"老天爷"，也很难说明他在原则上十分相信有个"主宰的天"。被围，被困，遇到困难，在无可奈何的情况下，一则知道别人对他也没有什么办法，二则认为这样对他是个欺辱，喊两声"老天爷"，发泄发泄，也不能证明孔子是个有神论者。当然我这里并非说孔子全然不信"天命"，只是想说明从这些情况看，很难说明问题，反而证明"天命"在孔子思想中，并不十分重要。

第二种情况，就如孔子所说："吾十有五而志于学，三十而立，四十而不惑，五十而知天命，六十而耳顺，七十而从心所欲不逾矩。"这里的"天命"显然是指通过学习认识世界的一个过程，知"天命"是认识上的一个环节，而且不是一个最高的认识上的环节，可见"天命"并不完全是一种神秘的超自然的力量。所以孔子说："加我数年，五十以学易，可以无大过矣。"大概学了《易经》就可以知道生活中的各个方面，这样就不会犯大错误。但是学了《易经》也不能全然无过，只有到七十岁才可以从心所欲不逾矩呢！如果说"天命"是一种超自然的力量，那么知"天命"就应该是最后的认识。由此可见，孔子所说的"天命"有各种意思，不能一概而论。

第三种情况是孔子把"天命"和"圣人"、"君子"联系起来讲。就这一点看，孔子企图利用"天命"来为统治阶级的政治目的服务，主要不是讲的宇宙观的问题，而是讲的做人的道理的问题。

他说：

> 君子有三畏：畏天命，畏大人，畏圣人之言。(《季氏》)
> 不知命无以为君子也。(《尧曰》)

这两句都是孔子教育别人当君子的道理。当君子就要知命或要知天命。什么叫知命或知天命呢？就是叫人安分守己的意思，也就是说叫人知道自己的地位，尊敬统治者。当然，尽管孔子在这里主要的不是讲宇宙观的问题（按：孔子很少直接讲到宇宙观的问题），但我们还不能说他已经摆脱了传统的"天命"思想的影响，从这里应该看到孔子在某种程度上仍受传统的"天命"思想的束缚，不过他给了"天命"一些新的解释、新的内容，也就是说他直接把"天命"和做人的道理联系起来，使神秘的东西带有现实的性质。就这点说，也不能不说是孔子的一个革新吧！

有的人认为"死生有命，富贵在天"是对事物发展的客观规律的认识，是从"天道自然"的观点出发的。这当然也有其一定的道理，因为就孔子的整个"天道观"看，他确有"天道自然"之义,这点已如上述。但我觉得"死生有命,富贵在天"这两句,如果解释成对客观规律的认识,恐怕根据不足。一则,这两句话本身很难说是从"天道自然"之义出发,而明明是承认了生死、富贵是受一种超自然的力量所支配。我想,这种思想在当时也没有什么可奇怪的,因为在那时谁也不能掌握自己的命运。因此,尽管我们承认"死生有命,富贵在天"这两句话的唯心主义、神秘主义的意思,也不能否认孔子思想中的唯物主义和无神论的因素,而且后者是孔子思想中的新的东西,是其基本的方面。二则,《墨子》中批判儒家讲"天命"的地方很多,而且也不能把"天命"和"天道自然"联系起来。《墨子·公孟》篇上说:"儒……又以命为有,贫富、寿夭、治乱、安危有极矣,不可损益也。为上者行之,必不听治;为下者行之,必不从事矣,此足以丧天下。"从这里看来,儒家是没有摆脱对"主宰的天"的信仰的。可是对这点,也应由两方面来看:一方面孔子没有完全摆脱传统的"天命"思想的影响,这是他受时代及其阶级的影响,因此他创立的学派——儒家——就经常和"天命"思想纠缠着;另一方面则应看到,这里墨家批评的儒家思想,并不是孔子本人的主张,而是孔子的一派学生的思想,当然这思想并非与孔子本人全然无关,而这正是他的学生对他的保守的一面的发展。从孔子一向的主张和平日的行事看,上述墨家对儒家的批评,是没有很大关系的。孔子一向主张积极地治事,要求劳动者努力从事。他到处奔走,就是为了行他的主张。当孔子的"道"无法推行时,他也只是说:"不怨天,不尤人,下学而上达。知我者其天乎!"(《宪问》)不仅如此,而且孔子主张"知其不可为而为之",这本是他的精神的基本的一面、积极的一面。因而,孔子是从传统的"天命"思想中打开了一条新的道路,这就是更多地重视人自身的努力,而相对地减少了对"天命"的信仰。在孔子的眼中,人对现实生活已经不是无能为力了。

　　孔子的天道观就其开风气的方面看，是有着无神论和唯物主义的因素，这是孔子的宇宙观的基本的方面；就其天道观的某些观点看，就其形式方面看，是受着传统的思想的束缚，仍然有着唯心主义和有神论的因素；由发展观点看，由当时的作用看，这不是他的思想的主要的方面，不是他的思想的基本的方面。我国古代宇宙观的发展，大体上是以承认有主宰一切的上帝及其创造世界开始，后由于社会本身的发展、科学生产知识的积累，不仅看到上帝似乎并不能为所欲为，有好些事好像也不是由上帝来支配。特别是在阶级斗争中人们逐渐意识到"上帝的意志"就是当权的统治者的意志，由于对统治者的信仰动摇，于是就对上帝产生了怀疑，上帝的地位也开始下降了。人们就提出来一个新的问题，即什么是宇宙中最高的、最根本的东西？有没有创造世界的主宰？保守的统治阶级就必然为巩固"上帝的意志"而斗争，向前发展着的阶级和进步的集团总是逐渐在破坏上帝的威信，或者认为根本没有什么创造世界的主宰。春秋时期，阶级斗争在哲学中的反映，就是如此。在孔子以前就已经有把"天之道"看成是一种自然而然的现象，"盈而荡，天之道也"，"盈必毁，天之道也"。列宁说："科学思想的萌芽，是同宗教、神话之类的幻想的一种联系。"春秋时期的唯物主义思想和无神论思想的萌芽，都是和"天"这一种神秘的力量相联系的。思想的内容的发展，到一定时期就要求改变其形式。孔子的时代已经接近这样的彻底转变的时代了。因此，到孔子的时候，已经不只在个别问题上来说"天"的"自然性"了，而是接近对"天"的"自然性"进行概括的时候了。孔子是第一个猜测到"天"就是"自然"，"天道"就是"自然规律"，"天命"是人对现实生活无能为力的一种表现。在宇宙观上这种合乎规律的发展，也是社会历史本身发展中所要求的。

因为孔子的时代正是奴隶社会开始向封建社会转化的时代，经济基础的改变，也就要求着全部上层建筑相适应地改变。打击主宰之天就是打击奴隶主贵族，就是促使奴隶制崩毁。孔子的思想是反映着从奴隶主贵族向封建贵族转化的那一个集团的利益，因此就形式方面和部分内容来说，孔子的思想中还保存了"天"的形式和部分旧的内容；但孔子给"天"以新的解释，即给"天"以新的内容，这一新的内容就为先秦天道观开辟了一个新的发展方向，这是孔子天道观思想的基本的一面。由此看来，对孔子的"天道观"的理论上的分析，正是完全符合对孔子的思想的阶级分析。

四

孔子除了在宇宙观方面为先秦诸子百家开辟了唯物主义和无神论的新方向之外，他还在社会政治观点方面提出来适应新的生产方式（封建的生产方式）需要的新方向来，那就是"仁"的理论，并以"仁"作为"礼"的内容，这样也同时为封建社会的道德伦理观点奠定了基础。孔子的"仁"的思想，深深地影响着两千多年的我国封建社会的许多方面。这是值得我们加以重视，并认真批判的。

在孔子以前没有人把"仁"作为一个重要的哲学概念提出来，这是孔子的创造。孔子这种新的创造并不是偶然出现的，而是时代精神的体现。在奴隶社会中可以说还没有如何对待奴隶这一个特殊的问题，因为奴隶只是奴隶主的"会说话的工具"，奴隶和其他工具的地位没有什么差别，奴隶没有什么"人格"的问题，因此也就不需要有一个什么不同于对待其他的工具的特别的态度来对待劳动者的问题。殷周以来，都是用"礼"来维系统治阶级内部的关系，这完全与对待劳动者没有什么关系；另外还有一个

"刑"，"刑"是对待劳动者的统治工具，但"刑"在当时也不是一种什么固定的制度，而是随统治者所好的。我国封建经济的发展有其特点：并不是在使用了铁工具才开始有封建经济的生产关系，而是在铁工具广泛使用以前封建的生产关系就开始出现。这样，如何用生产关系一定要适合生产力要求的规律来说明我国社会由奴隶制向封建制的转变呢？我想只有充分看到生产力中的人的这一个方面，才能得到解答。大体上说，如果生产工具没有多大改变，但劳动者在生产中的地位如果得到改变，也会大大地提高生产力。在我国，从奴隶社会向封建社会的转变正是这样。从东周以来，由于私田不断扩大，就需要更多的劳动力，在这种情况下，劳动者的生产兴趣就成为决定生产力发展的因素。孔子就是生活在这样一个时代，对现实社会有着深刻的了解的孔夫子，不会不注意到这一点。但孔子毕竟是一个剥削阶级的思想家，而且是代表着由奴隶主贵族转化而来的封建贵族的利益的思想家。因此，他也就必然要求在不打乱现有的秩序的情况下来改变社会制度，也就是说，他要求在一定程度地保存"礼"的条件下来改变劳动者的地位。这并不是孔夫子一个人这样主张，先于孔子的一些思想家如子产等就是这样，因此，这样的主张是反映着时代精神的。

"礼"是殷周以来的制度的集中体现，如何对待"礼"，这对孔子来说是一个很困难的难题。完全抛弃旧礼吗？不仅与孔子所代表的这样一个统治阶级的集团的利益不相合，而且孔子是一个较有远见的剥削阶级的思想家，知道这样做就无法统治下去。因此我们可以看到孔子谈到"礼"的地方很多，矛盾也很多，除表现他仍然要维护旧礼的一方面，我们还可以看到孔子给了"礼"不少新的解释、新的内容，特别是孔子把"仁"作为"礼"的基本内容提出来，因此我们可以说在当时孔子的社会政治观点、道德伦理观点是适合当时社会发展的需要的，因而在当时是起着一定的进步作用的。

关于"礼",孔子大体上做了这样几方面的新解释:

第一,孔子反对把"礼"只当成是一种形式。《论语》中有这样几条记载:

> 子曰:"礼云礼云,玉帛云乎哉?乐云乐云,钟鼓云乎哉!"(《阳货》)
>
> 林放问礼之本。子曰:"大哉问!礼,与其奢也,宁俭;丧,与其易也,宁戚。"(《八佾》)
>
> 子曰:"奢则不逊,俭则固;与其不逊也,宁固。"(《述而》)

这些都说明孔子认为应注意礼的内容,只有有了内容的礼,行起来才有意义。如果把礼当成一种仪式的形式,那还不如不行礼。所以孔子认为礼并不在乎玉帛、钟鼓。那么要礼是为了什么呢?

第二,孔子认为要当好统治者(君子)就需要"礼"。他说:"不学礼,无以立。"(《季氏》)为什么要"立"呢?那就是当个统治者就要稳稳当当地站在统治者的地位,没有礼就没有这样的保证。所以他说:"上好礼,则民易使。"(《宪问》)因此可以看出,孔子所说的礼完全是为现实的政治服务,是为了使劳动者好好地劳动,而不是一种空空洞洞的仪式。他说:"能以礼让为国,何有;不能以礼让为国,如礼何?"(《里仁》)他的"礼"不是一种绝对的制度,而是要对统治者有利,对他所代表的阶级有利,如果不能有利于现实的社会生活,礼也就没有什么用了。

第三,孔子认为"礼"不是一种完全不近"人情"的制度,而是为了更好地让劳动者从事劳动,那么作为统治者应在一定程度内对下面的人要宽大一些。他说:"礼之用,和为贵。"(《学而》)"居上不宽,为礼不敬,临丧不哀,吾何以观之哉。"(《八佾》)这已经说明孔子是一个较有远见的统治者,在这样的社会大变动的时代,他知道该如何对待劳动者,他知道"人"的问题是一个根本性质的问题。

第四,孔子认为礼节不在于复古,而在于致用。他说:"周监于二代,郁郁乎文哉,吾从周。"(《八佾》)他之所以从周,就是因为周礼已经把夏礼和殷礼中有用的东西吸收了,他继承周礼,再加以改善,就成为孔子的"礼"了。所以他认为:"殷因于夏礼,所损益可知也;周因于殷礼,所损益可知也;其或继周者,虽百世可知也。"

以上四点都是孔子对"礼"的看法,但这几点都是孔子所主张的"礼"的次要的方面。孔子所给予"礼"的新义,就在于孔子提出"仁"应当是"礼"的基本内容,因而使旧礼大大改观,成了为新的经济关系服务的工具。

孔子曰:"人而不仁,如礼何?人而不仁,如乐何?"(《八佾》)没有"仁"作为内容的礼,没有"仁"作为内容的乐,要它们有什么用处呀!这很明显地可以看出孔子所说的"仁"与"礼"的关系。"仁"是内容,"礼"是形式;"仁"是本质,"礼"是本质的表现。有些同志认为孔子虽然说了"人而不仁如礼何",但是也说了"克己复礼为仁",他们认为孔子同样把礼看成是仁的标准。其实不然,这是对"克己复礼"的误解,因为孔子不是讲的"复礼而仁",而是讲的"克己复礼为仁"。这并不是偶然的,这里孔子的意思是说,要约束自己来实行礼,才叫做仁。如果简单地复礼,就不能叫做仁;只有对自己有个要求,这样实行礼,才有用,才有意义,否则只是形式,没有什么用处。所以总的看来,孔子还是以仁为本,以礼为末。

孔子讲到仁的地方很多,而且意义也很广泛,几乎什么都包括在他的"仁"里面了。现从《论语》中抄出若干句来:

有子曰："其为人也，孝弟而好犯上者，鲜矣；不好犯上而好作乱者，未之有也。君子务本，本立而道生。孝弟也者，其为人之本与！"(《学而》)

子曰："弟子入则孝，出则弟，谨而信，泛爱众，而亲仁。行有余力，则以学文。"(同上)

子曰："唯仁者能好人，能恶人。"(《里仁》)

子曰："富与贵，是人之所欲也；不以其道得之，不处也。贫与贱，是人之所恶也，不以其道得之，不去也。君子去仁，恶乎成名？君子无终食之间违仁，造次必于是，颠沛必于是。"(同上)

仲弓问仁。子曰："出门如见大宾，使民如承大祭。已所不欲，勿施于人。在邦无怨，在家无怨。"(《颜渊》)

子贡曰："如有博施于民，而能济众，何如？可谓仁乎？"子曰："何事于仁，必也圣乎！尧舜其犹病诸！夫仁者，己欲立而立人，己欲达而达人。能近取譬，可谓仁之方也已。"(《雍也》)

子曰："知者不惑，仁者不忧，勇者不惧。"(《子罕》)

子曰："有德者必有言，有言者不必有德。仁者必有勇，勇者不必有仁。"(《宪问》)

子张问仁于孔子。孔子曰："能行五者于天下，为仁矣。请问之。曰：恭、宽、信、敏、惠。恭则不侮，宽则得众，信则人任焉，敏则有功，惠则足以使人。"(《阳货》)

孔子的这些对"仁"的看法，说明"仁"的意义是很广泛的，包括忠、恕、孝、勇、恭、宽、信、敏、惠等等，也就是说包括了一切做人的道理。从这可以看出，孔子的"仁"是他的最高的道德标准，离开了"仁"，忠孝等等都无意义。那么什么是做人的道理呢？那就是孔子所说的"仁者爱人"了。"爱人"并不是什么人都做得到的，孔子认为只有君子才有爱人的品德，至于劳动者那就根本谈不上这种品德。孔子说："君子而不仁者有矣夫，未有小人而仁者也。"（《宪问》）所以孔子的"仁"是有阶级性的，它只是统治阶级的一种品德。① 孔子说到仁时，大体上有两方面的意义：一方面是作为剥削阶级自身做人的标准，这是当时新兴的地主阶级对自己的要求方面；另一方面孔子也把"仁"当做他这一个阶级行事的标准，这就是"仁政"。只有仁人才能行仁政，也只有当时的社会需要仁政了，孔子才提出"仁"字来。因此，这两方面是分不开的。把"仁"作为君子对自己的要求来说，在《论语》上有不少的记载，已如上述。又如：

子曰："志士仁人，无求生以害仁，有杀身以成仁。"（《卫灵公》）

子曰："饭疏食，饮水，曲肱而枕之，乐亦在其中矣。不义而富且贵，于我如浮云。"（《述而》）

子贡曰："我不欲人之加诸我也，吾亦欲无加诸人。"子曰："赐也，非尔所及也。"（《公冶长》）

子贡问曰："有一言而可终身行之者乎？"子曰："其恕乎！己所不欲，勿施于人。"（《卫灵公》）

为什么孔子认为必须以"仁"律己呢？这就是因为孔子懂得要行"仁政"，不用"仁"来律己就无从着手。这正说明孔子作为一个新兴阶级的思想家是较有远见的，为了长远地站住脚，为了更长久地剥削劳动者，孔子知道，这样做是有好处的。

孔子的"仁"是从统治阶级的利益出发，在当时是为新兴的

---

① 孔子的"仁"与墨子的"义"是对立的。孔子的"仁"是从剥削阶级的利益出发，对劳动者加以恩赐，这样好让劳动者好好地为他劳动。墨子的"义"是从劳动者的利益出发，要求剥削者平等对待他们，所以墨子的"义"就是"兼相爱，交相利"的意思。"仁"和"义"在孔、墨那里都是有阶级性的。

封建贵族的利益着想的。但我们决不能把"仁"看成只是为了处理剥削阶级之间的关系，实际上它也是从新兴的地主阶级的利益出发来处理与劳动者之间的关系。这也就是说，孔子的"仁"有两层意思。一层是对付奴隶主贵族，这就是这样一个新兴的阶级用来争取平等地位的工具，如上所言"己欲立而立人，己欲达而达人"，"己所不欲，勿施于人"等是也。这显然不是指的剥削者与被剥削者之间的关系，而是为了维护剥削者之间的正常关系，在当时是对新兴的封建贵族有利的。一般说来，大家都承认孔子的"仁"、"爱人"是对其本阶级来说的，但对孔子的"仁"、"爱人"是否也是对劳动者来说的，大家都认为孔子不是这样的。我想对这个问题谈谈我的看法。我认为不应把这样两个问题混为一谈，即一个是孔子从他那个剥削阶级的利益出发，讲"爱人"，也包括劳动者，但并不是为劳动者的利益，可是在当时的历史条件下，客观上对于劳动者有利；另一个是认为孔子讲"爱人"包括劳动者，因而就是从劳动者的利益出发。我认为孔子讲的"仁"是包括对待劳动者的问题，但是前者的看法，不是后者的看法，我认为这样的看法是符合当时的实际情况的。

"子贡曰：'如有博施于民，而能济众，何如？可谓仁乎？'子曰：'何事于仁，必也圣乎！'"（《雍也》）"弟子入则孝，出则弟，谨而信，泛爱众，而亲仁。行有余力，则以学文。"（《学而》）这里都是很明显地从统治者的主观出发，表示对劳动者有所恩赐，这样就可以当一个统治者。又如，子张问仁一节，其中"宽则得众"，"惠则足以使人"，显然是对劳动者说的。孔子所说的"君子之道"，其中"养民也惠"、"使民也义"，与上意完全相同，当不是偶然的。孔子为什么也要"爱"劳动者呢？这一点孔子自己就交代得很明白。他说："仁者先难而后获。"这显然是从统治阶级的利益出发，认为统治者如行"仁政"虽然不容易，但收效是会很大的。孔子又说："爱之，能无劳乎？"这真是一语道破天机。本来孔子就没有隐藏其"仁"（"爱人"）的阶级性，他爱的下人只是为了要他们好好劳动，并不是说就不要劳动了。孔子还说："以不教民战，是谓弃之。"我们虽然不能说孔子这完全是为"爱民"着想，但也可看出他认为"爱民"总对他这个阶级有利的。这里可以看出，一个新兴的阶级哪怕是剥削阶级，在客观上总是在一定程度上反映着劳动人民的利益的，所以孔子说："民之于仁也，甚于水火。"（《卫灵公》）可见，"仁"不仅为当时进步的统治阶级所需要，也在一定程度上为当时的广大劳动者所需要。

孔子主张行"仁政"，反对"苛政"，那就是主张把劳动者当人看待，反对把劳动者当做牛马一样的奴隶看待。孔子反映了时代精神。孔子不愧是当时的一个聪明人，不管孔子自觉或不自觉，但从他的思想中可以看出，他知道只有把劳动者的地位提高，才可以巩固其统治，才能得到更大的利益。孔子的"仁政"在一定程度上是符合当时处于奴隶地位的劳动者的要求的，所以孔子说："因民之所利而利之，斯不亦惠而不费乎？择可劳而劳之，又谁怨。"又说："不教而杀谓之虐；不戒视成谓之暴；慢令致期谓之贼；犹之与人也，出纳之吝，谓之有司。"（《尧曰》）这样的"仁政"在当时客观上是对劳动者比较有好处的，这自不待言。如果行了这样的"仁政"，在当时就会"近者悦，远者来"了。这就可以看出孔子不仅是一个比较有远见的统治阶级的思想家，而且是一个在当时代表着时代发展方向的思想家，孔子真正懂得"欲速则不达，见小利则大事不成"。可惜当时的当权者看不到这一点，没有用孔子的主张，否则无论如何对社会的前进是有些作用的。

历史唯物主义教导我们，必须历史地对待以往的历史事件，否则就会对历史上的一切做出全盘否定的结论。我们应该把孔子放在他那个历史时代来看待，否则对孔子就无法有一个正确的评价。当然，对于剥削阶级的思想家，在任何时候，我们更重要的是要用马克思主义加以批判，这样才能鼓舞我们向前看。孔子给"礼"加了一个非常重要的内容，就是"仁"（"爱人"）。为什么孔子不抛弃"礼"呢？为什么孔子不只是对"礼"加一些不重要的内容呢？这正是因为孔子处在由奴隶社会向封建社会过渡的时代，代表着由奴隶主贵族向封建贵族转化的那一个集团的利益；因此，一方面不得不保存一些旧的制度，另一方面也不得不对旧制度做一些重大的改革，以适应新的生产关系的需要。孔子在当时基本上是进步的，保守的方面是他思想中次要的方面。

五

孔子不仅是一个政治家、思想家，而且也是一个教育家。这一点前面已经谈到了，现就其教育思想这方面再谈些看法。

孔子通过他长期的教育实践，从其中总结了不少合乎人们认识规律的经验，这些经验中间有不少是合乎唯物主义认识论的原则的。但是我认为在孔子的思想中还没有系统的认识论，只有一些可贵的教育方法的概括，还不是哲学上的问题。因此，就教育方法来说孔子是有贡献的，但就认识论方面来说孔子是没有接触到的。墨子在这方面前进了一大步，提出了名（概念）和实（客观对象）的关系问题、认识的来源问题、认识的方法问题，要用认识论来论证他的宇宙观，这才是我国哲学史上较系统的认识论的理论。

第一，孔子基本上是认为人们的知识是来源于学习。虽然他也讲到"生知"、"上智下愚不移"，这是其教育思想中的唯心主义因素，但这只表明孔子还受着传统思想的束缚，其实他并不重视这方面。相反地，他比较重视后天的个人努力（学习）。他所说的

"性相近也，习相远也"（《阳货》），才是他自己的主张，显然这是与"生知"的观点相矛盾的。孔子从来不认为他自己是"生知"，也从来没有说过哪一个人是"生知"的。相反，他说："我非生而知之者，好古，敏以求之者也。"（《述而》）他自己是非常好学的，"子入太庙，每事问"（《八佾》）。他也称赞别的好学的人。他说："有颜回者好学，不迁怒，不贰过。不幸短命死矣！今也则亡，未闻好学者也。"（《雍也》）子贡问曰："孔文子何以谓之文也。"子曰："敏而好学，不耻下问，是以谓之文也。"（《公冶长》）可见孔子所说的"生知"只是空话，在实践上他一点也没有管它。孔子主张学习的知识，大体上有两部分。一部分是从学习古代的典章制度（礼）方面得来的知识，这可以说是历史知识。《论语》中记载孔子从过去的历史、典章制度中学习知识的地方很多，他自己也说："述而不作，信而好古，窃比于我老彭。"（《述而》）《乡党》一章中，除极少几节外，大部分是讲古代的制度的，孔子就是学习这些。另一部分是从现实生活中学习来的知识，这可以说是现实的知识。但孔子主要是注重观察而不大注意实践。他说："多闻，择其善者而从之，多见而识之。"（同上）"多识于鸟兽草木之名。"（《阳货》）"不耻下问。"（《公冶长》）"三人行，必有我师焉！择其善者而从之，其不善者而改之。"（《述而》）这些都说明孔子非常重视从现实生活中学习，这一点也是和孔子整个的思想相一致的。

第二，孔子对于某些学习规律做了概括，并以此作为他指导学生的学习方法。

他提出了反复的学习可以使人们的认识更加深入，因而得到新的知识。他说的"温故而知新"、"学而时习之"等，就是这个意思。孔子虽未明确讲出通过对过去的经验加以分析可以总结出事物发展的规律来，但他已经知道可以由学习过去的知识中吸取经验,对认识当前的事物是有帮助的。孔子常常再三向别人请教,从别人那里学得知识,再用来教育别人。他说:"吾有知乎哉?无知也。有鄙夫问于我,空空如也,我叩其两端而竭焉。"(《子罕》)

他还从教育的实践中总结出"学"和"思"的关系来。孔子的"学"和"思"的关系不是感性认识和理性认识的关系,而是别人的经验和如何通过思考变成自己的经验的关系。"学"是要学习别人的经验和从现实生活中学习;"思"是把别人的经验和从现实生活中学得的东西加以消化,使之成为自己的东西。所以孔子说:"学而不思则罔,思而不学则殆。"(《为政》)孔子不仅重视"思",而且更重视"学",他认为"学"是"思"的基础,所以他还说:"吾尝终日不食,终夜不寝,以思,无益,不如学也。"(《卫灵公》)"好仁不好学,其蔽也愚;好知不好学,其蔽也荡。"(《阳货》)大凡人类认识史总是首先重视"学"("直接经验"和"间接经验"),而后才逐渐注意到"思"(对经验加以总结,找出规律),孔子是通过教育实践,开始认识到这两者的关系,并可以看出他是由注意"学"开始到注意"思"的阶段。

孔子已注意到知(学)和行的关系问题,当然孔子这里还不是认识到认识论上的理论和实践的关系,而只是指出,人如果知道了但不能行是不对的。他说:"君子耻其言而过其行。"所以他主张"君子……敏于事而慎于言"。孔子一生的活动就是他这个主张的证明。子贡是个会做生意的人,但他却说:"我不欲人之加诸我也,吾亦欲无加诸人。"孔子知道他根本做不到,就直截了当地告诉他:"你做不到的。"

这些学习上的经验,包含着唯物主义认识论的一些因素,是值得我们重视的。

第三,孔子的教育思想中还包含着学习态度的问题。他认为学习的态度应该是老老实实的。他说:"知之为知之,不知为不知,是知也。"(《为政》)他自己就是这样,不懂就问别人。"不耻下问",说错了就纠正。因此,孔子的知识比别人丰富。

第四,孔子很注意受教育的人的具体情况。他对不同的对象,给以不同的知识,他的弟子问仁、问政、问君子的很多,他都根据对象给以不同的回答。

总之,孔子的教育思想还是值得我们十分重视的,特别是研究中国教育史的人,更应该好好整理这份宝贵的遗产。

下面再谈一谈"正名"的问题。这个问题常被别人用来证明孔子的认识论是唯心主义,我觉得怕不妥当。我认为孔子的"正名"思想基本上与哲学上的认识论无关,而是为政的问题。

> 子路曰:"卫君待子而为政,子将奚先?"子曰:"必也正名乎。"子路曰:"有是哉,子之迂也。奚其正?"子曰:"野哉由也!君子于其所不知,盖阙如也。名不正则言不顺,言不顺则事不成,事不成则礼乐不兴,礼乐不兴则刑罚不中,刑罚不中则民无所措手足,故君子名之必可言也,言之必可行也。君子于其言,无所苟而已矣。"(《子路》)

常有人根据这一段话来论证孔子的认识论观点是唯心主义的。我认为这里孔子讲的"正名"问题是和认识论上的"名"与"实"的关系无甚关系的。孔子这里所说的"名"是一个行事的标准。那也就是说治理国家总要定个名分吧,"君"是应该如何,臣是应该如何等等。所以孔子"正名"的基本内容是"君君、臣臣、父父、子子"。作为一个统治者是需要这一套的,没有这一套,在上的无法行事,在下的无所措手足。作为认识论上的"名"与"实"的关系问题,如要断定其为唯心主义还是唯物主义,大体上要接触这样两个问题才能分别:一是名在先还是实在先,如名在先就是唯心主义,实在先就是唯物主义;另一是名实结合还是两者分离,相结合则是唯物主义的看法,相分离则倒向唯心主义。可是孔子讲的"正名"和以上两点并无关系,孔子的"正名"思想却是为了很好地管理政事。

　　季康子问政于孔子,孔子对曰:"政者正也,子帅以正,孰敢不正。"(《颜渊》)

　　子曰:"其身正,不令而行,其身不正,虽令不从。"(《子路》)

　　子曰:"苟正其身矣,于从政乎何有?不能正其身,如正人何。"(同上)

孔子要求在上者按照一定的规定来办事,如果不按照规定来办事,将不能很好地管理人民。当然有人也许会提出,孔子让统治者按照一定的规则来办事,就是唯心主义,因为现实生活老在变化,不可能按照一定的规则来办事。这只是有部分的道理,并不能因此就说孔子是唯心主义,正如我们不能说主张根本不要什么规则来办事,因此就是从现实生活的具体情况出发,因而就是唯物主义一样。是什么样的问题,我们就分析到什么程度。根据自己的猜测加以引申,不是历史唯物主义的特点。

两千多年来对孔子有各种各样的评价,有的是从封建地主阶级的立场来评价孔子,有的是从封建社会中的被压迫阶级的立场来评价孔子;近代,我国资产阶级的不同阶层在不同的时期也都给过孔子以不同的评价。过去的任何阶级或任何阶级的任何阶层对孔子的评价都不免有些片面性。反动的阶级自不待言;历史上的被压迫的劳动者对孔子的诅咒,自然有其合理的部分,但他们没有历史唯物主义这样的理论武器,因而也就只是诅咒而已;在历史上的资产阶级革命派,从反封建的意义上说,对孔子的批判是较以前任何阶级的批判都更彻底,但也有其片面性。正如毛主席指出的:"五四运动本身也是有缺点的,那时的许多领导人物,还没有马克思主义的批判精神,他们使用的方法一般还是资产阶级的方法，即形式主义的方法，他们反对旧八股、旧教条，主张科学和民主，是很对的，但他们对于现状，对于历史，对于国外事物，没有历史唯物主义的批判精神，所谓坏就是绝对的坏，一切皆坏，所谓好就是绝对的好，一切皆好。"正确地对待历史的马克思主义的批判精神，应该站在无产阶级立场，用历史唯物主义的观点来对历史事件加以分析，这样才可以得到科学的结论，否则反而不能真正清除某些历史上的人物对现实的坏影响。

在春秋战国时期，孔子并不是什么"至圣先师"，孔子活着的时候受尽了当权者的气，"夫子再逐于鲁，削迹于卫，伐树于宋，穷于商周，困于陈蔡……"（《庄子·让王》）墨子骂过孔子，老、庄嘲笑过孔子，除了他的弟子外，只有很少数的几个人把孔子看成"圣人"，韩非子说了一句"仲尼天下圣人也，修行明道，以游海内"（《韩非子·五蠹》）。只是到了董仲舒的时候，"罢黜百家，独尊儒术"，孔子的地位才大大提高起来，不仅是"圣人"而且是"素王"，是"神"了，但这时的孔子已非春秋末年的孔子了。经过韩愈、朱熹等的努力，孔子的至高无上的地位在封建社会中完全巩固下来了。这些罪过不能完全加给孔子本人，应该加以分析。在两千多年的封建社会中，也还有另外一面，除封建社会中正统派的思想家外，尚有一些进步的思想家对孔子或封建礼教提出过批评，例如王充、鲍敬言、嵇康、李卓吾等等，这些思想家中有一些是反对孔子思想的某些方面，同时也继承了某些方面。另外，农民革命的思想中，也包含着对孔子思想的批评，但也吸收了孔子思想中有利于他们的那一部分（例如礼运大同的思想）。这两方面对待孔子的特点，也应作为我们研究孔子的很重要的材料。

西方资产阶级的思想输入我国以后，对孔子的态度就大不相同了。资产阶级革命派，是要打到孔子的。辛亥革命前后，章太炎第一个从资产阶级的要求出发批判了孔子，他是我国近代资产阶级学者第一个较系统地批判了孔子的人。五四时期的新文化运动的中心问题就是要"打倒孔家店"。当时,"打倒孔家店"就是要打倒"封建礼教"。这次运动是有重大的历史意义的,这是一次资产阶级革命派向封建思想的勇猛的进攻,它对推动我国的社会进步是有很大意义的。但在"打倒孔家店"的队伍中是有着各种各样的成分的①,而且由于没有马克思主义作为指导,如毛主席所说,对孔子也就没有能做出比较科学的评价,因此也就不能彻底清除孔子的影响。

应该把春秋末年的孔子和以后封建社会中被歪曲了的孔子加以区别。因为在封建社会中孔子是被历代统治阶级按照他们的要求加以歪曲了的。从《论语》中看到的孔子,是一个有血有肉的人,他犯过错误,而且自己也承认错误,他帮助过或要帮助乱党,他对生活有很多幻想,他小心谨慎地侍奉过当权的贵族,他也骂过贵族,他还和他的弟子开开玩笑,如此种种,都可以与后来封建统治阶级描绘的孔子加以对照。当然孔子是一个剥削阶级的思想家,是一个带有若干保守成分的思想家,但他的思想的基本方面是适合当时时代发展的要求的,因为他是历史上第一个注意到"人"的人,注意到应该把"劳动者"与牛马区别开来,因为他提出"仁"这样一个划时代的概念来。我们不是说孔子就是为劳动者的利益着想,而是说他从奴隶主贵族转化而来的封建贵族的利益出发,提出来"对待劳动者"的问题,是当时时代精神的反映,在客观上减轻了一些对劳动者的压迫。马克思主义教导我们,对历史事件要以历史唯物主义的态度来分析,符合历史发展要求的思想,哪怕是剥削阶级的思想,在历史上也可以起着一定进步作

---

① 李大钊在五四时代对孔子的评价是较之其他人为公允的,在他的《自然的伦理观与孔子》一文中说:"孔子于其生存时代之社会,确足为其社会之中枢,确足为其时代之圣哲,其说亦确足以代表其社会时代之道德。"又说:"掊击孔子,非掊击孔子之本身,乃掊击孔子为历代君主所雕塑之偶像的权威也;非掊击孔子,乃掊击专制政治之灵魂也。"

用。当然，作为马克思主义者应该站在更高的思想高度来看待这些历史事件，因为马克思主义是无产阶级的思想。因此，对任何在历史上曾经起过进步作用的统治思想都应加以批判，或批判地加以继承。特别在今天，对待过去剥削阶级的思想家，就总的方面说应该加以深刻批判，揭露其为剥削阶级服务的实质。孔子在中国历史上影响很大，我们更应该加以认真地分析批判，才能肃清其不良影响。

对于孔子在历史上应如何估价，是我们要进行研究的一个方面；而对孔子思想的阶级实质和在当前的反动作用则是我们更应研究的一个方面。本文主要是就孔子在其当时所起的作用提出一些粗浅的看法，希望得到批评。

原收入中国科学院山东分院历史研究所编：《孔子讨论文集》第一集，济南，山东人民出版社，1961

研究朱熹哲学的几个问题

朱熹是中国哲学史上的重要哲学家,他有很广博的学识,建立起了一个很庞大而且相当细致的客观唯心主义体系,因此我们研究和批判他的哲学思想是有一定意义的。前不久北京大学哲学系中国哲学史教研室结合教学举行了关于朱熹哲学思想的讨论,涉及不少哲学史的根本理论问题。由于笔者参加了这一讨论,这里想就讨论中的某些问题,提出自己的看法。

一、朱熹哲学的历史作用

朱熹所生活的时代是一个民族矛盾十分尖锐的时代,估价朱熹哲学思想的历史作用和历史地位不能不考虑这一点。有的同志认为,虽然当时民族矛盾比较尖锐,而朱熹的哲学主要是解决阶级矛盾,那么评价朱熹哲学的历史作用就只需考虑其在阶级斗争中的作用就够了。也有的同志认为南宋时代存在着两类基本矛盾,一是民族矛盾,另一是农民和地主之间的阶级矛盾,而在朱熹所生活的年代中阶级矛盾上升为主要矛盾,朱熹的哲学是解决阶级矛盾的,也就应从这方面来评价他的哲学思想。还有的同志持相反的观点,认为朱熹在对待民族矛盾问题上与投降派不同,因此对其哲学思想多少应有所肯定。这几种看法都有一定根据,但都是不够全面的,都是从不同方面把民族矛盾与阶级矛盾割裂开来了,这样就会把矛盾的情况简单化。

南宋整个时代是以民族矛盾为主,这一点和从鸦片战争到辛亥革命时期帝国主义一直是我国人民的主要威胁有相似之处。毛主席在《唯心历史观的破产》一文中指出："中国人所以要革清朝的命，是因为清朝是帝国主义的走狗。反对英国鸦片侵略的战争，反对英法联军侵略的战争，反对帝国主义走狗清朝的太平天国战争，反对法国侵略的战争，反对日本侵略的战争，反对八国联军侵略的战争，都失败了，于是再有反对帝国主义走狗清朝的辛亥革命。这就是到辛亥为止的近代中国史。"南宋和毛主席所说的这个时代的历史情况是不一样的，金人和帝国主义也不一样，但是中华民族受到人家侵扰大体上是一样的，反不反对外族的侵略，在那时确实是一个评价人物进步与反动的重要标准。然而民族矛盾与国内的阶级矛盾是分不开的。因为当时的统治阶级一方面与金人有矛盾，但另一方面与广大农民群众也有矛盾，而且在一定情况下，会成为金人的走狗，和金人一起压迫各族人民。因此，在南宋时代并不是因为民族矛盾尖锐，而阶级矛盾反而缓和下来。那时，农民的起义此起彼伏，统治阶级对农民革命不断进行了镇压。由此可见，民族危机往往是和社会危机相联系的。在民族矛盾尖锐的情况下，统治者一方面可以利用民族危机为借口，要求被统治者放弃斗争；另一方面也会在一定情况下与民族敌人勾结起来压迫人民群众。南宋时正是这样一个情况。

　　南宋时，在抗金问题上有"战"、"守"、"降"三派。朱熹是主"守"派。朱熹之所以成为主"守"派是和当时的形势有联系的。因为在朱熹生活的几十年里，南宋与金人在民族斗争上处于相对稳定的对峙状态，南宋的阶级矛盾逐渐上升，日益尖锐，社会危机日益显露。朱熹的哲学就是在这样的条件下产生的。朱熹主张在"守"住的情况下，首先集中力量来解决阶级矛盾。因此，一方面他对主"和"派进行了批评，另一方面又主张"闭关绝约"、"立纲纪，厉风俗"，以达到"修政事攘夷狄"的目的。按照他的做法，从实质上说和"攘外必先安内"是一个意思。可见朱熹在根本上并没有重视民族矛盾，认为民族矛盾的解决是取决于社会阶级矛盾的解决。朱熹把对待金人的问题完全和内部的阶级斗争联系起来，我们可以说他是消极抗金、积极镇压人民的。我们把朱熹的哲学放在当时的民族矛盾与阶级矛盾中来分析，就大体上可以看出其哲学思想的反动性。

朱熹看到要使人民不反对封建制度，就必须从根本上维护它，因此他在一些次要的问题上和当时某些当权者有些矛盾。他主张"方田均税"，设"义仓"。有的同志指出，朱熹的这一些主张与当权者有分歧，而与北宋王安石变法时的主张相同，从而证明朱熹的思想不那么反动，其中尚有某些可取之处。这种看法是从表面上看问题。一则因为王安石变法是为富国强兵，"变法"是他的中心思想，而朱熹的这些主张在他的整个思想中只占着非常次要的地位，像他这些主张正如列宁所说的"慈善事业是富人的娱乐"那样，朱熹的这些思想也只是以小恩小惠来欺骗人民群众而已，这比起他企图从根本上来巩固封建制度是不足为道的。二则当权的统治者与统治阶级的思想家比较起来，往往是统治阶级的思想家更能反映这个阶级的根本利益。朱熹与南宋当权者的意见分歧的性质就是这样的。朱熹提出"理"并论证"理"是"一"，而万事"万物各有禀受"，因此"理"是"天理"，是"太极"，世界万物都是根据它而有的。就"理"的内容看，完全是封建的伦常关系，他说，"仁、义、礼、智便是天理之件数"，因此人必须是"革尽人欲，复尽天理"；"有道理底人心，便是道心"；"知觉从君臣父子处，便是道心"。怪不得戴震说朱熹是"以理杀人"呢。我们不能从形式上来看朱熹与当时当权者之间的意见分歧，而应当具体分析其哲学思想是如何为其阶级服务的。

朱熹的客观唯心主义之所以成为南宋以后统治阶级的正统思

想，并发生着长远的影响，绝不是偶然的，而是因为他要从根本上来维护封建统治阶级的利益。关于这一点，还可以从马克思在《拿破仑第三政变记》中分析一个阶级与其政治方面或著作方面的代表人物的关系来看。朱熹一方面把他的哲学思想推崇为原则，认为这是唯一能使当时社会得到挽救并使阶级斗争根本消灭的一般条件，所以他说："人生都是天理，人欲却是后来没巴鼻生底。"他就这样把他那个阶级的"私利"当做全民的原则提出来，并认为"天理"应该战胜"人欲"。朱熹以"天理"来压制"人欲"，他在《答陈同甫》中说："至若论其本然之妙，则惟有天理而无人欲。是以圣人之教，必欲其去尽人欲，而复全天理也。""天理"本为其阶级利益，但朱熹把它一般化，要人们依"天理"灭"人欲"，从而可以消灭阶级斗争，其实他是要求被剥削者完全放弃自己的利益，这正是剥削阶级与被剥削阶级的阶级斗争。"抽象的真理是没有的，真理总是具体的。"在阶级社会中，"天理"不是为这个阶级服务，就是为另一个阶级服务，一般的"天理"是没有的。另一方面，我们也不能把朱熹想象为盲目崇拜当权者的人物，其实他在具体政策方面也有与当权者不一致的地方。例如在"方田均税"、设"义仓"等问题上他是和当权者不一致的。然而朱熹的哲学思想归根到底还不能越出其生活所允许越出的界限，他的哲学仍然是他那个阶级的物质利益和社会地位所得出的任务与办法，所以他在《戊申封事》中说："今日之急务，则辅翼太子、选任大臣、振举纲维、变化风俗、爱养民力、修明军政六者是也。"朱熹的"理"当然不是什么"天理"，因为他自己就把"理"看成"仁"、"义"、"礼"、"智"等伦常关系。这一点正如马克思在《神圣家族》中批判神学家那样，他说："神学家经常按人的方式来解释宗教观念，因而不断地违背自己的基本前提——宗教的超人性。"朱熹正是这样，他按照宗教的阶级利益来解释"天理"，因而就不断地违背宗教的基本前提。"天理"在实质上不是什么"天"理,而是统治阶级意志的体现。在陈亮批判朱熹把"天理"与"人欲"对立起来的错误时,朱熹不得不解释说,他并不主张"天理"与"人欲"对立,但又说,"天理"是根本,因此应去"人欲"。这里一方面他露出马脚,另一方面又可以看出唯心主义自身存在着不可解决的矛盾,正因为它要维护反动阶级的利益,因此左右为难,不能自圆其说。

对朱熹哲学的历史作用如何估价,牵涉到若干哲学史方法论的基本理论问题。如何在民族矛盾和阶级矛盾的相互关系中分析哲学家哲学思想的作用,如何分析哲学家与其阶级之间的关系,如何通过分析哲学家哲学思想的阶级实质,揭露其思想体系的内在矛盾等,都是我们应通过对哲学家的具体分析应解决的问题。朱熹作为一个学者来说对我国古代文化有一定贡献,但作为一个哲学家来说,他则是企图用他的哲学思想从根本上维护封建统治阶级利益的。

二、关于分析朱熹哲学体系的问题

如何分析批判朱熹的哲学体系,也是我们讨论的中心问题。对朱熹的客观唯心主义哲学的分析批判,看起来有两种方法:一种是指出朱熹的论点与辩证唯物主义的观点相反,与客观实际相反,因而不是真理是错误;另一个办法是揭露朱熹哲学体系自身的矛盾,从而说明唯心主义的谬误。如果把这两种方法结合起来,将会更加深入地揭露唯心主义的实质,锻炼我们的思维能力。从分析朱熹哲学体系的内部矛盾开始,指出这些矛盾是唯心主义所无法解决的,最后说明其所以无法解决就在于它与客观实际不相符合。

我们讨论朱熹的客观唯心主义体系，主要集中在朱熹如何解决"理"和"气"的相关问题上，因为这个问题是朱熹哲学的核心问题。朱熹认为"理"在"气"先。如果我们说，既然他认为"理"在先，那就是认为绝对精神产生物质世界，因此是客观唯心主义，是错误的，这当然对，但对于锻炼我们的"理论思维能力"帮助不大。有人指出，朱熹所说的"理"在"气"先，不是指在时间上应先于"气"，而是指在逻辑上（道理上）应先于"气"。这样分析朱熹的哲学当然又前进一步。因为朱熹在讲"理"和"气"的关系上确实无时间先后的问题，他说："天下未有无理之气，亦未有无气之理。"（《朱子语类》卷一《理气》上。下引文不注明出处者皆见于《朱子语类》）朱熹认为，如果要说理与气有个先后，那只能是在道理上来说这个问题："此本无先后之可言，然必欲推其所以来，则须说先有是理。然理又非别为一物，即存乎是气之中，无是气则理亦无挂搭处。"这里可以看出朱熹之所以认为"理"与"气"无先后，是指在现实中没有离开"气"的"理"而言。但是朱熹为什么不在时间上分理气的先后，而只是在逻辑上、道理上分理气先后呢？这样就必须指出朱熹所谓的"理"和"气"的关系问题，是讲的"本体论"的问题，因此原无时间先后的问题，只有逻辑上何者为根本的问题。在"本体论"问题上，朱熹是坚定地站在客观唯心主义的立场上，在这一点上他是从不含糊其辞的。他说："有是理便有是气，但理是本。""理未尝离乎气，然理形而上者，气形而下者。自形而上下言，岂无先后？"本来在哲学上的根本问题是"思维对存在"的关系问题，是思维是第一性，还是存在第一性，这就是指何者是根本的问题。在这个问题上，朱熹是毫不隐讳的客观唯心主义观点。

像朱熹这样的唯心主义哲学家是不会放过宇宙构成的问题的，在这一问题上就是他对周敦颐的《太极图说》的解释了。朱熹所说的"太极"就是"道",他说:"所谓无极而太极者……所以明夫道之未始有物,而实为万物之根柢也。"因此,他又提出另外一对范畴,就是"道"和"器"。"器"是指具体的有形有象的万物。在这里,朱熹就不仅认为"道"只是在逻辑上在先,而且"道"在时间上也先于"器",是"器"按照"道"而形成的,这就是过去所谓的"宇宙论"(或"宇宙生成论")问题,在这个问题上才有时间先后的问题。

分析到这里,朱熹的客观唯心主义自身的矛盾还没有显露出来,因此还必须进一步研究他的"理"、"气"与"道"、"器"的关系问题。

第一,"气"是如何因"理"而成"器"。在朱熹看来,"气"有阴阳、清浊,因"理"而形成世界万物,因此才有千万种不同的事物。在这里就产生第一个问题,如"气"有阴阳、清浊,则其阴阳、清浊是本有的,还是因"理"而有的?朱熹认为阴阳、清浊为本有的。如阴阳、清浊为气本有,理就不是绝对;但在朱熹看来,"理"必须是绝对,且就朱熹哲学体系来看"理"亦只能是绝对,因"理"是本体。冯友兰先生看到这一矛盾,因此他在《新理学》中提出一个解决朱熹哲学体系矛盾的办法。他认为"气"本无阴阳、清浊,只是世界万物照着"理"而有"性",有阴阳之性。在他看来,"气"只是个空的,贞元之气只是一个"逻辑概念"。这样冯友兰先生把哲学的唯心主义向前发展了一步,似乎是解决了朱熹哲学的矛盾;但是又产生了另一矛盾,就是理世界(真际)与实际世界是如何联系的问题。在冯先生的体系中,实际上是把两者形而上学地对立起来,理世界就完全成为虚构的东西了。(这一问题,当另文详论。)

第二,在"道"与"器"的关系问题上,照朱熹的看法,在"器"之前就有"道"("太极"),"器"由"太极"生,那么就产生了第二个问题：是"道"本身构成万物，还是"气"因"理"（"道"）而构成万物？在朱熹看来不是"道"本身构成万物，因"道"是"气"，先于世界万物，包括世界万物，万物各有其"道"（"太极"）。他说："事事物物皆有个极，是道理之极致。""人人有一太极，物物有一太极。"朱熹认为具体的事物是由"气化"而后"形生"。这就是说，具体的事物以"气"为材料，根据"道"而形成有形有象的世界万物（"器"）。这样就产生了"气"在构成世界万物中的作用问题。如果"气"没有作用，那么有"气"何用？如果有作用，那么是什么样的作用？照朱熹所言，"气"的作用，则与"道"有上述矛盾。从这里看"道"也不是绝对；但朱熹认为"道"是绝对，是形而上，因此形成矛盾。与这个问题相联系的是"气"与"器"有无先后，是"气"在先，还是"器"外有"气"。如"气"在"器"先，则"器"也是"气"的表现，那么"道"与"器"的关系亦应似"理"与"气"的关系一样无先后。如"器"外有"气"，那么就会产生为什么"器"外之"气"不照"理"而形成"器"。这些矛盾在朱熹的哲学中也是无法解决的。

第三，朱熹自己也很难贯彻他的"天下未有无理之气，亦未有无气之理"的思想，因此他在实际上又必得承认"理"在"气"先，而且不仅是逻辑上在先，时间上也必须在先。所以他说："太极生阴阳，理生气。"这里所言"生"是"产生"的"生"，不是指逻辑先后，而是指时间先后，因为是与宇宙贯彻对比起来讲的。这个矛盾也是朱熹哲学体系必然有的，是不能用"理"和"气"的关系只是逻辑在先而不是时间在先所可解决的。因为逻辑与历史是统一的，逻辑是历史本身的逻辑，这一点在唯心主义体系中是根本无法解决的。唯心主义使逻辑脱离历史，把逻辑看成是第一性的，因此朱熹既然主张"理"逻辑地先于"气"，那么也就必然认为在历史上（时间上）"理"也先于"气"。从这里我们可以看出，朱熹哲学体系的矛盾是不可克服的，冯友兰先生所指出的朱熹的"理在先"只是逻辑在先，是片面的。全面地解剖朱熹的"理"与"气"的关系，应该是说，朱熹讲"理"、"气"关系，从"理"、"气"无时间先后，到"理"逻辑地先于"气"；从"理"逻辑地先于"气"到"理"在时间上也先于"气"，这样构成他体系自身的矛盾。其矛盾原因就在于割裂和颠倒历史与逻辑的统一关系。

总的说来，朱熹哲学体系自身的矛盾，是在根本上颠倒和割裂了两个关系。一个是，他认为"理"在先，而"气"在后，颠倒和割裂了思维与存在的关系；另一个是，他以"道"、"器"为分离，他说："未有这事，先有这理。如未有君臣，先已有君臣之理。"这样就割裂和颠倒了一般与特殊的辩证关系。这两个关系又是结合在一起的，因此不能唯物辩证地解决思维对存在的关系，就必然陷入种种矛盾之中，朱熹哲学就是证明。本来一般与特殊是结合的，一般寓于特殊之中；历史与逻辑是统一的，历史是第一性的，而逻辑是第二性的。朱熹把这个问题颠倒了，而冯友兰先生又不是去揭露这一矛盾的根源，而是设法掩盖这一矛盾，因而就陷入历史与逻辑的割裂（时间在先与逻辑在先的割裂）、一般与特殊分离的矛盾中。朱熹割裂一般与特殊又在于把一般抽象化，使之成为实体，成为世界万物的根本，这就是唯心主义通常运用的伎俩。如何处理一般与特殊、个别的关系就直接和是唯心主义还是唯物主义相联系，一般与特殊的割裂与颠倒构成唯心主义的认识论根源。

三、朱熹哲学在中国哲学史上的地位问题

关于朱熹哲学在中国哲学上的地位问题，这里就讨论中所涉

及的一个问题提出一些看法。朱熹哲学对于人们的认识起什么样的作用，有人认为朱熹的哲学对中国哲学思想起着提高水平的作用。

不承认朱熹哲学在中国哲学史上的作用是不对的，因此认为朱熹在哲学史上并没有提出什么新的东西，是片面的。尽管佛教的华严宗已经提出来一般与特殊的关系问题，并对"一"与"多"的关系进行了很细致的唯心主义的分析，但是在割裂与颠倒一般与特殊、一与多的关系问题上，朱熹是有其独到之处的。至于唯心主义在历史上的作用如何，那是另一个问题，要进行具体分析。

"哲学中的唯物主义学派和唯心主义学派的对立其实就是正确和错误的对立。"因此不能认为哲学的客观唯心主义本身是起着提高哲学水平的作用，相反，这种哲学的客观唯心主义会把人们的认识从正确的道路上引导到错误的方面去。正因为朱熹承认"理"与"气"有一定联系，"有是理便有是气"，看起来他没有否认一般与特殊的联系，但是他进一步提出"理是本"，这样就颠倒了思维与存在的关系；又认为"理生气"，在原则上又承认了"理"可离"气"而存，从而割裂一般与特殊的关系，这就更加能迷惑人。列宁指出："从辩证唯物主义的观点看来，哲学唯心主义是把认识的某一个特征、方面、部分片面地、夸大地、过分地发展（膨胀、扩大）为脱离了物质、脱离了自然、神化了的绝对。"本来一般是寓于特殊之中，"一般只能在个别中存在，只能通过个别而存在"；但一般又是个别的本质，唯心主义把这一方面片面夸大，从而得出错误结论。这就说明，唯心主义愈是精致，就愈能迷惑人，其危害性也就愈大。正如毛主席所指出的那样："内容愈反动的作品而又愈带艺术性，就愈能毒害人民，就愈应该排斥。"朱熹的哲学正是这样，因此更加需要批判。

存在的并不都是合理的。如果说唯心主义是历史中必然出现的现象，因此唯心主义就是合理的，则是不对的。在人类的历史中有唯物主义就必然有唯心主义，这正是说唯心主义是唯物主义的对立面。在朱熹的时代，既有朱熹的唯心主义，也有陈亮、叶适的唯物主义，后来又有王船山的唯物主义。虽然陈亮没有全面地批驳朱熹的唯心主义，但在"理"与"气"的关系问题上是坚持唯物主义路线的。他认为一般不能离开特殊，他说："大道非出于形气之表，而常行于事物之间也。"（《龙川文集》卷九《勉强行道大有功》）陈亮和朱熹在问题的提法上就不相同。朱熹是从"气"对理的关系着手，而陈亮则是从道对物的关系来着手。因此，不能认为唯心主义作为唯物主义的对立面而存在，因而就是合理的。恰恰相反，正是由于唯物主义与唯心主义的对立是正确与错误的对立，因而唯心主义尽管是必然的，但也是不合理的。

如果我们从另一个角度来看朱熹的哲学，也可以说，他的哲学在一定条件下对提高哲学水平起着作用。那就是说，当我们认识了朱熹哲学的客观唯心主义实质时，这样就能在与朱熹的唯心主义哲学斗争中发展唯物主义，在与错误斗争中发展正确的认识。道高一尺，魔高一丈；魔高一丈，道高十丈。王船山的唯物主义哲学思想正是宋明以来唯物主义批判程朱陆王唯心主义的产物，朱熹哲学对王船山哲学起了一种刺激的作用。但是如果对朱熹哲学没有认识，没有批判，它就不能起刺激唯物主义的作用，反而会起坏作用。唯心主义水平的"高"，其性质是"魔高"，是错误的。我们不能设想，错误本身不经批判就可以提高人们正确认识的水平。

朱熹哲学作为唯心主义在中国哲学史上确实是"高"的，在他的体系中包含着若干我们可以批判继承的思想资料。恩格斯说："每一个时代的哲学作为一个特殊的分工部门，都具有由它那些先驱者传授给它，而它便由以出发的一定思想资料作为前提。"由于唯物主义与唯心主义的对象都是客观世界本身（虽然唯心主义者不承认这一点），但是从唯心主义的认识论的根源说，总是根据事物的某个方面加以片面夸张，把人们的认识引导到错误的道路上去，为其阶级利益服务。因此，有些客观世界的某些方面可能首先在唯心主义体系中歪曲地反映出来。唯物主义的任务之一就是把唯心主义体系中反映出人们认识的某些环节，从颠倒的状况加以端正。朱熹在中国哲学史上提出"理"与"气"、"道"与"器"等的关系问题，就其把这个关系加以颠倒来说，在认识史上就起着阻碍人们正确认识的作用，又给"理"以巩固封建制度的内容，使之永恒化，在阶级斗争中就起着极其有害的反动作用了。唯物主义者就必须批判朱熹的观点，这样唯心主义体系中的思想资料才能对提高人们的认识水平起到积极的作用。在历史上，王船山和戴震从唯物主义立场上做了一些这方面的工作，今天我们应更进一步地做。

唯心主义在哲学史上的作用如何，必须具体分析。如果一般地说，起提高人们认识水平的作用，那是错误的。但是如果不承认，当人们对唯心主义有了认识，在批判唯心主义的过程中可以提高人们的认识水平，也是不对的。哲学史上重要的唯心主义，一方面起着把人们的认识引导到错误的道路上去的作用，这是主要的、基本的作用；另一方面，也提出若干人们认识中的问题，因而唯物主义从批判唯心主义体系中，发掘这些问题并给以唯物辩证的解释，是对人们有教益的。

恩格斯说："理论的思维仅仅是一种天赋的能力。这种能力必须加以发展和锻炼，而为了这种锻炼，除了学习以往的哲学，直到现在还没有别的手段。"分析哲学史上哲学家的思想，看到唯心主义、形而上学的哲学如何陷入错误，唯物主义、辩证法的哲学家如何在批判唯心主义和形而上学中把人们的认识提高，看到旧唯物主义如何因其本身的弱点，而在某个方面为唯心主义所攻破，从这些中间吸取教训，对于锻炼我们的理论思维能力有很重要的作用。像朱熹这样的较为系统的客观唯心主义，在中国哲学史上还是不可多得的，分析批判其体系，将会有助于我们思想体系的提高。

原刊于《文汇报》，1961-04-11

寇谦之的著作与思想*
——道教史杂论之一

寇谦之是中国道教史上的重要人物，对他与佛教的斗争已为人所重视，但是其实寇谦之的新道教（对汉末的原始道教而言）并非针对佛教，他与佛教的斗争只是他一生活动中很不重要的一个方面。寇谦之建立新道教的根本目的，在于反对为农民起义所利用的原始道教，以建立一个政教合一的封建王朝，巩固封建统治阶级的统治。因此通过对寇谦之的新道教的分析批判，将会使我们进一步了解剥削阶级如何利用宗教斗争为其政治斗争服务。

一

寇谦之是南北朝时重要的道教领袖，按《隋书·经籍志》言，他当与陶弘景同样重要，著有《云中音诵新科之诫》二十卷。据《魏书·释老志》言，其书为太上老君所赐。《隋书·经籍志》上说："后魏之世，嵩山道士寇谦之自云：尝遇真人成公兴，后遇太上老君，授谦之为天师，而又赐《云中音诵科诫》二十卷。"《隋志》所言《云中音诵科诫》当即《释老志》所言《云中音诵新科之诫》，卷数相同。今《道藏》洞神部戒律类（力上力下）有《太上老君戒经》、《老君音诵诫经》、《太上老君经律》、《太上经戒》、《三洞法服科诫文》、《正一法文天师教戒科经》、《女青鬼律》等七种。白云霁《道藏目录详注》作九卷。以上各戒经除《女青鬼律》有

---

* 本文为作者根据汤用彤先生《云中音诵新科之诫》相关研究撰写。

卷数外，其他均不注卷数。但按分量看，原每种戒经均应分若干卷。《太上老君戒经》文至"夫有为恶者始起"下有"原缺文"三字，已有二十九页，且在标题下有"戒上"两字，于文中不见"戒下"，故知原文当较现存者为多，所分卷数当亦不同。白云霁《道藏目录详注》亦言分三章。其余各戒经原当亦较现存者为多，所分卷数当亦与现存者不同，如《正一法文天师教戒科经》与《大道家令戒》今同在一卷，原可能分为两卷，其中有些戒经包含了若干种经戒，并有阙文。这样看来，现存《道藏》力上力下中各戒经，当保存了寇谦之原书之骨骼，故《云中音诵新科之诫》当为上述各戒经之总名。如《太上老君经律》为《道德尊经戒》、《老君百八十戒》、《太清阴戒》、《女青阴戒》之总名然。今存上述《道藏》中各戒经大体上是寇谦之的著作，其文句在辗转抄录中或有错落，或有为后人增改者。《道藏目录详注》中于《三洞法服科戒文》下有"三洞弟子京太清观道士张万福编录"等字，可知寇谦之原书曾为后人编修过。但是，各戒经之内容与《释老志》所载的寇谦之思想基本相同。

第一，《释老志》言，《云中音诵新科之诫》主要内容为"清整道教，除去三张伪法、租米钱税及男女合气之术"。查《老君音诵诫经》、《正一法文天师教戒科经》之主旨即与之同。按"三张伪法"或有两指，一指张陵、张衡、张鲁三代天师，一指张角、张宝、张梁三位农民起义之领袖。《释老志》未明言其"三张"何指，但可能是指后者。甄鸾《笑道论》有云："汉世三张诡惑于西梁。"此处当指张陵等三代天师。在当时佛教攻击道教多是攻击张陵等三代天师，特别是攻击张鲁，并于攻击张鲁之同时也攻击张角。法琳《唐废省佛僧箴》引《魏志》云：

> 鲁遂据汉中，以鬼道化民，符书章禁为中。来学者初名鬼卒，受道者用金帛之物，号为祭酒，各领部众，众多者名

治头。有病者令首过,大都与张角类相似。后汉皇甫嵩传云,钜鹿张角自称大贤良师,奉事黄老,行张陵之术……

按在佛教看来,张陵与张角等都是叛逆之人,故没有加以区别。但在道教中,则多见攻击张角者。葛洪《抱朴子》曰:

> 曩者有张角柳根王歆李申之徒,或称千岁,假托小术;坐在立亡,变形易貌。诳眩黎庶,纠合群愚。进不以延年益寿为务,退不以消灾除病为业,遂以招集奸党,称合逆乱……

据《魏书·释老志》知寇谦之不但不诽谤张道陵,且自以是继张道陵后之天师。《太上老君戒经》于此点与《释老志》文意略同。而于《太上老君戒经》等文中,则多攻击张角之处,故谓寇谦之反对之三张,系指张角等大体不差。《正一法文天师教戒科经》曰:

> 汉安元年五月一日于蜀郡临邛县渠停赤石城造出正一盟威之道与天地券要,立二十四治,分布玄元,始气治民。汝曹辈复不知道之根本,真伪所出,但竞贪高世,更相贵贱,违道叛德,欲随人意。人意乐乱,使张角黄巾作乱。汝曹知角何人?自是以来,死者几千万人,邪道使末嗣分气,治民汉中四十余年。道禁真正之元,神仙之说,道所施行,何以想尔。

又曰:

> 吾以汉安元年五月一日从汉始皇帝王神气受道,以五斗米为信,欲令可仙之士皆得升度。汝曹辈乃至尔难教,叵与共语,反是为非,以曲为直。千载之会,当奈汝曹何。吾从太上老君周行八极,按行民间,选索种民,了不可得百姓,汝曹无有应人种者也。但贪荣富,钱财谷帛,锦绮丝棉,以养妻子为务,掠取他民户赋,敛索其钱物……太上老君上推论旧事,摄纲举网,前欲推治诸受任主者,职治祭酒,十人

之中诛其三四名，还天曹考掠治罪，汝辈慎之。

上引两段其目的均在反对汉末以来的农民革命，特别是反对革命的农民群众利用道教。

第二，据《魏书·释老志》言，《云中音诵新科之诫》主要内容为："清整道教，除去三张伪法、租米钱税及男女合气之术。"查《老君音诵诫经》、《正一法文天师教戒科经》之主旨即在破除三张伪法。《释老志》曰：

> 太上老君谓寇谦之曰：……吾故来观汝，授汝天师之位，赐汝《云中音诵新科之诫》二十卷，号曰并进。言吾此经诫自开天辟地以来，不传于世。今运数应出，汝宣吾新科，清整道教，除去三张伪法、租米钱税及男女合气之术。大道清虚，岂有斯事，专以礼度为首，而加之以服食闭练。

《老君音诵戒经》内容所言者主旨五事：

一曰："老君曰，吾以汝受天官，内治领中外，官临统真职，可比系天师同位。吾今听汝一让之辞，吾此乐音之教诫，从天地一正变易以来，不出于世。今运数应出，汝好宜教诫科律法人治民，祭酒按而行之。"（系天师即继天师）

二曰："谦之汝就系天师正位，并教生民佐国扶命……从吾乐章，诵诫新法，其伪诈经法科勿复系用。"（系用即继用）

三曰："今世人恶，但作死事，修善者少，世间诈伪，攻错经道，惑乱愚民，但言老君当治，李弘应出。天下纵横返逆者众，称名李弘岁岁有之……称鬼神语，愚民信之。诳诈万端，称官设号，蚁聚人众，坏乱土地。"

四曰："老君曰：男女道官浊乱来久……吾故出音乐新正科律，依其头领，欲使信道，以道人情，洁身洁己，与道同功……"《正一法文天师教戒科经》曰："昔汉嗣末世……人民诡黠，男女轻淫。"

五曰:"其受治箓诫之人,弟子朝拜之,喻如礼生官位吏礼法等,同朋慎奉,行如律令。"

以上五事,就其内容说与上引《释老志》中寇谦之思想全同,有些地方甚至文辞相同。这是《老君音诵诫经》为寇谦之著作的重要证明。又,《诫经》中还反对佩戴黄赤。文曰:"吾诵诫断改黄赤,更修清异之法,与道同功。其男女官箓生佩契黄赤者从今诫之,后佩者不吉。"又曰:"吾今以黄赤贪浊道教来久。"按东汉末黄巾起义以"苍天已死,黄天当立"为口号,尚黄色,故寇谦之反对黄色,尚青色,想必由此。《诫经》中又反对群众"操木束薪投石治病",五斗米道之张修尝"使病者家出米五斗",又"修法略与角同"(《三国志》引《典略》),当可证寇谦之改革道教的大小措施完全是针对东汉末以来农民革命而发。其言"李弘"事,如非南北朝时作品,当不可能说"称名李弘岁岁有之"。①

第三,《正一法文天师教戒科经》中曰:

> 昔汉嗣末世,豪杰纵横,强弱相凌。人民诡黠,男女轻淫。政不能济,家不相禁。抄盗城市,怨枉小人。更相仆役,蚕食万民。民怨思乱,逆气干天。故令五星失度,彗孛上扫,火星失辅。强臣分争,群奸相将,百有余年。魏氏承天驱除,历使其然,载在河雒,悬象垂天。是吾顺天奉时以国师命武帝……今吾避世,以汝付魏,清政道治,千里独行,虎狼伏匿,卧不闭门……

按文中所言"魏"当是"北魏"。从汉末到北魏(220—385)实是一百六十余年(魏太武帝即位则在 424 年),故所言"……百有余年。魏氏承天驱除……"大体相近。我们知道,这些诫经一方面斥起义者及李弘等为"恶人"、"愚民"、"诈伪"、"人人欲作不臣",

---

① 参见汤用彤:《康复札记》,载《新建设》,1961(6)。

在上文中又污蔑汉末人民曰"人民诡黠，男女轻淫。政不能济，家不相禁"；但另一方面，文中歌颂北魏政权，认为魏得政权是上合天意，"载在河雒，悬象垂天"，下应民心，"虎狼伏匿，卧不闭门"。寇谦之"顺奉天时"，出为魏太武帝之国师，在魏建立政教合一之国家，事与《魏书·释老志》所言寇谦之的行事大体相同。

第四，《魏书·释老志》云："寇谦之⋯⋯少修张鲁之术，服食饵药，历年无效⋯⋯（老君）使王九疑人长客之等十二人授谦之服气导引口诀之法，遂得辟谷，气盛体轻，颜色殊丽⋯⋯"《老君音诵诫经》第二十七段亦谓靠服食饵药不得长生成仙，所以"能登太清之阶"者，是因为有仙人玉童玉女从天降迎也。故曰："药服之正可得除病寿终，攘却毒气，瘟疫所不能中伤，毕一世之年。可兼谷养性，建功斋靖，解过除罪，诸欲修学，长生之人好共寻诸诵诫。建功香火，斋练功成，感彻之后，长生可克。"《解经》所言与《释老志》相同，寇谦之反对"药石"，一则因服食不但不能长生，如不得其正，反有丧生之危险。两晋以来，因服药而丧身者为数不少。又道教长生之术，分若干派，"服食饵药"为其一也。寇谦之"清整道教"，于长生修炼之术，亦有修正。"服食饵药"本为"养身"之术，合于早期道教"养身"之主张；然南北朝时佛教大行于中国，道教在求长生方面，当亦受佛教之影响，寇谦之的新道教即为例证。寇谦之把若干佛教修养之法引入道教，如"诵经成仙"、"持戒修行"等。

第五，《女青鬼律》卷六载天师曰：

> 自顷年以来，阴阳不调，水旱不适，灾变屡见，皆由人事失理使其然也。⋯⋯伐逆师尊，尊卑不别；上下乖离；善恶不分；贤者隐匿，国无忠臣；亡义违仁，法令不行；更相欺诈，致使寇贼充斥，洿辱中华；万民流散，荼毒饥寒，被死者半，十有九伤，岂不痛哉！敌不可久，狼子宜除，道运

> 应兴，太平近期，今当驱除，留善人种……

从这一段话看来，这位天师意欲"专以礼法为度"来"清整道教"。他反对"尊卑不别"、"上下乖离"，诅咒寇"贼"，旨在破除三张伪法。自汉末魏晋以来，颇多战乱，中原人口大减，故天师曰："万民流散，荼毒饥寒，被死者半，十有九伤。"这个"天师"不是很明显地就是寇谦之吗？

第六，查甄鸾《笑道论》中尝引《老子百八十重律》，其文曰：

> 吾戒大重，向树说之则枯，向畜说之则死。

按今存《道藏》力上中有《老君说一百八十戒》，然无上引文。但有如下之语："人生虽有寿万年者，若不持戒律，与老树朽石何异？宁一日持戒为道德之人，而死补天官，尸解升仙。世人死有重罪，无益魂神，魂神受罪耳。"文辞与《笑道论》所引不同，然均言及"枯树"之类，想系甄鸾歪曲道教原意而来。大凡佛道互相攻讦，往往歪曲对方之本意，然后批驳之。如佛教常攻击道教的"男女合气之术"，当是佛教对早期道家的歪曲。故可证《老君说一百八十戒》当是北周以前的著作，或为北魏时寇谦之的《云中音诵新科之诫》中的一部分。

今存上述各《诫经》所言戒律，多是为统治阶级服务的律令，这一点甚合寇谦之建立一个政教合一的国家以及把国家法令用宗教戒律的形式巩固下来的要求。上述各"戒律"似乎不是一个很系统的戒律，这一点也是可以理解的。寇谦之和当时其他道教领袖一样，是用一些神乎其神的欺骗之术取信于当权者的，他用的办法或即今日"神通"、"扶乩"之类①。《释老志》曰：

> （谦之）奉其书而献之。世祖乃命谦之止于张曜之所，供

---

① 扶乩有两种：一为用沙盘书写文字，另一为直接书写纸上。陶弘景的《真诰》大概就是直接写在纸上的。

其食物。时朝野闻之，若存若亡，未全信也。崔浩独异其言，因师事之，受其法术，于是上疏赞明其事曰：臣闻圣王受命，则有大应，而河图洛书皆寄言于虫兽之文，未若今日人神接对，手笔桀然，辞旨深妙，自古无比。

《云中音诵新科之诫》当是寇谦之假借"老君"之名传授给他的，"人神接对，手笔桀然"，或借某种"神通"之术，为解决当时阶级斗争、政治斗争而"创造"出来的。因为这些东西不一定是一次写成，因此就有先有后；由于每次要解决的问题不同，因此其"戒经"的形式与具体内容亦不尽相同。寇谦之所搞出来的全部戒经，总名之为《云中音诵新科之戒》。这就是他和"天神"交接，"天神"借助他的手笔写下来的东西了。假如这些材料是寇谦之的著作，那我们就可以根据它来研究寇谦之的思想了。

二

寇谦之建立新道教，事见《魏书·释老志》，他书亦多言及，但大多出于《释老志》。据《释老志》，参照他书，可知寇谦之对道教所进行的改革及其新道教的基本内容。

第一，寇谦之的新道教的目的是，"清整道教，除去三张伪法、租米钱税及男女合气之术"，"专以礼度为首，而加以服气闭练"（《释老志》）。

东汉末年以来，农民起义多以道教为组织群众参加斗争之形式。据刘勰《灭惑论》言，道教"事合氓庶，故比屋归宗。是以张角、李弘毒流汉季；卢悚、孙恩，乱盈晋末。……爵非通侯，而轻立民户；瑞无虎竹，而滥求租税。"当时以道教为组织形式的农民斗争，反抗地主阶级的统治，自立政权，自收租税。释玄光《辩惑论》把"制民课税"列为六极之一，释道安《二教论》亦以"制民课输"为张氏妄说。统治阶级对农民的自收租税，当然极为反对，为统治阶级服务的佛教，也就抓住这一条作为反对道教特别是反对原始道教的重要根据。寇谦之所以要改革道教，其意亦在于此。

《二教论》又曰："自于上代爰至符姚，皆呼众僧以道士，至寇谦之始窃道士之号，私易祭酒之名。"（法琳《辩正论》亦引姚书，文略同）"祭酒"之名本为张角所立，《三国志》引《典略》曰："（张）修法略与角同……使人为奸令祭酒。""祭酒"是农民革命之各级领导者之名，《三国志·张鲁传》曰："鲁遂据汉中，以鬼道教民，自号师君。其来学道者，初皆名鬼卒；受本道已信，号祭酒，各领部众多者为治头大祭酒。"农民革命推翻了地主政权，自立政权，以祭酒代州官，"不置长吏，皆以祭酒为治"，故"民夷便乐之"。寇谦之废除祭酒之名，目的不在于窃"道士"之号，当在于反对农民政权。按寇谦之一切要以"礼度为首"，而农民建立之政权，使礼法破坏无遗，故反对之。葛洪反对原始道教，亦以其不合礼法，曰："安上治民莫善于礼。"（《抱朴子·省烦》）又曰："夫君，天也，父也，君上可废，则天亦可改，父亦可易也。"（《抱朴子·良规》）寇谦之所言之"礼度"，内容不详于《释老志》中，但颇详于《老君音诵诫经》之中，其文如曰"谦之汝就系天师正位，并教生民，佐国扶命"，使道教徒"不得叛逆君王，谋害国家"，并认为张角、李弘等人所领导的农民革命为"违道叛德"，"攻错经法"，"浊乱清真"，"攻错经道，惑乱愚民"。寇谦之把革命之农民描写为："愚人狂诈无端，人人欲作不臣，聚集逋逃罪逆之人，及以奴仆隶皂之间……"（《诫经》）按此，可知寇谦之的新法内容，其目的在于反对农民革命，污蔑革命的农民为"愚民"，把号召农民起义的思想称为"违道叛德"。故其道德为何物可想而知，当即"佐国扶命之术"也。

寇谦之反对原始道教的"男女合气之术",亦为当时统治者所反对利用道教起义的农民的主要内容之一。按"男女合气"之说不见有关原始道教之记载,有关道教史较早之史料中亦无"男女合气"之事,故可断定有关"男女合气之术"当为统治阶级夸大之辞。原始道教男女界限不甚严格,亦或有之。《后汉书·刘焉传》曰:"(张)鲁母有姿色,兼挟鬼道,往来焉家。"故可知当时道教中女子亦可传道。且道教中三张一派可以在道观中与家属同居。《燕翼诒谋录》略云:"黄寇之教,始于汉张道陵,故皆由妻孥。虽属宫观而娶嫁生子,与俗人不异。"然"合气之术"似不是原始道教之特点。佛教攻击道教亦以"男女合气"为题,《辩惑论》中以"合气释罪"为五逆之一。《笑道论·道士合气三十五》言:"臣笑曰:臣年二十之时,好道术,就观学,先教臣黄书合气,三五七九男女交接之道。四目两舌正对,行道在于丹田,有行者度厄延年,教夫易妇,唯色为初,父兄立前,不知羞耻,自称中气真术……"这是佛教对道教的攻击之言。[①] 寇谦之受佛教影响甚深(详见后),其反对"三张伪法"中之"男女合气之术"当取之佛教。陶弘景同样是受佛教影响甚深之道教徒,故亦言张道陵之道教行"男女合气之术"。

总以上所言,可以看出寇谦之的新道教以反对农民革命为目的。他一方面用统治阶级的礼法反对农民起义的革命措施;另一方面抓住农民革命中的个别现象,加以夸大,攻其一点不及其余,以达到丑化革命农民的形象的目的。道教自葛洪到寇谦之、陶弘景,逐渐完成了"改革"的任务,使原来在一定程度上能为农民革命服务的原始道教的教义,变成完全为统治阶级服务的工具。

[①] 早期道教之经典如《太平经》,未见有男女合气之术,仅有"兴国广嗣"之义,"兴国广嗣"是为保证帝王万世一系;又道教中有房中术事,与养生有关。然佛教徒与寇谦之等所言之"男女合气",是指大群男女,包含父母、兄弟、姐妹行交接之术。这当是对原始道教的歪曲和有意捏造。

第二，寇谦之的新道教企图建立一个政教合一的政权机构，以巩固封建统治，抵抗农民起义，更加深入一步地麻痹和控制人民群众。《释老志》曰：

> 谦之守志嵩岳，精专不懈，以神瑞二年十月乙卯忽遇大神……称太上老君，谓谦之曰：往辛亥年，嵩岳镇灵集仙宫主表天曹称，自天师张陵去世已来，地上旷诚修善之人，无所师授。嵩岳道士上谷寇谦之立身直理，行合自然，才任轨范，首处师位。吾故来观汝，授汝天师之位，赐汝《云中音诵新科之诫》二十卷，号曰并进。言吾此经诫自天地开辟已来，不传于世，今运数应出。汝宣吾新科，清整道教，除去三张伪法、租米钱税及男女合气之术。大道清虚，岂有斯事。专以礼度为首，而加之以服食闭练。

寇谦之所创之新道教，事非偶然，按上引文所言，自张道陵以后，从封建地主阶级的观点看来，信道教的多非"修善之人"，因为道教曾为农民起义所利用。从汉末以来，不少统治者已经看出原始道教有为农民革命所利用的可能，而且他们知道采取禁止道教流行的办法是不行的，于是就企图改变原始道教的内容，割除其所包含的进步思想。汉朝的襄楷上《太平经》给桓帝，就是要求当权的统治者来利用道教。但由于当权的统治者一方面还没有认识道教的作用，另一方面也因《太平经》内容庞杂，不完全适合当时统治者的需要，因此没有采用。经过三国两晋农民革命的打击，统治者更多地认识到农民的革命力量。为瓦解农民的斗争，统治者在当时所采用的办法之一，就是从原始道教中彻底清除能为农民革命所利用的思想内容。由于宗教本身的消极性，因而它最终也会被统治者所利用。到寇谦之的时代，为统治阶级服务的统一的道教建立的客观形势已经存在，孙恩、卢循所领导的农民起义已经失败，统治者深惧农民一而再再而三地利用道教，因此"清整道教"已是刻不容缓的事了。故《释老志》言,寇谦之的新道教是"运数应出"。

寇谦之时,北朝社会较为安定,崔浩颇有改革政治之野心,《魏书·卢玄传》曰:

> (崔)浩大欲齐整人伦,分明姓族。

寇谦之为崔浩所信任,推荐给魏太武帝。据《释老志》言:"世祖……先随归宗佛法,敬重沙门,而未存览经教,深求缘报之意,及得寇谦之,道帝以清净无为有仙化之证,遂信行其术。时司徒崔浩博学多闻,帝每访以大事,浩奉谦之道,尤不信佛。"寇谦之与崔浩之间虽有宗教上之关系,但他们之间主要是政治上的关系。他们都是想利用宗教来实现其政治理想,即利用礼法来"齐整人伦,分明姓族"。故《崔浩传》曰:

> 天师寇谦之每与浩言,闻其论古治乱之迹,常自夜达旦,竦意敛容,无有懈倦……因谓浩曰:吾行道隐居,不营世务,忽受神中之诀,当兼修儒教,辅助泰平真君,继千载之绝统。而学不稽古,临事暗昧。卿为君揆列王者必兴,论其大要。浩乃著书二十余篇,上推太初,下尽秦汉变弊之迹,大旨先以复五等为本。

寇谦之和崔浩实际上都是想借用儒家的"礼法"实现治天下,并企图把这种精神贯彻在道教之中。因此寇谦之让崔浩研究自古以来的统治经验,他提出"学不稽古",则"临事暗昧"。但是采取什么形式来巩固其统治,实现其阶级意志呢?寇谦之想把道教定为国教,建立一个政教合一的国家,故他是以"辅助泰平真君继千载之绝统"为己任的。(按:魏太武帝之所以称"泰平真君",其原因之一当是太武帝继帝位前被封为"泰平王"。)《释老志》曰:"真君三年,谦之奏曰:今陛下以真君御世,建静轮天宫之法,开古以来之未有也，应登受符书以彰圣德。世祖从之，于是亲至道坛受符箓，备法驾，旗帜尽青，以从道家之色也。"寇谦之的道教之得以推行，全赖当权统治者之信奉。世祖虽明道教的某些欺骗性，但他仍然要利用道教。[①] 可见寇谦之所创立的新道教已全面地符合当权统治者的要求了。

寇谦之利用政治力量统一道教，宣扬新科，以儒家礼法为道教之内容，以佛教戒律为其形式，把宗教戒律宣布为法律的信条，故其《云中音诵新科之诫》实为道教国家之法典也。佛教戒律至南北朝时已大行于中国，"十诵律"已传入，并盛行于关中。任何戒律对信其教的人说，都是带有强制性的。因此寇谦之用宗教戒律来补充国家法令，这样的戒律就可以起双重的作用，即强制的作用与信仰的作用，并可把强制的作用建立在信仰的基础上。按上所言，今本《道藏》中之《老君音诵诫经》等，当即《释老志》中所言之《云中音诵新科之诫》也。查该书，其戒律多为巩固封建伦常等级之制，杂以道教"修身成仙之术"。

总而言之，魏太武帝身为国君，又是道教领袖（泰平真君），寇谦之是道教教主，又是魏之"国师"；且太武帝登坛受符书，以彰圣德，所用全系道教仪式；谦之又造戒律，企图用宗教信条来补充国家法律，以巩固封建王朝。又前引《女青鬼律》可证寇谦之这位天师意欲利用道教"拯救国家"。故可知寇谦之企图建立一政教合一的政权，当可信也。

第三，寇谦之与佛教之关系。据各种史料看来，寇谦之并不反对佛教，且颇欲借助于佛教，至于他之所以与佛教对立，纯系当时

[①] 《魏书·释老志》曰："恭宗见寇谦之奏造静轮宫，必令其高，不闻鸡鸣狗叫之声，欲上与天神交接，功役万计，经年不成。乃言于世祖曰：人天道殊，卑高定分，谦之欲要以无成之期，说以不然之事，财力费捐，百姓疲劳，无乃不可乎！必如其言，未若因东山万仞之上，为攻差易。世祖深然恭宗之旨，但以崔浩赞成，难违其意，沉吟者久之，乃曰：吾亦知其无成事，既尔何惜五三百功。"

统治阶级种种内部矛盾关系所致，因之使他终未能制止排佛的活动。

魏太武帝毁佛法之事，多系崔浩之意，寇谦之并不赞同。据《释老志》所载，关于毁佛法事："始谦之与浩同从车驾，苦与浩诤，浩不肯，谓浩曰：卿今促年受戮，灭门户矣。"法琳《破邪论》、《佛道论衡》均载此事。后二者当根据《释老志》，但从佛教立场叙述了这一事实，当证实不假。

寇谦之不反对佛教，不仅因其所创立之新道教在理论上、形式上颇受佛教之影响，更重要的还是因为他是从政治上来考虑这一问题。他深知统治阶级内部的斗争不仅不利于统治权的巩固，而且还会有利于被统治的劳动人民。所以他建立道教的目的很明确，不是在排佛，而是在"清整道教，除去三张伪法"；其与崔浩之结合虽与宗教有关，但主要是因为他们都主张"齐整人伦"、"以礼度为首"。据《释老志》记载，寇谦之曾向牧土问及佛教之事，牧土一一告焉。"经云：佛者昔于西胡得道，在三十二天，为延真宫主。勇猛苦教，故其弟子皆髡形染衣，断绝人道……"无一诋毁佛教之处。寇谦之从统治阶级立场出发，深知当时的主要矛盾是地主阶级与农民之间的矛盾，因此主张与统治阶级中的其他集团妥协，不要排佛，然崔浩不听，终遭杀身之祸。

崔浩排佛纯系统治阶级内部的集团斗争，自不待言。然而为什么寇谦之身为道教之领袖反而不排佛，崔浩为当时儒家思想之提倡者尚要排佛呢？我们必须了解：寇、崔二人虽然都想利用宗教来实现其政治改革的目的，其目标中的主要方面是一致的，即"齐整人伦"；但是崔浩较之寇谦之更多地注重民族问题，他也企图通过排佛的活动来巩固其汉族豪门大族的统治地位，因此形成了与鲜卑族大族长孙嵩之间的尖锐矛盾。[1] 然而寇谦之的重点是放

---

[1] 参见陈寅恪：《崔浩与寇谦之》，载《岭南学报》，第11卷，第1期。

在改革道教本身，故把矛头针对着"三张伪法"，因此没有更多地去注意民族之间的矛盾。查《道藏》中《老君音诵诫经》等亦未见对佛教诋诽之言论，或有敌视异族之事，其戒律多针对张角、李弘等而发也。

　　崔浩与寇谦之的关系，似一阶级的政治家与思想家的关系。崔浩的主张往往更多的是受现实的政治斗争的影响，与其自身的政治上的利害关系至为密切。在当时的情况下不是崔浩成为政治上的领袖，就是长孙嵩成为当时的政治领袖。《魏书·穆崇传》曰："高祖曰：世祖时与崔浩为冀州中正，长孙嵩为司州中正，可谓得人。"在剥削阶级的社会里，两雄并立，必伤其一。故崔浩推尊道教，反对佛教，是与其反对长孙氏相联系的，势在必行，不得不然。寇谦之虽与崔浩一起进行政治改革，但他作为统治阶级的思想家说，就可以更多地考虑其阶级的根本的和长远的利益，并企图用幻想的形式把他那个阶级的阶级利益巩固下来。因此，他反对把统治阶级内部的斗争放在第一位，而主张集中力量来改革道教，实现其政教合一的理想，消灭农民革命。马克思、恩格斯在《德意志意识形态》中说："我们在上面已经说明分工是先前历史的主要力量之一，现在，分工也以精神劳动和物质劳动的分工的形式出现在统治阶级中间，因为在这个阶级内部，一部分人是在作为该阶级的思想家而出现的（他们是这一阶级的积极的、有概括能力的思想家，他们把编造这一阶级关于自身的幻想当作谋生的主要泉源），而另一些人对于这些思想和幻想则采取比较消极的态度，他们准备接受这些思想和幻想，因为实际上该阶级的这些代表才是它的积极成员，所以他们很少有时间来编造关于自身的幻想和思想。"寇谦之就是企图用宗教的幻想来为他那个阶级服务，故《老君音诵诫经》中曰：

　　　　今世人恶，但作死事，修善者少，世间诈伪，攻错经道，

> 惑乱愚民。但言老君当治，李弘应出，天下纵横返逆者众，称名李弘岁岁有之，其中精感鬼神，白日人见，惑乱万民，称鬼神语，愚民信之。诳诈万端，称官设号，蚁聚人众，坏乱土地，称刘举者甚多，称李弘者亦复不少。吾大嗔怒，念此恶人，以我作辞者乃尔多乎？

可见寇谦之的思想感情完全集中在对付"叛逆之人"上，而且企图借教主身份，呵斥这些"不肖之徒"。他看到这些人"叛乱"的结果破坏了封建制度，自己建立了政权（称官设号），剥夺了地主阶级的土地（坏乱土地），故以改革道教为己任，这就说明他更能从封建地主阶级的根本利益方面来考虑问题。道教经葛洪、寇谦之和陶弘景的"修正"，与原始道教比起来已是内容大异了，因此道教在南北朝以后主要的作用就是统治阶级的欺骗工具了。（当然在南北朝后尚有农民起义利用道教，但已非道教的主要作用了。）

综观上述各点，当可明寇谦之新道教的目的与宗教内容。向来治史者多注意寇谦之与当时佛教的斗争，殊不知他并不那么反对佛教，其建立新道教的目的是在于代替能为农民革命所利用的原始道教，建立一个政教合一的封建王朝。

三

寇谦之的新道教实是儒释道三家思想的产物，其形式虽为道教的形式，但其内容多为儒家的礼、佛教的戒律和当时流行的以老庄思想为中心的玄学理论。

自葛洪以来，封建统治阶级的思想家就企图系统地以儒家礼法改革道教的内容，寇谦之在这方面更有发展。他使封建统治阶级的礼法宗教化，成为宗教信条。根据《道藏》力上、力下各种戒经中所讲之内容看，多为封建统治的礼法，分析起来大体有以下几个方面:(1)巩固封建地主阶级的土地占有制,论证"公侯卿相伯子男"的"封土"的合理性;反对农民"坏乱土地",自收"租米钱税"。(2)巩固封建统治阶级的政权机构,"不得叛逆君王,谋害国家","于君不可不忠",被统治者不得使用暴力,因此认为领导农民起义,"称官设号"是大逆不道的行为,并称这些人是"臭肉奴狗魍魉"。(3)巩固贫富贵贱的封建等级制度,提出"戒勿以贫贱求富贵",而种民应当"勿怨贫苦,贪富乐尊贵"。(4)巩固封建的伦常关系,如言"不得违反父母师长"处处皆是。《正一法文天师教戒科经》中所载奉道不可行之事凡二十五条,其中十六条是为巩固封建伦常关系所设,故寇谦之以其道严戒"败乱五常"之事,并曰:"臣忠子孝夫信妇贞兄敬弟顺,内无二心,使可为善得种民矣。"(5)把人们的思想束缚在封建统治阶级的礼法范围之内,因此寇谦之认为那些反对封建统治的思想言论是"惑乱愚民"的"诈伪邪说",那些著作"伪书",是"切坏经典"、"攻错经道",而他的戒经则是"教生民佐国扶命"的"大道",故其科律能使"诸男女……心身开悟"。

从以上五点看,寇谦之的思想是很明显地吸收了儒家的思想内容。不仅如此,他还把道教的"中和"思想和儒家的"中和"("中庸")思想结合起来,作为他上述思想的理论根据。按"中和"思想要求统治者对劳动者采取"威猛"和"宽惠"的两手,而劳动者则应安分守己,不逾礼法,不能对统治者采取任何"过激"的行动。因此,寇谦之提出"主人"对其奴婢不得任意"纵横扑打";但是奴婢有"过",主人要告诉他们,做此事应受罚,然后要奴婢"自愿"受杖,而不得"有怨恨之心"。(按:《笑道论》中亦言道教主张奴婢受杖"不得怀恶心"。)寇谦之说:

> 道以冲和为德,以不和相克。是以天地合和,万物萌生,华英熟成;国家合和,天下太平,万姓安宁;室家合和,父

慈子孝，天垂福庆。……此三事之怨皆由不和……善积合道，神定体安。(《正一法文天师教戒科经》)

道教原亦有"中和"思想（见《太平经》），然寇谦之此处把"中和"思想更紧密地和维护封建统治的政权相联系。他认为破坏封建地主统治的根本原因在于上下"不和"。这些"不和"之产生是由于在下者不安于位，因此才有"坏乱土地"、"称官设号"、贫者欲富、颠倒伦常、诈伪乱真等等思想和行动。而他的任务就是利用宗教来调和阶级矛盾，这实际上是要劳动人民心甘情愿地由剥削阶级任意宰割。

寇谦之所受佛教影响至为明显，其戒律之形式当取自佛教之戒律。上述各戒经中多有取佛教之意者，如"十善十恶"、"六尘六识"、"因缘轮转"、"生死轮转"、"读经斋戒"、"道士世尊"等等。这些意思在南北朝以前的道教著作中极为少见。从寇谦之的整个思想看，受佛教影响最主要者，当是"生死轮回"的思想。

道教本来主要讲肉体飞升（肉体成仙），故不讲"灵魂不死"，更无"轮回"的思想，然寇谦之却把与道教养生理论根本矛盾的"轮回"思想引入道教。原道教和佛教在生死神形问题上是有着根本不同的。刘勰《灭惑论》曰："大佛法练神，道教练形。形器必终，碍于一垣之里；神识无穷，再抚六合之外。"法琳《辩正论》曰："老君垂训开不生不灭之长生，释迦设教示不灭不生之永灭。"陶弘景《答朝士访仙佛两法体相书》云："凡质象所结，不过形神。形神合时，则是人是物；形神若离，则是灵是鬼。其非离非合，佛法所摄；亦离亦合，仙道所依。"甄鸾《笑道论》引《老子序》云："道主生，佛主死。"道安《二教论》曰："佛法以有生为空幻，故忘身以济物；道法以吾我为真实，故服饵以养生。"东晋南北朝时，在生死形神问题上佛道之不同是人所公认，无论是佛教徒还是道教徒都承认这一点。概括起来说，在这个问题上有以下四点不同：

（1）在神形问题上，佛教提倡"灵魂不死"，而道教提倡"肉体飞升"，故佛家养神，道教炼形。

（2）在生死问题上，佛教主张涅槃寂静，故求永灭，超脱轮回；道教主张无死入圣，故主永生，亦可超脱尘世。

（3）佛教养神，入于涅槃境界，当依顿悟；道教炼形，入于仙境，当靠积功。

（4）道教炼形，靠外物；佛教养神，靠内心。

寇谦之在这些问题上虽然还没有离开道教的基本立场，但由于在实际上道教求长生之不可得，因此他根据了佛教的若干理论，特别是有关轮回的思想为他的新道教增添了一些新的内容：（1）道教主炼形，本注重今世之修炼，但寇谦之把轮回观念引入道教，认为前世对今生的修炼颇有影响。《太上老君戒经》曰："本得无失，谓前身过去已得此戒，故于今身而无失也。"又曰："生死轮转，无闻无间。"此义当取自佛家。（2）寇谦之把佛教的六道轮回思想引入道教，用以恫吓人民群众。他说："死入地狱，若轮转精魂虫畜猪羊，而生偿罪难毕。"（《老君音诵诫经》）（3）寇谦之认为只靠练形养生不一定就能成仙，成仙之首要在于积有善功。（4）养生之术虽在"服食闭练"，但靠"诵经万遍"亦得"白日登晨"。（《太上老君戒经》）（5）寇谦之认为"成仙"不待外求，主要是靠自己，证得大智慧，持上品大戒，可也。故曰："故有道之士，取诸我身，无求乎人；道言修身，其德乃真，斯之谓也。大学道不受大智慧，道行本愿，上品大戒，无缘上仙也。"（《太上经戒》）这些主张本与道教原有的基本思想相矛盾，但寇谦之为了要自欺欺人，就把它们生硬地拉扯在一起，这只能说明寇谦之在理论上尚未能解决佛教和道教在生死神形问题上的根本不同。南朝的陶弘景也是想在这个问题上结合佛道，同样没有成功，直到他死时所作的《伤逝》一诗仍然反映出这一矛盾来。可见佛道两教虽同主张出世，但由于其立足点不同，因此在这个问题上确实难以调和。

寇谦之的理论颇受当时"玄学"之影响，魏晋以来所讨论的"名教"与"自然"的关系问题，对寇谦之说当然也是以一个重要的问题。因为道教要求出世，当主"自然"；而寇谦之却要建立以政教合一之政权，必依"名教"。于是他就依照郭象所解决"名教"与"自然"的关系的理论，来解决山林与市朝的关系。他说："夫上士学道在市朝，下士远处山林。山林者，谓垢秽尚多，未能即喧为静，故远避人世，以自调伏耳。若即世而调伏者，则无待于山林者也。"（《太上老君戒经》）"十善遍行谓之道士，不修善功徒劳山林。"（《太上经戒》）这和郭象的"名教"就是"自然"的思想完全一样。郭象说："夫圣人虽在庙堂之上，然其心无异于山林之中。"（《庄子注》）正是这样，寇谦之建立政教合一的政权机构才有理论基础，身为道士的寇谦之虽身在市朝，为魏太武帝之国师，亦能调心制性，长生不死，而宗教的王国也就可以在现实的王国中实现了。

1961 年 7 月

原刊于《历史研究》，1961（5）

孟子的哲学思想

一

春秋战国时代是我国从奴隶社会向封建社会的过渡时期，在这一时期中，各诸侯国都先后由奴隶社会进入封建社会。由于我国幅员广大，各诸侯国的政治经济发展不平衡，因此进入封建社会也就有先有后，大体上是齐鲁在先，中经晋郑等国，而秦国在后。齐国大体在管仲的时候即已进入封建社会；鲁国的税亩制是其进入封建社会的标志，是用上层建筑（政治制度）把封建经济固定下来；三家分晋是一次典型的封建主运用暴力取得政权的政治事变，从此中原地区就先后进入封建社会了；商鞅变法是秦国进入封建社会的标志。①

孟子名轲（公元前372—前289），与商鞅同时，邹人，是战国中期的主观唯心主义者。《史记·孟子荀卿列传》中说：“当是时，秦用商鞅，富国强兵，魏用吴起，战胜弱强，齐威王、宣王用孙子田忌之徒。”可见孟子所处的正是一个社会大变革接近终结的时代。当时奴隶制已经基本瓦解，但是，奴隶主贵族与新兴封建主之间仍然在进行着长期反复的斗争。从春秋以后，由于阶级斗争的尖锐，从当时的奴隶主贵族中分化出一部分人来，成为封建领主贵族。他们一方面要求保存世官世禄的世袭制度，另一方面又反对使劳动者仍然处于奴隶的地位。恩格斯说："封建庄园在任何

---

① 关于我国如何从奴隶社会进入封建社会，当另有专文研究。

情况下，都是一种职田。"这种土地不是私有，而是封地，因此封建领主反对普遍的土地私有制，反对土地可以自由买卖，反对劳动者一定程度的自由迁徙。但是从春秋末、战国初年以来，已经有人从非贵族身份（包括商人、小生产者）上升为土地占有者，他们没有贵族身份，没有封田（公田），而把开垦的土地或掠夺贵族的公田变成为他们的私田，因此他们反对那种土地的世袭制度，要求土地可以自由买卖，要求劳动者有一定的人身自由等。这两个封建主阶级的不同集团，在反对奴隶制上有着共同的利益，因此在当时都起着不同程度的积极作用。但是，他们之间也存在着矛盾，总的说来，新兴地主阶级是更有利于经济的发展的，而封建领主则有较多的保守性，在一定程度上说，是不利于经济的迅速成长的。

孟子的时代，各国都在变法，有的变法实质上是新兴封建地主阶级运用暴力的政变，例如商鞅变法；有的变法，开始进行了一些自上而下的改革，但终因农奴主贵族的反对，而没有认真实行下去，例如魏国吴起的变法。当时九流十家到处游说，企图要诸侯国君采用他们的办法来治理国家，孟子就是这群人中间的一个。他是要从根本上实现农奴制度的。他说："子之君将行仁政，选择而使子，子必勉之。夫仁政，必自经界始。经界不正，井地不钧，谷禄不平，是故暴君汙吏必慢其经界。经界既正，分田利禄，可坐而定也。夫滕，壤地褊小，将为君子焉，将为野人焉，无君子莫治野人，无野人莫养君子。请野九一而助，国中什一使自赋。卿以下，必有圭田，圭田五十亩，余夫二十五亩，死徙无出乡，乡田同井，出入相友，守望相助，疾病相扶持，则百姓亲睦。方里而井，井九百亩，其中为公田，八家皆私百亩，同养公田，公事毕，然后敢治私事；所以别野人也。此其大略也。若夫润泽之，则在君与子矣。"（《滕文公上》）这一段话集中地反映出孟子的政治观点,从这里可以看出他的阶级立场。第一,主张井田制,也就是保存世袭的土地所有制,因此就必须"正经界"。所谓"正经界"就是因为当时的"经界"已乱,"井地"不分,谷禄不平,这样不仅引起了世官世禄的贵族内部的矛盾重重,而且更重要的是"野人"不养君子了,破坏了贵族的统治,因此就必须正经界,把世袭的封地再次划定,这样才可以"分田利禄,可以坐定"。这种办法在当时对生产力的发展起着限制作用,因为在当时,只有在破坏土地世袭制度的基础上,土地封建私有制才能普遍推行,才能有利于土地的自由买卖,这样封建地主经济才能得到充分的发展。第二,对于在封地上耕种的劳动者则要求他们终身被束缚在土地上,不得自由迁徙,世世代代、家家户户同用一口井,永远和其周围的劳动者为邻居。把劳动者用制度束缚在土地上是农奴制的特点。第三,列宁分析农奴制时说:"农奴制……的地主经济……即全部世袭领地,分为地主土地和农民土地;后者作为份地分给农民(此外,还得到其他生产资料,如森林或者牲畜等等),农民用自己的劳动和农具耕种这块土地,从而养活自己。……农民的剩余劳动,表现为他们用自己的农具耕种地主的土地,这种劳动的产品归地主占有。……农民替地主耕种地主的土地,替自己耕种自己的份地;他们在一星期中有几天替地主干活,其余几天为自己干活。"孟子所说的井田制大体与这差不多:土地是世袭的,由农奴主把土地分成自己的领地(或封地)和农奴的耕地,农奴首先要在公田上从事劳动,然后才能为自己劳动,因此实行的是劳役地租,不是大规模的集体劳动。第四,野人(劳动者)的任务就在于养活君子(统治者),因此孟子反对那些不属于任何领主的劳动者,认为按制度说劳动者都应有所属。这样一幅图画不是农奴制度又是什么?不过是孟子把它理想化了,使之带有"温情脉脉"的色彩而已。这时商鞅在秦国已经进行了变法,变法的结果，使封建地主经济迅速发展起来，因此孟子的思想在这时就不能不是保守的了。

孟子采用什么作为武器与新兴的地主阶级进行斗争呢？那就是他的"仁政"。孟子到处游说，企图使各国国君采用他的"仁政"而一无结果，这并不是说这些国君和孟子处于不同的阶级地位，有着不同的阶级利益，这只是说明孟子的政治思想在当时已经行不通了，各国国君为其现实的政治经济利益自然也就无法采用这已经过了时的主张。由于孟子企图保存农奴制度的核心——土地世袭制、土地不得买卖、劳动者不得自由迁徙等，尽管他讲了很多"民为贵"、"与民同乐"等等，都不能更好地解决现实社会的根本问题。由于孟子只是在农奴制这个范围内打圈圈，虽然他提出了调和其本阶级内部矛盾的方法——正经界，明等级；在与新兴地主阶级之间的关系上，他主张减轻赋税，开放山泽，保障商业安全，免除一定的关税等，但在政治上新兴地主阶级、商人必须受治于农奴主贵族；对于劳动者，孟子认为必须让他们能"安居乐业"，减轻一些经济剥削和政治压迫，对他们进行奴化教育等——尽管这样，由于孟子是从根本上维护农奴制，因而这些在当时就成为空谈了。从全体上说，孟子的思想是保守的；但从局部上说，由于他重视了劳动者在生活和生产中的地位，因而多少有些可取之处，不能全盘否定。孟子思想在当时不能为当权的统治者所利用，一则是他的思想不能解决社会矛盾，即旧贵族与新兴地主阶级之间的矛盾；另一方面也不适合当权者的眼前利益。一般说当权的贵族要更多地考虑到他这个阶级眼前的现实利益，而孟子作为这个阶级的代表者说来，他多少可以摆脱这个阶级眼前的利益，而从这个阶级的根本利益出发，但由于他的阶级地位的限制，他是不能突破其阶级的生活界限的。

二

孟子的哲学思想是对西周以来宗教唯心主义的发展，是战国初年以来"气一元论"唯物主义思想的反动。从中国哲学史说，孟子的哲学思想和庄子的哲学思想一样，是第一个较完整的主观唯心主义体系，他的主观唯心主义已经接触到世界的性质、万物的构成、天与人的关系、心在认识中的作用、认识的道路等，所以说是比较系统的哲学思想。

孟子为了巩固他这个阶级的阶级利益，在他的体系中保留了西周以来神权政治的理论，认为政权是"天授"的。他说"天子不能以天下与人"而"天与之"（《万章上》）。天的意志则通过贤明的君主来实现。他宣传暴虐的君主要遭到天的处罚，"顺天者存，逆天者亡"（《离娄上》），要求统治者顺从天志。他仍然主张"意志的天"的存在，认为天不仅对政治起作用，而且对每个人的生死祸福也起作用。"虽有恶人，斋戒沐浴则可以祀上帝。"（《离娄下》）"故天将降大任于是人也，必先苦其心志，劳其筋骨，饿其体肤，空乏其身，行拂乱其所为，所以动心忍性，曾益其所不能。"（《告子下》）孟子的"天命"观是通过孔子而继承西周以来的宗教唯心主义，已经不是西周宗教唯心主义的简单恢复；他是从"人"的观点来看"天命"，不像西周时那样把"天命"与"人事"对立起来。一方面他认为"天命"可以由"人事"观察到，所谓"天与之"即"以行与事示之"，也就是"使之主事而事治，百姓安之，是民受之也"；另一方面，必须在尽"人事"的条件下来听"天命"。所以他说："莫非命也，顺受其正，是故知命者不立乎岩墙之下。尽其道而死者，正命也；桎梏死者，非正命也。""求则得之，舍则失之，是求有益于得也，求在我者也。求之有道，得之有命，是求无益于得也，求在外者也。"(《尽心上》)这就是说，首先人应根据一定的原则尽自己的主观努力，在这样的条件下，得与不得那就要看"命"如何了，因此，孟子反对那种消极的没落思想。孟子这样的思想是孔子以来作为封建领主贵族思想的积极方面，在某种程度上修正了西周的"天命"观，为进一步解决"人"在社会中的作用提供了一定前提。到孟子时，问题已不再是对现实采取积极努力的态度，而是按照什么原则来努力的问题。照孟子的主张看，就是应按照他的"仁政"的原则来积极努力。在战国中期，这种能动作用，对发展完成封建化的封建地主经济恰恰成为阻碍社会前进的保守力量。

孟子并没有把他的唯心主义停留在这里，由于他的思想是在宋钘、尹文的唯物主义以后，因此他就必须通过宋、尹来发展他的唯心主义。

孟子首先肯定了"天"，但天的性质如何呢？是如西周宗教唯心主义那样认为是人格神呢？还是像宋、尹那样认为是高高在上的青天呢？在这一切问题上，孟子给天定了一种别的性质。孟子虽然也把"天"看成是宗教的，但他认为"天"的最根本的本性是道德性的东西，即人性中的完美的理性。万章问：舜有天下，"天与之者，谆谆然命之乎？"孟子回答："否，天不言，以行与事示之而已矣。"(《万章上》)行和事是什么？他以为要看"天下之民从之"，"百姓安之"。这就是说，"天"的意志的表现就是人的道德标准，合乎人的道德规范的就是合乎"天意"，人性的内容就是"天道"的内容。所以孟子说："诚者，天之道也；思诚者，人之道也。"(《离娄上》)"天道"的内容是诚，但诚是什么呢？在孟子看来是人们最高的道德规范。这样孟子就把宗教性的天变成为道德性的天，抽去了"天"的神性，把人的道德标准作为内容填在"天"这样一个形式里。人的生活目的就是要达到这种诚的境界。

所以孟子说:"至诚而不动者未之有也,不诚,未有能动者也。"这就完全站在主观唯心主义的立场上了。只要"诚"就可以使客观世界的规律改变,不诚就不能动天地的规律。这和后来《中庸》中所说的"不诚无物"是一个意思。孟子以为依靠了"诚"就可以达到"天人合一"、神我一体的境界。诚既然本在人心,思诚可动天地,于是天地万物的存亡变化全在人心诚与不诚,无怪乎后来陆、王心学继孟子之后认为,"宇宙即吾心,吾心即宇宙"。当然孟子也还没有否认,人的祸福遭遇最终是被无可奈何的"天命"所决定的。他说:"莫之为而为者,天也;莫之致而至者,命也。"(《万章上》)但他仍然认为人还是应该努力于道德修养,以待"天命"的安排。他说:"修身以俟之,所以立命也。"(《尽心上》)在他看来,尽管德福有时不一致,但道德实践和听从天命并不矛盾,因为道德的法则也是天的法则。因此,在他看来,生活遭遇和履行道德规范,既是"天命"的要求,又是"人性"的要求,人必须无条件地服从,不必计较生活中的得失,计较得失既违"天命"又反"人性"。特别是"天命"与"人性",本无二致,因此在他看来,只要人们不断地探求和发挥内心的道德本性,就会通过对"人性"的了解而达到对"天命"的认识。因此,对于如何达到天人合一,孟子提出来一个步骤:

> 尽其心者,知其性也,知其性则知天矣。存其心,养其性,所以事天也。殀寿不贰,修身以俟之,所以立命也。(同上)

孟子这里把心、性、天看成是一体,"尽心"也就是"思诚",从而达到知"天性",人的"天性"的发现,就是达到了天人合一。所以孟子所向往的最高境界是:"君子所过者化,所存者神,上下与天地同流。"(同上)

虽然孟子的"天"仍然是最高的主宰神,但是"天"的作为宗教性的可以"赏善罚恶"的作用，已不是主要的，对人的"赏善罚恶"已不是天赏罚而是人的内心道德力量在赏罚。"天"在实质上是一个道德标准的代名词。这样孟子只是要用"人道"来合"天道"，"天道"的作用实际上是"人道"的要求。因此，只要人能"收其放心"，"反求诸己"，就可以达到天人合一，就可以知天。这样就很自然地引导出"万物皆备于我"这个主观唯心主义的最重要的命题。

"万物皆备于我"，并不是说万物都在这个具体的有限的个体之中，而是说，事物的是非、善恶、美丑标准俱在人心，世界万物以人的主观为其标准和存在的根据。这就是说人的主观意识是第一性的，客观事物及其规律则是人的主观意识所派生的。"人道"就是"天道"，"天道"、"人道"俱在人心，客观世界存在的基础就在人心了。

孟子为什么要这样发展宗教唯心主义呢？他为什么要把宗教的"天"变成伦理的"天"，而提出天人合一的理论呢？关于这一点必须从两个方面来看：一是其阶级根源，一是其认识根源。如前所述，由于孟子所代表的封建领主贵族已在某种程度上成为社会发展的保守力量，为保存他那个阶级的利益，就幻想着用道德力量来对抗经济发展的规律，其走向主观唯心主义是不足为怪的。但是为什么孟子的主观唯心主义恰恰是这样，而与庄子不同呢？除了其所代表的阶级不同外，还必须结合当时哲学斗争的具体情况来分析，因此也就不得不考虑到其认识方面的根源了。

孟子的思想来源一是继承孔子，二是反对宋、尹，他在与宋、尹的斗争中发展了孔子思想中的唯心主义因素。

宋钘、尹文的唯物主义已经把"宗教的天"给推翻了，提出了"气"和"道"这样两个概念，并给以唯物主义的解释，认为构成世界万物的是"气"，世界万物的总规律是"道"。孟子要想恢复唯心主义的阵地，就不能不通过宋钘、尹文的唯物主义哲学。因此孟子就在"气"和"道"的问题上下了一番功夫。

宋钘、尹文的唯物主义哲学思想体系中包含着某些唯心主义的因素，他们的"道"和"气"基本上是物质性的，但也带有若干伦理性的成分。孟子就是把宋钘、尹文唯物体系中的唯心主义因素加以发展，使之成为他自己唯心主义体系中的一个组部成分。

> 道也者，口之所不能言也，目之所不能见也，耳之所不能听也，所以修心而正形也。（《管子·内业》）

> 是故此气也，不可止以力，而可安以德……（《管子·内业》）

宋、尹所说"道"不可以口言、目见、耳听是对的，但是认为"道"是由修心而来，就有走向唯心主义的可能。孟子正是这样把"道"和"心"联系起来的。气"不可止以力"当然也是对的，但"可安以德"则使孟子有把"气"伦理化的可能性。孟子把宋、尹的"道"精神化为"天道"，"天道"的基本精神是诚，诚是从"修心"而达到的，这样就使唯物主义体系中的唯心主义观点系统化了，发展成唯心主义体系。关于"气"，孟子也从"养气"出发，提出所谓"浩然之气"。在孟子看来，"浩然之气"并不是"宗教性的东西"，这样简单地恢复上帝的威权是不可能的，那么他就认为人有各种各样的气禀，而这些气禀中最主要的是道德性质的气禀。所以他说：

> 我善养吾浩然之气。……其为气也，至大至刚，以直养而无害，则塞于天地之间。其为气也，配义与道；无是，馁也。是集义所生者，非义袭而取之也，行有不慊于心，则馁矣。（《公孙丑上》）

孟子这里讲的浩然之气有两重意思，一层说的是世界的性质，另一层则说的是人如何养气。孟子认为天地之间充塞着浩然之气，浩然之气无所不包、无所不入，因此是"至大至刚"，其性质是义与道，这样的世界当然就是道德性的世界了。就人说，这种浩然之气本来存于人的心中，不待外求，因此个人进行主观上的修养，就可以同于道德世界。经过这样的解释，在孟子那里，"气"就不再是物质性的了，而变成了道德性的东西。万物由气所成，气的内容是义与道（道是指天道、人道，皆为诚），这当然就是人的道德，是人的观念，因此孟子才说："万物皆备于我。"

在宋、尹学派的唯物主义体系中，对精神现象企图用具体的物质来说明。他们认为精神现象是精气，从这出发他们主张个人身体的修养应是养气，要养气，就得"清心寡欲"，而人的情欲是坏东西，使得精神不能安静，妨害守住精气，因此就必须"去欲"。

　　敬除其舍，精将自来。(《管子・内业》)
　　洁其宫，开其门，去私毋言，神明若存。(《管子・心术上》)

他们认为精气（精神现象）与肉体的关系是：肉体是精气居住之处，但是精气只是在静洁时才入于肉体。他们说："虚其欲，神将入舍；扫除不洁，神乃留处。"（同上）这样看来，虽然组成精神的精气与组成肉体的粗气同为物质性的气，但是精气比粗气更为重要，它可以自由离开肉体，而"养身"就是"养气"，使精气守舍。这样也为唯心主义留下了一个可以乘虚而入的空子。孟子就从这方面下功夫，来发展唯物主义体系中的唯心主义因素。如上所述，他首先把"气"变成一种精神性的东西。其次，又把宋、尹的"养气"变成"养心"。因为"气"是心的道德表现，养心就可以达到更高的道德境界。这样就把原来身体的修养之法，变成为道德的修养之法，并通过道德修养达到与上下天地合流的神秘境界。

孟子的"养心"是一种神秘的道德修养，他以此为方法使人们达到神秘境界。他说："学问之道无他，求其放心而已矣。"（《告子上》）他不仅把内心的道德修养看成是知识的本源，从而达到"知天"的境地，而且反对人们向外在的客观世界探求知识。由于他夸大了内心道德的修养，从而认为宇宙万物的道理本来就存在于人的主观意识之中，因此，"万物皆备于我矣，反身而诚，乐莫大焉"（《尽心上》）。这样他就把人的主观道德生活夸大成为人们唯一的生活，终于成为神秘主义的宗教道德了。

孟子的认识论是唯心主义的，他的唯心主义的认识论是为其道德形而上学的唯心主义体系服务的。孟子的认识论之所以采取重视心的作用的形式也不是偶然的，这是由于在宋、尹的唯物主义哲学中已经重视了"心"的作用。

宋、尹提出"心"（思维）在认识过程中的作用在于"知其象则索其形，缘其理则知其情，索其端则知其名。"（《管子·白心》），这就是由事物的现象认识事物的本质。他们还提出"心"是容纳精气之处，因此要使心虚、心静，这样才有利于"养身"。这就有发展成唯心主义的可能性，特别是在一定的程度上割断了思维和感官的联系，打开了引导到唯心主义之门。孟子利用这一点，并加以歪曲，认为人们的认识根本不必依靠感官对外界进行考察，感性认识是靠不住的，根本反对通过感性认识达到理性认识。他说："耳目之官不思，而蔽于物……心之官则思，思则得之，不思则不得也。"（《告子上》）靠耳目不能得到知识，反而只能扰乱自己，只有靠心才可以得到知识。这种看法正是前述孟子道德形而上学的结果。既然万事万理俱在心中，当然就不必向外求知识，靠"内省"就可以得到全部知识。而这种"内省"功夫，就是"养心"，就是"收其放心"。孟子所谓的"知识"只是道德修养，这样就开了后来宋儒无休止地论证"知"的内容是道德的先河。

在孟子看来，每一个人都具有同样的"性"，其本来都是善的，即人心本有四端（仁、义、礼、智），因此"思"无须外求，只要反求诸己。用耳目观察外界，其结果是使四端被蒙蔽。"思"就必须"养心"，"养心"就是"养浩然之气"。浩然之气是义，是天道，本在人心，这样四端只是先验的东西，先于认识而为人心所具有。以四端为出发点，扩而充之，则"上下与天地同流"。这种认识的道路，其出发点是唯心主义的认识论，但终归成为一种直观的神秘主义的认识论。

孟子的认识论一方面是基于其主观唯心主义的宇宙观，但也作为论证其宇宙观的手段。因为人如何达到"天人合一"，必得通过提高人们的认识，"内省"的认识道路就成为达到"天人合一"的捷径。

由于孟子的唯心主义认识论注重了思维活动，因此对"概念"加以歪曲解释。他提出所谓"类"这样一个概念，"类"是对具体事物的抽象，但孟子利用这一点，对于具体事物进行胡乱的抽象。他认为"人"是一个"类"。为什么人是一个类呢？那就在于"人"有其根本的共同之点，就是异于禽兽的恻隐之心、羞恶之心、恭敬之心、是非之心，"非由外铄我也，我固有之也"。这完全是从抽象的概念出发来规定人的本质。科学的抽象是事物本质的反映，人的本质是社会关系的总和，不是一些抽象道德概念的结合体。正是因为孟子割断了思维与现实的任何联系，根据他的哲学，人就必然成为抽象道德概念的结合体了。

三

人性问题在中国哲学史上是一个重要的问题，它是道德问题的基础，特别是由于孟子的政治观和宇宙观都是建立在他的主观道德论的基础上，因此人性问题就成为孟子哲学思想的一个核心问题。

孟子的人性论包括三个问题。第一个是人性的生成问题。他认为人性是与生俱来的，因此是不能改变的。第二个是人性的内容问题。他认为人性是善的，所谓人性就是人之所以异于禽兽者的四端。第三是道德的标准及如何进行道德修养的问题。既然人的本性是善的，那么只要顺人性发展，把四端扩而充之，就是合乎道德的，不顺着人性发展就是不道德。既然善在于人心之中，道德修养只要"求其放心"、"反求诸己"就行了，恶的根源在于外界的引诱，因此道德修养是不待外求的。这就是孟子抽象人性论的基本内容，它是我国哲学史上第一个系统的人性论的理论。

（一）孟子关于人性生成的理论。孟子认为性由天成，人之所以为人者就在于他生来就具有异于禽兽的"人性"，因此人与人从本性上说是相同的，但是由于环境所使，对于"人性"来说则是"庶民去之，君子存之"，这样才有所不同。从本性上说"人皆有不忍人之心"，人人都有"不学而能"的"良能"、"不虑而知"的"良知"。这正是孟子的抽象人性论的核心。我们知道，"只有具体的人性，没有抽象的人性，在阶级社会里就是只有带着阶级性的人性，而没有什么超阶级的人性"。因此，第一，孟子所说的那种异于禽兽的"人性"是没有的。人性是社会形成的，有什么样的社会就有什么样的人性，这是唯物主义的看法；把人性看成是天生的、与生俱有的，那是唯心主义抽象人性论的观点。孟子主张从异于禽兽之处来看人性，这就势必把人看成仅仅是动物的一类，而不是"人"。人之所具有的"人性"，如果不与社会关系联系起来，那么人不过是一个自然物，即与自然界没有分别。只有在社会关系中的人，才是作为人而存在。因此，对"人性"问题只能进行社会历史的研究，而不能抽象地分析。第二，"人性"是随着历史条件变化的，在阶级社会中人只有不同的阶级性，而没有共同的人性。孟子主张人皆有共同的"不忍人之心"、"良知"、"良能"，那么为什么会有孟子所说的"劳心"的"治人"的人和"劳力"的"治于人"的人的分别呢？为什么"君子存之"而"庶民去之"呢？这显然是个矛盾，在理论上孟子是不能自圆其说的，其目的不过是为了抹杀阶级的对立而已。第三，孟子从形而上学唯心主义观点出发，认为人性是不变的，只要是人就有异于禽兽的共同人性，其所以有"得"有"失"，是因为其阶级地位的不同。统治者（君子）总是"存"有"人性"的，而劳动者总是"失去"人性的。所谓"失去"人性，并不是人性改变了，而是人性被"利"所掩盖，只要"反求诸己"，就可以使人性显现。生产资料的私人占有，成为广大劳动者贫困的根本原因。由于剥削阶级的压迫与剥削，致使广大劳动者得不到生活的保证，从形式上看他们似乎失去了人性外观，但实质上这是社会本身的极端的不合理的存在的反映。因此，不是什么"反求诸己"，而是应该消灭这样的人剥削人的社会制度。孟子把这样一个深刻的社会原因，变成一个抽象的人性问题，其目的无非是为了掩盖他这一阶级的统治压迫的实质。第四，所谓抽象的人性、共同的人性是在玩弄着诡辩论，歪曲一般与特殊的关系。孟子把人与兽对比，从而得出共同的人性，但是把人与其他动物对比，那就只能把人看成是动物的一个类，这当然看不到人的本质。因此，人性只能是社会关系的总和，作为社会关系总和的人性一般是寓于具体的社会中的人性中的，在阶级社会中总是一定阶级的阶级性。孟子的人性论是割裂了一般与特殊的联系，颠倒了一般与特殊的关系。

（二）孟子认为人性是善的，把"四端"作为与生俱来的人类本性的内容。

孟子认为人性善，人的本性有"四端"：恻隐之心（仁）、羞恶之心（义）、辞让之心（礼）、是非之心（智），这些是人性所固有的。但是这些对于人来说只是一个开端，因此要成为一个道德完善的人就得在这个基础上"扩而充之"，时时注意去发展它们。孟子说："凡有四端于我者，知皆扩而充之矣，若火之始然，泉之始达。苟能充之，足以保四海；苟不充之，不足以事父母。"（《公孙丑上》）为什么这种"善性"在有些人身上得不到发展呢？在孟子看来这是环境所造成的。因此，他认为人之不同于禽兽的这点人性，就君子（劳心者、治人者）说，他们的生活环境要求扩充它；就庶民（劳力者、治于人者）说，由于生活地位反而使之逐渐蒙蔽，虽然在原则上说人性是一样的，但阶级地位则使它表现得很不相同。他说："体有贵贱，有小大。无以小害大，无以贱害贵。养其小者为小人，养其大者为大人。""从其大体为大人，从其小体为小人。"（《告子上》）

孟子以性为善，有两层意思。一层是人性本善，统治者（君子）能扩而充之，那么从根本上说，统治者的一切都是合乎道德的，至于有些统治者之所以为恶，那并不是因为他是统治者才为恶，正是因为他失去了统治者的品质。所以他说："贼仁者谓之贼，贼义者谓之残，残贼之人，谓之一夫，闻诛一夫纣矣，未闻弑君也。"（《梁惠王下》）这就表明孟子是从原则上维护统治阶级的阶级利益。第二层意思是，既然人性是善的，那么在上的统治者应行"仁政"，在具体的政策上应是对劳动者"宽大"一些，施以小恩小惠，这样才可以缓和劳动者的反抗，也可以表现出贵族们的"慈善心肠"。因而孟子常用一些美丽的词句，把他这个阶级的道德一般化为全民的道德，作为其阶级斗争的工具。同时，孟子认为由劳动者的地位所决定，他们就不可以扩充其"四端"，因此小体者，永为小人。这样看来，孟子在原则上为人性善，但在实际上却认为劳动者不可能成为有道德修养的人，这是一个矛盾，这是孟子抽象人性论所解决不了的矛盾，于是他最后不得不把这又归之为"天之所予"了。

孟子把"四端"作为人性的基本内容，不是偶然的。这些仁义礼智是统治阶级的道德标准，孟子企图以他这个阶级的道德冒充人性。正因为它们是统治阶级的道德标准，当然就不可能为劳动者所接受。孟子为了自圆其说，就不得不主张所谓人性的开端是一样的，但因环境不同而有所不同。然而孟子似乎忘记了环境相同，为什么道德上的表现也不一样呢？孟子没有回答这个问题。

孟子以人性为善，因此它反对"性无善无不善"、"性可以为善可以为不善"、"有性善有性不善"等主张。孟子认为人性只能是善，否则就无法用道德来行教化。至于上述意见，孟子认为他们只看到现象，而没有从本质上看问题。他举出"孺子将入于井"为例，来证明人人皆有恻隐之心，这完全是形而上学的脱离社会关系的观点，这只能进一步证明孟子讲人性等，是企图把统治阶级的道德当做社会发展的根本动力，其唯心主义实质当然也就很明显了。

在历史上，任何剥削阶级都企图用他那一个阶级的阶级性来冒充所谓的全民的"人性"。孟子把仁义礼智作为人性的内容，也从另一个方面证明着他所说的"四端"的阶级实质：孟子的"仁"是在上者对于在下者的恩赐；"义"是统治阶级的利益的准则；"礼"是约束劳动人民的法则，协调等级制度各等级之间的关系；"智"是统治阶级判断是非的标准。

（三）从性善出发，孟子认为人们的道德修养只能向内反省，不是向外寻求。他说："仁义礼智，非由外铄我也，我固有之也。"每个人只要"求其放心"，"反求诸己"，就会成为一个有道德修养的人。从统治阶级说，仁义礼智就是他那个阶级的阶级性的表现。

因此在孟子看来，发挥这些就是道德表现。孟子的道德观的政治作用，就在于把他这个阶级的私利道德化、神圣化。但是我们仍然可以分析出阶级内容来。他说："仁之实，事亲是也。义之实，从兄是也。智之实，知斯二者弗去是也。礼之实，节文斯二者是也。"（《离娄上》）孟子把他的政治理想建立在亲亲的人伦关系上，从爱有等差，到事父事君应尽心尽力，这无非证明他企图用宗法的人伦关系来阻止客观现实的发展。由"人皆有不忍人之心"到"先王有不忍人之心"，因此有"不忍人之政"。他美化着"先王"的政治制度，美其名曰"仁政"，当做全民的政治理想加以肯定。在孟子看来，道德是一切社会生活的基础，政治是道德的表现，社会生活是人性的表现，如果要使社会合乎理想，没有别的办法，只有每个人从事内心修养。这样做的结果，就可以实现其所理想的井田制度。

在孟子看来，道德是一切社会生活的基础，人人使其道德修养完善，社会自然安定，争乱自然消除。这是一种主观唯心主义的历史观，是道德决定论。恩格斯在《费尔巴哈与德国古典哲学的终结》中指出："费尔巴哈的道德论，是和它的一切前驱者一样的。它适用于一切时代，适用于一切民族，适用于一切情况，正因为如此，所以它在任何地方和任何时候都是不适用的。……在现实中，每一阶级，甚至每一行业，都各有各的道德，而且只要它们能为所欲为而不受惩罚，它们就会违反这种道德。"孟子企图用他的主观道德来改造世界，在当时根本行不通，这样孟子不得不把这一切归之于"天命"了。

孟子所说的人是抽象的人，人性是抽象的人性，道德是抽象的道德，但这些并不能挽救他所代表的那个在一定程度上已经阻碍现实社会发展的阶级了。这种主观的幻想的道德力量，正是其在客观现实面前无力的表现。孟子的抽象人性论、抽象道德观，对中国封建社会起着很大影响，封建的统治阶级利用他的"仁政"

作为其"暴政"的补充力量,来麻痹劳动人民的斗争意志。在某些特殊情况下,有些进步的思想家,也利用孟子在幻想的形式下的合理内核(关于劳动者地位问题的看法),作为向当权的反动统治阶级斗争的武器。孟子之所以能为这些进步思想家所利用,也不是偶然的、没有根据的。因为在他的思想体系中,出于保护其阶级利益,继孔子以后发展着对劳动者在生产中的地位的重视("民为贵"),因而使他的哲学思想多少带上一点人民性、民主性的色彩。从孟子整个思想体系说,从其"仁政"的总的政治目的说是保守的,是为了巩固当时的农奴制度的;但他在巩固农奴制的过程中,由于当时阶级斗争的推动,因此在如何对待劳动者这一点上有人民性的因素,也是事实。孟子所处的时代是奴隶制向封建制过渡的时代,在中国这种过渡的形式本有两种可能:一种是过渡到封建领主经济;另一种是过渡到封建地主经济。对于奴隶制说,这两种都是进步。而孟子作为领主贵族的代表者,在这个阶级斗争中,特别强调了劳动者的重要性,这无论在当时,还是对整个我国长期封建社会说,都是有积极意义的。但是由于当时地主阶级的发展,因此从全体上说,孟子的"仁政"思想又带有保守性,致使其思想中的精华部分在当时也不能充分发挥作用。

四

孟子的社会历史观是和他的人性论相联系的,也就是说是建立在其道德决定论的基础上的。在这方面他有三个基本观点。

(一)义利之辩。孟子用"仁义"反对"好利",认为"好利"是一切争夺之源,而"仁义"则是社会安定、上下分明的根本保证。这个问题实质上是什么是维系社会的力量?是道德呢,还是利害关系?

孟子用"仁义"反对"好利",其矛头是针对着法家而言的,也就是针对着新兴地主阶级而发的。据《孟子》记载,宋轻以利说秦王罢兵,孟子认为如以利说秦王而见效,那就会因此而扰乱君臣、父子和兄弟之间的关系;然而如以"仁义"为行事的标准,则上下不争,君臣无易位,兄弟无相残之事。这样的主张在当时是有利于维护现存的贵族的统治,而不利于新兴地主阶级的发展的。

墨子的"义"有"平等"之义("兼相爱,交相利"),因此为孟子所反对。孟子较之孔子更多地讲到"义",他的"义"是指"等差",是维护"不平等",即封建等级制度。墨子讲兼爱是为达到其交相利的目的,这是符合小生产者进行等价交换的要求的,所以他反对爱有等差,反对等级制度。孟子反对墨子之主要点,就在这里,其目的就在于反对小生产者的"利",巩固贵族统治。

孟子的"义"的主要内容是从亲亲所推演出来的敬长。他说:"亲亲,仁也;敬长,义也。"(《尽心上》)他说的敬长不仅是指兄弟的关系,而且是一般的对待长上的关系,所以他才说:"未有义而后其君者也。"君臣之间应有大义,君民之间更应有大义,这是在下者不能违反的。从为君者为上者说,行事以"仁义",不是为了别的,而是为了得民心。所以孟子说:"保民而王","为民父母"。孟子对民之所以较重视,并不是认为人民是历史的主人,而是认为人民作为劳动力说很重要。因为没有人民的劳动生产,他们既不能治人,又不能食于人。所以在当时的情况下,孟子说:"民为贵。"孟子之所以看重劳动力,是因为当时由于农奴逃亡在瓦解着农奴制度。梁惠王问孟子说:"察邻国之政,无如寡人之用心者,邻国之民不加少,寡人之民不加多,何也?"(《梁惠王上》)孟子为了使劳动者继续被束缚在土地上,从而巩固农奴制度,提出对劳动者重视的问题,并在一定程度上减轻一些剥削,这样就使他的"仁政"多少带上一些人民性的色彩。

孟子用"仁义"反对"好利",是企图用一个似乎是超阶级的主观道德标准,作为维护社会现有关系的准则,但这个"仁义"的内容仍然是他一个阶级的"私利"。(如商鞅曾说:"利者,义之本也。")新兴的地主阶级和小生产者为其自身利益,把"利"作为社会生活的准则,虽然也是错误的;但他们的这些要求在当时是符合社会的发展的,比较孟子的虚伪的道德学说,是有着一定的进步作用的。我们"唯物主义者并不一般地反对功利主义,但是反对封建主义的、资产阶级的、小资产阶级的功利主义,反对那种口头上反对功利主义、实际上抱着最自私最短视的功利主义的伪善者。世界上没有什么超功利主义,在阶级社会里,不是这一阶级的功利主义,就是那一阶级的功利主义"。从这里我们可以看到,孟子只是口头上反对功利主义,他的"仁义"即是他那个阶级的最自私的利己主义。孟子在形式上和梁惠王的不同,不过是由于他更善于从这个阶级的根本利益来处理问题。

(二)孟子企图用社会分工来论证阶级剥削的合理性。我们知道,社会分工本身不是产生阶级的根本原因,只是有了对生产资料的私有制才能产生阶级,而阶级社会反过来更加巩固了社会分工,特别是体力劳动和脑力劳动的对立。孟子和许行在劳动分工问题上的争论,反映着剥削者与作为小生产者的劳动者之间的争论。从孟子说是剥削阶级轻视体力劳动,为巩固其剥削地位的思想反映;从许行说,他的思想代表着当时劳动者的看法,但也表现了小生产者无法认识事物发展的客观规律。

在孟子时代,他指出社会必然有分工,这一点他是看对了。人类社会从没有社会分工到有社会分工是社会进步的表现,从无阶级社会进入阶级社会的一件大事就是社会分工,其结果对生产的发展和文化的提高有着一定的积极作用。孟子的时代,社会分工不仅已成事实，而且是历史不可避免的现象。但孟子的目的是从社会分工的必然性，推论出体力劳动和脑力劳动分工的合理性，又由体力劳动者应"治于人"和"食人"而脑力劳动者则应"治人"和"食于人"推出阶级分裂的合理性，从而巩固其"治人"和"食于人"的这个阶级的阶级地位。所以他说："有大人之事，有小人之事。且一人之身而百工之所备，如必自为而后用之，是率天下而路也。故曰：或劳心，或劳力。劳心者治人，劳力者治于人。治于人者食人，治人者食于人。天下之通义也。"（《滕文公上》）孟子"劳动分工"的阶级实质就在于此。社会分工问题，在孟子看来还因为"物之不齐，物之情也"。在社会中，事物所以有所不同，不是天生的、命定的，不是因为事物自身所具有的固有差别，而是由社会关系、阶级地位所决定的。因此随着社会关系的变革，事物的性质也在改变，人也是如此。把事物的差别固定化的形而上学的观点，是孟子把"劳动分工"永恒化的认识论方面的根源。

许行用不应有体脑分工来反对剥削阶级的不劳而食，是可贵的。正是劳动者的这种正义斗争才有利于社会的发展。如果劳动者在剥削者残酷剥削的情况下，不起来反对孟子那种把剥削合理化的主张，剥削阶级就会更加残酷无情地进行剥削了。但是，许行从反对不劳而食而一般地反对社会分工，在当时不仅不能实现，而且也是不正确的。许行之所以不了解当时社会分工的必然性和必要性，正是由于其所处的阶级地位的限制。

（三）孟子认为社会的兴衰取决于圣人的隐现。圣人以道德治天下，天下治。圣人的出现是上应天意，下合人心，有定数，"五百年必有王者兴"。

孟子企图找出历史发展的规律，从而更好地巩固其统治。《孟子》一书最后一段说："由尧舜至于汤，五百有余岁，若禹、皋陶，则见而知之；若汤，则闻而知之。由汤至于文王，五百有余岁，若伊尹、莱朱，则见而知之；若文王，则闻而知之。由文王至于孔子，五百有余岁，若太公望、散宜生，则见而知之；若孔子，则闻而知之。由孔子而来至于今，百有余岁，去圣人之世，若此其未远也；近圣人之居，若此其甚也，然而无有乎尔，则亦无有乎尔。"(《尽心下》)历史是如何发展的，对于道德决定论者的孟子说，以为是由于圣人的出现。孟子根据他的道德理想，把一些历史上的人物加以美化，使之成为道德的化身，认为治乱兴衰就在于有没有这样的具有高度道德修养的圣人出现。孟子认为每过五百年就必然有一个圣人出现，原因是为不使先王的道德教化中断，使后来的圣人还可以"闻而知之"。在这里孟子企图把他的主观道德客观化，带上规律的性质，这一观点就开了以后邹衍等的历史观之先河。

孟子的社会历史观是以其道德决定论为根据的，它论证着剥削制度的合理性，美化农奴制度，把其阶级的自私的道德说成是全民的道德，并论证历史发展是由体现道德的圣人决定的，圣人在历史上的隐现是合乎规律的，从而建立起一套唯心史观的体系，在不少地方为后来的封建统治阶级所继承。

原刊于《新建设》，1961（7）

略论郭象的唯心主义哲学体系

郭象是魏晋时代重要的哲学家，现存研究他的思想的重要资料是他的《庄子注》。对他的哲学体系的分析目前有着不同的看法。冯友兰先生认为郭象的"崇有"思想是唯物主义。①《中国思想通史》的作者则认为郭象在"迹"之后虚构了一个"所以迹"的物自体，因此他的哲学是唯心主义的。② 这两种说法都有一些根据，但也都还有一些问题没有解决，需待讨论。前者似乎只是看到郭象哲学思想的特点的现象，而后者则似乎忽视了郭象哲学思想的特点。本文试图就郭象哲学体系的特点，揭露其唯心主义的实质。

魏晋时代，"三玄"实以《庄子》为主，据《世说新语·文学》言："初注《庄子》者数十家，莫能究其旨要，向秀于旧注外为解义，妙析奇致，大畅玄风。"③ 可见当时注《庄子》者甚众。除向秀注外，今知名者尚有司马彪等十余家，多已亡佚。④ 今仅存郭象的《庄子注》一种，它是郭象在向秀《庄子注》的基础上完成的。

西晋时政权机构是维护门阀士族利益的机构，到向秀，特别是郭象时，这一政权经过了几十年的统治，得到了一定程度的巩固。当时这一政权的社会支柱——门阀士族，自以为政权既已巩

---

① 参见《中国哲学史论文集》，27、66页，上海，上海人民出版社，1958。
② 参见侯外庐：《中国思想通史》，第3卷，230～233页，北京，人民出版社，1957。
③ 目前学术界关于向、郭《庄子注》有不同看法，作者认为向秀与郭象所注确有不同，而今本庄注当是郭象在向秀注本的基础上完成的。由于本文目的在分析今本庄注的哲学体系，故主要是分析郭象的哲学思想。
④ 参见关锋：《庄子内篇译解和批判》，北京，中华书局，1961。

固，就过着日益腐化、享乐的生活。向、郭的哲学就是为这样一个当权的政治集团服务的哲学。

一、郭象关于宇宙构成的学说

郭象的"崇有"是讲"无不能生有"而"有自有"，以明"上知造物者无物，下知有物之自造"。因此，他既反对万物是有意志的"上帝"（真宰）所造，也反对在现存着的形形色色的万有万象之先有一个本体（物自体）。

在魏晋时，把"有"一般地看成是"万有"、"万物"，也就是指现象世界中的形形色色的事物、各种各样"存在"着的现象。

郭象的学说不仅与王弼不同，而且也与嵇康等不同。从有与无的关系说，王弼贵无，以无为本；郭象崇有，以有为自有。王弼"贵无"，认为抽象的概念"无"是万有万象存在的根据。郭象"崇有"，只承认现象的真实性，除现象之外无本体，否认世界统一性。但从宇宙构成上说，嵇康等以为元气构成万物；而郭象则认为没有什么东西构成万物，它们都是自己构成自己，没有一个统一的基础。

首先，郭象和庄子一样反对有一个像上帝那样创造世界万物的真宰，他说：

> 凡物云云，皆自尔耳，非相为使也，故任之而理自至矣。①

> 万物万情，趣舍不同，有若真宰使之然也，起索真宰之朕迹，而亦终不得，则明物皆自然，无使物然也。

郭象认为没有那一个应使万物产生的东西，万物都是自然而然产

---

① 本文所引郭象语皆见《庄子注》，不再一一注出。

生的。为什么呢？因为万物万情都不相同，哪会有那么一个统一的东西产生这样多不同的东西呢？因此，假若说有一个真宰，那就应该可以找到能把万物万情串起来的根据，然而事实上，这是不可能的。这样就证明万物皆自然，没有使它然的东西。

在庄子那里还有一个"道"（"无有"）作为"大全"，而万有是根据这个道而有的；王弼则认为"无"是"有"的本体，"有"是根据"无"而有的。在他们那里，"道"和"无"实际上都是抽象的概念。在这个问题上，庄子和王弼可以说都是客观唯心主义。郭象在这一点上既与王弼不同，也与庄子不同。他认为"无"就是"什么都没有"。既然是"什么都没有"，那就不能产生"有"。所以他认为："夫庄老之所以屡称无者何哉？明生物者无物，而物自生耳。"原来在老子和庄子那里都不是这样说的，在老子看来，"有"是生于"无"的，不过他所说的"无"是指无形无象的混沌状态的物质世界；庄子也以为"有"出于"无"（天门），但庄子的"无"是"无有"，是"道"。郭象在这里改变了老庄的原意，认为"无生有"就是"生物者无物，而物自生"。到这里为止，郭象好像是唯物主义；其实不然，郭象没有把他的哲学停止在这里，他进一步发展了庄子的思想。

其次，"有"是"自生"的。如何自生呢？在郭象看来，"万有"的自生都是突然地、偶然地、"掘然"地就存在了，是不要任何条件的，他说：

> 然者凡得之，外不资于道，内不由于己，掘然自得而独化也。

这里就是说，任何事物的存在，外不依靠任何条件，就像"道"这样的东西也不依靠，内也没有什么根据，这样就自然而然地存在了，也就是"万有"的存在都是突然地自己就存在了。既然这样存在，就可以"独化"。"独化"是指有之自生，有之自尔，单独地无所待地存在着。这里郭象和裴𫖯有着两点重要的不同①：（一）裴𫖯讲事物都是有所资的，而郭象则认为事物是"去其所资"的。裴𫖯认为万有都是宇宙的一部分，因此"所禀者偏"。既然事物都是宇宙的一部分、一个方面，那就不能自足，就需要凭借外面的一些"资助"，那么"有"就是"有待"，"有之所须，所谓资也"。（裴𫖯：《崇有论》）郭象则认为"有"皆"自足"，故无待任何条件而"自己"。故曰："各自正耳，待彼不足以正此，则天下莫能相正也。""去其所资，则末施禁而自止"，有待则不能独化。（二）裴𫖯认为："有不待无"，但是"有"须待"有"；郭象则认为"有"亦不待"有"。裴𫖯提出"有"，是以"有"为本体，"自生而必体有"。也就是说"有"是产生"有"的根据，事物之所以存在就是因为有那么一个统一的物质实体为根据；因此，此一事物的存在必有待于其他事物，"济有者皆有也"。郭象则认为"有"不能生"有"，"有"也不必待"有"。故曰："夫有之未生，以何为生乎？故必自有耳，岂有之所能有乎？""此所以明有之不能为有，而自有耳。"这里郭象所说的"有"就是一个独立自足的、与其他事物没有任何必然联系的个体。因此，他主张"物各有性，性各有极"。事物各自有各自的自性，各个独立存在的事物的自性是各自有各自的宗极、根据。郭象的"有"实际上就是把现象世界中的形形色色的每一事物看成是一个独立的绝对。在庄子那里，只有一个绝对的"道"，而在郭象这里就有无限多个绝对的"有"了。这样，郭象实际上是把现象世界的"万有"都抽象化、绝对化成为千千万万个神秘的自在之物。

看起来，郭象似乎有点唯物主义，其实不然。郭象虽然承认

---

① 裴𫖯著《崇有论》反对王弼、何晏的"贵无"学说，他认为"无不能生有，是有自生"，但是事物必须以物质性的"有"为本体，"自生而必体有"。事物之间有着必然的联系，"凭乎外资"，"济有者皆有也"。故与向、郭不同。当有另文详论。

现象世界的存在,但是他所讲的"存在"("有")并非真实的存在,而是他们所虚构的一种"存在"。这种"存在"是各自独立的绝对,是没有统一的基础的。由此可见,郭象在反对了客观的精神性的本体之后,又反对了世界的物质性,特别是反对了物质世界的统一性,而建立了各自独立的绝对的主观精神。

郭象的唯心主义的特点表现在他的哲学的形而上学特点上,他否认事物的普遍联系,从而不得不虚构一个神秘的"存在"(独立的绝对),这样就倒向了唯心主义。恩格斯说:"相互作用是事物的真正的究极原因。"事物之所以存在必然存在于普遍联系的关系之中。郭象为了把"存在"神秘化,首先否定了这种联系;在否定事物存在的真实原因之后,郭象就进一步"创造"了各自独立的绝对,从而取消了物质世界的统一性;最后,他给予这一"存在"以神秘的性质,名曰"独化"。这样,郭象就完成了其宇宙构成的唯心主义体系。

现象世界中的万有的存在都是各自存在着的,因此它们只需各自"自足其性"就行了,在他们之间也就不存在什么比较的问题,大小、美丑、好坏、是非的分别本来是没有的,他说:

> 夫以形相对,则大山大于秋毫。若各据其性分,物冥其极,则形大未为有余,形小不为不足。苟各足于其性,则秋毫不独小其小,大山不独大其大矣。若以性足为大,则天下之足未有过于秋毫也。若性足者非大,则虽大山亦可称小矣。……苟足于天然,而安其性命,故虽天地未足为寿,而与我并生,万物未足为异,而与我同得……

因此,人为的增加或减少都是有害于性的。物各有其性分,彼此绝对不同,一物的年龄、大小、形状等等,都是他的性分的表现。马日行千里,但它绝不能多走一里,行了千里就是足性。性分就是一个事物之所以成为这一事物的界限。为人子,止于孝;

为人父，止于慈。全其性就是实现自己，用其自用，不可为，不可造作，不可强制。"恣其性内，而无纤芥于分外。"照郭象的看法，物各为独立的绝对，因此各为中心，自己为自己的中心。既然各自为自己的中心，那也就无所谓中心；既然都是绝对，也就无所谓绝对。我自为独立，那么也得承认别的东西也都是独立的。故不可使人从己，亦不必舍己从人。但是，事物的地位均已为郭象安排好了，因此承认现存的一切，维护现实，在他看来也就是合乎自然之性的。在庄子那里，由于他从没落贵族的利益出发，为反对新兴的封建势力，故认为现存的并不一定是合理的，"落马首，穿牛鼻"是人为的，有违于牛马的"天性"；而郭象则认为"落马首，穿牛鼻"就是牛马的天性的表现，是合乎自然之性的。

就人说，每个人应该各安其位，在他自己的地位尽其本分，这样就是自足其性。

> 天性所受，各有本分，不可逃，亦不可加。
> 性各有分，故知者守知以待终，而愚者抱愚以至死，岂有能中易其性者也。

这就是说，事物之不同，都是各有其性分，而各个事物都必须按照它的性分去做，"不可逃"，"亦不可加"。贫贱的应自甘贫贱，富贵的是自得富贵，劳动者应该当牛马以至于死，剥削者应该享受一辈子，而且应该是小的不必羡慕大的，贫贱的不必羡慕富贵的，因为羡慕也没有用。"小大之辩，各有阶级，不可相跂。"因此，富贵者之所以得为富贵，并不是他们私自取得的，而是他们自应富贵，是他们本性就是富贵，"今贤人君子之致爵禄，非私取也，受之而已"。那么，在郭象看来，一部分人生来就是统治者，另一部分人生来就是劳动者，是没有什么可说的，这是"若天自高，地自卑，首自在上，足自在下，岂更递哉？"因此，"虽复皂隶，犹不顾毁誉，而自安其业，故知与不知皆自若也"。郭象从讲宇宙万物的构成讲到人应各安其位,就充分暴露出他的哲学思想的阶级实质。郭象是企图通过他的"事物各自自足,故其独化即在安于其位"来论证封建等级制度的合理性,以及各安其等级的必要性。他的哲学是把现象世界各种现象抽象化、绝对化,使之各自成为一个独立的神秘的绝对,从反对客观唯心主义入手,而建立他自己的主观唯心主义的哲学体系。从方法上说,他是抓住现象世界的各个现象的存在的相对独立性,将其夸大为绝对的独立,从而导致绝对主义。

二、论事物之间的关系

郭象认为万物皆自生、自尔、独化,其生不资于道,不待于"有"(物),那么事物之间有没有关系呢?郭象不是主张事物之间没有关系而是认为事物之间的关系是一种"不为而相因"的关系。也就是说,并非因这一件事物而有另外一件事物,这件事物的存在并不是因为另外一件事物的存在而存在的,而是因为各个事物都各自存在了,在他们之间就有了相互为因的关系。

任何事物首先是"自造"的,是"自足"的,因此罔两并不是由影子所制成的,影子也并不是因为形之所使,它们都是"自造"、"自足"的。就像罔两这样的现象,它也是无所待的。然而万物的存在是"自足"的,无待外求的,并不是和其他事物没有关系的。那就是因为别的事物也是"自足"的,不待外求的,这样才有各个事物的"自足"。如果不是这样,那就是说,有的事物不是自造的,不是自足的,不是无所待的,不能独化,那么它们所待的事物也就不是无所待的了。因此,每个事物都得是无所待的、自足的,方才有各个事物的无所待和自足。这就是说,正因为各个事物都能自足、无待,才产生这种"自为而相因"的关系。这种关系不是因果的必然联系,如罔两与影、影与形,不是说罔两是果,影是因,因为两者都是"自造"、"自尔"的,是两者俱生,故彼我相因。相因是因为独化而有的,"相因之功,莫若独化之至也"。

独化与相因看起来像是有矛盾的,但是郭象认为没有矛盾,这就是因为他把"独化"看成是基本的,相因则是派生的。他认为唇和齿为什么有唇亡齿寒的关系,并不是因为唇为齿而有的,这样不仅齿有所待,就是唇也有所待(因为唇就不是自为,而是为他)。但是正因为唇是自为的,而未尝相为,就唇说它的"性分"就是因为它是唇,它如果自足其性,就自然而然产生对齿的功用。故曰:"彼之自为,济我之宏功矣。"所以郭象在另外一处说:"竭唇非以寒齿,而齿寒,鲁酒薄非以围邯郸,邯郸围;圣人生非以起大盗,大盗起。此自然相生,必至之势也。"这样看起来,郭象把事物之间的联系,看成是表面的形式上的外在联系,其间没有任何因果必然性。郭象夸大了事物各自的独立性,使事物各自存在的相对独立性,成为绝对的独立,他称之为"独化",这样虽然事物之间不无关系,但这种关系只是一种外在、偶然的联系。

在郭象看来,每一件事物都是根据自己的性分而存在,这样各个事物都可以根据自己的性分而存在了。如果这一件事件(如农民犯上作乱)不根据其性分而存在,那么就会使别的事物也不能根据他的性分而存在了。所以郭象说:

> 人之生也,形虽七尺,而五常必具。故虽区区之身,乃举天地以奉之。故天地万物,凡所有者,不可一日而相无,一物不具,则生者无由得生;一理不至,则天年无缘得终。

这是不是说,人要依靠外界存在呢?在郭象看来当然人要依靠外界。但是怎样依靠呢?是不是说,天地万物都是为了人的存在而存在呢？不是的。这是说人和其他事物一样都是自然而然地存在的，因此就不能有一件事物不存在了。如果说此一事物不存在，那就是说它未能自足其性，不能无所待，不能自为，那么就没有"济物之宏功"了。因此，别的事物也可以不足其性，不无所待，不能自为，这样不就乱套了吗？那么追求事物之间的原因是没有很大必要的，主要是了解事物的独化就行了。这里也还说明，郭象把事物之间的任何联系，都说成是不可缺少的，这在实质上是取消了事物联系的必然性。

根据这种理论，郭象认为，富者自富，贫者自贫，损者自损，益者自益。只要贫者自安其位，那他的功用就很大，就起着"济"富者的宏功的作用。虽然这样，贫者并不是为了富者，而是"自为"。这样虽为贫者只要能自足其性，也不失为最大的富者（对他的性分说，他能自足，也就是最富有的了）。故曰："所在皆安，不以损为损，斯待天而不受损也。"郭象他就是用这样的理论企图使劳动人民永远安于贫贱的生活，而且要劳动人民以这种生活为最好的生活。这种思想的反动作用就自不待言了。

三、不可知论的认识论

庄子的认识论是不可知论，是因为他由相对主义导致否认事物的质的区别，故是非、善恶、美丑、大小如此等等都只有相对的意义，因此就无是无非，无善无恶……这样事物的本质就是无法认识的。同时也因为他把抽象的"道"看做是一个"大全"，是绝对，这样"道"就不能是认识的对象。郭象的不可知论一方面继承了庄子的相对主义，认为一切是相对的，因为事物是不能认识的；但是看起来郭象与庄子在这个问题上是有很大的不同的。

在郭象看来，大小、贤愚、美丑……不仅是相对的，而且也是绝对的。就其相对的方面说，因为这些都是比较才有的，但是比较本身就是没有意义的，因此事物的这些性质也是不能分别的。就绝对的方面说，小能"自足"其性，就是至大。因为，万物都可以是独立的绝对，既然都是绝对，那么任何事物作为认识的对象就都是不可能的。庄子把"道"看成是绝对，是大全；而郭象则把"有"（万物）都看成是绝对，因此就都是不能认识的。

"有"都是"自有"、"自尔"、"自足"，因此，其变动就无迹可寻，它的存在是突然地就存在了，它的不存在就是突然地不存在了。这样的事物哪里能够认识呢？故曰："夫死者已自死，生者已自生。圆者已自圆，方者已自方，未有为其根者，故莫知。""凡此上事，皆不知其所以然而然，故曰芒也。"

由于每个事物都是绝对，因此不可能为"知"之对象。那么认识的对象还有没有呢？严格说来是没有的。但是从一种意义上说，自己可以作为自己的对象，也就是说自我又是主体又是客体。所以郭象批评庄子，认为庄子的不可知论还不到家，虽然庄子经常讲到"道"，好像是知"本"，但实际上庄子还是把"道"当做认识的对象来对待。因此他认为庄子还只能是应物无累于物（既然是"应"就还是有对），但是最高境界，应该是"会"。"会"就是"融会"，故无对象，也就是只要自我认识就行了。"不荡于外，则冥也。""冥"就是达到没有分别的一种精神状态。这种对自我的完全认识，也就是认识了绝对。自我是一绝对，因此对自我的认识，也就是认识了所有的绝对。因为就绝对说，其义一也。故曰："万物虽异，至于生不由知，则未有不同者也。"或曰："知者，皆不知所以知而自知。"因此，郭象的所谓"自知"（即对自我的认识）实际上是一无所知。在不分认识的对象和认识的全体的情况下，哪里能得到知识呢？所以郭象也不得不认为所谓"自知"是一种神秘的心领神会的功夫，也就是对自己的"俄然了解"，或者称为"芒"（茫无所知）。他并认为由于对自我的"俄然了解"，就达到了豁然贯通，成为无所不知、无所不晓的神人了。神人也就是圣人，这样的圣人可以独化于玄冥之境。于是，郭象就从抽象的现象论（现象世界中的形形色色都是各自独立的绝对，没有统一物质性的本体）走到主观唯心主义和唯我主义了。

四、论圣人

在郭象的眼中，圣人就是神人，"夫神人者，即今所谓圣人也"。为什么神人就是圣人？圣人有怎样的人格呢？

神人是"自足"的，能卓尔独化于玄冥之境。"自足"则无待于物，不为物累；卓尔独化故能无心（不是作为主体）而与物冥。但是郭象并不认为在现象之外另有玄冥之境，就如在"有"之外没有"无"一样，而认为所谓玄冥之境就是这个现象世界。因此，神人所谓游于玄冥之境者，也就是安于现实世界之中，"所遇而安，故无所变从也"。既然在现实世界中可以成为"神人"，那么神人也就是现实世界的圣人了。所以郭象认为孔子比庄子的境界要高，是真正的圣人，也是真正的神人。

神人独化，要不要离开现实世界？这本来是不成问题的，因为所谓神人，本应是超现实的。但是郭象认为不必，因为独化只是不为其他的东西所累就行了，就是不可舍己从人，也不必使人从己。但是现实社会都已经为郭象安排好了，贫富、贵贱、上下都是自然而然的合理的存在，虽然圣人不必强人从己，但贫者贱者也逃不了其为贫者、贱者。这样圣人既无强人之名，而又得使人之实了。所以郭象说：

> 夫圣人虽在庙堂之上，然则其心无异于山林之中，世岂识之哉？徒见其戴黄屋，佩玉玺，便谓足以缨绂其心矣；见

其历山川，同民事，便谓足以悴憔其神矣。岂知至至者之不亏哉？……处子者不以外伤内。

"名教"与"自然"的关系是魏晋时玄学家讨论的重要问题之一。王弼、何晏论证了"名教"是"自然"的必然产物，还是说"名教"是第二位的，因而还没有直接论证现存的就是合理的。① 嵇康、阮籍虽然崇尚"自然"，但也不是从根本上反对"名教"。他们认为"名教"本应是反映"自然"的，但是现实的"名教"违反了"自然"，故必须反对。② 郭象为了论证当权统治集团存在的合理性，为了给这一集团的享乐腐化生活寻找理论根据，就提出"名教"即是"自然"的主张。"圣人"虽然无时无刻不在从事统治与剥削，但是由于这些都是他的本性的自然显现，故"其心无异于山林之中"，"圣人"虽然"戴黄屋，佩玉玺"，但这些并不伤害他的性分。因此，在他们看来，所谓"圣人"就不能离开"名教"而谈"自然"。故曰：

夫理有至极，外内相冥，未有极游外之致而不冥于内者。……故圣人常游外以弘内，无心以顺有。故虽终日挥形而神气无变，俯仰万机而淡然自若。

这样，当权的豪门贵族就可以既有清高之名又有享乐之实。这就

---

① 王弼哲学思想的中心是"以无为本"，但本末不二，体用一如。"名教"虽为未有，但它是"自然"必然的产物，故曰："朴，真也。真散则百行出，殊类生，若器也。圣人因其分散，故为之立官长，以善为师，以不善为资，移风易俗，复使归于一也。"（王弼：《老子注》第二十八章）

② 有人认为嵇康、阮籍根本反对"名教"，其实不然。他们虽反对当时之"名教"，但不是根本反对"名教"。在他们看来，"名教"本来应该根据"自然"，即"名教"本应统一于"自然"。如嵇康所言，圣王治国本应："崇简易之教，御无为之治。……君静于上，臣顺于下，群生安逸，自求多福，默然从道，怀忠抱义，而不觉其所以然也。"（《声无哀乐论》）又云："不须作小小之卑恭，当大谦裕；不须作小小之廉耻，当全大让，若临朝让官，临义让生，若孔文举求代兄死，此忠臣烈士之节。"（《家诫》）至于嵇康与阮籍在"名教"与"自然"问题上尚有若干不同，当另文详论。

不仅是调和了当时"名教"与"自然"的矛盾，而且在实质上是取消了这个问题。自此以后，包括佛教和道教的御用学者在内，在解决这个问题时，就多半是采取郭象的理论。

在郭象看来，统治者是必不可少的，因为有统治者也是合乎自然的。但是统治者之所以是统治者，并不是他为了统治别人而存在，其存在只是"自为"。虽然统治者"自为"，但却产生了"济物之宏功"。因此，统治者（圣王）积极从事政治，也就是实现其"自性"，合乎其"性分"的要求的。故曰："夫圣人统百姓之大情，而因为之制；百姓寄性于所统，而自忘其好恶，故与一世而得淡漠也。""天下若无明王，则莫能自得，今之自得，实明王之功也。"这就是郭象所谓的"内圣外王之道"了。

郭象哲学思想的主旨正如他的《庄子序》所言："通天地之统，序万物之性，达死生之变，而明内圣外王之道，上知造物无物，下知有物之自造也。"归纳起来，即为以下两点：

第一是"上知造物无物，下知有物之自造"。他是从否定造物主，否定作为本体的绝对精神的"无"开始的，只承认现象世界的万有的存在的真实性。世界万有的存在是"自主"的，是"自尔"的，在各个事物之间没有什么统一性，它们各自成为一个独立的神秘的绝对，因此在它们之间的联系没有什么因果关系和必然性，有的只是偶然联系。既然各个事物都是独立的绝对，就不能作为认识的对象，因此只要对"自我""俄然了解"就可以达到最高的与物冥合的境界。这样，郭象的哲学就从坚持形而上学，只承认各自独立的神秘现象走到主观唯心主义、唯我主义了。

第二是"明内圣外王之道"。富者是自富的，贫者是自贫的，因此，富者、贵者、圣王都只需自足其性；贫者、贱者、劳动者只需各安其位，这样就行了。而这些都只需在现实世界中实现，因为玄冥之境实际上就是现实社会，内圣就是外王，名教就是自然，游外就是弘内。因而在庙堂之上，其心也无异于山林之中，这样的统治者即使在从事政治活动，过享乐腐化的生活，也同样可以是至高无上的"圣人"，是天下的明王了。

原刊于《北京大学学报》，1962（2）

中国古代哲学家孔子

孔子（公元前551—前479）名丘，字仲尼，鲁人，春秋末期伟大的思想家、政治家、教育家，儒家的创始人。

孔子所生活的时代正是奴隶制瓦解、封建经济开始产生的时代。他的思想代表着当时尚未十分成熟的新兴地主阶级的利益。他看到现实生活在某些方面非改革不可，因而在对待适应封建经济发展要求的税收制度上，在一定程度上采取了承认现实的态度；特别是他主张从上而下地改变劳动者在生产中的地位，把奴隶身份逐渐改变成为农奴或者农民。孔子这些主张就表现为他所主张的"仁"，他提倡行"仁政"，反对对待劳动者的残酷的非人行为。

孔子思想的核心是"仁"，它表现了对人的重视，正是这个时代思想家的理论概括。它有两层意思：在处理剥削阶级内部的关系上，应根据"己所不欲，勿施于人"（《颜渊》），"己欲立而立人，己欲达而达人"（《雍也》）的"为仁之方"来处理；在对待劳动者的问题上，孔子则主张要"博施于民"，要"泛爱众"，这样使得他们好好地劳动生产，"近者悦，远者来"（《子路》）。由此，"仁"只是封建统治者的道德品质，而劳动者根本说不上这种品德。他说："君子而不仁者有矣夫，未有小人而仁者也。"（《宪问》）所以孔子的"仁"是有阶级性的。

在孔子看来，个人的努力非常重要。他说："人能弘道，非道弘人。"（《卫灵公》）他所说的"道"就是"仁"，靠人的努力可以使"仁"发扬光大；并非靠了"仁"，人才得光大。这样就相对地降低了"天"的作用，这也是对西周以来"天命"观的重大打击的一个方面。由此，后来荀子继承了孔子的这种精神，提出"制天命而用之"的思想。而孟子则在这个基础上过分夸大人的主观作用，成为唯心主义。

孔子在讲"仁"的同时，也很强调"礼"。他主张维护上下尊卑的封建等级制。他主张"礼"应该下庶人。在他看来，仅仅用"刑"来对待人民是不够的，还应用"礼"来教导他们，所以他说："礼乐不兴，则刑罚不中。"（《子路》）他还主张"举贤才"，这就是说做官应该看道德学问和才能，而不应只看出身的高低。这种思想对中国两千多年的封建社会有很大影响，它一方面打破了世官世禄的贵族政治，另一方面又能够吸收大批有知识有才能的人为封建统治阶级服务。

孔子这些对旧礼的改变，是和他的"仁"的思想相联系的。他说："人而不仁，如礼何？人而不仁，如乐何？"（《八佾》）礼要不随着时代的发展，以"仁"作为它的中心，那么有什么作用呢？但是，"仁"也要受到"礼"的限制，孔子说："克己复礼为仁。"（《颜渊》）"克己"是指对自己应有个要求；"复礼"是指"仁"的范围，也就是应在维护上下尊卑的等级制度的范围以内来推行"仁政"。从"仁"和"礼"的关系方面看，"仁"的阶级性也是很明显的。

孔子虽然没有突破西周以来"天命"思想的影响，但他对鬼神等采取了怀疑的态度。他说："未能事人，焉能事鬼。""未知生，焉知死。"（《先进》）对于祭祀，他认为主要的目的在于巩固封建的伦常关系。他说："务民之义，敬鬼神而远之，可谓知矣。"（《雍也》）受当时把"天"看成是自然而然的存在的影响，孔子说："天何言哉，四时行焉，百物生焉，天何言哉。"（《阳货》）当然，孔子也谈了不少"天命"。在他看来，"天命"仍然是一种不可抗拒的力量，带有神秘意味。他说："君子有三畏：畏天命，畏大人，畏圣人之言。"（《季氏》）但是，孔子所强调的是"知"天命。他说："不知命，无以为君子也。"（《尧曰》）"五十而知天命。"这是和他的整个思想相联系的，因为他比较强调人的主观作用。

孔子在他的长期的教育实践中，总结了不少合乎人们认识规律的经验，其中包含着一些唯物主义的认识原则。他提出反复学习可以使人们的认识更加深入，从而得到新的知识，"学而时习之"，"温故而知新"。他认为"学"与"思"不能偏废，"学而不思则罔，思而不学则殆"（《为政》）。在他看来，"为学"应该有老老实实的态度，"知之为知之，不知为不知，是知也"（同上）。不懂就要问别人，要"不耻下问"（《公冶长》），这些都是值得我们十分重视的唯物主义认识论因素。但是，孔子在原则上保留了"生知"的观点，他十分轻视生产实践，这些都在中国封建社会中起着不好的作用。

在学术界，和上述对孔子的看法相反，也有人认为孔子代表奴隶主阶级的利益，认为孔子的这些思想虽有个别的唯物主义思想倾向，但基本上是唯心主义的。孔子提出："不知命，无以为君子。"（《尧曰》）"他所说的'命'是一种机械的必然性，是从社会外部加进来的异己力量，这种力量主宰着、规定着事物的变化。"由此，孔子接受了"死生有命，富贵在天"（《颜渊》）的思想，宣扬着宿命论。孔子虽在鬼神问题上表现了怀疑的态度，但他仍然十分强调祭祀。他说："非其鬼而祭之，谄也。"（《为政》）这说明他仍然肯定有鬼有神的。至于孔子的社会政治观点，则由于他是企图用"仁"来维护"周礼"，要保存旧制度、反对刑鼎，反对田赋，因此他是保守的、反动的、站在没落奴隶主贵族的立场的思想家。

目前大家公认《论语》是研究孔子思想最可靠的材料。

原刊于《教学与研究》，1962（2）

关于墨子思想的核心问题

近年来报刊上刊登了几篇关于墨子思想的论文，涉及墨子思想的阶级实质、历史地位和其他一些问题。我想就两个问题谈一些看法：第一个问题是墨子思想的核心究竟是什么？第二个问题是墨子的哲学思想是唯心主义还是唯物主义？这里先谈第一个问题。

由于对于墨子思想的核心的看法不同，因此就产生了关于对墨子的估价和墨子哲学的阶级实质这些问题上的分歧意见。有的人认为"天志"、"尚同"是墨子思想的核心；也有的人认为"兼爱"、"非攻"是墨子思想的核心；还有的人认为"尚贤"是墨子思想的核心。这些看法，都有部分的道理，因为这些思想在墨子的思想体系中都是占有很重要的地位。看来问题在于如何从这些思想中抓住一个中心环节，从而把墨子的全部思想串联起来。

先秦诸子的思想都有他的一个核心，孔子的"仁"，老子的"天道自然无为"，庄子的"蔽于天而不知人"，孟子的"尽心"、"知性"、"知天"，惠施的"合同异"，公孙龙的"离坚白"等等，这些思想都是直接地或者曲折地反映着这些思想家在阶级斗争中所代表的不同的阶级利益。那么墨子的思想的核心是什么呢？我认为是"兼相爱，交相利"。抓住这个思想，就能够对墨子的全部思想进行正确的分析。

墨子本人是"士"这样一个阶层，他曾说："翟上无君上之事，下无耕农之难。"（《墨子·贵义》）可见他既不是统治人民的当权者，也不是直接参加生产的劳动者。但是"士"总得为某一个阶级服务。照墨子自己的说法，他虽不是直接参加生产的，但他是代表小生产者这个集团的利益的。他认为他的任务不在于直接生产,在他看来要做出对劳动者有益的贡献,就必须进行政治活动,只有通过代表小生产者利益的政治活动家的活动,才有可能改善劳动者的社会生活和社会地位。他说:

> 翟尝计之矣。翟虑耕天下而食之人矣,盛,然后当一农之耕,分诸天下,不能人得一升粟。籍而以为得一升粟,其不能饱天下之饥者,既可睹矣。翟虑织而衣天下之人矣,盛,然后当一妇人之织,分诸天下,不能人得尺布。籍而为得尺布,其不能暖天下之寒者,既可睹矣。翟虑被坚执锐,救诸侯之患,盛,然后当一夫之战。一夫之战,其不御三军,既可睹矣。翟以为不若诵先王之道而求其说,通圣人之言而察其辞,上说王公大人,次匹夫徒步之士。王公大人用吾言,国必治;匹夫徒步之士用吾言,行必修。故翟以为,虽不耕而食饥,不织而衣寒,功贤于耕而食之、织而衣之者也。故翟以为虽不耕织乎,而功贤于耕织也。(《墨子·鲁问》)

当阶级斗争非常尖锐的时候,社会的分化也就日益明显,各个阶级为了在这样的情况下保卫和发展其阶级利益,就出现了各阶级的政治上和思想上的代表者。墨子就是代表着小生产者特别是小手工业者的利益的思想家。虽然墨子个人的生活地位和受教育程度和小生产者很不相同,甚至有"天壤之别";但从以上引文可以看出,他是反映着那个阶级的要求,而且是要用他的政治主张来为那个阶级服务的。墨子已经看到仅仅靠他那个阶级成员的生产劳动,在阶级斗争中是不能有多大影响的,必须从事政治活动,通过政治活动,把自己的要求反映出来。这说明,当时小手工业者正在发展着,为进一步发展自己,才有这样的要求。

对墨子思想进行阶级分析,当然不能只靠上述理由就断定他的思想是代表哪个阶级的利益。判断其思想的阶级实质,应该对他的思想体系进行解剖。从《墨子》一书中看，他的中心思想是"兼相爱，交相利"，墨子也称它为"义"。在他讲"天志"的时候，也突出地阐明"兼相爱，交相利"是"天志"的表现。墨子的"义"与孔子的"仁"是对立的。孔子的"仁"是从剥削阶级的利益出发，对劳动者加以恩赐，这样好让劳动者好好地为他们劳动。墨子的"义"是从劳动者的利益出发，要求剥削者平等对待他们，所以墨子的"义"就是"兼相爱，交相利"的意思。所谓"兼相爱"是要求社会地位上的一定程度的平等，反对世袭的世官世禄的贵族制度，也反对维护这一贵族制度的"亲亲"的宗法制度。所以，墨家的"兼爱"就和儒家的"亲亲"对立起来了。孟子认为墨子的"兼爱"是"无父"，就是因为他认为这一主张会破坏维护贵族制度的"亲亲"宗法制。所谓"交相利"就是要求在交换中互利，这一点反映着这个阶级在经济上的要求。在墨家看来，"利"就是"义"，"义，利也"。孟子反对其他阶级讲"利"，而企图用他自己那一个阶级的"私利"冒充"义"，并推崇为全民道德原则。从儒家反对这一点看，也可以较清楚地看到墨子思想的核心。

再从墨子的"兼相爱，交相利"与他的其他思想的关系上看，也可以证明墨子思想是代表小生产者的利益这个结论。墨子的"兼相爱，交相利"是他要求实现的目的。他是如何达到这一个目的的呢？墨子就提出了"尚贤"、"非命"、"非攻"、"节用"、"节葬"、"尚同"、"天志"、"明鬼"等方法。在这些办法中，可以分作两类，一类是积极地从正面来为实现其目的而斗争的办法，这是墨子思想中的主导方面，包括"尚贤"、"非命"、"非攻"、"节用"、"节葬"等；另一类则表现了小生产者一定的局限性和幻想，这就是"尚同"、"天志"、"明鬼"等。

墨子主张"尚贤"是因为已经感到非得有自己政治上的代表

人物参与政治，这样才能保证其要求的实现，否则不但不能改善其生活地位，而且会成为政治斗争中的牺牲者。为了发展生产，小生产者需要和平的环境。在他们看来，战争不仅不能使小生产者的生产有所发展，而且会破坏生产，使他们破产，而破产的结果就会使他们沦为奴隶或农奴，因此"非攻"也就正是为了更好地通过交换来发展这个阶级的经济力量，而且战争又是完全违背"兼爱"的原则的。墨子不仅认识到应该有能代表他那个阶级的代表人物参加政治，而且这个阶级如果要发展，那就不能安于现状，听天由命，而是应为实现其"兼相爱，交相利"的政治理想而战斗，这就是他的"非命"思想。为了发展生产，壮大自己的经济和政治的力量，作为小生产者思想家的墨子还主张采用节约的办法，否则在当时生产力低下的情况下，这个阶级就得不到发展。因此墨子考虑问题常常从节约"人力"和"物力"出发，并认为这样做是对民有利的，这就是他的"节用"、"节葬"的思想。

墨子的"尚同"和老子思想一样是反映小生产者要求统治者来保护他们的利益。在老子那里他只是要求统治者不要干涉，无为而治，让他们能平平安安地生活下去，只是求个"自保"而已；但是墨子不仅仅是要求统治者不干涉，而且要求统治者积极实现他们的主张，"兼相爱，交相利"，为发展他那个阶级服务。这样的想法当然是幻想，致使墨子对统治者抱着一定程度的幻想，这是有害的。可是这正反映着小生产者的特点。马克思在《路易·波拿巴政变记》中说："他们（按：指小农）不能代表自己，一定要有别人来代表他们。他们的代表一定要同时是他们的主宰，是高高站在他们上面的权威，其表现就是不受限制的政府权力，这种权力保护他们不受其他阶级侵犯，并从上面赐给他们以雨水和阳光。"墨子正是这样，一方面他要求参加政治，但另一方面他又感到自己这个阶级的力量不足，因此又要求当权的统治者来实现他们的愿望，并不惜对当权的统治者表示拥护。和"尚同"思想相联系的是"天志"。"天志"一方面表现了这个阶级企图利用"天"来实现其阶级的要求，但另外一面也表现了这个阶级在当时所处的社会地位的实际情况——它不是一个自己能掌握自己命运的阶级，总得依附其他一个阶级（奴隶主或封建主）。这些都表现了这个阶级的力量不足，尚缺乏自信，要求借助一种超自然的力量来实现其对现实的要求。"非乐"表现了小生产者对文化的一种非历史的态度，这当然是不能实现而且是有害的。

从上面的分析看，墨子的思想是反映了小生产者的利益，特别是反映着正在向上发展的小手工业者的利益，这是大致不差的。把"兼相爱，交相利"作为墨子思想的核心，就能够把其他思想串联起来，解决一些矛盾。

原刊于《文汇报》，1962-07-20

对墨子哲学思想的一点看法

前几天我在《关于墨子思想的核心问题》一文中,曾对墨子思想的核心究竟是什么这一问题进行了探讨,现在继续就墨子的哲学思想是唯心主义还是唯物主义的问题,提出一点看法。这个问题,目前也有各种看法,但似乎大多数是根据墨子的"天命"观,断定他的哲学思想基本上是宗教唯心主义的。

墨子的哲学思想体系包含着深刻的矛盾,在形式上是宗教唯心主义的,但从内容和实质方面看,他的哲学应是唯物主义的。这也就是说,形式上他还没有彻底摆脱传统思想的影响,因而保存了宗教的外衣。正如恩格斯所说:"……一般说来,在一切思想领域内,传统都是巨大的保守理论。"墨子的哲学思想之所以具有保守的一面,是和他作为小生产者的代表所表现的局限性相联系的。然而墨子哲学思想的核心不在上述那一方面,而是在于他通过这种有神论的形式来宣传他的政治观点。特别是在认识论方面发展了唯物主义,并通过认识论的问题,建立起他的唯物主义的经验论。列宁说:"判断历史的功绩,不是根据历史活动家没有提供现代所需要的东西,而是根据他们比他们的前辈提供了新的东西。"(《评经济浪漫主义》)墨子在中国古代哲学史上有着重要的贡献,他第一次把认识领域中的一些基本问题在中国哲学思想发展的道路中提了出来,并给以唯物主义的回答,这样就构成先秦中国哲学发展的一个重要环节。特别是对墨子这种作为小生产者代表的哲学家来说,这种思想就更是难能可贵的了。

墨子承认一个有意志的"天"。在《墨子·天志》中,他认为

"天"有"神明"，可以赏善罚恶，降人祸福，监督人们的行动，自然现象的变化也是受着上帝意志的支配的。在他看来，日月星辰的运行，四时寒暑的交替，五谷丝麻的生长，都表示了上帝"爱民之厚"(《天志中》)。这些方面都是墨子所受传统思想影响的表现。然而墨子的"天志"的主要内容不在上述各方面，而在于他用"天志"来为他的政治主张服务。《墨子》上有这样一段：

> ……天亦何欲何恶？天欲义而恶不义。……然则何以知天之欲义而恶不义？曰：天下有义则生，无义则死；有义则富，无义则贫；有义则治，无义则乱；然则天欲其生而恶其死，欲其富而恶其贫，欲其治而恶其乱，此我所以知天欲义而恶不义也。(《天志上》)

墨子的"义"不是抽象的概念，是有其具体内容的。"生"、"富"、"治"固然是"义"的内容，但主要的内容是"兼相爱，交相利"。所以他说："顺天志者，兼相爱，交相利，必得赏；反天意者，别相恶，交相贼，必得罚。"(同上)墨子这里不过是借上帝的嘴来宣传他这个阶级的主张。

墨子承认鬼神的存在，其目的也是在于借鬼神的作用来实现他的政治主张，他认为鬼神的作用是在于"赏善罚恶"。他说："……今若使天下之人皆若信鬼神之能赏贤而罚暴也，则夫天下岂乱哉？"(《明鬼上》)甚至墨子认为祭祀鬼神并不一定是因为有鬼神存在，其作用是表示对死者的尊敬，并且可以借此来聚一次餐，使亲友们团聚一次。他说："今洁为酒醴粢盛以敬慎祭祀……虽使鬼神请亡，此犹可以合欢聚众，取亲于乡里。"(同上)

墨子在利用"天志"宣传自己的政治要求的同时，他又反对了当时巩固贵族制度、在精神上压迫人民的"天命"思想。"天志"和"天命"在形式上相似，但在内容上却是相反的。墨子在与儒家的"天命"思想斗争时，显示了他思想中光辉的唯物主义的因素。他说：

> 安危治乱在上之发政也，则岂可谓有命哉？（《天命中》）
> ……执有命以说议曰："寿夭贫富，安危治乱，固有天命，不可损益……群吏信之则怠于分职，庶人信之则怠于从事。吏不治则乱，农事缓则贫。贫且乱政之本，而儒者以为道教，是贼天下之人者也。"（《非儒上》）

从这里看墨子的思想存在着矛盾。一方面他承认"天志"，但另一方面他又反对"天命"。从承认"天志"说，在实质上必然承认"天命"，因为"天命"是"天志"对人事的表现。但从反对"天命"说，就必然导致否认"天志"，因为"天"对人事没有什么超自然的作用，那么它的意志还是什么超自然的表现呢？墨子为了反对"天命"，强调了人自身的作用，这是当时摆脱宗教有神论的一条重要道理，可惜墨子在这方面还没有走得很远，因而形成他学说中对"天"的矛盾态度。当然这个矛盾在墨子那里没有得到解决，而为后期墨家所解决了。不过分析起来，这样的矛盾也是可以理解的，由于现存的"天命"观的具体内容是巩固贵族制度，因此墨子在反对贵族制度的同时，也就一起反对了保护贵族制度的"天命"观。为了与"天命"观对立，又在"天志"的形式下宣传了自己的政治主张。所以列宁在《黑格尔〈哲学史讲演录〉一书摘要》中引了这么一句话说："假如牛和狮子都有一双手，能像人一样创作艺术作品，那么它们也同样会描绘出神，并把它们自己的体形给予这些神。"因此，可以看出在古代宗教氛围笼罩的状况下，各个阶级的思想家往往总是按照他那个阶级的要求来塑造自己的神像，并且用自己的神来反对其他阶级的神，这样就可以了解墨子用"天志"反对"天命"的意义了。

"天志"在墨子思想中虽然占有重要的地位，但一般说来它是墨子哲学的形式，它是墨子哲学所受传统的影响的方面。但是墨子在先秦哲学中的贡献的主要方面却是他的唯物主义经验论，这是和当时哲学整体水平分不开的。从墨子起，哲学上的主观和客观、认识的过程、是非（真理）的标准才在中国哲学史上第一次被全面地提出来。因此，墨子的经验论明确标明了先秦哲学思想发展的一个重要阶段，即是从认识问题上说还是处于感性经验的阶段。历史的东西和逻辑的东西是统一的，墨子哲学正反映先秦哲学发展中的一个环节。

第一，墨子认为人们的认识是反映客观的具体事物的，"名"（概念）是反映"取"（客观事物）的。他说：

> 瞽不知白黑者，非以其名也，以其取也。……天下之君子不知仁者，非以其名也，亦以其取也。（《贵义》）

这里墨子清楚地说明了人们的主观认识与客观对象的关系，是非正误不在于所用的概念，而在于人的认识是否正确地反映了客观对象。当把黑的东西与白的东西放在一起时，瞎子就分辨不出什么是黑，什么是白，这并不是因为在概念上分别不出的关系，而是因为他无法分别那个客观对象（取）。从这一点出发，墨子反对把"名"作为客观现实的基础，反对要求客观事物反映主观观念的唯心主义认识观点。墨子认为"名"的内容就不应该根据已经不存在的对象来立，而应根据现实的客观实际来立。在这一点上墨子基本上坚持了唯物主义而反对儒家唯心主义的"正名"思想。在"名"与"实"的关系问题上唯物主义与唯心主义的界线就在于：（1）是"名"在先还是"实"在先？如果认为"名"在先就是唯心主义，"实"在先就是唯物主义；（2）"名"与"实"结合还是两者分离？如果认为两者结合则是唯物主义，认为两者分离则是唯心主义。墨子的哲学在这个问题上是坚持了物质第一性的，是唯物主义观点。

第二，墨子肯定了人们认识的对象是客观事物，人们的主观反映着客观事物。但是什么是客观事物？在墨子看来，人们的认识只是来源于人们感官所能感觉到的客观实际。墨子说：

> 天下之所以察知有与无之道者，必以众之耳目之实，知有与亡为仪者也。请惑闻之见之，则必以为有……若莫闻莫见，则鬼神可谓有乎？（《明鬼》）

这说明墨子认为能看见的和能听到的才是存在着的，而这些才是我们认识的来源和知识的对象。所以墨子在宣传他的学说时，多取之于人们社会生活的具体事例：

> 今大国之攻小国也，攻者，农夫不得耕，妇人不得织，以守为事；攻人者，亦农夫不得耕，妇人不得织，以攻为事。故大国之攻小国也，譬犹童子之为马也。（《耕柱》）
>
> 为义而不能，必无排（非）其道；譬若匠人之斫而不能，无排（非）其绳。（《贵义》）

像这样用能见能闻的事例来说明道理，在《墨子》一书中处处皆是。从一定范围来说，墨子这些观点是对的。他承认感性经验是可靠的，并以此反对那些以"无"为实在的看法，是唯物主义的；从客观现实的生活出发来说明世界，也是对的，但这还是很不够，如果仅仅停留在这一点上，也会陷入片面性的错误之中。正如毛主席在《实践论》中指出的："这种理论的错误，在于不知道感觉材料固然是客观外界某些真实性的反映（我这里不来说经验只是所谓内省体验的那种唯心的经验论），但它们仅是片面的和表面的东西，这种反映是不完全的，是没有反映事物本质的。"

第三，墨子提出人们认识客观事物的"三表"或"三法"，并以此作为判断是非的标准。他说：

> 言必有三表者。何谓三表？子墨子言曰：有本之者，有原之者，有用之者。（《非命上》）

"表"的意思是指"标准"。墨子认为判断事物的真假是非，首先不能只根据主观印象，而要有历史的根据、前人的经验，这就是他所谓的"上本之千古圣王之事"。为了使他的论证有根据，他认为必须在前人的经验、历史的记载中找寻间接的经验。其次要根据"百姓耳目之实"，就是要用群众的亲身经验作为标准，不能只靠主观想象。再次，墨子还认为判断事物的真假是非，要"发以为刑政，观其中国家百姓人民之利"。因此，墨子在反对战争、奢侈、浪费等方面时，都用了这一论证方法，证明这些既不利于国，也不利于民。

墨子"三表"的出发点和基础是唯物主义的，即要求认识从感性的实际出发，判断是非的标准应该根据经验。因此墨子的这个思想在反对当时的"生知"等唯心主义观点上是正确的，是唯物主义的路线。我们可以看到墨子在论证他的理论时，总是要根据一些具体事例，不是凭主观或只是在概念上玩花样。但是墨子的"三表"仍然是经验论的认识方法，其判断真理的标准也不是实践，而是经验。墨子的第一表与第二表都认为认识的方法是经验，即直接经验与间接经验。但是仅仅停留在这上面就不可能认识事物的本质，就不能战胜唯心主义，而且自己也往往会陷入错误之中。第三表似乎是在"用"中考察是非，但是墨子仅仅认为应该是在生活中看看这样的观点是否对国家人民有"利"。而什么是"利"？在墨子看来当然就是他那个小生产者阶级的利益。因此这仍然是不正确的办法。从这里，我们就可以看到，经验论，哪怕是唯物主义的经验论，只是在它承认我们感觉得到的是真实的这方面是唯物主义，但它只要前进一步，就会变成错误。但是，墨子在运用三表分析儒家的"以命为有"的思想时，由于坚持了唯物主义的经验论，表现了唯物主义的一定的批判精神。他说：

> 今天下之士君子①，或以命为亡。我所以知命之有与亡者，以众人耳目之情，知有与亡。有闻之，有见之，谓之有。莫之闻，莫之见，谓之亡。然胡不尝考之百姓之情？自古以及今，生民以来者，亦尝见命之物，闻命之声者乎？则未尝有也。(《非命中》)

尽管墨子用他的经验论不能真正解决"命"之有无的问题，但是他用他的经验论来反对"以命为有"，论证"以命为亡"，则是哲学史上前进一步的表现。这是表现了人民认识水平的提高，逐渐意识到宇宙观与方法论之间的联系。当然正因为墨子的经验论的局限性，他也用这样的方法来论证鬼神的存在。他说："自古以及今，生民以来者，亦有尝见鬼神之物，闻鬼神之声，则鬼神何谓无乎？"(《明鬼下》)这就是经验论本身不可克服的弱点。他根据了错误的间接经验，得出的结论自然也是错误的。不仅如此，他甚至把"上帝"、"鬼神"也作为判断是非的本质。他说："三法者何也？有本之者，有原之者，有用之者。于其本也，考之天鬼之志，圣王之事。"(《非命中》)这就更加说明他的经验论的错误。

墨子的这些思想在形式上没有完全摆脱神秘主义的束缚，但在这样的形式下，则是有着唯物主义的和进步的思想内容。马克思说："为了使这种奇迹能够实现，他（按：指邓斯·司各脱）求助于上帝的万能，即迫使神学本身来宣扬唯物主义。此外，他还是一个唯名论者。唯名论是英国唯物主义者理论的主要成分之一，而且一般说来它是唯物主义的最初表现。"列宁写道："当然，中世纪唯名论者同实在论者的斗争和唯物主义者同唯心主义者的斗争具有相似之处。"墨子的哲学就是求助于"天"的万能，让宗教神学来为他的进步思想服务，特别是由于他是一个唯物主义的经

---

① 卢文昭云："此下当有'或以命为有'五字。"

验论者，在这方面打开了神学的一个缺口，发展了唯物主义神学，所以马克思说："在开始时，哲学是在宗教意识形态的范围内形成起来的一方面，他消灭了宗教本身……"墨子的哲学正是在宗教意识形态的范围内形成起来的，但是它在否定着宗教本身，所以我们认为墨子的哲学是属于哲学史上唯物主义路线这一方面的。

原刊于《文汇报》，1962-07-31

关于庄子哲学思想的几个问题

对庄子哲学思想的分析和《庄子》书时代的考订，我基本上同意关锋同志的看法，这里只想在若干问题上提出一些补充的意见。下面我主要以《庄子》内篇和外、杂篇中与内篇相同的材料为依据，分析庄子的思想。

一、庄子哲学的主观唯心主义特点

庄子哲学是主观唯心主义还是客观唯心主义，是一个值得研究的问题。断定其哲学体系的性质，对于分析批判其全部思想内容会更深入一些。庄子哲学有客观唯心主义的成分，也有主观唯心主义的成分，大体上是从客观唯心主义出发，以主观唯心主义为核心，也就是说以"道"为出发点和基础，以"我"为核心和终结。

庄子哲学体系建立在"道"的基础上。就"道"本身说，在庄子的哲学体系中，是宇宙精神，是从歪曲和发展老子的"道"而来。对于庄子的"道"应从两个方面来分析：一是庄子把"道"作为世界的本体，是第一性的，而"物"是第二性的；二是庄子把"道"看成是产生世界万物的东西，是宇宙的起点。这两者是相联系的，庄子哲学正是从这两个方面来构成其体系。

庄子与老子不同，他认为"道"与"物"（"气"）是根本对立的实体。《知北游》中有一段话，说到"道"与"物"的关系，其文曰：

> 物物者，与物无际。而物有际者，所谓物际者也。不际之际，际之不际者也。谓盈虚衰杀，彼为盈虚，非盈虚；彼为衰杀，非衰杀；彼为本末，非本末；彼为积散，非积散也。

这一段话分析起来，有三层意思：（1）"道"与"气"是根本对立的实体，因为"物"是有限际的，而"道"是无限际的，"道"不是寓于具体的事物之中，而是独存于世界万物之外；（2）"道"是第一性的，而"物"是第二性的，因"道"是物"物"者；（3）"物"有盈虚、衰杀、本末、积散，即有变化的各种状态，"道"是使"物"变化的，而其自身是不变的，因此"道"是绝对的，"物"是相对的，"道"这个绝对并不是寓于相对的"物"之中。庄子的哲学就是从这里出发，使老子的唯物主义哲学思想转化成为唯心主义哲学思想。

"道"是宇宙精神，还是如老子所说的是物质世界的总和？这就要看庄子所讲的"道"和老子所讲的"道"是否相同。《大宗师》中有一段话，看起来和《老子》第二十一章似乎相同。文曰：

> 夫道有情有信，无为无形，可传而不可受，可得而不可见，自本自根，未有天地，自古以固存，神鬼神帝，生天生地。

《老子》第二十一章："道之为物……其中有物……其中有精，其精甚真，其中有信。"可以说庄子的"道"和老子的"道"都是物质世界的总名。又，庄子和老子一样也把世界万物看成是自然而然地存在着的。他说："无为而尊者，天道也。"（《在宥》）"汝徒处无为，而物自化。"（同上）但是庄子并没有把自己的哲学停止在这一点上，他进一步提出：第一，"道"是本体；第二，因为"道"是本体，所以"道"产生世界万物。

"道"是世界万物的本体，它的性质是无有、非物、无无。

老子认为"道"的性质是"无名"、"无形",而庄子则认为"道"的根本性质是"无有"。《庚桑楚》中说:

> 出无本,入无窍,有实而无乎处,有长而无乎本剽。有所出而无窍者,有实。有实而无乎处者,宇也。有长而无本剽者,宙也。有乎生,有乎死;有乎出,有乎入。入出而无见其形,是谓天门。天门者,无有也。万物出乎无有,有不能以有为有,必出乎无有。而无有一无有,圣人藏乎是。

"有"与"无"是对立的,这一点老子已经看到。但两者对立的性质,在老子看来不是绝对的,不是两种不同性质的实体。故老子曰:"有之以为利,无之以为用。"(第十一章)所以老子的"道"是"无名"、"无形",与"有"结合在一起。庄子则认为"有"与"无"是两种绝对对立的实体,他认为推到终极,由于"有"不能"生有",故在万有之上,需有一个与其绝对对立的实体"无有"来产生万有,这就是"道"。这一超乎物质世界之上,并与之绝对对立的实体,是指宇宙精神自不待言。从方法上说,由于庄子把世界看成是有限的,因此就要追求终极。但世界本为无限的,故不可探其终极。庄子在这种矛盾中就假造了一个超现实的"道",其性质是"无有",以此为万物所出之"天门",构成其形而上学的哲学体系。从理论上看,由于庄子提出一个比现实世界更根本的实体,如果这一实体仍为物质性的,则庄子就陷入自相矛盾之中。庄子为了避免这一矛盾,因而主张产生世界万物的是另外一种实体,其名曰"道",以"无有"为有性,这一实体当然就是精神。

庄子的"道"是精神的,还在于他认为"道"是"非物"。他在《知北游》中说:"有先天地生者,物邪?物物者非物。物出,不得先物也。犹其有物也?犹其有物也,无已。"庄子认为不能追求一个世界万物的开始,因为世界是没有开始的。如果说世界万物有个开始的话，那它只能开始于不同于世界万物的精神，所以庄子说："物物者非物。"至于先于天地而生的物"物"的"道"，好像是个存在，但是无自性（无有）。如果说世界万物都是有某种性质，那么"道"之所以和世界万物不同，就在于它没有任何性质，但是它可以产生有某种性质的东西。庄子从追求世界的开始，不是去根据世界自身存在的状况来说明它自己，而为世界的开始创造了一个"精神"的原因，这样又使他的哲学体系从宇宙构成理论的形而上学观点，加深了他的本体论的唯心主义。

庄子认为道是无有，是非物，这是指"道"的性质与"有"（世界万物）的性质根本不同；认为有生于无有，"物物者非物"是说"道"是第一性的，而"有"（"物"）是第二性的。但是，对于人来说，"道"不仅是"无有"，而且是"无无"。《知北游》中说：

> 光曜问乎无有曰：夫子有乎？其无有乎？光曜不得问，而孰视其状貌，窅然空然，终日视之而不见，听之而不闻，搏之而不得也。光曜曰：至矣，其孰能至此乎？予能有无矣，而未能无无也，及为无有矣，何从至此哉！

"道"本不是人们认识的对象，如把"道"作为人们认识的对象对待，"道"就不是绝对，就不是无所不包的全体。庄子使自己的哲学陷入这样的抽象的思辨之中。在他看来，光曜要想认识"无有"（"道"），实际上是把"无有"当做认识的对象。然而作为认识的对象只能是"有"，而不能是"无有"。如果想把"道"作为认识的对象来加以探讨，那是徒劳无功的，因为它是"视之不见，听之不闻，搏之不得"的。郭象不大了解庄子，在他的《庄子序》上说："夫庄子者，可谓知本矣，故未始藏其狂言，言虽无会，而独应者也，大应而非会，则虽当无用。"庄子认为"本"不可知。因为本不是认识的对象，能"应"（有对曰"应"）物的是常人；而

"至人无己"，与道同体，因此是"会"，"会"是无对，是主客无分别，故庄子曰："天地与我并生，万物与我为一。"从认识论上说，"道"是"无无"，人只能与道同体，而不能把道作为认识对象，故曰："有问道而应之者，不知道也。虽问道者，亦未闻道。道无问，问无应。无问问之，是问穷也，无应应之，是无内也。"（《知北游》）在庄子看来，由于"道"是全，就不能分割，有主客，就有分割，就有性质，那就不是"道"了。从这里看来，庄子所说的"至人"与"道"的关系，不是认识上的关系，而是讲的一种境界。那就是说，"至人"所达到的一种精神状态，就是与道同体的一种境界，这种境界全然是主观的，是一种混沌无分别的神秘主义境界。庄子用儵与忽凿浑沌例来说明他的这一观点。他说："南海之帝为儵，北海之帝为忽，中央之帝为浑沌。儵与忽时相与遇于浑沌之地，浑沌待之甚善。儵与忽谋报浑沌之德，曰：人皆有七窍，以视听食息，此独无有，尝试凿之！日凿一窍，七日而浑沌死。"（《应帝王》）这一段虽非直接讲到认识的问题，但从其中可以看到浑沌是既无认识的能力，自无认识的问题，故可混混沌沌与道同体，但是如果他一旦有了认识能力，就失其为浑沌了。

庄子所讲的"至人"与"道"的关系，就像印度吠檀多不二派所言的"梵"、"我"不二的关系。其所以不二，因是人们的主观精神与宇宙精神的合一。这里庄子不是说的肉体与宇宙合而为一，因人的肉体与物质世界都是物质的，根本没有合而为一的问题。所以庄子所说的"为一"是一种境界，一种精神状态，这就是我们之所以说庄子哲学的核心为主观唯心主义的原因了。

《庄子·人间世》讲到"心斋"的方法，《大宗师》讲到"坐忘"的方法。冯友兰先生认为这是两种不同的方法，是对的；但他以为前者是宋尹学派的方法，后者是庄子学派的方法，则是不对的。

《人间世》中说："若一志，无听之以耳，而听之以心；无听之以心，而听之以气。听止于耳，心止于符。气也者，虚而待物者也，唯道集虚，虚者，心斋也。""心斋"的思想与宋尹的"虚心"有密切关系，自不待言。但庄子所讲"心斋"之法，是讲"人"与"道"的关系。故曰："唯道集虚，虚者，心斋也。"他所说的"心斋"是一种境界，这种境界不是靠耳目等感官所能达到，也不是靠"心"之官所能达到，因为任何人的官能都分别了主客观。因此"心斋"是一种内省的功夫，即使宇宙精神（"道"）合乎至人的主观意识。那就是说，如果人的主观意识达到混混沌沌的"无无"（"虚"）状态，那么"道"自然就与之合而为一了。孟子所主张的通过"收其放心"而达到"万物皆备于我"，和庄子所讲的"心斋"有相似处。他说的"万物皆备于我"也是指一种境界，而不是指物质世界都在他的心中。由于浩然之气是"集义所生"，故不待外求，只要内省就可以认识真理。至于"坐忘"，也是说一种境界。"堕肢体，黜聪明，离形去知，同于大通，此之谓坐忘。"这种境界是人的主观意识合于宇宙精神，是一种同化的功夫，故曰："同则无好也，化则无常也。"这两种功夫，都是否认认识的必要，而主张达到一种混沌的心理状态，这当然是一种神秘主义的境界。"心斋"与"坐忘"并不矛盾，不过是从不同的方面来说明如何达到庄子希求的混沌境界的方法而已。庄子哲学的目的也就是为了使人们（包括他自己）达到这样一种境界，所以我们说他的哲学思想的核心是主观唯心主义。

主观唯心主义与客观唯心主义同为唯心主义。往往在唯心主义哲学家的体系中既有主观唯心主义的成分又有客观唯心主义的成分。英国的主观唯心主义者贝克莱，最后为解决认识的标准问题，也还得诉诸上帝，承认了"上帝存在"。庄子虚构了一个与世界万物对立的精神实体"道"，在"至人"与"道"的关系中排除认识的问题（无"应"），从而提出人们只能在主观意识中与"道"同体。庄子之所以提出这样的哲学来，就是因为这个没落奴隶主贵族的思想家企图把在现实生活中失去的一切，在某种神秘状态的精神领域中找回来，自我安慰，自我陶醉。

二、庄子哲学中的相对与绝对

庄子的《齐物论》和《秋水》篇是中国古代哲学史上相对主义思想的重要著作，不仅从各个方面论证了相对主义的观点，而且庄子企图运用这个理论来说明和解决现实生活中的问题，因而成为封建社会消极应世的人生观的理论基础。

关锋同志在《庄子哲学批判》中对庄子哲学的相对主义进行了分析批判，并且指出了庄子的哲学割裂了相对和绝对，我很同意，我这里只想就庄子哲学中的相对与绝对的关系，做一些补充。

庄子在人们认识的范围之内，取消了事物的质的区别，把事物的对立的统一，看做是事物的绝对的同一，认为事物没有大小的分别，是非没有客观标准，生与死、梦与醒都是一样。庄子抓住人们在为各自的利益辩护时，"是其所非，而非其所是"（《齐物论》），从而否认真理的客观标准。所以他说："以道观之，物无贵贱。以物观之，自贵而相贱。以俗观之，贵贱不在己。以差观之，因其所大而大之，则万物莫不大；因其所小而小之，则万物莫不小。知天地之为稊米也，知毫末之为丘山也，则差数睹矣。以功观之，因其所有而有之，则万物莫不有；因其所无而无之，则万物莫不无。知东西之相反，而不可以相无，则功分定矣。以趣观之，因其所然而然之，则万物莫不然；因其所非而非之，则万物莫不非。知尧桀之自然而相非，则趣操睹矣。"（《秋水》）事物之大小，其功用之有无，其是非之标准都是相对的，因此是毫无意义的。从认识的对象的相对性出发，取消了事物之间的差别性、特殊性，从而也就是使事物之间的共同性、一般性无着落，成为独立的自在的东西了。列宁说："原始的唯心主义认为：一般（概念、观念）是单个的存在物。这看来是野蛮的、骇人听闻的（确切些说：幼稚的）、荒谬的。"（《哲学笔记》）事物的大小，是相对的，是对立的统一，因为有大就有小，离开了小就不见大，离开了大就不见小。事物的同一性总是在差别性中表现，没有差别性、特殊性，也就没有同一性、一般性。庄子抓住事物的相对性这一面，加以夸大，把事物的相对性绝对化，得出其无是非、大小、生死等相对主义的结论。庄子又从认识的主体方面的不同，来抹杀事物的质的区别。他说："鸱鸺夜撮蚤，察豪末，昼出瞋目而不见丘山，言殊性也。故曰盖师是而无非，师治而无乱乎？"（《秋水》）庄子以认识的主体的局限性，来论证事物本身的相对性，从而取消事物的质的区别，混淆是非的客观标准，达到相对主义。

庄子进一步提出，事物的区别只有相对的意义，还在于作为世界万物的本体的"道"是绝对的，而世界万物本身是相对的，因此在世界万物之间的差别是毫无意义的。所以他说："以道观之，物无贵贱。以物观之，自贵而相贱。"这里庄子把绝对与相对绝对地割裂开来，绝对的"道"就成了高高在上的与世界万物没有任何联系的精神实体，而相对的一切具体事物，正由于它们是相对的，因此就没有区别了。《齐物论》最后用一个故事为结束："昔者庄周梦为胡蝶，栩栩然胡蝶也。自喻适志与，不知周也。俄然觉，则蘧蘧然周也。不知周之梦为胡蝶与，胡蝶之梦为周与。周与胡蝶，则必有分矣，此之谓物化。"这个故事生动地反映了庄子的哲学。他认为梦和醒是相对的，甚至不能说什么是梦，什么是醒，可以以梦为醒，也可以以醒为梦。因此庄周与蝴蝶也是很难区别的，如果说有区别，也就像梦与醒的区别一样，那只是主观上的区别。至于这些区别，从"道"的观点看，则是了无区别的。既然梦醒无别，人与蝴蝶难分，那么人生中的是非、善恶、得失等等还有什么意义呢？因此庄子的《齐物论》最后就是论证了这样一种人生如梦的虚幻境界，以求得精神上的自我安慰。

庄子的相对主义在认识的领域内，从取消认识客体的质的差别性，把事物看成是绝对的同一，把差别看成是认识主体的主观幻觉，最后把"道"和"物"绝对对立起来，割裂了相对和绝对之间的联系。这里，庄子在认识问题上是相对主义，但在方法上是把相对绝对化，又是绝对主义的。相对主义和绝对主义一样都是形而上学，都是取消对立统一，割裂一般与特殊。

庄子的绝对主义不仅是把相对绝对化，而且还在于他的哲学体系自身也要求有一个绝对的"道"。庄子不把事物看成是对立统一，而是提出一个没有对立面的"道"——绝对的"道"与相对的世界万物不是一对相当的对立面，因为世界万物不仅是第二性的，而且是由"道"产生出来的。"道"既为绝对，在庄子看来，就只能是"全"，是"无对"的、"无待"的。庄子在讲到"道"的绝对性时说："是亦彼也，彼亦是也。彼亦一是非，此亦一是非。果且有彼是乎哉？果且无彼是乎哉？彼是莫得其偶，谓之道枢。枢始得其环中，以应无穷。是亦一无穷，非亦一无穷也。故曰莫若以明。"（《齐物论》）庄子认为绝对是不能有对的，有如环中（按：环中亦有对）。从认识上说，"道"既然是绝对，是"全"，也就不能是认识的对象；因此主体与客体不是对立的统一——二者要么是绝对的对立，如"人"与"物"的关系，这就是不可知论；要么是绝对的同一，如"至人"与"道"的关系，这就是与道同体的神秘主义。在这个"道"、"我"为一的绝对境界中，只有绝对没有相对。庄子说："故其好之也一，其弗好之也一。其一也一，其不一也一。其一与天为徒，其不一与人为徒，天与人不相胜也，是之谓真人。"(《大宗师》)庄子在《大宗师》中讲的是人生境界问题,一切有对待的在"道"、"我"绝对同一的境界中是没有意义的。对真人说,由于"道"无心,故本无二致;至人尝无心而顺彼,故好与不好、所善与所恶与彼无二。庄子在"道"这一绝对境界里,虽然只能讲绝对,但他用的方法是相对主义的方法,把"多"都看成是"一",在"一"与"多"之间划了等号。

庄子一方面割裂相对与绝对,另一方面又混淆相对与绝对。庄子认为在现实世界中一切只有相对意义;在"道"的境界中,不包括相对,也不寓于相对之中,故曰:"道无终始,物有死生,不恃其成。"(《秋水》)"物物者,与物无际。"(《知北游》)从人的认识说,也只有相对意义。认识不仅受主观的限制,而且认识客体的相对性也使人们无法有正确认识。但是"至人无己",故"无物累","无己"顺化于道,与道同体,因此与物无际,"常因自然而不益生"。庄子把相对与绝对割裂为二,认为相对是绝对的相对,绝对是绝对的绝对。这种观点貌似辩证法,实是诡辩论,其实质是形而上学。

庄子哲学之所以是相对主义又是绝对主义,都是否认了事物的质的区别,把事物的对立同一,看成是绝对的同一。没落阶级的思想家庄子抹杀了事物之间的质的区别,齐是非,齐生死。他认为人之所以能达到这样的境界,就是在于人的主观精神可以与"道"(宇宙精神)合而为一。

三、庄子哲学的不可知论

恩格斯在《费尔巴哈与德国古典哲学的终结》中指出:"思维对存在的关系问题,还有另一个方面:我们关于我们周围世界的思想对于这个世界本身的关系是怎样的?我们的思维能否认识现实世界？我们能否在我们的关于现实世界的想法和概念正确地反映现实？用哲学的语言说来，这个问题就叫做思维和存在的同一性问题。"庄子的哲学是相对主义，他认为事物本身没有什么质的区别，因此人们认为事物有区别，全是主观的，是"各是其是，各非其非"，是非、善恶、大小之间没有什么客观标准。庄子哲学中的认识主体与客体之间究竟是什么关系呢？

认识的对象既然没有质的区别，一切都是相对的，相对之中没有绝对，人们无法认识事物的本质。所以他说："物无非彼，物无非是，自彼则不见，自知则知之。故曰：彼出于是，是亦因彼。彼是，方生之说也。虽然，方生方死，方死方生；方可方不可，方不可方可；因是因非，因非因是。是以圣人不由，而照之于天，亦因是也。是亦彼也，彼亦是也。彼亦一是非，此亦一是非。"（《齐物论》）这一段话充分说明庄子是个主观唯心主义者，又是个不可知论者，自不为怪。庄子片面夸大人们认识的局限性，竟达到否认认识的可能性。他认为一切分别，都是主观上的分别，都是成见，如果认为没有分别，那就一切都是一样了。在《齐物论》中，他说，"既使我与若辩矣，若胜我，我不若胜，若果是也？我果非也邪？我胜若，若不吾胜，我果是也，而果非也邪？其或是也，其或非也邪？其俱是也，其俱非也邪？我与若不能相知也，则人固受其黮暗，吾谁使正之？使同乎若者正之，既与若同矣，恶能正之？使同乎我者正之，既同乎我矣，恶能正之？"庄子把各种意见全看成是主观的，没有什么是非可言。当然用意见作为判断是非的标准，是很难有什么是非可言的；但是任何意见都是一定存在的不同的反映，因此在实践中就可以检验出哪一种意见是适合事物本身的情况的。在这里庄子是根本否认思维与存在有同一性的。思维既不是存在的反映，因此就全是主观幻想，当然就没有什么是非标准了。

庄子的不可知论还在于把认识主体的局限性和认识对象的无限性绝对地对立起来。他说："吾生也有涯，而知也无涯，以有涯随无涯，殆已。已而为知者，殆而已矣。"（《养生主》）从有限的个体说，其认识当然是有限的，如果哪一个人想穷尽万事万物之理，当然是做不到的，因为事物是发展的，是无限的。庄子抓住这一点，对那些认为自己已经穷尽了万事万物之理的哲学家，自然是击中要害；但是他从这一点否认认识真理的可能性，那就是形而上学地把认识的主体和客体对立起来了。正如毛主席所说："唯心论和机械唯物论……都是以主观和客观相分裂，以认识和实践相脱离为特征的。……马克思主义者承认，在绝对的总的宇宙发展过程中，各个具体过程的发展都是相对的，因而在绝对真理的长河中，人们对于在各个一定发展阶段上的具体过程的认识只具有相对的真理性。无数相对的真理之总和，就是绝对的真理。"（《实践论》）庄子的唯心主义就是以分割主观与客观，认识与实践为特征。庄子从根本上把相对真理与绝对真理对立起来。从本体论上说，在"道"与"物"之间有一道不可逾越的鸿沟，因此绝对的"道"并不是由相对的"物"构成的，而是另外一种与"物"根本没有联系的实体。从认识论上说，在主观与客观之间既无同一性，主观的认识也就根本无真理性可言。然而在认识之外，庄子又主张有些人可以不通过认识，特别是不必通过实践，就可以掌握绝对真理（"道"）。那就是通过"心斋"或"坐忘"的方法，可以直接达到一种境界，即与"道"同体的境界。这样庄子就顿然而悟，达到自身就是绝对真理的地步。这里庄子又否认了他自己所说的"以有涯随无涯，殆已"的论断。庄子的哲学就是这样地自相矛盾，很难自圆其说。分析起来，庄子哲学的这种自身的矛盾，就在于他要在现实世界之外虚构一个与现实世界不同本质的"道"的世界，否认人们认识事物的可能性，但是企图使其自身（实是主观精神）与宇宙精神合而为一。庄子的哲学就是建立在这一自相矛盾的基础上，因此在其哲学体系中，在一种情况下自己建立的原则，又全被他自己在另外一种情况下否定了。这一点也正像冯友兰先生的《新理学》体系那样，由于构成了一个与"实际"世界对立的"真际"世界，就不得不处处陷于自相矛盾，经常使一般与特殊相割裂。

庄子哲学的唯心主义本质还在于他一方面否认思维与存在的同一性，另一方面又取消了思维与存在之间的界线。庄子认为认识都是主观的，不能反映存在，事物都是一样的，是不能被认识的。他说："物固有所然，物固有所可。无物不然，无物不可。故为是举莛与楹，厉与西施，恢、诡、谲、怪，道通为一。"（《齐物论》）既然物物各有所执，我与物亦各有所执，则是非所以难言，对于"道"来说统统一样；那么主观就既没有必要也没有可能反映客观，因此在思维与存在之间就没有同一性。从这一点看，庄子是割断了思维与存在之间的任何联系。同时，庄子又认为作为全体的"道"虽不是人们认识的对象，但是当至人达到了那种神秘境界（即与"道"同体的境界）那么在"人"与"道"之间又没有任何区别，这样就取消了思维与存在（如果说"道"是宇宙精神的话）之间的界限。这就是说思维与存在是同一的。"道"是绝对，"未始有封"，至人（指至人的主观精神）不能是"道"的对立面，只能是"道"本身，故曰"天与人不相胜也，是谓真人"。"真人"是一，是全体，"道"也是一，是全体，因"真人"无己，故可与天地并生，与万物为一。顺便说一下，我以为庄子所说的真宰就是达到"真人"或"至人"那一境界，是与道同体的精神，不是一般宗教中的上帝。但由于"真宰"就是"道"，因此是第一性的，是产生世界万物的。庄子在《齐物论》中虽然没有肯定说有"真君"或"真宰"，但从前后文看，庄子还是对什么是"真君"或

"真宰"做了说明。他说:"若有真宰,而特不得其朕;可行己信,而不见其形,百骸九窍六藏,赅而存焉。""其有真君存焉,如求得其情与不得,无益损乎其真。"庄子是用提出问题的办法来肯定"真君"、"真宰"的,就像他在有些地方用提出问题的方法来肯定"道"一样。如《知北游》所说:"有先天地生者,物邪?物物者非物。物出不得先物也,犹其有物也。犹其有物也,无已。"庄子这样提出问题来,就是为了肯定一个先于物的"道"。

庄子是认为世界有一个发动者的,这个发动者就是"道"。但"道"作为世界的发动者与上帝不同,它生而不宰。也就是说,它虽是第一性的,是世界的本体,是产生世界万物的根源,但是,它并不去指挥世界万物的具体活动。因为去具体指挥了世界万物的具体活动,"道"就不是"无待"的了,就不能"无无"了。庄子用了太公言周的话来反对"或使"和"莫为",曰:"大至于不可围,或之使,莫之为,未免于物,而终以为过。或使则实,莫为则虚;有名有实,是物之居,无名无实,在物之虚……或之使,莫之为,疑之所假。吾观之本,其往无穷,吾求之末,其来无止。无穷无止,言之无也,与物同理,或使莫为,言之本也,与物终始。道不可有,有不可无。道之为名,所假而行,或使莫为,在物一曲,夫胡为于大方?"(《则阳》)庄子既反对认为世界有个发动者("或使")又反对认为世界是自然而然的存在,没有发动者("莫为")。因为前者太实,后者太虚。无论"太实"还是"太虚"都是因为"未免于物"。"或使"是认为世界万物就应有一个与之具有一样性质的发动者,这样自然"未免于物",其偏是"太实了";"莫为"也是认为不能有一个与世界万物具有共同性质的发动者,这也还是囿于物,不能离开"物"来考虑问题,故亦"未免于物",其偏是"太虚"了。因此,"或使"、"莫为"都只是抓住问题的一个片面,看不到全体。正确的看法,在庄子看来,应该是"道"是世界万物的根源，但"道不可有"，故不是实，但"道"又确实是世界万物的根源。既然世界万物是"有"，那么世界万物的根源亦不可无，故不是虚。在庄子的哲学体系中，"道"并不是一个空洞的名称，他认为"道"是产生万物的（"万物出于无有"），而"至人"与"道"同体。作为"至人"的精神状态，"真君"、"真宰"也就是"道"。从这里看，庄子是在兜了一个大圈子以后，肯定了世界的发动者是精神而不是物质本身。

在庄子看来，"有真人，而后有真知"（《大宗师》），因此"真知"不是来自人们对客观的认识，而是"真人"的主观意识。这就是说，庄子从另一个方面否认了思维和存在的同一性，而只承认思维的真实性（按：只是真人的思维的真实性）。因为作为"真人"，就可以"两忘而化其道"（《大宗师》），物、我两忘，与道同体。所以庄子说："何谓真人？古之真人，不逆寡，不雄成，不谟士。若然者，过而弗悔，当而不自得也。若然者，登高不栗，入水不濡，入火不热，是知之能登假于道者也若此。"（《大宗师》）这就说明"真人"在事物面前完全处于麻木不仁的状态，这就是庄子所谓的"不应物"；但是正是这种状态，在庄子看来也才是精神最自由的境界，这真是极端的主观唯心主义。从"真人"就是"道"的化身看，庄子哲学就是唯我主义了。

庄子的哲学陷入种种矛盾，就在于他企图用他的主观幻想来解释世界。为了要自圆其说，就构成了一个比现实世界更根本的在现实世界之上的"道"的世界。他认为这个世界是真实的，是绝对的，而现实世界是相对的，因而也是不真实的。然而"道"世界，从"人"（"至人"或"真人"）来说，那就是一种境界，是主观意识的绝对化，所以他所说的"道"在实际上就是"真人"的主观意识（精神），也可称为"真君"、"真宰"。庄子哲学从"道"开始，经过"道"与"物"的关系、"道"与"人"的关系，到"真人"与"道"同体,最后得出"道"就是"真人"的主观精神,是"真宰",这就说明唯心主义只不过是一种比较精致的宗教罢了。

四、庄子哲学的"进步"与反动

庄子哲学(主要指内篇)是主观唯心主义,是代表落后奴隶主贵族的利益的思想,是目前大多数参加庄子哲学讨论的人所公认的。但对庄子哲学的社会作用,则是有不同的看法的。冯友兰先生认为:"庄子的哲学是消极的、反动的,但在一定的条件下,也可以向它的相反的方向转化。……庄子所讥讽和恫吓的对象,就是当时的新兴地主阶级,这个阶级在当时是进步的,它的对立面是反动的。可是在秦汉以后,这两个对立面各自向它的反面转化。封建地主阶级在取得统治权以后就转化为反动的,而以它为对象的讥讽和恫吓,在一定程度上就有积极的意义。庄子哲学的一部分,在秦汉以后,在一定程度上,成为对于封建统治的消极反抗的理论基础,这就有一定的积极意义。"① 冯先生的这一看法是一个新的看法,是企图用转化的理论来分析庄子哲学的社会作用,但是我感到无论在理论上和事实上都是有困难的。

汉初曾用黄老思想作为统治思想,不见以庄子思想为治者。黄老思想主要是起着恢复和在一定程度上发展生产的作用。黄老思想的中心是要求统治者对于劳动者不要做过多的干涉,这是适合在多年战争之后刚刚建立起来的封建社会的要求的。但是当权的统治者绝不是要求劳动者什么也不干,而逍遥于天地之间,独化于六合之外;也不是要求劳动者来咒骂新社会,瓦解新社会。

---

① 冯友兰:《论庄子》,载《人民日报》,1961-02-26。

因此，认为庄子哲学一方面是没落阶级的思想，另一方面在汉初又是当时的统治阶级的思想，是自相矛盾的。实际上庄子哲学在汉朝是很不流行的，治庄子者见于前后《汉书》的仅两家。《汉书·王贡两龚鲍传》云：

> 蜀有严君平……君平卜筮于成都市……裁日阅数人，得百钱，足自养，则闭肆下帘而授老子。……依老子严周之指，著书十余万言。

又《汉书·叙传》云：

> （班）嗣虽修儒学，然贵老严之术。（按：汉人讳庄为严）

然两汉之时治老子者五十余家，多称道其术，而非毁者仅二家。可见庄子在两汉不为各方面所重视，那时大家更重视的是老子。从这一点也可作为老学与庄学不同之旁证。汉朝初年以黄老术治天下，新兴地主阶级在一定程度上反映着小生产者的要求。马克思在《拿破仑第三政变记》中说："他们（按指小农）不能代表自己，一定要有别人来代表他们。他们的代表一定要同时是他们的主宰，是高高站在他们上面的权威，其表现就是不受限制的政府权力，这种权力保护他们不受其他阶级侵犯，并从上面赐给他们雨水和阳光。"汉初的王朝统治集团对于农民劳动者就起着这样的作用。经过这一段休养生息，经济有了较快的恢复和发展。由于当权的统治集团用黄老术治天下，所以研究老子哲学的也就很多，这就说明哲学思想总是为政治服务的。这时庄子是否起着反对当权的封建地主的进步作用呢？显然也没有，无论严君平也好，班嗣也好，都未曾用《庄子》作为反对当权统治阶级的武器。司马迁的《老庄申韩列传》可以说是"古为今用"，他所提出的"诋訾孔子之徒"的，也是《渔父》等三篇，这三篇不能作为庄子思想的代表，何况他也认为庄子之学"剽剥儒墨，虽当时宿学，不能自解免也"。汉末农民革命有用《老子》者,而不见有用《庄子》者。可见《庄子》在两汉并不是当权统治阶级的思想武器,因为这时的统治阶级还不需要没落阶级的思想;又不是起着进步作用的反对当权者的思想武器,因为没落阶级的思想很难起反对还在向前发展的阶级的作用。

魏晋政权的建立,是在汉末农民大革命之后。农民革命不仅推翻了汉王朝,而且对政治思想和哲学思想起着很大影响。统治者更加懂得运用欺骗的办法来弥补其暴力统治之不足,统治者更加需要各种反动腐朽的思想来作为其精神上的支柱,于是玄学大盛。《庄子》与《老子》、《周易》号为三玄,成为当时统治阶级的统治思想。这一时代,治庄子者不下几十家,其盛况超过老子。《世说新语·文学》曰:"初注《庄子》者数十家,莫能究其旨要,向秀于旧注外为解义,妙析奇致,大畅玄风。"《庄子》思想所起的作用大体上有以下三个方面。第一,作为当权的统治阶级自我陶醉与自我安慰的思想武器。魏晋以后,从皇帝到豪门大族,都过着荒淫无耻的腐化生活,庄子哲学就是这种生活的理论基础。根据庄子哲学就可以论证这种荒淫无耻的生活不仅不是可耻的,而且可以说是最高尚的道德生活。所以郭象注曰:"夫神人,即今所谓圣人也。夫圣人虽在庙堂之上,然其心无异于山林之中,世岂识之哉?徒见其戴黄屋,佩玉玺,便谓足以缨绂其心矣;见其历山川,同民事,便谓足以憔悴其神矣。岂知至重者之不亏哉?"(郭象:《庄子注·逍遥游》)这种思想就是以庄子的相对主义为理论基础。在他们看来"山林"与"庙堂"本无区别,所以只要"心"无累于物就是做任何坏事,都是圣人。我国封建社会以来所有的统治者为粉饰自己,不往往都是用这一套吗?第二,对劳动人民来说,庄子哲学所起的作用,那就更坏了。特别是在农民革命起义以后,宣传庄子思想的目的就在于瓦解农民斗争的士气,使革命的力量转化为消极的力量，使农民不是去斗争，而是安于现状，不是去用武器进行批判，而是用阿Q式的精神胜利法自我安慰。魏晋以后的统治者讲庄子就是有见于农民革命的危险，故大大地宣扬庄子。第三，庄子哲学在统治阶级内部的矛盾中所起的作用，也往往是消极的：它只是引导那些因内部斗争而失败的人走上消极、自暴自弃的道路。本来在统治阶级内部矛盾中，被排挤的某些人物，可以走上积极、进取的道路，但是受了庄子的影响，就不去反抗现实，而是采取了消极厌世、玩世不恭的人生态度，终于于世事一无所成。魏晋清谈之士，其中确有不少不满现状，但终因受庄子哲学影响，隐居山林，过着放荡不拘的生活，以庄为师，成事不足，败事有余。以上三个方面是庄子哲学在封建社会中主要的作用。因此我们可以说，庄子哲学在秦汉以后不是统治阶级思想的对立面，而是统治阶级思想的一个有机的组成部分。到唐朝《庄子》就被定为官学，其社会作用的反动性就不待言了。据此，可以看出：

（一）庄子的哲学思想在战国时是新兴地主阶级思想的对立面，在当时起着进步的作用。其后，在整个封建社会中庄子哲学不仅没有成为反对地主阶级的思想，而且逐渐与地主阶级当权者的思想融合在一起，成为封建思想的一个重要组成部分。庄子哲学在麻痹人民的斗志方面，更是起着特别坏的作用。这就是说，任何剥削阶级在其取得政权之后，总是设法利用旧思想，使旧思想来为巩固其统治服务。庄子哲学在整个封建社会中，和儒家思想一样，是统治阶级的统治思想。所以冯友兰先生所说的，在秦汉以后，庄子哲学思想和新地主思想各自向它的反面转化，是没有事实根据的。

（二）冯友兰先生认为庄子哲学是反对新兴地主阶级的没落贵族的思想，因而在地主阶级取得政权后，就成为起着一定积极作用的思想。这就是说，同一思想在不同条件下可以起不同作用。这种情况在哲学史上确实是有的，而且是不少见的。例如孔子的思想在春秋末期，积极作用是基本的一面，而在后来长期封建社会中消极作用又是其基本的一面。但这种情况必须具体分析，不能认为凡是与进步阶级思想对立的思想，当这一进步阶级反动了以后，这一思想就一定是起积极作用的思想了。对这种情况就要做阶级分析。没落阶级对封建社会的当权者的讥讽和恫吓是一种性质，农民对封建地主阶级的讥讽和恫吓又是另一种性质。这两种性质的讥讽和恫吓所起的作用也就很不相同。庄子哲学只能引导人们向后看，不去积极斗争，消磨人们的斗志，因此其讥讽和恫吓的性质也没有什么积极性。

（三）一个思想家的进步与反动，不仅仅取决于它反对的对象的进步与反动。固然一种反对反动思想的思想，有可能是进步的思想，但也有可能是企图用一种反动代替另外一种反动。陆王反对程朱，只是主观唯心主义反对客观唯心主义，其中哪一种更为进步是很难说的。因此一个思想家进步与否，主要应看其思想本身代表哪一个阶级的利益，这个阶级在当时的历史作用如何。庄子哲学是代表没落的奴隶主贵族的利益，这个阶级在封建社会中和在由奴隶社会向封建社会转化的过程中，不能是一个推动社会前进的阶级，因此其思想也就根本不可能起进步作用。

（四）应把庄子哲学体系的核心与其体系中个别思想因素区别开来，特别是由于《庄子》一书非一时一人之作，因此《庄子》书中某些观点在封建社会中曾起过一定积极作用是完全可以理解的。但是《庄子》内篇和与内篇有相同观点的外、杂篇（例如《秋水》、《则阳》、《知北游》等）这一哲学体系，也就是庄子的相对主义、主观唯心主义、神秘主义，是很难说在一定条件下起过积极作用的。因此，从区分《庄子》书中某些社会作用看，也应对内外杂各篇做出一定的分别。由于我们讨论的是庄子哲学的社会作用，当然是指他的哲学体系的核心的社会作用，至于其体系中所包含的内部矛盾，因而个别部分也起着与其体系的核心不同的作用，那就是另外一个问题。

庄子哲学是中国哲学史上重要的唯心主义流派，在长期的封建社会中起着很大的影响。五四以来，在我国资产阶级学术界也还有着不小的影响，因此需要我们用马克思主义观点对它进行分析批判，以求更好地清除其影响，锻炼我们的理论思维能力。

1961年5月4日

原收入《哲学研究》编辑部编：《庄子哲学讨论集》，北京，中华书局，1962

嵇康和阮籍的哲学思想[①]

嵇康、阮籍是魏晋时期的大文学家,对他们在文学上的成就一般都比较注重,但对他们哲学思想的研究则很少,就是有些研究,一般说也是估价偏低,甚至认为他们在哲学上没有什么贡献。这些看法都是不全面的。本文试图分析嵇康、阮籍的哲学思想,以说明他们的哲学思想是魏晋玄学中的一个重要部分。

司马氏代曹魏,虽属统治阶级内部矛盾,但这一政权的转移,对于巩固门阀士族的利益起着重大的作用。东汉末年的农民起义,其经济上的原因是豪强的土地兼并,其政治上的原因则是士族专政所造成的腐败政治。农民革命一度削弱了豪门士族的势力,但没有打垮这一地主阶层。曹魏政权虽于政治经济上有所改革,也没有能阻止豪强势力的再度发展,于是在一定条件下以司马氏为首的门阀士族势力再度兴起了。社会矛盾因之又加深了一层。农民反对地主的斗争虽然暂时处于低潮,但并未间断,特别是由于统治阶级为了缓和门阀士族之间的矛盾,就更多地牺牲劳动人民的利益,因此新的农民起义的斗争又在酝酿着。司马氏所建立的晋王朝,一开始在政治上就比较腐败,这个统治集团极其凶恶、险毒、奢侈、荒淫。"侈汰之害,甚于天灾。"

在这种情况下,地主阶级中有一部分人采取了与现实不合作的态度,因而深得当时非名门大族地主的重视。嵇康"将刑东市,

[①] 嵇康和阮籍的哲学思想并不完全相同,但作者认为他们的思想在基本点上是一致的,而且在不少地方是相互补充的,故本文只讨论他们哲学思想的共同部分,至于不同之点,当另文详论。又,本文曾参考汤用彤先生的"魏晋玄学"讲课提纲,有所取焉,特此声明。

太学生三千人请以为师，弗许"（《晋书·嵇康传》）。当时的太学生多半是非当权派庶族地主出身，因为"高门弟子，耻非其伦"。阮籍于254年作《首阳山赋》，以伯夷、叔齐自况。因此，在他们看来，当权的豪门贵族只是口头上维护名教，而实际上是无耻之尤，是只顾他们这个集团的眼前享乐，而根本不考虑社会危机的人。因而他们（特别是嵇康）对现实政治采取了消极对抗不合作的态度，因此在当时是有一定进步意义的。

但是嵇康、阮籍并不根本反对封建制度，而只是反对当时那种虚伪礼教。这是因为他们更多地考虑的是封建地主阶级的长远和根本利益，然而现实社会又没有机会让他们实现他们的政治主张，故而采取了消极态度。

在他们看来，"名教"（封建的政治伦理道德）本来应该是根据"自然"（天道和人类本性）而有的。阮籍的《大人先生传》中说："昔者天地开辟……无君而庶物定，无臣而万事理。"一切政治措施，应当以"自然"为本范，天地是自然而然的，至于人为之政治如果不根据"自然"，那就会给人民带来灾害。因此治国本应："崇简易之教，御无为之治，君静于上，臣顺于下。……群生安逸，自求多福，默然从道，怀忠抱义，而不觉其所以然也。"（嵇康：《声无哀乐论》）但是，晋朝的现实政治与此恰好相反，因此在他们的思想中就产生了现实政治与"自然"对立的问题。然而理想的政治则不应与"自然"对立，恰恰应是它的反映，这样才会"庶物定，万事理"，不会产生"媚君上、欺父兄"之事。当时之所以"德法乖易，上陵下替，君臣不制"，那是因为当权者不顺应"自然"，才产生这样的混乱。这种思想，反映着农民反对地主的斗争处于低潮，统治阶级中有一部分人对现状不满，但又没有能找到其他的出路，因此采取了这种消极反抗的办法。这种办法在当时多少起着一些进步的作用。

嵇康、阮籍主张"名教"应反映"自然",而"自然"是一个有秩序的和谐的统一体,它是由元气构成。他们的哲学在一定程度上继承着两汉时唯物主义,以"元气"作为宇宙万物的共同本质,他们的哲学是属于针对着王弼、何晏的唯心主义的唯物主义路线。魏晋玄学从王弼的客观唯心主义,经过嵇康、阮籍的以"元气"为本的唯物主义和裴𬱟"崇有"的唯物主义对他的批判和斗争,最后发展到郭象的主观唯心主义和不可知论。在这样一个发展的线索中,我们就可以了解嵇康、阮籍的哲学思想在魏晋玄学中的地位。

一、嵇康、阮籍关于宇宙构成的学说

嵇康、阮籍的宇宙构成学说是元气论。两汉的元气论是和唯心主义对立的唯物主义路线。他们继承了两汉元气论的唯物主义思想,与王弼、何晏的唯心主义对立,他们认为自然界的一切都是由元气变化而生成的。嵇康说:"元气陶铄,众生禀焉。"(《明胆论》)整个宇宙是由元气构成,由元气衍化而为阴阳二气,再衍化而为五行之气;作为万物之灵的人,也是由于禀气之不同,而各有差异。他们说:

> 浩浩太素,阳曜阴凝,二仪陶化,人伦肇兴。(嵇康:《太师箴》)

> 夫天地合德,万物贵生,寒暑代往,五行以成。故章为五色,发为五音。(嵇康:《声无哀乐论》)

> 自然一体,则万物经其常。入谓之幽,出谓之章。一气盛衰,变化而不伤。是以重阴雷电,非异出也;天地日月,非殊物也。故曰自其异者视之,则肝胆楚越也;自其同者视之,则万物一体也。人生天地之中,体自然之形,身者阴阳

之精气也，性者五行之正性也，情者游魂之变欲也，神者天地之所以驭者也。（阮籍：《达庄论》）

这里可以看出，嵇康、阮籍关于宇宙构成的学说虽然包含着若干错误，但基本上仍是唯物主义的。这是因为：

（1）他们认为整个宇宙是自然而然存在着的无限广大的元气"浩浩太素"，而宇宙万物，包括天地在内，都是由元气构成的，在元气之外或之后，再没有什么"本体"。"天地生于自然"，"万物生于天地"。这里他们讲的是宇宙构成的问题，用以反对王弼在本体论上的唯心主义路线。王弼认为宇宙万物以精神性的"无"为本体，万事万物都是这个本体的表现，因此是第二性的。嵇康阮籍则认为宇宙万物从本质上说都是由元气构成的，看起来事物有着千差万别，有幽有章，但是从本质上说都是由元气组成，是"一气盛衰"。因此从它们的差别上看，虽有肝胆楚越之分，但是从它们的相同之点看，则万物都是自然界的一部分。

（2）人和其他东西一样也是禀自然之气而生，其身体性情皆因自然之元气而有，故曰："人生天地之中，体自然之形，身者阴阳之精气也，性者五行之正性也，情者游魂之变欲也。"就是人们的精神活动也是为自然所驾驭。这也就是说，人和其他事物一样也不过是自然界的一部分，不仅他的身体是由阴阳二气构成，就是人们的性情也是由于禀气之不同而有所不同，甚至其精神活动也离不开客观的物质世界。

（3）宇宙中事事物物的千变万化都是自然自身的变化，而且变化有其常规，"自然一体则万物经其常"。至于事物发生和发展、产生和消灭，并不是由什么神秘的力量支配，也都不过是气的盛衰。每个事物的变化、盛衰对整个宇宙来说，并没有增加或减少什么，由浩浩元气构成的无限宇宙永远作为一个统一的整体存在着。就这几点看，说嵇康阮籍的宇宙构成理论基本上是唯物主义的，大体不差。当然，由于他们忽视事物之间质的区别，因而在他们的思想中也包含着若干相对主义的成分，这样就不能不对唯心主义有利。后来郭象提出"万有"独化的理论，就是从否认事物的性质的差别开始的：既然事物没有性质上的差别，那么每一事物只要自足其性，就是一个绝对独立的"存在"，这样就用虚构的存在代替了真实的物质世界。①

二、嵇康、阮籍论自然的各种意义

嵇康、阮籍以宇宙万物（"自然"）由元气构成，但是宇宙（"自然"）是如何存在着的呢？他们认为宇宙的存在是有其统一性、规律性与和谐性的。

（一）论自然的统一性

嵇康、阮籍把"自然"（指宇宙）看成是一个混沌状态的无限整体，天地万物都存在于这一混沌的整体之中，它们是统一的；从自然的整体说，天地万物都是它的一部分，是没有分别的。他们说：

> 天地生于自然，万物生于天地。自然者无外，故天地名焉。天地者有内，故万物生焉。当其无外，谁谓异乎？当其有内，谁谓殊乎？（阮籍：《达庄论》）

这就是说，自然是一个统一的无所不包的实体，因此天地才能由它产生。这一看法与王弼不同。王弼的"无"或"道"不是事物，只是作为宇宙本体的抽象概念。嵇康阮籍所讲的实体，不是上帝也不是抽象的概念，而是混沌状态的元气。所以他们说："元气陶

---

① 参见拙作《略论郭象的唯心主义哲学体系》，载《北京大学学报》（人文科学版），1962（2）。

铄，众生禀焉。""至道之极（按：指自然界），混一不分。"从宇宙的整体看，一切都在其内，在时间上说没有比它更早的，也没有比它存在得更长久的，"太初如何，无先无后"。从空间上说，它是无所不包，"自然者无外"。从根本上说，它是最后的根据，"莫究其极"。因此，在"自然"之先或之外就再没有什么东西了。在"自然"之内，相对地说则有万物的不同；但从整个"自然"说，它们都是"自然"的一个组成部分，因此对"自然"来说，也就没有什么不同。"别而言之，则须眉异名。合而言之，则体之一毛。""当其无外，谁谓异乎。"

嵇康、阮籍这样的宇宙统一的学说，对反对王弼的抽象的本体论的统一性说，是唯物主义反对唯心主义。但其中也包含着若干相对主义的成分，会导致否定事物质的差别。

（二）论宇宙的规律性

嵇康、阮籍认为"自然"是有秩序、有规律地存在着的，就"自然"的构成说是混沌状态的元气，就其存在着的形式则是有秩序的。他们说：

> 圣人明乎天人之理，达乎自然之分。（阮籍：《通老论》）
> 道者法自然而为化。（同上）
> 上下和洽，裁成天地之道，辅相天地之宜，以左右民，顺其理也。（阮籍：《通易论》）
> 易顺天地，序万物，方圆有正体，四时有常位。（同上）
> 是故圣人以建天下之位，定尊卑之制。（同上）

自然是一个有秩序的整体，就万物说各有其一定的位置；就时间说有其规定的形体，"方圆有正体"；就人类社会说有上下尊卑的制度。因此圣人应该根据"自然"本身的规律来处理政事，"圣人明乎天地之理"，"圣人以建天下之位"。本来"名教"应和"自然"一样是有秩序的，但是当时的政治秩序则破坏了这一秩序，也就是破坏了"自然"的常规，这样就形成了"名教"与"自然"的对立。故嵇康说："……岂劝百姓之尊己，割天下以自私，以富贵为崇高，心欲之而不已哉？"（嵇康：《答难养生论》）"刑本惩暴，今以胁贤，昔为天下，今为一身，下疾其上，君猜其臣，丧乱弘多，国乃陨颠。"（嵇康：《太师箴》）这样的社会政治当然是和有秩序的自然相矛盾的。但是如果"崇简易主教，御无为之治，君静于上，臣顺于下……群生安逸，自求多福，默然从道，怀忠抱义，而不觉其所以然"（嵇康：《声无哀乐论》）；那么"名教"和"自然"就能一致起来，这样的"名教"就合乎"自然"规律。

（三）论宇宙的和谐性

嵇康、阮籍都是魏晋时著名的文学家，因而他们对宇宙（"自然"）的了解往往是从艺术的角度出发。他们认为宇宙像和谐的音乐一样，有着一种宇宙的和谐。

嵇康、阮籍认为"自然"是一个和谐的整体。"自然"之所以和谐，一则由于它是混沌无分别地存在着，因此是"和"；二则由于它是有秩序的，因此是"谐"。"自然"的和谐性是根据其统一性和规律性而有的。

他们用音乐的和谐来说明"自然"的和谐，也就是说正因为"自然"是和谐的，才有音乐的和谐。

> 夫乐者天地之体，万物之性也。合其体得其性则和，离其体失其性则乖。

> 昔者圣人之作乐也，将以顺天地之性，体万物之性也。故定天地八方之音，以迎阴阳八风之声。

> 风俗移易而同于是乐，此自然之道，乐之所始也。（以上引文皆见于阮籍：《乐论》）

嵇康、阮籍把音乐看成是"天地之体，万物之性"的表现。宇宙本身就是和谐的音乐，如有韵律的诗一样。这是因为"自然"是有秩序地存在着，它超乎个人的利害得失；既无利害得失就无矛盾冲突，因此它是一个和谐的整体。人既然是宇宙整体的一部分，那么就应该顺乎自然的规律，这样在人们之间也就不会有矛盾冲突，就可以达到"君静于上，臣顺于下"，"无君而庶物定，无臣而万事理"的局面。而音乐的作用，就在于移风易俗，使人们"顺天地之性，体万物之生"。

体现了"自然"的和谐的音乐是客观的，是不以人们的主观意志为转移的。从而可以推知，嵇康、阮籍认为"自然"为客观存在，是不以人们的主观意志为转移的。他们说：

> 音声之作，其犹臭味在于天地之间……其体自若而不变也，岂以爱憎易操，哀乐改度哉。
>
> 声音有自然之和，而无系于人情。克谐之音，成于金石，至和之声，得于管弦也。
>
> 声音和比，感人之最深者也。
>
> 心动于和音，情感于苦言。
>
> 夫哀心藏于苦心之内，遇和声而后发。（以上引文皆见于嵇康：《声无哀乐论》）

嵇康、阮籍认为，声音的产生主要有其客观的物质基础，它的物质基础是金石、管弦，"克谐之音，成于金石；至和之声，得于管弦也"。这就是说，嵇康、阮籍把声音看成是物质的属性，不是从属于人们的感情。其次，声音的和谐是自然的和谐的表现；心情（感情）和声音本身不是一回事，是有内外分别的，"内外殊用"，声音的和谐与否是不依靠于人们的感情的，"音声有自然之和，而无系于人情"。因此，"心之与声，明为二物"，其不同在于"和心足于内，和气见于外"。声音的和谐是客观的，而心情的变化是"无常"的，"感物无常"。至于声与心的关系，自然因为和气与和心虽有内外之分，但并不是互不相干的。和谐的声音可以诱发人的感情,"声音和比,感人之最深者也"。于人本有喜怒哀乐之情藏于内,常常是遇到声音而有所感动。这样,音乐也是对人有重大影响的。嵇康在论音乐的问题上是有错误的,这是由于他没有把音乐当成社会生活的产物,否认音乐的社会性。但是,他认为声音的产生必须有物质基础,声音的和谐是客观的自然界的反映,则是唯物主义的观点。至于说,他们,特别是嵇康,把声与心看成两种东西,"心之与声,明为二物",其目的也是在于说明声音的客观性,而不是认为这两者没有共同的基础。在他们看来,声音的和谐是"自然"的反映,而人的性情的变化又何尝不是"自然"的反映呢?心与声共同的基础皆是元气,他们的变化都是"自然"的表现;就如宇宙中的其他事物一样,它们都是"自然"的一部分。因此,认为嵇康、阮籍的哲学是二元论,是不妥当的。

既然"自然"是和谐的,因此反映"自然"的理想——"名教",也就应该是和谐的。圣人事天治人,当以"和"为贵。音乐可以起陶冶人们性情的作用,能使人们的心境平和,故曰:"乐者使人精神平和,衰气不入,天地交泰,远物来集,故谓之乐也。"(阮籍:《乐论》)"和心足于内,和气见于外……心与理相顺,和与声相应,合乎会通以济其美……大道之隆,莫盛于兹;太平之业,莫显于此。"(嵇康:《声无哀乐论》)

三、嵇康、阮籍的理想人生观

嵇康、阮籍并不反对"名教",而是反对当时的现实政治。他们认为理想的政治应该是合乎自然的,但是现实的政治则是有违于自然的。特别是在当时的现实的阶级斗争中和统治阶级内部的斗争中如何保存自己,对他们这些不当权的地主来说更是一个重要的现实问题。因此,在这种情况下,他们采取一种对待现实政治的消极态度是完全可以理解的。

他们认为人生应该是超越世界，因为现实的政治会使自己遭受祸害，只有远离这些才可以全生。他们说：

> 世人……目惑玄黄，耳务淫哇，滋味煎其腑脏，醴醪鬻其肠胃，香芳腐其骨髓，喜怒悖其正气，思虑销其精神，哀乐殃其平粹。（嵇康：《养生论》）

> 李牧功而身死，伯宗忠而世绝，进求利以丧身，营爵赏而家灭。（阮籍：《大人先生传》）

> 无贵则贱者不怨，无富则贫者不争。（同上）

> 尊贤以相高，竟能以相尚，争势以相君，宠贵以相加，驱天下以趣之，此所以上下相残也。（同上）

嵇康、阮籍认为那些伤害人的东西是要不得的，从"自然"这一整体看这些分别也是不必要的，特别是在主观上没有必要去分别这些。如果一个人要想不遭受祸害，最好是远离这些，不要去追求这些，对这些东西应该是淡然处之。如果去追求，就会遭受祸害，直到杀身之祸。既要超越世界，那就必须无心于世，故他们主张超分别而放任，不奴于嗜欲，不溺于名利，不为琐碎的礼法所拘束。"君子百行，殊途同致，循性（天性、自然之性）而动。"（嵇康：《与山巨源绝交书》）放任不是为所欲为而是顺应"自然"，"应变顺和"，"和理日济，同乎大顺"，这样就自然而然与世和谐了。逍遥是放任的最高境界，达到这样的境界，就可以全生葆真，甚至与自然合德。故曰："至人无宅，天地为客，至人无主，天地为所。至人无事，天地为故，无是非之别，无善恶之异。""超世而绝群，遗俗而独往，登乎太始之前，览乎忽漠之初，虑周流于无外，志浩荡而自舒。"（阮籍：《大人先生传》）这样，他们的人生观就进到了一种神秘的境界，这也是离开现实的斗争而必然陷入唯心主义的道理。

这里可以看出，嵇康、阮籍眼里的"圣人"与王弼、郭象的"圣人"都不相同。王弼的"圣人"是老庄化了的孔子，但形式上仍然承认孔子高于老庄。郭象的"圣人"本质上是指帝王，即"内圣"与"外王"在他看来本是一回事，故曰："圣人常游外以弘内，无心以顺有。"（郭象：《庄子注》）嵇康、阮籍的"圣人"则是指崇尚自然超越世界的圣人，这直接指的是老庄，故嵇康说："老子庄周，吾之师也。"（嵇康：《与山巨源绝交书》）因此，圣人必能超越名教而任自然，非汤武，薄周孔，以六经为糟粕。在他们看来，所谓"名教"是有违人性的，"仁义务于理伪，非养真之要术；廉让生于争夺，非自然之所出也"（嵇康：《难张辽叔自然好学论》）。这样的人为的礼教只会起着破坏人们之间的和谐关系的作用。但是嵇康、阮籍也不主张从根本上废除礼乐教化，也没有完全否认"名教"的作用。阮籍尝论礼乐之必要："礼定其象，乐平其心；礼治其外，乐化其内。礼乐正而天下平。"（阮籍：《乐论》）嵇康虽未明言"名教"的功用，但他也承认顺应自然的圣王的历史地位。他在《太师箴》中说："穆穆天子，思问其愆。虚心导人，允求谠言。师臣司训，敢告在前。"这就是说，"名教"必须是完全根据"自然"，离开了"自然"的"名教"就是人为的虚伪的东西。郭象把"自然"统一于"名教"，用以论证现实的就是合理的；嵇康把"名教"统一于"自然"，用以说明当时的现实政治是不合理的，是有违人类本性的。因此，前者起着巩固门阀士族利益的作用，而后者则破坏着门阀士族的统治。

还必须指出，嵇康、阮籍虽然反对当时的虚伪"名教"，也就是说他们认为封建社会的"小节"没有必要管它，但是封建社会的"大节"则必须成全。他说：

> 刑驰则教不独行，礼废则乐无所立。尊卑有分，上下有等，谓之礼；人安其生，情意无哀，谓之乐。（阮籍：《乐论》）

> 　　不须作小小之卑恭，当大谦裕；不须作小小之廉耻，当全大让。若临朝让官，临义让生，若孔文举求代兄死，此忠臣烈士之节。（嵇康：《家诫》）

阮籍直以礼乐刑法、上下尊卑不可无；嵇康亦谓大让大义、忠臣烈士之节不可废。这就说明嵇康、阮籍是在当时阶级斗争的推动下，从统治阶级集团分化出来的代表庶族地主利益的思想家。他们和其他地主阶级一样，固亦要求巩固封建社会，但是由于当权的地主集团的各种政治经济措施以及他们的只顾眼前享乐等，在嵇康、阮籍看来是不利于封建社会的根本利益的，因而他们反对这些。他们自己则采取了"超越世界"的消极态度，以求全生葆真。这种消极反抗，对当时的腐朽社会来说，有一定的进步作用；但同时也包含着有害的因素，那就是在当时也起着引导人们不去积极反抗；而其实际作用则是与现实妥协，嵇康、阮籍的思想就是这一理论最好的证明。这种人生态度，在今天而言，更是有害，固不待言。

原刊于《新建设》，1962（9）

论裴頠的《崇有论》

裴頠，西晋时人。在他生活的年代里，维护门阀士族利益的政权机构已经巩固，但是由于晋王朝政权所依靠的社会支柱是反动的门阀士族，因此社会矛盾没有得到暂时的解决。而且，从历史发展的事实看，这时已是阶级矛盾和民族矛盾日益深化的时代，其后不久就有北方的落后民族的侵入，到东晋时农民起义逐渐频繁。然而当时的士大夫多不以国家民族为重，崇尚玄虚，不事政务。因而时有学者抨击当时这种学风，杨泉曾说："夫虚无之谈，尚其华藻，无异春蛙秋蝉，聒耳而已。"① 按《晋书·裴秀②传》载："頠深患时俗放荡，不尊儒术，何晏阮籍，素有高名于世，口谈浮虚，不遵礼法，尸禄耽宠，仕不事事；至王衍之徒，声誉太盛，位高势重，不以物务自婴，遂相放效，风教陵迟，乃著崇有之论，以释其蔽。"可见裴頠撰《崇有论》的目的乃是"疾世俗尚虚无之理"③，"矫虚诞之弊"④。看来，裴頠这种主张，在当时对于纠正政治和学术的坏风气起着一定的积极作用。所以，《惠帝起居注》说："頠，民之望也。"⑤

《崇有论》文简意赅，反对"贵无"之谈甚明。裴頠对"贵无"学说并不是简单地否定，他分析了这一学说产生的原因，也肯定了它在一定限度内的作用。他认为，由于人们"欲衍情佚"，"擅

---

① 杨泉：《物理论》。
② 裴頠系裴秀子。
③ 《世说新语·文学》刘孝标注。
④ 《三国志·魏书·裴潜传》注引陆机《惠帝起居注》。
⑤ 《晋书校注·裴秀传》。

恣专利"，因而造成了危害。于是有些人在找寻产生危害的原因时就发现"偏质有弊"，而"睹简损之善"，这样就阐发了"贵无"的议论，而且提倡"贱有"的理论。从老子的学说看，本来也只是为了陈述"秽杂"的弊病和列举虚静守一的好处。在裴頠看来，这里面是有合理的因素的，因为这样可以使人心平气和，合乎《易经》"损"、"谦"、"艮"、"节"等卦的主旨。但是，这种主旨只看到问题的一面，即"无为"的好处，它并不是根本的道理。然而"贵无"派在当时不仅没有看到这种思想只有片面的道理，反而把它加以夸张，认为是最根本的道理。这样就造成："贱有则必外形，外形则必遗制，遗制则必忽防，忽防则必忘礼，礼制弗存，则无以为政矣。"[1] 这就是说，从主张虚无，发展到反对有为；从崇尚"自然"，发展到反对"名教"。这样就使"无为"的学说发展成为完全错误而有害于社会的学说了。所以他说："是以立言籍其虚无，谓之玄妙；处官不亲所司，谓之雅远；奉身散其廉操，谓之旷达。故砥砺之风弥以陵迟，放者因斯，或悖吉凶之礼，而忽容止之表，渎弃长幼之序，混漫贵贱之级，其甚者至于裸裎，言笑忘宜，以不惜为弘士，行又亏矣！"[2]

在裴頠看来，因为有社会及有人和人之间的关系，有贵贱的等级，有长幼的次序，有各种礼节规仪，为了维护人们之间的正常关系（当然是指封建的伦常关系），就必须"用天之道，分地之利，躬其力任，劳而后飨（指"有为"），居以仁顺，守以恭俭，率以忠信，行以敬让，志无盈求，事无过用"（指"名教"），这就是"圣人为政之由"[3]。不难看出，裴頠这里不过是主张加强封建的统治，使封建社会的各种关系正常化，从根本上说仍然是有利于地主阶级的。但是，他的这种主张作为反对当时荒淫、放纵、虚伪、

---

[1][2][3] 裴頠：《崇有论》。

豪奢、口头清高行为卑鄙、懒惰透顶的门阀士族的腐朽生活，则是起着使社会免于堕落的积极作用的。

从根本上说，裴頠主张"有为"，维护"名教"，但是他也承认"无为"在一定限度之内已然有它的作用。在《上疏言庶政宜委宰辅诏命不应数改》中，他曾提出君主应"设官建职"、"选贤举善"、"委任责成"①。既然选士得其人，那么为君主的，就应"无为"而治。这就是说，从整体看"名教"、"有为"虽是根本，可是就君主个人说，不可能日理万机，因此只要"尊崇宰辅"就可以了。魏晋时期曾流行"虚君"的思想，其来源有二：儒家的"天无言而四时行"和法家的"君道无为臣道有为"。傅玄说："舜举五臣，无为而化。"② 杜恕说："善为政者，务在乎择人而已。"③ 桓范提出"尧无事而由之圣治"④ 的主张。裴頠在这方面显系受这种思潮的影响。但是裴頠比较明确地提出"任人唯才"，一定程度上限制了门阀势力，这是继承了汉魏的法家思想。所以出身士族的裴頠能不以士族为贵，主张限制贾后势力，实在难能可贵。⑤

据《惠帝起居注》载，"頠……著崇有、贵无二论"，当可知其著《崇有论》为反对"贵无"之说；其撰《贵无论》（文佚）当是阐明"君道无为，臣道有为"的道理，所以"无为"也有可贵的地方。

裴頠主张"崇有"，其目的在指摘时弊，而《崇有论》对于哲学理论也有所阐发。他企图通过解决王弼、何晏等"贵无"派所提出的若干重要哲学问题，来论证其"崇有"的主张。

第一，裴頠论存在。裴頠的《崇有论》主要锋芒在于反对王

---

① 《全晋文》卷三十三《上疏言庶政宜委宰辅诏命不应数改》。
② 《全晋文》卷四十六《上疏陈要务》。
③ 《全三国文》卷四十二《体论》。
④ 《全三国文》卷三十七《世要论》。
⑤ 《晋书·裴秀传》："贾充即頠从母夫也。"与司空张华反对"贾后乱政"。

弼等人的唯心主义"贵无"的学说。王弼等唯心主义者认为,现象世界(万有)之后有一个本体,称为"无"或"道"。万有是"无"的表现。这里王弼看到了现象、本体之间的矛盾和统一关系。但是,他所讲的"本体"不是物质世界本身,而是抽象的概念。特别是王弼用"一"(一般)和"多"(特殊)的关系,论证"无"和"有"的关系。他把一般("一")从特殊("多")中抽象出来,又把一般作为独立的实体,作为产生特殊的东西。这正如列宁所说:"原始的唯心主义认为,一般(概念、观念)是单个的存在物。这看来是野蛮的、骇人听闻的(确切些说:幼稚的)、荒谬的。"裴頠首先反对在现实世界之后另有一本体。他认为"有"("存在",即指万有或万物)之所以始生为"有",并非另外有一个东西使它成为"有",而是它"自生"、"自有"。"有"既然是"自生",那么它的本体就是它自身。也就是说"有"的本体就是"有",另外没有一个作为"有"的本体"无"存在。他说:"夫至无者,无以能生,故始生者,自生也。自生而必体有。"① 这里,裴頠明确地提出了和王弼"以无为本"相对立的观点。他这一思想的深刻之处在于他承认了现象和本体的统一,本体并非在现象之外。不仅如此,裴頠还对"无"进行了解释。他认为"无"是和"有"相对立的概念,它是说明"有遗而生亏"的。"无"是因为"有"(存在着的东西)消失了,那就是不存在,不存在就是"无",所以他说:"生以有为已分,则虚无是有之所谓遗者也。"②

这里还会提出另外一个问题,因为在王弼看来,从个别事物说也是"有"生"有",而且天下万物正因为是"有"才是存在着的。但是"有"之所以成为"有",是因为有"无"作为它的本体,所以他说:"天下之物,皆以有为生。有之所始,以无为本。将欲

---

① ② 裴頠:《崇有论》。

全有，必反于无也。"① 王弼把"无"看成是整个宇宙的本体："道者，无之称也，无不通也，无不由也。"② 那么裴𬱟回答了这个问题没有呢？他回答了。在《崇有论》的一开始他就说："夫总混群本，宗极之道也。"这句话常被人解释为：最高的"道"就是总括万有的根本。这样的解释是不对的。照裴𬱟《崇有论》的全文看，这句话的意思应该是：整个的、无分别的万物本身，就是最根本的"道"。这是裴𬱟对"道"的新解释，即把"道"看成是万物本身。这个解释和老子的"有物混成"是一个意思。看起来，魏晋时期对老子的"道"仍然有两种解释：一种像王弼那样解释成抽象的概念，另一种像裴𬱟这样解释成万物本身。这两种解释就是当时唯物主义和唯心主义斗争的重要问题。

裴𬱟还看到，虽然事物的全体是没有分别的万物本身，但是在它中间，所有的具体存在都可以分成若干种类，而且所有的具体东西都是具有形象的，"方以族异，庶类之品也。形象著分，有生之体也"③。这里裴𬱟接触到全体和部分的关系问题。他把宇宙作为一个全体，看成是混沌无分别的状态。但是，其中每一个具体东西又有其特点，具有不同形象。看来，他也是在力图用唯物主义的观点来解决"一"（全体）和"多"（部分）的关系问题。

王弼把"理"看成是某种事物之所以成为某种事物的根据，所以他说："物无妄然，必由其理。"④ 这里就提出一个问题：是事物根据某种规律、式样（理）而成为某种事物呢？还是规律、式样（理）只是事物的某种规律、式样？裴𬱟在这个问题的看法上和王弼是相反的。他认为，万物的变化和相互作用的错综复杂，就是事物的规律的迹象的根源。这就是说，规律是表现在事物的

---

① 王弼：《老子注》。
② 邢昺：《论语注疏》卷七引王弼《论语释疑》。
③ 裴𬱟：《崇有论》。
④ 王弼：《周易略例·明象》。

变化和相互作用之中。他还指出："理之所体，所谓有也。"①"理"以"有"作为其存在的根据。从这里出发，裴頠进一步提出事物变化的形迹之所以可以寻求，正是因为有个"理"在其中，"是以生而可寻，所谓理也"②。

第二，裴頠论事物之间的关系。在魏晋时代，事物之间有无必然联系和如何联系，也是一个讨论的重要的问题。王弼承认了事物之间的必然联系，但是认为其之所以有这样一种联系，则是在于万物（有）所据以存在的"本体"（无）是一个无所不包的统一体。他说："万物万形，其归一也。何由致一，由于无也。由无乃一，一可谓无。"③ 又说："能尽理极，则无物不统，极不可二，故谓为一。"④ 然而在魏晋时代，还有另外一些哲学家，他们根本否认事物之间的关系。例如郭象就认为，"有"皆"自足"，故无待任何条件而"自有"，因此"物各有性，性各有极"⑤。事物各有各的自性，各个独立存在的事物的自性是各有各的根据，在它们之间是互不相关、毫无联系的，"去其所资，则未施禁而自止也"⑥。

裴頠反对了王弼的唯心主义本体论，论证了形形色色的存在就是这个世界本身，在这一世界之外就没有所谓本体了，而且这个存在着的世界，从全体说是统一的，从部分说则是互相联系的。因为，每一个事物都是全体的一部分，因此不能"自足"，不能"无待"，那么就要依靠别的东西作为其存在的条件，"夫品而为族，则所禀者偏，偏无自足，故凭乎外资"⑦。"资"就是条件的意思。存在所要依靠的就是和其存在相关联的各种条件。条件适合于某一事物的存在，对于某一事物就叫做"宜"，那也就是说，这

---

① ② 裴頠：《崇有论》。
③ 王弼：《老子注》。
④ 皇侃：《论语义疏》卷二引王弼《论语释疑》。
⑤ ⑥ 郭象：《庄子注》。
⑦ 裴頠：《崇有论》。

一事物就成为真正的存在。事物选择其适合存在的条件，这就叫做"情"。这里裴頠把事物的联系归结为事物本身存在的条件，这是企图从事物本身去说明其联系，而不是从事物之外去寻找其联系原因。不仅如此，他还进一步指出，作为某一事物存在的条件本身，也是"有"（真实存在的），而不是和"有"不同性质的东西。他说："济有者皆有也。"① 不是"无"济"有"，而是"有"济"有"。所以他说："心非事也，而制事必由于心，然不可以制事以非事，谓心为无也。匠非器也，而制器必须于匠，然不可以制器以非器，谓匠非有也。"② 裴頠看到，某一事物之所以成为某一事物，及其成为某一事物的条件，虽非一物，但是，某一事物及其成为某一事物的条件，并非不同实体，而皆为"有"，不是一为"有"，另一为"无"。由此可见，裴頠在讨论事物存在的条件时，同样坚持唯物主义路线，反对把一个和事物不同实体的东西作为事物存在的原因。

第三，裴頠论"名教"和自然。魏晋时，有主"名教"（封建礼教）和重"自然"（天道和性命）二派。主"名教"的史称"崇有"，重"自然"的史称"贵无"。王弼、何晏认为"名教"是"自然"的必然产物，所以以"自然"为本，"名教"为末。"名教"虽然不可废，但是也需要体现"天道"的要求。裴頠则和他们相反。

在裴頠看来，"名教"之所以重要，成为社会之必不可少，并不是在现实社会之外另有根据。在现实社会中，既然事物之间有所不同，有"品"有"类"，在这些不同的事物之间又有着必不可少的关系，这样就有"训物垂范"、"绥理群生"的问题。因为，存在着的万有就只是群有本身，那么养育这些既已成化的群有，就不是"无用"（无所作为）所可以成化的；治理既已存在的众多之

---

① ② 裴頠：《崇有论》。

物，也就不是"无为"所能驯服的。因此，"欲收重泉之鳞"，则"非偃息之所能获也"；"陨高墉之禽"，则"非静拱之所能捷也"；"审投弦饵之用"，则"非无知之所能览也"①。

裴𬱓从社会本身找寻其必须"有为"的原因，这和他论证其唯物主义的本体论的方法是一样的，即从事物本身论证事物的存在和事物之间的必然联系。

裴𬱓作为一个哲学家在魏晋玄学中之所以有其一定的重要地位，就在于他大体上接触到王弼、何晏所提出的若干重要问题，并试图给以唯物主义的解决。当然，由于他主要是从事政治活动，所留下的哲学著作又很少，在今天看来，他对当时唯心主义哲学家所提出的问题论证得还不是很细致和充分，也还有些问题没有涉及（如"言"和"意"的关系，"动"和"静"的关系），致使他不能成为哲学史上特别重要的哲学家。由于他有些问题论证得不够细致和充分，后来经过郭象的歪曲，发展成为郭象的以"独化"为中心的唯心主义学说。尽管这样，裴𬱓在魏晋玄学中仍然应有其一定重要的地位，特别是由于他在当时代表着唯物主义路线和王弼、何晏的唯心主义相对立，就更难能可贵了。

原刊于《光明日报》，1962-11-09

---

① 裴𬱓：《崇有论》。

略论王弼与魏晋玄学[①]

一

"魏晋玄学"是指魏晋时代研究本末有无这样一类形而上学问题的学问。[②] 它产生时本来的意思是指玄远之义，即指所谓形式上的、远离实际的。"实际"有时指"事务"，有时指"事物"。远于事务，即出世，崇尚自然；远离事物，则重本体论，讲形而上学。故曰："阮嗣宗……言皆玄远，未尝臧否人物。"[③] "粲能言玄远，常以子贡称夫子之言性与天道不可得而闻也。"[④] "玄者无形之类，自然之极，作于大始，莫之于先。"[⑤] 清谈、任达、荡易、狂任，言远于实际事务；讲本末、有无、体用、言意，指远于实际事物。这两方面虽有区别，但在实际上是相互联系的。这种思潮表面上看来讨论了一些远离实际的问题，但是这些问题在实质上都是为了解决这一时代现实生活中所提出的问题，是这一时代的时代精神的体现。

在曹魏时代为什么产生这样一种学问呢？那是有它的深刻的

[①] 本文旨在说明王弼在魏晋玄学中的重要地位，非谓魏晋玄学为王弼一人所创立，如何晏对于魏晋玄学的建立关系亦甚重大。写作本文时除参考了一些发表过的著作和论文以外，还参考了汤用彤先生为讲课所写的《魏晋玄学讲课提纲》的原稿，有所取焉，特此声明。

[②] 此处"形而上学"一词是指探究宇宙根本问题的学问，参见《马克思恩格斯全集》，中文1版，第4卷，138页译注，北京，人民出版社，1958。

[③] 《世说新语·文学》。

[④] 《世说新语·文学》注引《粲别传》。

[⑤] 张衡：《玄图》。

社会原因的。两汉天人感应的神学唯心主义思潮经过王充等唯物主义哲学家的批判和汉末农民起义的武器的批判，已经不能很好地起着维护封建统治的上层建筑的作用了。农民起义强烈反对儒家的礼法思想，提出"苍天已死，黄天当立"的革命口号。他们还利用道教作为组织群众、宣传革命和抵抗官方的谶纬迷信思想的武器。当权的统治者为了缓和农民反对他们的斗争，于是就提倡所谓"无为"而治的理论，用道家的思想来补充儒家的思想，摆出一副超现实的姿态，不拘于礼法；也要求被统治者安贫乐贱，不做犯上作乱之事。同时，根据两汉儒学名教思想的标准来选择官僚。由于盗窃虚名和名不副实，以及选举为宦官、外戚和士族等所把持，非但不能如他们所期望的那样——和缓与人民群众的矛盾，相反由于这一些人的贪污无能，促使农民起义加速地爆发起来。因此，统治阶级中的一部分人也就急于另外寻找一种更好的政治理论，让自己可以统治下去。在社会的大变乱时代，统治阶级中的人也是升降不定。在这样的时代，如何在统治阶级内部斗争中保存自己，这也是统治者在当时所关心的问题。魏晋时这样一种表面上远离事务的思潮，实际上正是这个时代社会矛盾的必然产物，因此玄远之学就应运而生了。

东汉今文经学本身包含着很多谶纬迷信的成分，由于汉代采取通经致仕的制度，使经师章句之学得到空前的发展。其弊病正如班固所说——"一经之说，至百万余言"[1]，"说五字之文，至于二三万言"[2]。因此，作为统治人民的思想工具的今文经学具有两大特点：一是荒诞，一是烦琐。到东汉末大乱之后，当它失去了统治效力的时候，统治者用什么思想武器呢？为了避免荒诞、烦琐，就不能再用过去的办法，对每一句经、每一件事，都用非常

---

[1] 《汉书·儒林传》。
[2] 《汉书·艺文志》。

烦琐的道理来进行具体的解释,这样就没有办法有一个统一的标准。就是从思想发展看,自然也要求找一个统一的标准来作为纷纭众说的理论的根据。也就是说理论本身的发展也要求由具体到抽象,由"多"发展到"一"。因此,当时的玄学家们就利用老庄哲学的"道"、"无"来解释儒家经典,利用《周易》的"一"(太极)来解释"多"。

这样一种由具体、烦琐发展到抽象、简单的过程,起初表现在人物的评论上。开始时是对具体人物的评论,即所谓"月旦评"之类;后来进而研究人物的一般标准。刘劭的《人物志》一书就表现了这一演变过程。和刘劭一样用抽象理论来讨论人物的还有钟会、傅嘏、荀粲等人,他们都谈论人物,又都是玄学家。因此,由评论人物发展到最高人物标准问题的讨论,结果提出了圣人"体道",德合"自然",由具体问题进到抽象问题的讨论。这样就由两汉的经学经过名理之学逐渐发展成为魏晋玄学。

魏晋玄学虽然以研究本末有无等形而上学问题为其对象,但是它的发展过程中并不是没有两条路线的斗争。它和两汉经学、西欧中世纪经院哲学一样,虽然是统治阶级的思想,但也因阶级斗争的影响,其中存在着两条路线的斗争。曾经有人认为玄学中"贵无"与"崇有"两派反映着唯心主义与唯物主义的两条路线的斗争。① 现在看来,这种看法是有问题的,它只是从现象上看问题,而并没有深入到问题的本质方面去。那么,玄学中的两条路线的斗争的情况究竟如何呢?

王弼、何晏是魏晋玄学的创立者,他们的哲学体系是以抽象的概念"无"为本体的客观唯心主义,历史上把他们的哲学称为"贵无"学派。这一派提出"名教"(封建礼教)是"自然"(天道

---

① 参见冯友兰:《中国哲学史论文集》,27、66页。

性命）的必然产物，圣人"无为"，德合自然。他们企图用老庄思想补充儒家的思想，建立起新的统治思想，重新巩固封建秩序。

由于司马氏的政权是代表着门阀士族利益的，因此当时的社会矛盾一个也没有得到暂时的解决，社会危机依然存在，阶级斗争逐渐加深。嵇康、阮籍等对当时政治采取消极反抗态度是阶级斗争在统治阶级内部的反映，这种思想反映着当时寒门素族的利益。他们主张"名教"应反映"自然"，但是现存"名教"有违于"自然"，故应反对。"自然"是一有秩序、和谐的统一体，它是由元气构成的。嵇康、阮籍的思想在哲学史中也称为"贵无"，但是他们的哲学实是继承着汉代的唯物主义的，认为"元气"为构成宇宙万物的本质，世界是统一在这样的物质性的元气的基础上。因此，他们的哲学在魏晋玄学中是代表着与王弼、何晏的唯心主义不同的唯物主义路线的。①

裴頠著《崇有论》，反对贵无思想。他认为"无不能生有"，"有"（万有，指存在）是自生，万有本身就是本体，"总混群本，宗极之道"；"有"不能离开其他的"有"而单独存在。裴頠的"崇有"思想是企图从肯定"万有"的真实性来否定"以无为本"的思想，因此他的哲学思想基本上是唯物主义的。裴頠在当时反对那些崇尚玄虚的伪君子，企图再度用"礼教"来挽救社会危机，是有一定进步作用的。②

郭象的思想过去曾被称为"崇有"，他的哲学实是为西晋的门阀士族政权辩护的思想。他认为，一切现存的都是合理的，现存的"名教"是"自然"的最好的表现，当权的"帝王"就是理想的圣人；每个事物都应各安其位，这样就是自足其性，也就是"独化"，这是因为每个事物（有）都是一个独立的绝对。他一方面把

---

① 参见拙作《嵇康和阮籍的哲学思想》，载《新建设》，1962（9）。
② 参见拙作《论裴頠的〈崇有论〉》，载《光明日报》，1962-11-09。

裴頠的唯物主义"崇有"思想发展成为唯心主义；另一方面在体用问题上实是继承了王弼的体用一如思想，不过他是把每一个存在（有）看成是各自自足其性的独立的绝对。①

从这里可以看出，魏晋玄学是有一个发展过程的：首先是王弼、何晏创立了"以无为本"的唯心主义体系；经过嵇康、阮籍以"元气"为宇宙本质的唯物主义的反对，和裴頠以"有"为本的唯物主义的批判；到郭象时，他在形式上肯定着"有"，但在实际上继承着王弼的路线，把"有"抽象化、神秘化，使"有"成为一个抽象的独立的绝对，这样唯心主义又向前发展了一步。在这一发展过程中，表明了唯物主义与唯心主义的斗争以及这些思想的发展。

二

本末有无问题是魏晋时代哲学上讨论的重要课题，它的讨论始于王弼②、何晏，特别是王弼对这一问题做了本体论方面的论证，为中国哲学史提出了新的课题。

王弼、何晏均讲"以无为本"，然而他们的立论实有不同，王弼所讲之"无"重点在本体，何晏所讲之"无"重点则在"本质"。

何晏《道论》中说："有之为有，恃无以生。事而为事，由无以成。夫道之而无语，名之而无名，视之而无形，听之而无声，则道之全焉。故能昭音响而出气物，包形神而章光影。玄之以黑，

---

① 参见拙作《略论郭象的唯心主义哲学体系》，载《北京大学学报》（人文科学版），1962（2）。

② 王弼为曹魏时人，他和何晏是魏晋玄学的创始者，死时年仅二十四岁。著有《周易注》、《周易略例》、《老子注》、《老子微指略例》（参见《国学季刊》第7卷第3期中王维诚的《魏王弼撰老子指略佚文之发现》）和《论语释疑》（今佚，部分散见于皇侃《论语义疏》与邢昺《论语正义》中）。《三国志·魏书》注引有何劭《王弼传》，《世说新语·文学》篇有王弼事迹之记载。以上这些就是我们研究王弼哲学思想的全部直接材料。

素之以白，矩之以方，规之以员。员方得形，而此无形，白黑得名，而无此名也。"① 何晏"贵无"，以无为本，带有汉朝人所讲之宇宙构成论的特点，是讲宇宙万物的生成问题的。因此，"无"实是与"有"对立的实体，为构成宇宙万物的质体，似乎在"无"之外另有"现象"。这就是说，在何晏的哲学体系中，"本"与"末"，"有"与"无"似为两截。

王弼与何晏不同，所言"道"（"无"）仅是超时空的本体，故为宇宙之全体；"有"（万有、万物，指具体的存在）是"无"的表象、现象，"无"外无"有"，"本"外无"末"，"体"外无"用"，"道"外无"物"，因此体用一如。这一问题实质上是讨论本体论中"本体"与"现象"的关系问题。关于这一问题有唯物主义的解决也有唯心主义的解决，这主要取决于：所谓"本"究竟是什么性质的东西；二者的统一是抽象的统一，还是具体的辩证统一；本体是事物自身的本体，还是事物另一本体的表现。

王弼为了建立其唯心主义的哲学体系，他从各个方面论证了"以无为本"这一基本命题。

第一，"以无为本"，以"有"为末。

王弼"以无为本"的立论是："天下之物，皆以有为生；有之所始，以无为本；将欲全有，必反于无。"这是对《老子》"天下万物生于有，有生于无"的注解。在《老子》书中，"有生于无"还是讲的宇宙构成问题，"有"和"无"的关系是一个生另一个的关系，如母生子，因此可以是同一性质的实体。但经王弼这样一注解，实与原意有所不同。概括起来，王弼的论点可以分为以下三点。(1)"有"生"有"。从"生成"（构成）的意义上说，是有生有；而且天下万物正是因为是"有"才是具体的存在。(2)"无"

---

① 《列子·天瑞》篇张湛注引。

非生"有"者,而是"有"的本体。"有"之所以为"有","有"之所以存在,是因为"无"是它的本体,是因为"无"的存在而存在。王弼这里所谓的"始"不单指时间上的开始,更重要的是指"有之所始"成为"有"的"始"。也就是说,"有"是因为有"无"作为它的根据而有的。从这可以看出王弼讨论的是本体论问题。(3) 如果把宇宙万物作为一个整体看,那就必须认识其本体是"无"。这就是说,王弼肯定了在"万有"(现象)之后有一个"无"作为"本体"。"无"是本,"有"是末;"无"是主动的、第一性的,"有"是被动的、第二性的。从这里可以看出,王弼所说的"无"虽是"有"的根据,但它却是与"有"这一具体的存在性质根本不同的精神实体。

由于王弼所讨论的是本体论问题,因此他的唯心主义主要表现在抽象的"无"是第一性的上面。在他看来,"无"并不是一种构成万物的元素(或本源),而是"有"之所以存在的根据。他的"有"和"无"的关系颇似朱熹的"气"和"理"的关系,不是哪一个生另一个,而是哪一个是基本的一面。但是,主张抽象概念是基本的一面的哲学家,往往也不得不承认抽象概念在时间上也先于具体事物而存在。[①] 因此,王弼也说:"万物皆由道而生。"这样在他的哲学体系中就产生了一个矛盾:既然他主张"体用一如",本末不二,那么为什么在"万物"与道的关系上还有生成问题呢?这个矛盾,唯心主义者王弼解决不了,朱熹也没有解决。这是因为他们企图颠倒物质和精神的关系,不得不在真实的客观世界上面加上一个抽象的精神本体所致。

第二,以"无"是"道",故是大全。

王弼所言之"道"与老子不同:老子的"道"是指构成宇宙

[①] 参见拙作《研究朱熹哲学的几个问题》,载《文汇报》,1961-04-11。

万物的混沌状态的物质,王弼所言之"道"实指宇宙万物之本体。故曰:"道者,无之称也。无不通也,无不由也,况之曰道,寂然无体,不可为象。"①"道"之所以称为"道",是由它无所不贯通,无所不根由,因此叫做"道"。这个无所不贯通、无所不根由的"道",即是以"无"为体,故谓之"寂然无体"。本体非物,超言绝象;物有数有象,可以用语言去说它。非物,故非数非象,无名无形。万有纷杂,而其本体则寂然恒常,故曰:"道,无形不系,常不可无名,以无名为常,故曰道常无名也。"②

"道"在《老子》一书中有自然界全体的意思,即所谓"大全"。王弼也认为"道"是"大全",但他的意思是说,因为"道"是本体,故一切事物都是它的表现,一切事物必须统一于它,因此"道"是"大全"。"万有"中的各个事物虽是"大全"的部分,但是它们都不是"道"本身,而是"道"的表现的一部分。故曰:"欲言无邪,而物由以成;欲言有邪,而不见其形。"

从这里可以看出,王弼所说的"道"是个抽象的概念,因为它是不能言说、不可思议、无形无象、超绝时空、与物不同性质的本体,而且这样一个"本体"是"万有"成为"万有"的根据。这自然是唯心主义的本体论了。

第三,以"无"为一,以"有"为多,一是本,多是末,故一能统多。

在《老子》书中"一"与"无"本不完全相同,其"一"尚有数量之意,与二、三等并不对立。但在王弼看来,"一"就是"无",是"道",因而"一"再没有数量之意,即是指万物统一的绝对本体。故王弼在注"道生一,一生二,二生三"一章时说:"万物万形,其归一也。何由致一,由于无也。由无乃一,一可谓

---

① 邢昺:《论语注疏》卷七引王弼《论语释疑》。
② 王弼:《老子注》第三十二章。

无。""一"之所以统万有("多"),在于"多"不能统"多",即"有"不能统"有",统"有"者必为"无"。所以在王弼看来,"一"就是"无"。

王弼的"大衍义"为其论证"一"与"多"的关系的重要材料。原来在汉朝的时候,对《易·系辞》的"大衍之数五十,其用四十有九"有各种不同的解释,然而多是以象数之学解释的。如《周易注疏》孔颖达疏引京房注曰:"五十者谓十日、十二辰、二十八宿也,凡五十,其一不同者,天之生气,将欲以虚来实,故曰四十有九焉。"这是从宇宙过程上来解释"大衍之数"的。王弼虽知汉代宇宙论的学说,但他解释《周易》则扫除旧说,专阐禅理。玄学与汉朝经学差别甚大,盖玄学多论本体,汉学则重宇宙论也。

韩康伯《周易·系辞注》引王弼"大衍义",文曰:"演天地之数,所赖者五十也,其用四十有九,则其一不用也。不用而用以之通,非数而数以之成,斯易之太极也。四十有九,数之极也。夫无不可以无明,必因于有,故常于有物之极,而必明其所由之宗也。"

根据这段话,分析起来,有以下几层意思:(1)天地万物的变化,都是根据这个大衍之数(按:五十是象征的意思),但是具体表现出来,发生具体作用的只有四十九。因此,在"易"这个体系中也就只有四十九在起着具体的作用。(2)但是为什么只有四十九起作用呢?那是因为另外那个"一"并不表现为任何具体的作用。如果这个"一"有了这种具体的作用,那么它就不能有另外一种具体的作用。因此,这个"一"虽然不表现为任何具体的作用,可是它却贯穿在四十九(多)中间,四十九(多)是要依靠它才成为"多"的。所以说"一"是本体,"多"是本体的表现;四十九既说明众多,故从数量上说,它可以是"数之极"(无限的数量），但是"一"是太极，是绝对，是众多的根据。(3)"一"是宗主，"万有"是群分。群分不得为中心。如为中心，在王弼看来宇宙则无统一性。他说："若其以有为心，则异类未获俱存矣。"①那么统一"万有"的必定有一个至高无上的宗主或宗极了。在王弼看来这就是"一"。"能尽理极，则无物不统，极不可二，故谓之一也。"②(4)从"多"说，四十九是无所不包的，即指万物万有，说明万有之众多，故曰"数之极"。如此众多之万有，所有具体的有形有象的东西皆包罗无遗，其变化生成皆在其中。为什么在"易"这一体系中只是根据四十九（多）来"演天地之数"呢？那是因为"一"是本体，是绝对，是不能说明的，能说明的只是四十九（多）。但是，在王弼看来，这些众多的变化，也只不过是"一"（本体）的表现而已。(5)圣人不能停留在对"多"的认识，一定要透过"多"来了解其根据，"必明其所由之宗"，故得舍末求本，得意忘言。这就说明，王弼把从具体事物中抽象出来的一般概念（"一"），看做是"本"，是第一性的东西，而把现实存在着的一切客观事物（万有）看做是"末"，是第二性的。这里王弼首先在客观事物之上加上了一个统一的本体，名之为"一"，企图在说明世界统一性中玩弄花样，把多样性的物质世界统一在一个抽象的概念上面。其次，他抓住物质世界的多样性这一现象，并从这里出发，提出不同事物的现象不能作为统一其他事物的基础，因此在多样性的物质之外虚构了一个精神本体。这样，王弼的哲学又具有形而上学的性质。他不是把事物自身看成是本质与现象的统一，而是把存在着的事物看成是虚构的一般概念的表现。

"寡"和"众"作为一对范畴是"一"和"多"这一对范畴在社会政治问题上的表现。在王弼看来，"寡"（或名"至寡"）和

---

① 王弼：《周易注·复卦》。
② 皇侃：《论语义疏》卷二引王弼《论语释疑》。

"一"一样,是统帅众人的,因为众人自己不能统帅自己。如果众人之一当了统帅,那他就会按照他自己的要求来统帅别人,这样就会愈统愈乱。故曰:"众不能治众,治众者至寡也。"① 据此,王弼论证了君主统治的必然性与合理性。他说:"虽有万形,冲气一焉。百姓有心,异国殊风,而得一者,王侯主焉。"② 又说:"事虽殷大可以一名举总其会,理虽博可以至约穷也。譬尤以君御民,执一统众之道也。"③

第四,"无"是万物之"理","理"是万物所以存在之根据,故"无"是本,而"有"是"末"。

两汉天人感应的目的论,认为自然界和人类社会中的一切变化完全依上帝的意志为转移,这样就排除了自然界和社会的自身规律性。王弼的哲学与上述目的论不同,他认为事物的存在和变化都有其规律性和必然性。他说:"物无妄然,必由其理。"④ 在他看来,宇宙有着统一性,"多"统一于"一",万有都是根据"无"而存在,"无"是绝对的本体,故"寂然无体",永恒不变,不能无规律无秩序。万有是"无"的表现,据之以存,也就是根据其"理"(秩序、规律)而存在,"必由其理"。

任何事物的存在都不是没有根据的,既然有根据,那就要追问根据何在?是在客观世界自身呢?还是另有所在?王弼提出"道者,物之所由"。这也就是说,一件事物的存在,必有所由;万物之所以存在,必由于"道"。如果是合乎所由,就是"全其性"(按:性指"天性",也就是因于自然),"物皆不敢妄,然后万物乃得各全其性"。事物都有其必然性,其必然性就是其根据一定之理而有的性分,这也就是"自然"。因此,在王弼的哲学体系中,"自

---

① 王弼:《周易略例·明象》。
② 王弼:《老子注》第四十二章。
③ 皇侃:《论语义疏》卷二引王弼《论语释疑》。
④ 王弼:《周易略例·明象》。

然"就是必然，这点与后来的郭象不同。郭象所讲的"自然"实际上是"偶然"。所以王弼注《老子》"道法自然"一句说："法自然者，在方而法方，在圆而法圆，于自然无所违也。"前一"方"是指方的东西，后一方是指标准的方，即方之理。前者是根据后者而存在，也就是说事物是根据事物之理而存在，这才是自然无违。这种理论实际上已开宋明理学"理"在"气"先之先河。

这里王弼把根据"理"而存在的思想看成是合理的、必然的。虽然他给"理"以"客观规律"的形式，但实际上是把规律独立化，使之成为脱离客观存在的事物，并把万物的存在看成的"理"的体现者，这当然是颠倒黑白的唯心主义观点了。

第五，本无是常，末有是奇（常的变态）。

在王弼看来，常是自然，就是说"本来就是那个样子"。常对奇而言，就个别的事物说是有常有奇，就全体说则无奇，故常。常是永恒，故是绝对的静，"返化始终，不失其常"。万有千变万化，有形有象，故不能恒常存在，"指事造物，非其常也"。全体、本体不变，有变则为相对。绝对是本，相对是末，"常"为"本"的表现形式，"奇"（变动）为"末"的表现形式，"无"常不变，"有"动常变，其为本末之所由也。

由于王弼把"无"看成是绝对的常静，那就是说，静是绝对的，它包括动，动是相对的。所以他说："复者，反本之谓也。天地以本为心者也。凡动息则静，静非对动者也；语息则默，默非对语者也。然则天地虽大，富有万物，雷动风行，运化万变，寂然至无，是其本矣。"所谓"动"、"语"只不过是"静"、"默"的变态，是打破了"静"、"默"的表现，但是整个宇宙、宇宙的本体则是寂然不动的。因此，人们应于"动"这一现象中看到本体常静，于动中求静，也就是由现象中求本体，这叫做"反本"。这就说明，王弼在动与静、变与常的关系问题上最后陷入唯心主义和形而上学之中。

根据以上五点可以看到，王弼所说的"无"和"有"的关系是："无"是本，是本体；"有"是末，是本体的表现。本体是抽象的概念，是"一般"，万有根据这一抽象概念而存在，"多"（特殊、个别）根据"一"（一般）而存在。抽象的概念是第一性的，存在着的万物是第二性的。本体是永恒不变的，现象是千变万化的。因此，我们说王弼的哲学体系是客观唯心主义。

王弼要解决世界的统一性，故主张本末不二，体用一如。就讲宇宙万物有其统一性说，他在中国哲学史上是有贡献的。但是关于世界如何统一，王弼则在两个方面陷入错误。（一）在王弼看来，宇宙不是统一于其自身的物质性上，而是统一于超言绝象、无名无形、寂然恒常的抽象概念"无"（"道"）之上。本来这个"无"作为一个抽象的概念说不是真实的存在，但是王弼把这样一个本来只是由具体事物中抽象出来的"一般"客观化、绝对化，使之成为本体，这样就颠倒了事物的真实情况。列宁指出："原始的唯心主义认为：一般（概念、观念）是单个的存在物。这看来是野蛮的、骇人听闻的（确切些说：幼稚的）、荒谬的。可是现代的唯心主义，康德、黑格尔以及神的观念难道不正是这样的（完全是这样的）吗？桌子、椅子和桌子观念、椅子观念；世界和世界观念（神）；物和'本体'，不可认识的'自在之物'……人类认识的二重化和唯心主义（宗教）的可能性已经存在于最初的、最简单的抽象中……"（二）在方法上，王弼颠倒了"一般"和"特殊"的辩证关系。"一般"本是寓于"特殊"之中。列宁说："一般只能在个别中存在，只能通过个别而存在。"然而王弼则认为"特殊"必须通过"一般"而存在，它只是"一般"的表现，甚至只是"一般"的某个方面或某个角度的表现。这样"一般"就成为独立存在的客观实体，是第一性的东西了。他还歪曲了本质和现象的辩证关系，把事物的本质看成是与现象绝对对立的一种实体，并把这一虚构的东西强加在事物之上，提出所谓体用一如的主张，这就十分明白地表明他的哲学体系的唯心主义实质了。

三

王弼哲学的认识论和方法论的中心课题是对"言"（语言，指概念等）和"意"（本体）的关系的讨论。"言不尽意"本见于《周易·系辞》，然而三国之时特别流行，实与当时的评论人物有关。因为人物伪似甚多，"质美者未必优于事功"，"志大者而又常识不足"，故于形貌取人往往失之皮相，因此鉴识人才必须透过形貌，认识其本质。论人物者，常为观其神气（具体说就是观眸子），然对神气的观察，只可意会不可言传，故"言不尽意"之说流行于时。王弼自不能不受这一风气之影响，于"言"与"意"之关系有所讨论焉。

然王弼哲学主张体用一如，故于言意自不能忽视其统一性一面。因此，他把这一问题推向前进一步。他援用《庄子·外物》篇"筌蹄"之意，提出"得意忘言"这一新的玄学方法。

《周易略例·明象》中说：

> 夫象者，出意者也。言者，明象者也。尽意莫若象，尽象莫若言。言生于象，故可寻言以观象；象生于意，故可寻象以观意。意以象尽，象以言著。故言者所以明象，得象而忘言；象者所以存意，得意而忘象……是故，存言者非得象者也；存象者非得意者也。象生于意而存象焉，则所存者乃非其象也；言生于象而存言焉，则所存者乃非其言也。然则忘象者乃得意者也，忘言者乃得象者也。得意在忘象，得象在忘言。故立象以尽意，而象可忘也；重画以尽情，而画可

忘也。

王弼的这一段话,结合他的全部思想来看有三层意思:首明言与意的关系;次明执着言象之不可,得意在忘言忘象;三名"意"即为本体,故非一般认识的对象,对本体的认识在于直观之体会。

第一,王弼认为"言"是"象"(本体的表象)的代表,"象"是"意"的代表,言象二者均为工具。"象"的作用就在表现出"意"来,"言"的作用就在表现出"象"来。因此,要想表现本体没有比"象"更能起作用的了。为什么呢?这是因为表象产生于本体,语言产生于本体的表象,因此根据言象就可以寻求本体之所以。这就是说,王弼与主"言不尽意"者实不相同。盖"言不尽意"者则语言几乎等于无用,而王弼相对地肯定了语言的作用。

王弼的哲学建立在体用一如、本末不二的基础上,故其论"言"与"意"亦必本于此。末有虽非本无,然末有表现本无,自有其地位。故曰:"夫识物之动,则其所以然之理,皆可知也。"[①] "象"为本体之表象,"言"为说明本体表象之工具,自与本体有其统一性的一面,故不能全然废去。特别是一般人不能认识本体("无"、"道"),更需借助言象来表现本体。故王弼答裴徽问曰:"圣人体无,无又不可以训,故不说也。老子是有者也,故恒言无所不足。"

第二,王弼的玄学方法"得意忘言"的提出。

王弼认为,现象虽为本体之表现,但它本身终非本体,故不能把现象就看成是本体。万物都是根据本体而各自成为万物,但是一经成为某一事物,那就只能是本体的表现,也就是"居成"了。"居成"则不得反本,所以王弼说:"物皆各得此一以成,既成而舍一以居成,居成则失其母。"[②] 言象只是为了"存意",不是要

---

① 王弼:《周易注·乾卦》。
② 王弼:《老子注》第三十九章。"一"字原缺,据道藏集注本补。

"居成"；既然言象为了得意，那就必须于得意的同时忘言忘象。如果执著言象，误认其为本体，那就根本不能得意。因此，忘言忘象才能得意，得意必须忘言忘象。

王弼认为，言象终归是言象，即只能是本体的表现，此一现象对他一现象说是"平等"的，故不能统制别的；只有本体是众象之根据，才可以统制众象。如果不忘此象，那就是仅仅执著此象，于他象则不可得，不能"得意"矣。王弼"得意忘言"贵在"得意"，忘言忘象所言在遗去现象以明本体。

第三，"本体"无名无形、无状无象，故不是认识的对象。"本体""无所不通，无所不由"，是为全体，故不能分别。① 这就是说，在王弼的哲学体系里，对"本体"说不能有认识的主体与客体之分。所以他再三申明，"本体"不可名言，不可拟喻。故曰："欲言有邪，而不见其形。"对"本体"说，它既不是感官的对象，也不是思维的对象，需靠直观体会，即所谓"反本复命"。

王弼说，道"无状无象，无声无响……不得而知，更以我耳目体，不知无名，故不可致诘，混而为一也"②。在他看来，由于"道"无状无象，故非耳目所能知、言语所能形容。他又说："自然者，无称之言，穷极之辞也。用智不及无知……"③ 这也就是说运用理智去认识本体，反而不如无知于本体。王弼认为，本体根本就不是认识的对象，但因为每一事物都是本体的表现，只要它能不"居成"，反本复命，那就能够与本体合而为一。所以他说："道以无形无为，成济万物。故从事于道者，以无为君，不言为教，绵绵若存，而物得其真，与道同体。"④ 不难看出，至此王弼把认识的问题归结为直观的神秘体会，这里就暴露出他的"得意忘言"

---

① 王弼认为"形有分"而"道无分"，见《老子微指略例》。
② 王弼：《老子注》第十四章。
③ 王弼：《老子注》第二十五章。
④ 王弼：《老子注》第二十三章。

的不可知论的本质了。

这岂不和第一点有了矛盾吗？在王弼的体系中它并不矛盾。他虽然认为本体超言绝象，但其表现本体的"万有"则是有形有象，而圣王欲施教化，为方便计，故需立言象以明道理。如上述王弼答裴徽问，他实言圣人不言本体（无），而讲本体之表现，目的在于教训众人。既然现象表现本体，故言象自有其表现本体、进行教化之功用。

总以上三点，王弼"得意忘言"之说，所贵在"得意"，言象仅为工具；工具既非本体，故不能执著不放；本体本为超言绝象，故不可言象；然圣人为方便计，立言象以尽意，目的在于施行教化。

王弼之"得意忘言"作为方法，于论证其本体论（"以无为本"）和社会政治观点（"君道无为"），用老庄解释儒家经典皆有重大意义。这一理论为魏晋玄学（甚至可说魏晋时代的这个思想）提供了重要的方法，为当时争论的重要问题之一。①

四

魏晋时代，圣人问题是当时讨论的中心问题之一。这个问题包括圣人应有怎样的人格，圣人如何处理"名教"和"自然"的关系，圣人是否可学可至，等等。

"自然"与"名教"的关系实是当时社会政治问题的集中表现。汉末的进步思想家，如王符、崔寔、仲长统、荀悦等对当时的社会政治、伦理道德等进行了批判。汉末农民起义又用武器批

---

① 晋时有欧阳建撰《言尽意论》；嵇康有《言不尽意论》（已佚，名存宋王应麟《玉海》），嵇康的《声无哀乐论》实是其"言不尽意"理论的具体运用。其他讨论这一问题的，或运用这一理论的还有很多，不一一列举，并请参阅汤用彤先生《魏晋玄学论稿》中《言意之辨》一文。

判了现实的政治。这样就产生了一个问题：什么样的社会政治是合理的？这个问题在东汉末社会危机形成以前并不成为问题，因为在当时的统治者看来，符合"天"的意志就是合理的。但到汉末，这样的主张引起的作用越来越小，那就得照另外一种理论来论证封建社会的合理性与必然性。王弼提出来，由于"名教"是"自然"的必然产物，因此合乎"自然"的社会政治就是合理的。他企图用这个理论再度建立起稳固的封建秩序。

王弼认为"名教"是"自然"的必然产物，就像"有"是"无"的反映一样。他说：

> 朴，真也。真散则百行出……圣人因其分散，故立为官长，以善为师，不善为资，移风易俗，复归于一也。

汤用彤《魏晋玄学论稿》说：

> 道常无名，朴散则为器，圣人亦无名，但因天下百行殊类而设官分职，器源于道，臣统于君也。①

从整个宇宙说，宇宙是一个有秩序的大全，世界万有都是这个大全（道、无）的表现。万物都是根据"道"而存在，因此也应该是有秩序的。"名教"对"自然"来说，它是"自然"的表现。圣人在"名教"与"自然"的关系上，应该根据"自然"来处理"名教"。从整个宇宙说，"道"不是有什么目的地在那里创造世界万物，世间万物本来就是"道"的表现。圣人应该像"道"一样，"行无为之事"。他之所以能"无为而治"，那就在于他能根据"有"是"无"的表现这一原则，设官分职，让那些百官反映他的意志，他只要高高在上就行了。因此，在王弼看来"名教"不是不必要的，只要了解"名教"是末有，它应该表现"天道"就行了。而且圣人的作用，就是

---

① 汤用彤：《魏晋玄学论稿》卷四。

能把各种各样的行业统一起来,其统一的办法就是设官分职。

圣人的作用在于使"名教"反映"自然"。"自然"无形无为,而"成济万物";圣人体道,德合自然,"故行无为之事,立不言之教",使众人各安其位,反朴归真,这样圣人就得与"道"同体,"名教"也就合乎"自然"的要求了。因此,圣人不仅是"不立形名以检于物",而且要使众人"无欲无惑"。这样的社会自然是太平无事的社会,封建秩序也就得以巩固。"犯上作乱"之事不仅不会发生,就是这样的要求也不会有了。

王弼还把"一"与"多"的关系,运用于政治,那就是众与寡的关系。他说:"众不能治众,治众者至寡也。"盖"道"只有一个,因此帝王也只能有一个,一能统多,故寡能治众。

王弼论"自然"与"名教"之关系,盖欲把封建制度客观化为合理的必然的存在,以达到再度巩固封建统治、建立封建秩序的目的;并用超政治的手法来为封建统治者服务,以达到调和阶级矛盾,麻痹人民反抗剥削压迫的斗争意志。

在这里产生一个问题:圣人应该"无为",但是政治(名教)本身就是有为,那么圣人从事政治是不是违反了"无为"的原则呢?这个问题在魏晋玄学中颇难解决。如果说"名教"不必废去,那么圣人"有为"与"无为"又有什么区别?如果说可以废去,那么统治者靠什么来统治呢?在这个问题上儒家和道家对政治有不同的看法,从封建统治解决的利益出发调和儒道两家虽甚不易,但在当时则是十分必要的。

王弼根据他的"得意忘言"的理论解决了这个问题。何劭《王弼传》中说:"(裴頠)问弼曰:夫无者,诚万物之所资也,然圣人莫肯致言,而老子申之无已者何?弼曰:圣人体无,无又不可以训,故不说也。老子是有者也,故恒言无所不足。"裴頠提出一个很重要的问题,就是指出了孔、老的不同。如何去调和呢?

王弼认为这个问题可以解决。他认为：圣人虽然"贵无"，但作为本体的"无"又不能言说；然而众人又必须领会道理，所以圣人虽不言"无"，而其言行还是根据"无"而有的，这就是"寄言出意"。而老子虽然讲了很多"无"，实际上他讲的还是"有"。能讲的都是"有"（现象），所以老子是执著现象的人。这是不是说王弼真正解决了"有为"和"无为"的矛盾？并没有。顶多只能说在他的头脑中解决了这个矛盾。这个矛盾在现实生活中是解决不了的。只要有阶级斗争，就会有矛盾。因为统治者既不能做到真正的"无为"，那就不能不"犯上作乱"。王弼等玄学家虽然企图根据他们所虚构的"自然"（天道）来安排现实生活，然而也只能起着暂时掩盖阶级矛盾的作用，而不能取消阶级斗争。

这里可以看出，王弼虽以孔子为圣人，老子不是圣人，但是实际上，王弼所讲的孔子已经是老子化了的孔子。因为就孔子说，他当然不是什么主张"无为"的人，主张"无为"的本来是老子。这就是王弼所描述的圣人的人格。这里充分表现出王弼调和儒道，会通孔、老，用道家的思想来补充儒家的思想的事实。

魏晋时，很多玄学家都认为圣人是"无累于物"的。当时分为两派：何晏、钟会等人以圣人无情，故不应物，不应物，故不累于物；王弼则以圣人有情，故应物，虽然应物，而不累于物。

何劭《王弼传》曰："何晏以为圣人无喜怒哀乐，其论甚精，钟会等述之，弼与不同。以为圣人茂于人者神明也，同于人者五情也。神明茂，故能体冲和以通无；五情同，故不能无哀乐以应物。然则圣人之情，应物而无累于物者也。今以其无累，便谓之不复应物，失之多矣。"何晏等以为圣人无情，盖因圣人与天地合德，顺乎自然，与道同体，故无休戚喜怒于其中。圣人只有理性而无感情，贤者如颜回等也只能是以情顺理，不得无情。王弼则认为，人性因于自然，人情也因于自然。圣人之性常与常人不同，在于其智慧自备,"茂于人者神明也"。因此圣凡之殊,在其本性。从根本上说圣人与道同体,因此是本;一般人只是"道"的表现,因此是末。而就情说,圣人亦有情,因为情也是自然,并不是后天所得,所以圣人在这一点上与一般人没有什么不同。其不同在于一般人为情所累,而圣人不为情所累。所以王弼说,圣人"抱朴无为,不以物累其真,不以欲害其神,则物自宾,而道自得也"①。圣人与一般人不同,既然在于智慧自备,故圣人是天生的,不可学至。王弼这里企图用本末统一的本体论把他的全部思想贯穿起来,就唯心主义体系说,比何晏自深入一层。

王弼调和孔、老,按《论语》明载孔子有哀有乐,故不能言孔子无哀乐。然王弼以为圣人是"哀而不伤"、"乐而不淫",故是应物而无累于物。又何晏讲性情似亦分本无与末有两截,故他主张性静情动,二者对立。王弼主张体用一如,故动非对静,动不可废。盖言静而无动,则著无而遗有,本体遂空洞无用。本体无用,则失其为本体。王弼深知体用不二,不能言静而废动,故圣人虽德合自然,亦不能不应物而动。其论性情,以动静为基本概念,圣人既应物而动,故不能无情。性情虽皆自然,而情统于性,性是主导的一面。何晏言圣人无情,废动言静,不合体用一如之理;王弼所论天道与人事以及性情契合一贯,从唯心主义体系说自较何晏精细,且有害也。②

五

研究哲学范畴发展的历史对于研究哲学史有着重要的意义。范畴是"认识世界的过程中的一些小阶段,是帮助我们认识和掌

---

① 王弼:《老子注》第三十二章。
② 参见汤用彤:《魏晋玄学论稿》,72~83页。

握自然现象之网的网上纽结"。因此，在哲学史上新的范畴的提出和运用，反映着这些思想发展的深入和提高。

先秦诸子提出了中国哲学史的若干重要范畴，为其后中国哲学的发展打下了一定的基础。然而应当看到先秦诸子所提出的哲学范畴虽然表现着当时的时代精神，表明人们认识事物的深化，但是他们所提出的范畴多半是以认识的直观形式表现出来，没有经过细致的论证和分析，也就是细致的抽象的思维的功夫还不够。例如老子的"道"是他对整个宇宙直观观察所得的结果，因此在他的体系中"道"这一范畴表现得比较混乱，定义不清。

两汉哲学的特点之一，是对先秦哲学所提出的重要哲学范畴给以实际的（科学的）或迷信的（神秘的）解释。例如王充，他的哲学体系之所以比老子的清楚明白，在于他用具体的事实、科学的知识论证了古代唯物主义的重要命题（如天道自然），给一些范畴（如气、神、形、名、实等等）以较为具体的内容。唯心主义者则通过歪曲事实来说明哲学命题或给那些范畴以神秘的解释。

魏晋时代的哲学，对两汉来说有很大的变化。其特点之一就是魏晋玄学由两汉思想的具体性发展为抽象性。这一从具体到抽象的发展，最明显地表现在范畴的问题上。魏晋时代的玄学家提出来若干中国哲学史中的新范畴，或重新解释了过去的一些重要范畴，它表现了这一时期哲学家运用抽象思维能力的提高。王弼在魏晋玄学中占有重要的地位，他提出了若干新的重要哲学范畴，如本末、体用、一多、言意、名教与自然等等，并且运用哲学范畴来建立他的哲学体系，因此我们可以说他所提出和运用的范畴已经组成了一个相当完整的体系。

王弼的范畴系统包括：本质（本体）与现象、部分与全体的关系（他用"本""末"、"体""用"来说明）①；一般和个别的关系（他用"一""多"、"寡""众"来说明）；自然和社会的关系（他用"自然"与"名教"来说明）；规律和事物的关系（他用"理"和"物"来说明）；对象（本体）和概念的关系（他用"意"和"言"的来说明）；动和静的关系；必然和偶然的关系（他用"常"和"奇"来说明）；性与情的关系。在王弼论述这些范畴时，我们可以看到，他提出的重要范畴都是成对的，他是把事物对立的性质的相互联系作为基本原则，因此在他看来事物的对立的两个方面是不能相互分割的，而是相互联系着的，并且在一对范畴中必然有主导的一面和从属的一面。这样的看法是有其合理的因素的，即看到了事物自身某些矛盾的属性，并用一对对立的范畴把它概括出来。但是在王弼的范畴体系中，我们可以看到，他是把范畴抽象化使之成为先于事物而存在的"客观"关系；颠倒着一对范畴中的主从关系；看不到一对范畴所反映的客观实际在事物自身的斗争中在一定的条件下会向其相反的方面转化。因此，他的整个范畴体系是建立在唯心主义和形而上学的基础上的。

王弼把先秦到曹魏时期的重要哲学范畴体系系统化，并认为构成一对范畴是在于事物形式的对立统一。所以王弼在他的《周易略例》中首先讲"明象"，即在于论证宇宙万物的统一性。但是王弼在他的范畴体系中把统一性夸大，把它看成是基本的一面，从而掩盖了事物的矛盾。王弼企图用抽象的统一性取消事物之间的矛盾，是有其社会根源的。在汉末农民起义的打击下，统治阶级非常希望恢复社会的安定，建立起巩固的封建秩序，因此夸大事物统一性的一面，抹杀事物的矛盾和斗争。

王弼不是从事物自身的矛盾统一中去找寻对立范畴的统一，

---

① 此处所言"本""末"、"体""用"是本体与现象的关系，是指大体相当，并不是说完全一样。

而是虚构了这种关系。他首先在现实世界之外虚构了一个宇宙本体（道、无），而把真实存在着的客观世界说成是这一本体的反映，使真实的客观世界统一于抽象的本体（有统一于无，物统一于理，个别统一于一般，名教统一于自然）。因而在他的范畴体系中，就把本来是由事物本身抽象出来的某些概念绝对化，并使之成为独立的实体，这样就在实际上使一对范畴的关系僵化，甚至是把某些范畴看成是先于客观世界而存在的永恒实在（如"道"、"无"）。

王弼在论证其诸范畴的统一性时，所运用的方法是抽象的形而上学方法，即认为"反本复命"就可以实现统一。这样不仅不能反映事物性质对立的复杂情况，而且实质上会使人们的认识僵化，即用若干范畴套子去套客观世界，把人们的认识限制在抽象的概念的圈圈里。

当然，尽管王弼的范畴体系是建立在唯心主义和形而上学的基础上，但是在他的范畴体系中仍有一些合理的成分，即提出了若干成对的范畴和看到它们之间的统一性，这些对中国哲学史的发展都有着一定影响。

原刊于《学术月刊》，1963（1）

董仲舒的哲学思想及其历史评价

目前对于董仲舒的哲学思想有着不同的看法：有的人认为他的哲学思想基本上是唯物主义的，而且包含着若干辩证法思想；也有人认为是一种神学体系；还有第三种意见，主张他的哲学是唯心主义的，不过这种唯心主义是由荀子的唯物主义转化而来的。至于对这种思想的历史作用的估计，那就更加是众说纷纭了。有人说董仲舒的思想起着完全反动的作用；也有人说他的思想有人民性，表现了对人民的同情，甚至是在封建社会中"表现了对人民最大限度的关心"；还有人认为基本上是反动的，但也是适应当时社会生活要求的。这里我们想就以上这些问题提出一些看法，供大家讨论。

一、董仲舒哲学体系中"天"的性质

"天"是董仲舒哲学体系中的最高概念，这一点似乎是大家所公认的。但是究竟"天"的性质如何，则有不同的看法，因而有人主张董仲舒的哲学思想是宗教神学，也有人主张是唯物主义的。前者往往把董仲舒的"天"讲成和西周以来的"上帝"完全一样；后者则把董仲舒的"天"看成是"自然之天"。看来前者虽然大体上是正确的，但是忽略了董仲舒的唯心主义的特点；而后者则基本上是不对的，只是抓住问题的某些形式，而没有抓住其实质。

应该看到董仲舒所讲的"天"，一方面是继承和发展着西周以来的"天命"思想；另一方面则是把春秋战国以来的"自然之天"

加以改造，使之神秘化、道德化、人格化。这样"天"就成为为封建专制主义中央集权服务的董仲舒哲学体系的最高概念。

董仲舒继承了西周以来的神学迷信思想，有不少地方他把"天"仍然看成是像人一样的具有形体的"上帝"，是"百神"中地位最高的神。他说：

> 天者，百神之君也，王者之所最尊也。（《春秋繁露·郊义》）[1]

> 天者，百神之大君也，事天不备，虽百神犹无益也。（《郊语》）

这就是说，"天"是众神之一，力量最大，可以支配其他的"神"。这里"天"直接就是"天神"的意思。既然"天"是"神"，"天"就有"意志"，董仲舒称之为"天志"或"天意"，认为它对自然界、人类社会以及个人的命运起着支配作用。他说：

> 春气暖者，天之所以爱而生之；秋气清者，天之所以严而成之；夏气温者，天之所以乐而养之；冬气寒者，天之所以哀而藏之。（《王道通三》）

在这里，董仲舒把自然现象说成是"天"的意志的表现。天有所爱也有所严，有所乐也有所哀，"天"有像人一样的心理活动。特别是董仲舒认为，"天"对人起着决定的作用，可以直接给人下命令，就是像"君主"这样的人，他也是受命于天的，他既为"天"所立，又可以为"天"所废。他说："受命之君，天意之所予也。"又说："天之生民非为王也，而天立王以为民也。故其德足以安乐民者，天予之；其恶足以贼害民者，天夺之。"这就更说明"天意"的超自然性质了。

---

[1] 下引《春秋繁露》只注篇名，不出书名。

如果我们把上述思想和西周、孟子以来的"天命"思想相对照，那我们就可以看到它们之间有着前后相续的继承关系。因此不看到这种关系，不指明董仲舒的"天"仍然带有西周人格神的特色，并且在实质上就是"意志之天"，是不全面的。

无疑董仲舒的"天"是有意志的，但是他所说的"天志"却有着其自身的特点。"天志"是通过自然现象表现出来的，也就是说，自然界的四时变化、风雨雷霆等现象本身就是"天志"的表现。他说："天乃有喜怒哀乐之行，人（按：指人间）亦有春夏秋冬之气。"（《天辨在人》）因此，我们又可看到，董仲舒不是简单地继承了西周以来的"天命"思想，而是在继承中有着重大的发展。这一发展，概括起来，如果说"西周"的"天命"思想基本上还是迷信的、神学的，那么董仲舒的思想则是有着较多的哲学意味；如果说，西周的宗教迷信思想认为在"天神"之外还有日神、月神、风神、雨神，那么在董仲舒的哲学体系中，这些神的作用往往变成为神秘化了的"天"的某一方面作用的表现。

我们必须看到，董仲舒的唯心主义世界观是产生在战国唯物主义宋尹学派和荀子以后的。如果他的思想要想更深入地在社会生活中起作用，他就必须通过对宋尹和荀子的"天"进行改造和歪曲，来建立自己的唯心主义体系，否则他的唯心主义就不能在理论上取得支配地位。

原来在宋尹和荀子那里"天"就是"自然界"的意思，他们把四时变化、日月递照、列星随旋、阴阳大化、风雨博施、万物生长都看成是天的表现。我们称这种"天"为"自然之天"。在董仲舒的哲学体系中，我们也可以找到某些与此类似的说法，例如他说："天地之气，合而为一，分为阴阳，判为四时，列为五行。"（《五行相生》）"天之气，常动而不滞。"（《循天之道》）"天之道，终而复始。"（《阴阳终始》）这里的"天"似乎就是"自然之天"的意思，它不一定像人一样有个什么形体，不是像古代宗教迷信那样按照人身体的形象创造出来的上帝。可是董仲舒的哲学远没有在这里停止，他是通过把先秦"自然之天"神秘化的办法，使之成为有目的、有意志的超自然的精神实体，以恢复"意志之天"的地位。

首先我们且看看董仲舒如何把"天"道德化。董仲舒抓住事物都是在天地中生长的这一事实，说这是因为"天"有"仁爱"之心。"仁，天心。"（《俞序》）"仁之美者在于天。天，仁也。天覆育万物，既化而生之，有养而成之；事功无已，终而复始。……察于天之意，无穷极之仁也。人之受命于天也，取仁于天而仁也。……天常以爱利为意，以养长为事；春秋冬夏皆其用也。"（《王道通三》）如果我们只看"天覆育万物，既化而生之，有养而成之；事功无已，终而复始"这几句话，似乎可以说董仲舒所说的"天"与荀子所说的"天"了无区别，既说明天是客观存在，又说明"天道自然"；可是如果把前后连贯起来看，就完全不是那么回事了。董仲舒的意思是："天"之所以对万物"化而生之"、"养而成之"，那是因为"天"有"仁爱之心"；生长养育万物特别是万物之灵的人，则是"天"的"爱利之意"，春夏秋冬不过是表现了"天"长养万物的作用。他又说：

> 天高其位而下其施，藏其形而见其光。高其位，所以为尊也；下其施，所以为仁也。藏其形，所以为神；见其光，所以为明。故位尊而施仁，藏神而见光者，天之行也。（《离合根》）

这里不仅说明了"天"对自然界和人类的施舍恩惠是表现它的"仁"德，而且说明"天"保持高高在上的地位，正表现着它的至尊的特性。同时，他又利用春秋以来把天看成无形体的存在的看法，进一步提出，无形的"天"可以由自然界的现象来表现它的意志。他说的"陈其有形,以著其无形"正是这个意思。由此可见,这样的"天"虽在某种程度上具有春秋战国以来"自然之天"的形式,但是它的实质已经根本改变了。从这里董仲舒引申出两个结论:一是"天"是万物的主宰,"天执其道为万物主";二是"天"是有目的地产生万物,"天地之生万物也以养人"。

从这儿我们也可以看到,董仲舒把"天"道德化,也不是偶然的。战国中期,孟子已经这样做了,不过他只是笼统地规定了"天"的道德性质,认为"诚者天之道",而没有做更多的论证。然而董仲舒把"天"的各种表现说成是带有道德性的,那就具体得多了,影响也大得多了。

董仲舒还把"天"看成和人一样有着各种感情,自然界和人类社会的某些变化,都是"天"的情感变化的表现。他说:"天亦有喜怒之气、哀乐之心,与人相副。以类合之,天人一也。"(《阴阳义》)春秋以来的唯物主义和汉朝的自然科学都承认自然界是在变化的,董仲舒也承认了这一点,不过他又前进了一步,提出这些变化是"天"的感情的表现。"天"的感情和人一样,有喜怒哀乐,其表现则为春夏秋冬。他说:"春,爱志也;夏,乐志也;秋,严志也;冬,哀志也。"(《天辨在人》)又说:"春,喜气也,故生;秋,怒气也,故杀;夏,乐气也,故养;冬,哀气也,故藏。"(《阴阳义》)本来,春天作物开始生长,夏天茂盛起来,秋天是收获的季节,冬天作物死去,这是自然规律,可是董仲舒把这些都看成是"天"的意志、感情的表现。这种办法就是把人所特有的心理活动强加在自然界身上,把自然界人格化。

如果说董仲舒对于自然现象做了神秘的解释,从而使"天"成为精神性的实体;那么他所说的"天"对于人类社会说,则只能是一个高高在上的绝对支配者。一国之兴衰,最后的决定权在"天意"。"天之所兴周国也,非周国之所能为也。"(《郊语》)"天以天下予尧舜，尧舜受命于天而王天下。"(《尧舜不擅移、汤武不专杀》)至于个人，也是按照"天意"而存在的。他说："为生，不能为人；为人者，天也。"(《为人者天》)这里我们可以看到，把自然界神秘化，其结果是在解释人类社会问题上就不得不承认超自然主宰的存在。同样，如果企图利用超自然的主宰这一虚构的观念来控制人们的社会生活，实现其统治目的，那么当运用这一观念来说明自然界时，往往就把自然界各种现象看成是这一主宰本身的有目的和有意志的各种作用或表现。看来董仲舒的"天"正是这样一种精神性的绝对主宰。

上面我们已经提到，"天"是无形体的，它往往是通过自然界的现象表明它的意志。从这里出发董仲舒还认为"天"具有阴阳两种基本的特性，这种基本的特性就显现阴阳二气对自然界和人类社会的决定作用。他说："天地之常，一阴一阳，阳者天之德也，阴者天之刑也。"(《阴阳义》)又说："天道大数，相反之物也，不得俱出，阴阳是也。"(《阴阳出入上下》)这些都说明"天"具有阴阳两种性质。"天"的这两方面的性质表现着它的道德目的，阳是"天"的德的方面的表现，阴则是"天"的刑的方面的表现。对于事物来说阳是为了让事物生长，而阴则会使事物死亡。

为什么董仲舒要用阴阳两个概念来表示"天"的性质呢？我们知道，春秋战国时期已经有用阴阳二气来解释宇宙构成的朴素唯物主义思想，它是对于事物的矛盾性质的朴素的概括。与此同时，唯心主义者也吸取了阴阳这两个概念，抽去其物质性，填入了精神性，使之抽象化（如《周易》的《系辞传》中）、神秘化（如邹衍）。董仲舒不过是做了进一步的发展，把阴阳仅仅看成是"天"的两种属性或两方面的作用。董仲舒认为"天意"难测，故须由阴阳的变化来表示它的意志。他说："天意难见也，其道难理。是故阴阳、出入、实虚之处，所以观天之志。"(《天地阴阳》)

这就是说，正因为"天"有阴阳两种性质，这样才能表现出天的意志来，看来"阴"和"阳"两个概念不过是表现"天意"的工具。这样原来物质性的阴阳二气，经过董仲舒的改造，就成为"天意"的表现形式了。董仲舒也用了同样的办法把"气"（元气）和"五行"都说成是"天意"的表现形式。如他说："辨五行之本末、顺逆、大小、广狭，所以观天道也。天志仁，其道也义。"（《天地阴阳》）

有的同志看到董仲舒讲了不少"气"，特别是阴阳二气，就认为他的自然观基本上是唯物主义的。其实不然，唯心主义的董仲舒在"气"的问题上和在"天"的问题上一样，也是歪曲了古代气一元论的朴素唯物主义，保存了"气"的形式，而改造了它的内容。这是唯心主义向唯物主义斗争的一种形式。

先秦某些唯物主义者提出精神现象本身也是由某种特殊的气所构成，称之为"精气"或"灵气"，它具有与一般的"气"不同的性质，例如有使人们聪明智慧的性质，甚至有某些道德的性质。如曰："见利不诱，见害不惧，宽舒而仁，独乐其身，是谓灵气。"（《管子·内业》）董仲舒继承着孟子的路线，把"气"进一步伦理化和神秘化。他从"精气"或"灵气"是精神现象出发，提出"气"都具有像人一样的感情，故曰："喜怒之祸，哀乐之义，不独在人，亦在于天。"（《天辨在人》）既然"天人一类"，所以"天乃有喜怒哀乐之行，人亦有春秋冬夏之气者，合类之谓也"。"气"还有道德的性质，阳气表现着天之德，阴气表现着天之刑，并从这引申出这两种气的一系列特性。他说："阳，天之德；阴，天之刑也。阳气暖而阴气寒，阳气予而阴气夺，阳气仁而阴气戾，阳气宽而阴气急，阳气爱而阴气恶，阳气生而阴气杀。是故阳常居实位而行于盛，阴常居空位而行于末。"（《阳尊阴卑》）不难看出，就性质上说，在这里阴阳已是一种人格化、道德化的精神实体；

就作用上说，它是论证封建等级制的理论根据。

董仲舒还不仅只是把"气"道德化、神秘化，而且还把在宋钘、尹文哲学体系中的第一性的"气"变成为第二性的东西。他说："凡气从心。心，气之君也。"（《循天之道》）又说："养生之大者乃在爱气，气从神而成，神从意而出，心之所之谓意。"（同上）"气"是从人的精神状态所产生的，精神状态是人的意志的表现，而心所达到之处就是意志。有人不承认这是唯心主义，其实这和孟子所讲的"浩然之气"一样，它是"集义所生"的。董仲舒所说的"气"也正是依靠人们内心修养所产生的。内心活动所表现的心理状态就是意志，"意志"平和，则精神面貌就安静，这样就是表现在形体上的各种气色。所以他接着又说："意劳者神扰，神扰者气少，气少者难久矣，故君子闲欲止恶以平意，平意以静神，静神以养气。"（同上）这里董仲舒把"养生"变成"养神"，从而得出"神"比"气"更根本的唯心主义观点。又由于天人一体，人归根结底是体现"天"的意志，因而"气"也就只不过是天的某种道德的或情感的属性或作用而已。

从上述各点看，董仲舒继承并发展了西周到孟子的"意志之天"，并在这一基础上把"自然之天"道德化、人格化和神秘化，使之成为自然界和人类社会的主宰。因此，"天"就其形式说已不同于西周的"意志之天"，因为它是"无形"的，没有像人一样的形体；但就其内容说，又是有着各种各样像人一样的道德和感情，并且所有这些都是"天"的意志的表现。有些同志认为董仲舒基本上是唯物主义，就是因为片面地抓住他的"天"的某些形式，而没有分析其"天"的内容和实质，同时在论证的方法上往往是断章取义的。有的同志认为董仲舒的唯物主义的"天"是从荀子的唯物主义的"天"转化而来的，这也是不对的。因为一则他的"天"首先是对过去孟子的唯物主义的"天"的继承；二则他只是取了荀子的"天"的某些形式，而抛弃了它的内容。因此在内容上说，我们看不出荀子的"天"和董仲舒的"天"有什么内在的逻辑联系。也有的同志认为董仲舒的哲学思想就是神学，他的"天"就是一个有形有象的"人格神"。这也是不全面的，它忽视了董仲舒哲学体系的特点。董仲舒的思想体系应该说基本上是带有浓厚神学色彩的哲学体系，而不仅是一种宗教神学体系，因为董仲舒并不是简单地把"天"看成是神。就形式一些方面说，其"天"主要地是指这个包罗万象的"自然之天"，不过这个"天"是有目的有意志的精神性实体。所以正如马克思说："哲学先是在意识形态的宗教形态上生出，从而，一方面把宗教自身破坏；另一方面又实际还在这种理想化的、在思想上已经瓦解的宗教内彷徨。"当然，唯心主义在实质上总是僧侣主义，列宁指出："唯心主义就是僧侣主义。这是对的。但（'更确切些'和'除此而外'）哲学唯心主义是经过人的无限复杂的（辩证的）认识的一个成分而通向僧侣主义的道路。"董仲舒的唯心主义也是这样，他从形式上对"天"和过去有形有象的"神"做出了一定的区别，但是他通过对"天"的各种神秘化的歪曲，致使"天"又占据了最高的神的地位。我们认为，只有这样才可以既搞清他的唯心主义实质，又把握住他的哲学的特点。

二、董仲舒哲学体系中的天人关系

荀子的唯物主义首先在于他主张"明天人之分"。他把"天"看成是客观存在着的世界，它有它的功用，不能为人所代替，它也不能代替人的活动。董仲舒与荀子相反，他讲"天人合一"，照他自己的话说就是"天人相与之际"的问题。

原来在荀子那里，讲到了天与人的分别，并进而说明了天和人的关系问题：一方面"天行有常"，另一方面人可以"制天命而用"。在这个问题上，董仲舒一方面继承着孟子、邹衍以来的天人感应的思想；另外一方面又把当时科学所能达到的水平加以歪曲，做出唯心主义的说明。

孟子提出"诚者，天之道；思诚者，人之道"来，以说明人只须"尽心"就能"知天"，这样就在天人之间建立起来了神秘的联系。邹衍更进一步从物类的机械感应推出天人之间的感应关系。他从"类同相召，气同则合，声比则应"（《吕氏春秋·召类》）推出"帝者同气，王者同义，霸者同力"，再推到"凡帝王之将兴也，天必先见祥乎下民"（《吕氏春秋·应同》）。在当时的自然科学中也流行着"机械感应论"的理论。例如在音乐中有"共鸣"或"共振"的思想，有所谓"鼓其宫而他宫应之，鼓其商而他商应之"；在医学中注意到了自然环境的变化对人身体的影响，有所谓"天将阴雨，人之病故为之先动，是阴阳相应而起也"；在天文学中也注意到天气的变化与作物生长之间的关系。董仲舒利用并改造了这样一些学说，创造出他的天人感应的理论。

董仲舒和邹衍一样，从物类的机械感应，推出天人感应。他说："琴瑟报弹其宫，他宫自鸣而应之，此物之以类动者也。其动以声而无形，人不见其动之形，则谓之自鸣也。又相动无形，则谓之自然，其实非自然也，有使之然者矣。物固有实使之，其使之无形。"（《同类相动》）这里董仲舒讲的是物类相应，他并且认为这种感应不是没有原因的，是因为别一相同的事物运动而引起了此物的反响。有的同志就据此以说明董仲舒的"非神"论。其实不然，接着董仲舒就从这推论出天人感应来。他引《尚书传》说："周将兴之时，有大赤乌衔谷之种而集王屋之上者，武王喜，诸大夫皆喜。周公曰：茂哉！茂哉！天之见此以劝之也。"（同上）这不是又正好说明真理前进一步，就会变成谬误吗？董仲舒的这一篇《同类相动》通篇都是在说明"天人感应","物类相应"只不过是论证这一观点的材料。"帝王之将兴也,其美祥亦先见;其将亡也,妖孽亦先见",才是他想说明的中心课题。

为什么天和人有感应关系?那当然不是能由"物类相感"来说明的。这是因为董仲舒首先把天和人看成是一类。他说:"以类合之,天人一也。"(《阴阳义》)为什么天与人是一类?在他看来,"人"是"受命于天",故处处像天。他说:"人之受命于天也,取仁于天而仁也。"(《王道通三》)又说:"天地之符,阴阳之副,常设于身,身犹天也。"(《人副天数》)"人之形体,化天数而成。人之血气,化天志而仁。人之德行,化天理而义。"(《为人者天》)这里,董仲舒把人所具有的道德感情加在"天"的身上,然后说,因为天和人都有这些,因此他们是同类。既然是同类,那么就应像物类一样互相感应。这当然是胡乱地运用联系,把联系神秘化了。

不仅如此,他还牵强附会地找一些所谓人和"天"(也就是自然界)在表面上相似的现象,来作为他的"天人一体"的根据。他说:

> 天以终岁之数,成人之身,故小节三百六十六,副日数也。大节十二分,副月数也。内有五藏,副五行数也。外有四肢,副四时数也。乍视乍瞑,副昼夜也。乍刚乍柔,副冬夏也。乍哀乍乐,副阴阳也。心有计虑,副度数也。行有伦理,副天地也。此皆暗肤着身,与人俱生,比而偶之弇合。于其可数也,副数;不可数者,副类。皆当同而副天,一也。是故陈其有形以著其无形者,拘其可数以著其不可数者。以此言道之亦宜以类相应,犹其形也,以数相中也。(《人副天数》)

这就是说,人的形体是根据着"天"的某些具体现象而构成的,这是以数相副;人的情感、思想、道德品质等等都一一与"天"的某些变迁相类似,这是以类相副,因而在"天"人之间就产生感应关系。所以他说：

> 天有阴阳，人亦有阴阳，天地之阴气起，而人之阴气应之而起，人之阴气起，而天地之阴气亦宜应之而起，其道一也。(《同类相动》)

进一步董仲舒又提出人之所以像"天"的另一根据。他认为，人都有生长和养育他的父母，天是生长养育一切生物的父亲的父亲，即祖父或者曾祖父，因而人必须像"天"。他说："父者，子之天也；天者，父之天也。无天而生，未之有也。天者万物之祖。"(《顺命》)又说："为生不能为人，为人者天也。人之为人，本于天，天亦人之曾祖父也。此人之所以乃上类天也。"(《为人者天》)既然天是生长养育人的太祖父，子在形体上一般像其父，故人在形体上副天之数；既然人是在"天"的教育之下，因此人的一切行为也应以天的意志为转移。董仲舒的"天志"在实质上是把客观规律神秘化，从而说它是不能改变的，人只能顺应它。然而人不能没有感情，只能节制自己的感情来顺应天志，"节之而顺"；不能废去自己的感情，"止之而乱"。

既然"天"的运行有其道德的、情感的必然性，那么人们所做的事同于天的时候，社会就安定，否则就要引起混乱。社会混乱了，"天"就要对人提出"谴告"，这就叫做"灾异"。他说：

> 天地之物有不常之变者，谓之异；小者谓之灾。灾常先至而异乃随之。灾者，天之谴也；异者，天之威也。谴之而不知，乃畏之以威。诗云：畏天之威。殆此谓也。凡灾异之本，尽生于国家之失。国家之失乃始萌芽，而天出灾异以谴告之，谴告之而不知变，乃见怪异以惊骇之，惊骇之尚不知畏恐，其殃咎乃至。以此见天意之仁而不欲陷人也。谨案灾异以见天意。天意有欲也，有不欲也。所欲所不欲者，人内

以自省，宜有惩于心；外以观其事，宜有验于国。故见天意者之于灾异也，畏之而不恶也，以为天欲振吾过，救吾失，故以此救我也。（《必仁且知》）

在这里我们可以看出：（一）董仲舒对于一些自然界的非常现象做了神秘的解释，说这些非常现象是"天"对人发出的警告，表现了天的意志和感情。天之所以要降灾异于人，是因为人们没有按照天的意志行动，致使国政有失。由于国政之失总是由不大显著到比较显著，因此"天"所降的灾异也就由小而大，小者曰灾，大者曰异。君主应该按照天所降下的灾异改变自己的某些政策，顺应天意。明君圣主应能做到"防微杜渐"，这样才可以长久保持住自己的政权。这里充分暴露出董仲舒所说的"天"是为巩固封建统治服务的，"灾异"表现了"天"对君主的爱护备至。（二）董仲舒这里的目的不是为了社会的变革，而是为了从根本上巩固封建制度，因此他要求国君随时保持警惕。天之所欲与所不欲，如何知道呢？那就是要内惩于心，即向内心反省，看看自己的言论行动是否符合封建道德；在外就是应有验于国事，看看政治是否修明。这些都是从巩固封建统治的利益出发的。而且，董仲舒还认为天降灾异不仅是起着防止事变的消极作用，而且起着巩固和发展封建统治的积极作用。因为有了灾异圣王才好根据它修德修政，所以圣王不是根本不希望发生灾异，而是在一定情况下希望灾异出现。他举出楚庄王"以天不见灾，地不见孽"为不正常的现象，于是就向山川祈祷，求降灾异。这里董仲舒一方面把灾异看成"天"象的非常现象，而另一方面又看成是必然的现象。正因为是必然的，因而对统治者来说也是必要的。这就表明，董仲舒的"灾异说"是起着促使政治符合他的政治理想（即封建理想政治）的作用的。这也表明，其"灾异说"虽是唯心主义的和神秘主义的，但是他的作用却与春秋战国时期没落奴隶主贵族所宣扬的神学迷信思想有所不同。它表现了董仲舒所代表的阶级还是向前发展着的，因而他是有信心通过这些学说来巩固和发展他这一阶级的要求的。

天人感应的学说，不仅承认"天"对人的决定作用，而且也承认人对"天"的影响。在董仲舒看来，"人事"的变动也可以影响"天"象的变化，这就是人可以动天地。他说："世治而民和，志平而气正，则天地之化精，而万物之美起。世乱而民乖，志癖而气逆，则天地之化伤，气生灾害起。"（《天地阴阳》）人与"天"既然是相互联系的，因而其治乱对"天"有着影响。治则阳气增加阴气减少，乱则阴气增加阳气减少，这样就会使整个自然界都有所"摇荡"。治则民气和平，自然界的面貌也就平和，万物的好的方面就都能充分表现出来。反之，乱世之时人气癖逆，则恶气在天地之间伤害着万物。这就把本来没有本质联系的一些现象胡乱地联系在一起了。当然，政治混乱会使人们不能很好地利用自然条件，因而引起生产的破坏，但是它并不能改变自然规律。董仲舒说："五行变至，当救之以德，施之天下，则咎除。不救以德，不出三年，天当雨石。"（《五行变救》）这当然是荒诞无稽之谈。在董仲舒看来，只要人能顺应天志，在遇到灾难的情况下，修德修政，亦可化险为夷。

董仲舒这些主张的作用都是为封建统治者的根本利益和长远利益着想的。他劝告当权的统治者应该在社会上发生了自然灾害或社会危机的时候，放弃一些暂时的利益，来维护长远的根本的利益。所以他说："木有变，春雕秋荣，秋木冰，春多雨。此繇役众，赋敛重，百姓贫穷叛去，道多饥人。救之者，省繇役，薄赋敛，出仓谷，振困贫矣。"（同上）董仲舒认为统治者和被统治者的矛盾过于尖锐，是不利于封建专制的统治的，因此，在适当的时候，特别是社会出现危机的时候，减轻一些对人民的压迫和剥削是必要的。这里董仲舒当然并不是同情人民,而是他看到只有这样才能巩固封建统治。而且董仲舒的主张也不可能为当权的统治者全盘接受,这样有时也就表现为思想家和政治活动家之间的矛盾,后来汉昭帝杀死眭弘就是一例。可是一旦农民起来反抗地主,这两部分人就又联合起来对抗劳动人民,王莽改制就是一例。所以马克思说:"我们在上面已经说明分工是先前历史的主要力量之一,现在,分工也以精神劳动和物质劳动的分工的形式出现在统治阶级中间,因为在这个阶级内部,一部分人是作为该阶级的思想家而出现的(他们是这一阶级的积极的、有概括能力的思想家,他们把编造这一阶级关于自身的幻想当做谋生的主要泉源),而另一些人对于这些思想和幻想则采取比较消极的态度,他们准备接受这些思想和幻想,因为实际上该阶级的这些代表才是它的积极成员,所以他们很少有时间来编造关于自身的幻想和思想。在这一阶级内部,这种分裂甚至可以发展成为这两个部分人之间的某种程度上的对立和敌视,但是一旦发生任何实际冲突,当阶级本身受到威胁,甚至占统治地位的思想好像不是统治阶级的思想这种假象、它们拥有的权力好像和这一阶级的权力不同这种假象也趋于消失的时候,这种敌视便会自行消失。"

三、"天不变,道亦不变"的形而上学思想

春秋战国时代,朴素的辩证法思想有着重大的发展,不少哲学家接触到事物变化发展的问题、质和量的关系问题、事物的矛盾法则,并且也猜测到对立面的相互转化。董仲舒在其形而上学体系的基础上吸收并改造了辩证法的个别观点,来为他的形而上学思想服务。

首先,董仲舒把事物的变化看成不过是终而复始的循环,因

而他在实质上抹杀了事物的前进运动。这种理论当然是适应着长久巩固封建专制统治的要求的。

在战国末期邹衍创造了"五德终始"的学说,把社会发展看成是对五种循环的神秘势力的体现。董仲舒根据同样的道理创立了"三统说",他认为历史的发展是有它的规律的,是三统循环。三统是以黑统开始,黑统以后是白统,白统以后是赤统,然后又是黑统。他还用具体的历史比附"三统说",认为夏是黑统,商是白统,周是赤统,因此汉又应是黑统。这些当然都是对历史发展的神秘解释,毫无科学性可言。过去有人说,"五德说"、"三统说"讲的都是社会发展规律,因此和马克思主义的唯物史观讲的社会发展规律有相同之处。① 这当然不是对科学的严肃态度。循环的历史观和马克思主义的社会发展观是根本对立的。

照董仲舒的看法,在这种历史的循环变化中间,社会的根本制度是不能改变的,所能改变的只是一些历法、祭法和器物等。所以他说:"若夫大纲、人伦、道理、政治、教化、习俗、文义尽如故,亦何改哉?故王者有改制之名,无变道之实。"(《楚庄王》)这就是说,维护封建统治的整个上层建筑是不能改变的,所能改变的只是一些枝节的表面制度,这就是董仲舒的"新王必改制"的实质,也是他的"三统说"循环历史观的实质。

不仅历史是循环的,而且整个宇宙的变化也是循环的。董仲舒说:"天之道,终而复始。故北方者,天之所终始也,阴阳之所合别也。"(《阴阳终始》)董仲舒利用当时有限的天文知识加以夸大推演,认为整个宇宙的变化的终点就是起点,阴阳虽是相别的运转但终于又在其始点会合。这里董仲舒所强调的是"合",而不是"别",所以就宇宙的总规律说是"终而复始"地循环着。按照

---

① 参见冯友兰:《中国哲学史补》,89 页,上海,商务印书馆,1936。

循环论，必定是主张起点和终点为一点，因此事物是没有发展的。

其次，董仲舒在形式上也接受了事物对立统一的观点。他说："凡物必有合，合必有上，必有下，必有左，必有右，必有前，必有后，必有表，必有里。有美必有恶，有顺必有逆，有喜必有怒，有寒必有暑，有昼必有夜，此皆其合也。"（《基义》）董仲舒似乎是在讲事物的矛盾性质，可是他认为矛盾是由"合"开始，又由"合"终结，"合"是矛盾的基础。这就是说，矛盾的对立和斗争是相对的，而调和是绝对的。所以他才说："天之常道，相反之物也，不得两起，故谓之一。一而不二者，天之行也。"（《天道无二》）从天道之常规说，其中相反的事物，其运行的终点总是会合在一起的，所以"统一"才是根本的。为什么"统一"是根本的呢？董仲舒对这个问题做了两点说明。第一点，一对矛盾之所以存在，并不是因为它们的对立，而是因为它们的一方面必须与另外一方面会合。他说："阴者阳之合，妻者夫之合，子者父之合，臣者君之合。"（《基义》）阴不是与阳对立的，而是依附于阳而存在；妻没有任何独立的性格，只不过是与夫会合为一的存在。这就是说，矛盾的一方永远处于主导地位，而另外一方永远处于从属地位，阴、妻、子、臣永远从属于阳、夫、父、君。这还表明，矛盾只能会合而不能破裂，阴只是阳的合，妻只是夫的合，这样的关系不能改变。这里充分暴露出来董仲舒讲矛盾不过仅仅注重了矛盾的"合点"而已。第二点，董仲舒把事物的矛盾性质理解为事物对立性质的包含关系。他说："阳兼于阴，阴兼于阳，夫兼于妻，妻兼于夫，父兼于子，子兼于父。"（同上）这就是说矛盾的这一方面包含另外一方面，另外一方面又包含这一方面。这种相互包含的关系不是辩证法的矛盾关系，而是形而上学的蕴涵关系，它取消了矛盾的斗争，剩下来只是形而上学的同一。

由于董仲舒在事物的矛盾中只注意其合点，因而提出所谓

"中和"的思想，并把它看成是天地圣人之大法。"中和"的思想和《中庸》里所提出的"中庸"思想是同出一辙的，它们都是指不偏不倚、无过不及、经常、平常的意思。董仲舒认为所有的事物都"成于和"，并"始于中，止于中"的。因此，"天地之道，虽有不和者，必归之于和，而所为有功；虽有不中者，必止之于中，而所为不失。"（《循天之道》）为什么他把"中和"看得这样重要呢？那是因为，"中"表明阴阳时中而不错，因而整个宇宙万物都能在其正位。"和"表明阴阳调和而不过，故能产生万物。这也就是说，既然万物是由天地阴阳调和而生，因此在事物之中的基本关系就应是调和，而不应失去调和。一切事物都应该有其正位，君居君位，臣居臣位，富贵贫贱各安其位，这才是天地的正道。所以他说："中者，天地之所终始，而和者，天地之所生成也。夫德莫大于和，而道莫正于中。中者天地之美达理也，圣人之所保守也。"（同上）"中和"作为方法说是反辩证法的，是一种反对革命变革的改良手段，它的目的是为了调和阶级矛盾，防止"犯上作乱"的所谓"过火行为"。这种方法两千多年来一直是为封建统治阶级有效地服务着，成为他们重要的思想武器。

董仲舒更进一步又把事物的矛盾关系看成是固定不变的，在上的永远在上，处下的永远处下；尊贵的永世尊贵，卑贱的终身卑贱，从而否认对立面在一定条件下的相互转化。他说："丈夫虽贱皆为阳，妇人虽贵皆为阴。"（《阳尊阴卑》）又说："天之志，常置阴空处，稍取之以为助。故刑者德之辅，阴者阳之助也。……阳贵而阴贱，天之制也。"（《天辨在人》）"阳为夫而生之，阴为妇而助之。"（《基义》）这都说明：丈夫在原则上是尊贵的，而妻子在原则上是卑贱的；阳的地位永远是主导的，阴的地位永远是辅助的。如果用阶级观点来看这一问题，那就更容易理解了。董仲舒站在地主阶级的立场上，为了巩固封建等级制，所以必定会用形而上学把"阳尊阴卑"的封建伦常关系固定下来。这种根本排除转化的矛盾，必然是僵死的矛盾，在实质上不过是把两种事物机械地拼凑在一起的形而上学观点。

再次，董仲舒提出"经"和"权"这样一对范畴。"经"是指经常，也就是说通常情况；"权"或称为"变"，是指异常，也就是说非常的情况。提出这样一对范畴当然是有一定的贡献的，但更重要的是如何解释。表面上看董仲舒的主张既要考虑到"经"，又要考虑到"权"。他说："春秋有经礼，有变礼，所谓安性平心，经礼也。至有于性虽不安，于心虽不平，于道无以易之，此变礼也。"（《玉英》）这里虽承认了"变礼"，但是附有一个条件，就是必须"于道无以易"才行。它的意思就是，变只能在"经礼"允许的范围之内，而不能越出雷池一步。所以他说："权虽反经，亦必在可以然之域。不在可以然之域，故虽死亡，终弗为也。"（同上）这和前面所说的"改制"的性质一样，是反对革命变革的改良思想。

为什么"经礼"不能改变？因为经礼是常规，是封建社会的根本制度，这就是董仲舒所说的"道"。"道"又是根据被他神秘化、道德化了的"天"而有的。"天"是不会改变的，那么道也就不会改变，封建社会的根本制度就是永恒的，这就是所谓"道之大原出于天，天不变道亦不变"的形而上学思想了。

看起来董仲舒的形而上学思想的水平也提高了。他把先秦某些辩证法思想加以改造，吸收在他的形而上学体系之中，为他的形而上学服务。他在形式上承认了矛盾，但他所讲的矛盾是以矛盾的合点为基础，从而取消了矛盾之间的对立与斗争；同时又把矛盾对立双方的关系固定化，从而在根本上否定了对立面的相互转化。他又在形式上承认事物的变化，但把一切变化都看成是量的变化，反对任何根本性质的变革。这样变化在他看来不过是终而复始的循环罢了。前者是要求巩固封建等级制度从而抹杀阶级斗争在思想方法上的反映,而后者则是反对革命变革的理论根据。而这些又会合在一点之上,那就是他的"天不变,道亦不变"的形而上学思想。所以,正如毛泽东同志指出的:"'天不变,道亦不变'的形而上学思想,曾经长期地为腐朽了的封建统治阶级所拥护。"

四、关于董仲舒认识论的一个问题①

董仲舒把"名"的来源归于"天意"。可是他说的"天"从形式上的某些方面看有时好像是指"自然界",因而有人认为"名"既然来源于"自然界",那么董仲舒的认识论就是唯物主义的。如他所说:"名号之正,取之于天地,天地为名号之大义也。"(《深察名号》)孤立起来看,这里所讲的"天地"好像是"自然界",其实不然。不必说董仲舒的整个体系,就是在同一篇《深察名号》中,也可以清清楚楚地看出他把"天"看成是有意志有目的的神秘的天。他说:"名号异声而同本,皆名号而达天意者也。"又说:"受命之君,天意之所予也。故号为天子者,宜视天如父,事天以孝道也。"这里的"天"当然是神秘意义上的"天",否则它怎么能"予"某人为君主呢?为什么又能让君主"号"天子呢?而人君为什么又要把它当成父亲加以孝顺呢?看来,董仲舒在这里和在他的自然观上一样,不过取了"自然之天"的某些形式,而改造了它的内容。因而我们也就不能说"名"是客观存在着的自然界所给予的,而是由神秘的有意志的天给予的。

就在同一篇中,董仲舒还提出来"名物如其真"的命题,这

---

① 关于"认识论"方面的问题,我们这里只对其中有争论的部分提出一点看法,不是全面地讲董仲舒的认识论。

样就给人们造成了一个假象，以为董仲舒归根结底还是主张"名"是反映事物的"真实情况"的。董仲舒说："名生于真，非真弗以为名。名者，圣人之所以真物也。名之为言真也。"本来董仲舒就没有说过"名"是绝对的第一性，而只是说，"名"依据"天意"而定下来，相对而言又是具体事物的根据。同样，如果事物是依据"天意"而生成真实的事物内容，也就必然是"名"的真实内容。所以说"名生于真"是指它要有"真实的内容"。问题就在于什么是"名"的真实内容？是指客观事物的本质呢？还是指"天意"所规定的，也就是创造这一学说的董仲舒所规定的呢？看来是后一种情况。例如他下面接着提出，人"身"这个"名"所包含的真实内容是贪与仁，而贪与仁之所以是"身"这一"名"的真实内容，那是因为贪与仁是"天"的阴阳两方面性质的表现。他说："身之名，取诸天，天两有阴阳之施，身亦两有贪仁之性。"可见，"身"之名所包含的内容并不是其实在的本质，而是来自"天"，贪与仁这一真实内容乃是受命于天的。又如，他说："民之号取之瞑也。"这就是说，人民为什么叫"民"，那是因为他们的本性是瞑顽不灵的。瞑顽不灵是不是"民"的真实内容呢？不用说，这只是董仲舒有意对人民的污蔑。所以说，董仲舒的所谓"名物如其真"中所说的"真"，或者是"天意"所规定了的或者是他主观虚构的，归根结底都是董仲舒为巩固封建统治而创造的。这样看来，他的"名生于真"还有什么客观性呢，又怎么会是朴素的唯物主义思想呢？

看起来有些人任意地从哲学家的著作中找出只言片语，来论证他是什么主义。这正如列宁所说："因为社会生活现象极端复杂，随时都可以找到任何数量的例子或个别的材料来证实任何一种意见。"因此，不分析董仲舒所谓的"真"的真正含义，不从他的哲学体系来看这些问题，那就可能把他的认识论看成是自相矛盾的，或者看成是唯物主义的，这都是不妥当的。

五、维护封建专制统治的政治理论

由于汉初施行着"休养生息"的政策，在七十余年中，社会经济得到相当程度的恢复和发展，但也引起了社会内部的分化，出现了一些"不遵法度"的豪强大姓，诸侯王也多骄纵不法，拥土自雄，破坏着统一的局面，对此势必加以控制，此外，地主和农民的矛盾开始显露，匈奴为患中国的情形，也日趋严重。在这种情况下，黄老思想的"无为政治"，势必不能继续下去，儒家的制礼作乐，移风易俗和大一统的思想，也就必然应时而起。

董仲舒的全部哲学理论就是为当时的封建专制的中央集权创立理论上的根据。

董仲舒认为"大一统"的政治局面是古今社会所共同的要求，为了实现"大一统"，在政权机构中就必须推行君主的绝对统治，这叫做"尊君"。他看到秦王朝灭亡的迅速，认为秦王朝以韩非法家思想作为政治理论是重要的原因之一，因此他主张改变"严刑峻法"的办法，实行德化，"任德不任刑"，从思想上加强统治。他企图使被统治者"自觉"地接受统治阶级的统治，把统治与被统治的关系和封建的伦常关系紧密地联系起来，创造了"三纲"、"五常"这样一套封建伦理道德观念。董仲舒还用他的天人感应的理论说明君权与神权的关系，从而从理论上完整地提出了在中国封建时期长期束缚人民的四条绳索。董仲舒的思想不仅适应着汉武帝的要求，而且他的这些理论对中国长期的封建社会有着深远的影响。这一点证明董仲舒作为一个封建社会的思想家，他不仅注意到了封建统治的当前利益，而且注意到封建统治的长远和根本的利益。

下面将就几个方面来说明董仲舒的哲学思想如何为巩固封建专制统治服务。

一统与尊君。董仲舒肯定了"大一统"的天经地义的合理性，他说："《春秋》大一统者，天地之常经，古今之通谊也。"(《汉书·董仲舒传》)为了巩固封建专制统治的"大一统"，他又提出尊君的主张，他所尊的君，就是现实的君主。

董仲舒认为一切都需要、都应该有个本源。他说："元者，万物之本。"(《玉英》)又说："谓一元者大始也。"(同上)人臣之元是君与父。然而君与父不能自生，推其大始，则"天"又是君与父之元。照他看来，宇宙中一切成形具象的东西，无一非天地所生，所以天地是万物之元。在万物中人与天的关系最为密切，"人受命于天，故超然有以倚"(《人副天数》)。人既然为"天"所生，又效法于"天"，那么人就应该敬奉上天，并实现天的意志。然而天高道远，非一般人所及，这样就必须有圣人来实现天的意志。董仲舒所说的圣人大体上就是君主，于是在一定意义上天子（君主）就成为"天"与人之间的媒介。故曰："唯天子受命于天，天下受命于天子。"(《为人者天》)"《春秋》之法，以人随君，以君随天。"(《玉杯》)

在董仲舒看来"天"是最尊贵的，是至高无上的，因此"受命于天"的君主也是最尊贵的，他的意志也就是绝对的。董仲舒把君主提高到与"天"同样的地位，这是与当时封建大一统的客观形式相合的。在现实的政治斗争中，存在着复杂的矛盾，一方面是农民反对地主的斗争，这一斗争往往也表现为反对皇权；另一方面是地方豪强反对中央政权、一般地主反对皇权和豪族的斗争。董仲舒企图加强中央集权来解决上述矛盾，这样就不得不提高君主的地位。他说："圣人之道，同诸天地。"(《基义》)"人主立于生杀之位，与天共持变化之势。"(《王道通三》)"天地人主一也。"(《王道通三》)甚至在一个"王"字上也大作其文章,说什么:"古之造文者,三画而连其中,谓之王。三画者,天地与人也,而连其中者,通其道也。取天地与人之中以为贯而参通之,非王孰能当是。"(同上)位君之尊,可谓至极。

当然董仲舒不是无条件地维护君权,同时也是希望君主来实现他的政治思想。因此,他为了防止君主离开"正道"胡作非为,也提出来君主既然受命于"天",就要受"天"的监督。他说:"屈民而伸君,屈君而伸天,《春秋》之大义也。"(《玉杯》)这里董仲舒有两层意思:一层是,君与民比较,君是在上,民是在下,因此民应顺从君主,其目的在于防止犯上作乱;第二层是,君主如果不好,虽然人民不能处罚他,但是天可以来处罚他。作为封建地主的思想家,董仲舒也懂得,如果要封建的专制统治长期保持,用"天"来限制一下君主也是必要的。关于"天"对人君的监督就是他的灾异学说。这就说明董仲舒的思想不仅是适应现实,而且要把他的理想政治实现出来。

德刑两手。西周以来统治者就用"刑"与"礼"两手来实现其统治。春秋战国时期,"礼"与"法"的斗争更成为当时政治思想斗争中的重要问题。秦王朝在实际的政治统治上采取了"重刑"的办法,促使阶级矛盾很快地激化,短祚而终。董仲舒吸取了秦王朝灭亡的教训,认为单纯使用"严刑峻法"并不能巩固封建统治,因而主张采用儒家"德治"的办法使封建统治巩固起来。他托于天意,用神秘的阴阳思想论证"任德不任刑"的政策的合理性。他说:

> 天之大者在阴阳,阳为德,阴为刑,刑主杀,而德主生。是故阳常居大夏而以生育养长为事,阴常属大冬而积于空虚不用之处,以此见天之任德不任刑也。……为政而任刑,不顺于天,故先王莫之肯为也。(《汉书·董仲舒传》)

前面已经说过，董仲舒把阴阳看成是"天"的两种基本性质，德、仁爱、生育等等都是"天"的阳这一方面性质的表现；刑、杀等则是"天"的阴这一方面性质的表现。"天意"欲生不欲杀，以示天之仁爱之心，故任德不任刑。君主上法于天，故为政当以"德化"为本。故曰："行天德者谓之圣人。"（《威德所生》）不过所谓"德化"其内容也就是封建的纲常名教，自不待言。

然而任何剥削阶级所掌握的政权，都不可能只讲教化，而不讲刑罚。"教化"和"刑罚"不过是统治阶级对付被统治阶级的两手，往往根据不同情况有所侧重而已。董仲舒更加重视"教化"，一方面是当时客观情况的需要，另外一方面也是他根据了儒家政治的特点企图美化封建制度。可是从《春秋繁露》一书中，我们还是可以看到他主张在"德化"的基础上，推行宽猛相济、威惠并施的政策。例如他说：

> 国之所以为国者德也，君之所以为君者威也，故德不可共，威不可分。德共则失恩，威分则失权。失权则君贱，失恩则民散。民散则国乱，君贱则臣叛。是故为人君者，固守其德，以附其民；固执其权，以正其臣。（《保位权》）

又说：

> 为人主者，居至德之位，操生杀之势，以变化民。……当德而不德，犹当夏而不夏也；当威而不威，犹当冬而不冬也。（《威德所生》）

董仲舒用"宗教幻想和政治幻想"来掩盖其政权的阶级剥削和压迫的实质，甚至把"刑罚"也包括在"德化"之内。他用四时比附王政，论证德刑并施的合理性，认为这是"天意"所决定的。他说：

> 圣人副天之行以为政，故以庆副暖而当春，以赏副暑而

当夏，以罚副清而当秋，以刑副寒而当冬。庆赏罚刑，异事而同功，皆王者之所以成德也。庆赏罚刑与春夏秋冬，以类相应也，如合符。故曰王者配天，谓其道。(《四时之副》)

上面所有这些，都说明董仲舒在把自然界某现象神秘化的情况下，创造了所谓政权的统治职能是反映"天意"的神秘说法。这就足以说明他的带有浓厚神学色彩的哲学体系的政治作用了。"任德不任刑"并不是表明所谓的"爱民之厚"，而是阶级斗争的一种手段。照董仲舒的看法，"以德为本"的德威并施的政策，能把封建统治阶级的眼前利益和长远利益更好地结合起来。这就无怪乎董仲舒的思想在我国的长期封建社会中起着那么深远的作用了。

三纲五常。董仲舒所提倡的德化政治的重要内容，就是所谓"三纲"、"五常"等封建主义的伦理教条，以便用这些教条来桎梏人民的思想。

先秦的儒家为了维护封建等级制提出来所谓"五伦"：君臣、父子、兄弟、夫妻、朋友。这五种关系在实质上表明了统治与服从的关系。董仲舒从这五种关系之中又提出三种基本的关系，以特别强调其统治与服从的关系。"三纲"就是指："君为臣纲，父为子纲，夫为妻纲。"为什么有这样的统治与服从的关系呢？董仲舒认为这种关系是根据"阳尊阴卑"的天之道建立的。君、父、夫等是体现了"天"的阳的一面，而臣、子、妻与之相对说则是体现了"天"的阴的一面。天之道"贵阳而贱阴"，所以臣、子、妻必须依附于君、父、夫而存在。这里又是把社会中的统治与被统治的阶级关系说成为整个宇宙的法则，并把这一法则宣布为"天之道"。这正是唯心主义把现实的关系与其虚构的关系头脚倒置的结果。所以马克思说："我们不把世俗问题化为神学问题。我们要把神学问题化为世俗问题。"

"五常"是指仁、义、礼、智、信，或是指"父义、母慈、兄友、弟恭、子孝"①。董仲舒认为，当权的统治者要想巩固自己的统治，就应当推行仁、义、礼、智、信等五常之德，这样做的结果就是会得到"天"的保佑、鬼神的辅助，对广大群众有极大的好处。所以他说："夫仁、义、礼、知、信五常之德，王者所当修饬也。五者修饬，故受天之佑，而享鬼神之灵，德施于方外，延及群生也。"（《汉书·董仲舒传》）虽然在董仲舒那里还没有完整地提出来这五方面维护封建伦常关系的道德范畴与五行思想的联系，可是接触到这一问题，特别是他已经把调整人们关系的道德范畴与自然界的某些现象配比起来加以神秘化。例如他在把"五行"神秘化、道德化的基础上，认为人们应据之行动。他说："木已生而火养之，金已死而水藏之，火乐木而养以阳，火克金而丧以阴，土之事火竭其忠。故五行者，乃孝子忠臣之行也。"（《五行之义》）他还特别推崇所谓"土德"说："忠臣之义，孝子之行，取之土。"（《五行对》），这就是说，董仲舒为着巩固其封建统治，就把一些封建道德宣布为"天之经地之义"。这又表明董仲舒的哲学体系是在为巩固封建专制统治服务了。

政治上的专制也就要求着思想上的专制。董仲舒为适应当时政治"大一统"的局面，又论证了统一思想的必要性，他提出"罢黜百家，独尊儒术"的主张。他说：

> 今师异道，人异论，百家殊方，指意不同，是以上亡以持一统，法度量变，下不知所守。臣愚以为不在六艺之科孔子之技者，皆绝其道，勿使并进。邪僻之说灭息，然后统纪可一而法度可明，民知所从矣。（《汉书·董仲舒传》）

到汉武帝时代，随着政治、经济的统一，思想统一的必要性突出出来。董仲舒适应形势提出统一思想的主张，把战国以来思想领

---

① 《书经·泰誓》疏。

域中的百家争鸣的局面转变为一家独尊的形势。这在当时对维护统一的封建专制的中央集权虽然也起了一定的作用，但是以后长期中国封建社会的统治都以儒家思想为正统，这种思想上的专制主义，无疑地成了中国人民精神上的桎梏，对中国文化的发展起着有害的阻碍作用。

董仲舒站在封建统治阶级的立场上，为了巩固封建专制统治，提出来"一统"与"尊君"、"德"与"刑"两手、"三纲"与"五常"等重要的封建社会的政治理论，并且也还针对着当时社会生活中的某些现实矛盾，提出来若干重要的政策。例如：他提出了"限民名田，以赡不足，塞并兼之路"的主张，目的在于防止豪强兼并，客观上也起着缓和阶级矛盾的作用；他还提出"去奴婢，除专杀之威"，目的在于继续打击奴隶制残余势力，但也在一定程度上减轻了人民的痛苦；又提出"薄赋敛，省徭役，以宽民力"，反对与民争利等具体的政治经济主张，这些对劳动人民来说也是有一些好处的。

董仲舒是中国封建社会的思想家，虽然他是汉武帝时代的人，但他的基本思想不仅对两汉有着重大影响，而且在中国长期封建社会中占着重要的地位。在汉武帝时，他的思想一方面起着巩固封建专制的中央集权的积极作用，并提出若干缓和阶级矛盾的积极措施；另一方面也起着从思想上束缚和麻痹人民的作用，从而加强了封建地主阶级对人民的控制。如果说，在汉武帝时代，董仲舒思想的前一方面社会作用在现实生活中还起一些积极作用，那么在以后的长期封建社会中，前一方面的作用就逐渐消失了。因为，在汉武帝以后巩固封建专制主义的中央集权的问题已经基本解决，这个政权就成为和人民坚决对立的机构，因而董仲舒思想的反动性就日益显露。他的思想的中心课题就是长期以来束缚中国人民手脚的"四条绳索"。所以毛泽东同志指出："中国的男子，普通要受三种有系统的权力的支配，即：（一）由一国、一省、一县以至一乡的国家系统（政权）；（二）由宗祠、支祠以至家长的家族系统（族权）；（三）由阎罗天子、城隍庙王以至土地菩萨的阴间系统以及由玉皇上帝以至各种神怪的神仙系统——总称之为鬼神系统（神权）。至于女子，除受上述三种权力的支配以外，还受男子的支配（夫权）。这四种权力——政权、族权、神权、夫权，代表了全部封建宗法的思想和制度，是束缚中国人民特别是农民的四条极大的绳索。"

六、关于董仲舒思想的历史评价问题

关于董仲舒思想的历史评价目前有着许多不同的看法。看来产生这些分歧的主要原因有两个：一个是对董仲舒与他所处的时代的关系看法不同，另一个是对唯心主义思想与政治斗争的关系有不同的理解。归根结底这也还是如何以全面的历史主义的态度对待古代思想家的问题。这里我们想就这些问题，谈谈我们的看法。

（一）董仲舒思想的历史作用

对董仲舒思想的历史作用必须做历史的阶级的考察，才能得出较为适当的结论。

董仲舒的思想产生的原因，一方面是适应着封建大一统、巩固封建专制统治的要求，把封建制度全面地肯定下来，这是基本的一面；另一方面也是把春秋战国以来某些儒家思想经过改造和发展，使之实现于现实社会生活之中。因此，他的思想一方面体现了经济基础对上层建筑的决定作用，同时也表现了意识形态的前后继承关系以及它对经济基础的反作用。

董仲舒的思想对巩固当时的封建大一统说，是符合历史发展要求的,这种制度的巩固是与社会的发展基本上相一致的,因而是有一定的积极意义的。但是巩固封建大一统本身并不是为了人民群众,而是为了有效地长久地压迫和剥削劳动人民,因此从阶级实质上看是反人民的。所以马克思说:"资产阶级当然只是在不再作为第三等级同僧侣和贵族对立的时候,它才开始和人民坚决对立。至于说到'昨天刚产生的对立的历史根源',那么……第三等级一形成,这种根源就已经产生了。"由于封建地主与奴隶主贵族的矛盾已经基本解决,因而地主就和农民坚决对立起来,他们的一切思想和政策归根结底都是为了反对农民而提出的。

董仲舒的思想,对于整个封建社会来说,特别是对于它起着重大作用的前期封建社会来说,由于这一思想企图把一种制度完全固定下来,它的反动作用就愈来愈明显。这种思想不仅是主张根本制度不能改变,而且几乎是全部制度都不能改变,所能改变的只是正朔、服色等。这样就排除了在一定条件下进行必要的改革的可能性。这样的主张是和那些认为在封建制度的范围内政治可以适时而变的王充、柳宗元、王船山等很不相同的。总的说来,董仲舒的"三纲五常"、"天不变道亦不变"等束缚人民群众的"四条绳索"则是为保守的和反动的集团服务的工具。至于董仲舒的个别思想,如"限民名田"等,在一定情况下为封建社会中进步的思想家所利用,也可以起一定的积极作用。

董仲舒的思想虽然是当时社会历史的反映,但是由于其中包含着若干"幻想"的成分,因而也不能全部实现。例如"限民名田"这一限制豪强兼并土地的政策,在当时多少可以起一点缓和阶级矛盾的作用,但是封建土地所有制必然会导致"富者田连阡陌,贫者无立锥之地",这是不依人们意志为转移的客观规律。

对历史人物的作用应做历史主义的分析,因此我们不仅应看到董仲舒思想对巩固封建大一统的积极作用,而且同时要看到它的反人民的阶级实质。马克思主义的历史主义不仅要看到董仲舒思想在他生活的时代一定程度上的积极作用，而且要看到在封建制度已经巩固的条件下的反动作用和桎梏人民思想的危害性。特别是对思想家更应着重指出他的思想在整个时代（如封建社会前期）中的作用，当然也还应看到这种思想在现时代的作用。在对历史人物进行分析时，必须如马克思所指出的，既要看到他们是他那个阶级的代言人，又要看到他们并不是赤裸裸地表现着其阶级的要求；还必须既看到思想家和实际政治家的联系，又要看到他们各自的特点。因此，总起来说，董仲舒作为封建社会前期的思想家，在他生活的年代，由于他的思想的某些方面适应了社会发展的要求，因而是有一定的积极意义的；但同时，他的思想从根本上是为着巩固封建统治，因而就其阶级实质说是剥削压迫人民的。就整个封建时代说，由于巩固政权基本已经实现，因此他的思想的反动方面日益显露，一直为腐朽了的封建统治阶级所拥护。

(二) 对董仲舒的唯心主义哲学的估价

恩格斯说："要知道问题决不是把这两千多年的全部思想内容一笔勾销就算完事，而是要批判它，要从错误的但在当时的历史发展条件下不可避免的唯心论形态中、从这个暂时的形态中剥取有价值的成果。"当然我们不能对董仲舒的哲学思想简单地否定，而是必须在解剖其思想体系时吸取理论思维教训。

董仲舒的唯心主义继承着西周以及孟子以来的唯心主义。但它不是简单的继承，而是在对先秦朴素的唯物主义和辩证法思想歪曲和改造的基础上，利用着其中没有能够解决的问题，发展了唯心主义。例如，他在保存了某些"自然之天"的形式的情况下，根本改造了它的内容，使"天"成为神秘化、道德化、人格化的有目的的精神实体。他还利用和改造了唯物主义的某些部分，让这些部分为他的唯心主义体系服务。例如他把"气"在神秘化的基础上由第一性变为第二性，提出"气从神生"的命题来。在认识论上提出"名物如其真"的命题来，而所谓"真"则不是事实的真实内容（本质），而是"天意"的某些表现。

他利用当时科学上的某些成就，加以夸大歪曲，得出唯心主义的结论。他的著作中的某些部分并不是纯粹的胡说，可是把这些部分放在他的体系中看，那就是违反事实的、错误的和反科学的。例如，他在"物类相感"的问题上做出了"天人感应"的神秘主义的目的论的结论。

因此，董仲舒的唯心主义虽与先秦的唯心主义就内容和形式上都有所不同，但是这并不能改变它的唯心主义性质，而且也并不因为它的某些内容和形式的改变就可以模糊唯心主义和唯物主义在原则上的对立。因为"哲学中的唯物主义学派和唯心主义学派的对立就是正确和错误的对立"。

就董仲舒唯心主义的整个体系说，它是为了肯定现实的，论证现实的都是合理的，并把这种情况神秘化。概括起来说，他的哲学思想是用"神权"来论证君权；用神秘化了的自然现象"阳尊阴卑"来论证封建等级制度、三纲五常等道德教条；用"天不变，道亦不变"的形而上学论证封建制度的永恒性。这一思想体系对我国长期的封建社会起着极其有害的保守作用。不过，在董仲舒的唯心主义体系上也表现着时代的特点。由于他所代表的阶级在当时还是上升的，因而在理论上表现了具有信心的特点。这就表现为他自己对他的唯心主义深信不疑，而且相信别人也会接受他的理论；不仅是欺骗别人，而且也在进行"自我欺骗"；不仅是为了防止某些事变的发生，而且企图发展其政治要求。例如在对"灾异"的态度上，不仅不怕灾异，而且欢迎它；不仅为巩固现存制度，而且企图使之理想化，因此敢于提出神权来限制君权。

这一种适合我国封建专制统治要求的唯心主义体系，它对我国封建社会有着重大影响。所以我们认为，唯心主义归根到底是有利于保守和反动的阶级或阶层的，尽管某个唯心主义哲学家的学说在某一特定的历史条件下，他的思想在某些方面起着积极作用，但最终它的危害作用会显露出来，为消极保守势力服务。

原刊于《北京大学学报》，1963（3）

论"治统"与"道统"*

在思想的"普遍性形式"问题的讨论中,冯友兰先生为要证明"思想的超阶级性",找出了一条十分重要的论据,那就是他的"君""师"分工、"道统"与"治统"相对抗的理论。在我们看来,这个理论的实质,无非是要人们承认一定的思想不是为一定的政治、一定的阶级服务的,因而这种具有"普遍性形式"的思想就真的是超阶级的,真的代表与"一个阶级的特殊利益"相对立的"全社会的普遍利益"。这里,冯先生不过"为了表明自己是真正的唯物主义者",又把思想"变成在历史上代表着'概念'的许多人物",以为这样一来,自己关于"普遍性形式"的理论就万无一失了。不过事情并不像冯先生所想的那样,相反他这种"君师分工论"、"治道对抗论"恰恰进一步宣告了他的"普遍性形式"论的破产。

冯先生这个理论的主要内容,大体可以归结为以下三点:

(1)"在中国封建社会中,'君'和'师'是相提并论的,有所谓'治统'和'道统'。'君'就是封建社会中政治上的最高统治者,是属于'治统'这一方面的;'师'就是为封建统治阶级制造幻想的思想家,是属于'道统'这一方面的。"① 这就是说,在历史上,仅仅是"思想家"才是为本阶级编造幻想的,而政治上的统治者从来没有参与关于本阶级幻想的编造。这也就是说,在历史上,只有思想家才属于"道统"方面,而政治上的统治者从来

---

* 本文为作者与金春峰合作撰写。金春峰,北京大学哲学硕士,人民出版社退休编辑。
① 冯友兰:《关于孔子讨论的批评与自我批评》,载《哲学研究》,1963(6)。

不属于"道统"方面。

（2）"师"（思想家）的任务，"在平时"是"批判当时的政治，揭露社会的黑暗"，因而和"当时的政治上的统治者之间有着相当大的敌视"，只是"在农民起义的时候，他们才转而拥护当时的统治者"。从"君"（政治上的统治者）这一方面说，由于他们看清楚了思想家的幻想，他们"明知他们的'师'的幻想不可能实行"，因而也就"从来没有认真实行过"，因此，"道统"和"治统"是相对抗的。① 这就是说，思想家通常不是为政治服务的，政治上的统治者也不需要思想家来为巩固他们的政治统治服务。也就是说"思想"和"政治"是"并行的或相互独立的"。

（3）在我国封建社会的"两千年的时间内，虽然在'治统'方面经过很多朝代的变化，但是他（按：指孔子——'师'的代表）一直维持着他的'道统'的地位，坐在孔庙的大成殿上，按时吃冷猪肉"。这些思想家的主张，一般说来，是代表着"本阶级的长远利益"②。他们"想通过阶级的调和以巩固地主阶级的根本利益"③。这就是说，在我国封建社会中，"治统"是变化着的，而"道统"从来没有变化；思想家代表着一个阶级的长远利益、根本利益，而政治上的统治者则代表着一个阶级的眼前利益和暂时利益。

冯先生的这些观点，说明了他在什么是政治以及政治和思想的关系这样一些重大问题上完全背离了马克思主义的基本观点，站到历史唯心主义方面去了。目前，学术界持有与冯先生以上观点相类似的观点的人也还不是个别的，这不仅表现在哲学史的研究中，也表现在文学史的研究中，因此就更需要提出来讨论。下

---

① ② 参见冯友兰：《关于孔子讨论的批评与自我批评》，载《哲学研究》，1963（6）。
③ 冯友兰：《董仲舒哲学的性质及其社会作用》，载《北京大学学报》（人文科学版），1963（3）。

面我们想就两个方面，首先从历史事实方面，然后从理论方面对冯先生以上的观点加以剖析。

一

恩格斯说："不论在自然科学或历史科学的领域中，必须从既定的事实出发。"① 这就是说，历史科学必定是要以历史事实为依据，经过我们用马克思主义理论去分析，然后才能得出合乎实际的结论。因此，我们认为，如果从我国历史事实出发来研究一下"师"和"君"、"治统"和"道统"之间的关系，将不是没有好处的。

(一)"君"和"师"

我们知道，在我国封建社会中，"君"是指统治阶级在政治上的代表，即从事政治统治的人物，而"师"是指统治阶级的思想家，即著书立说的人物。他们就是马克思在《路易·波拿巴的雾月十八日》中所说的"一个阶级的政治代表和著作方面的代表人物"②。

在孔子以前，由于"学在官府"，"君"、"师"还是一身二任。大体在孔子的时代，才开始有了学问的"私家传授"。从这以后，在我国的封建社会中，"君"和"师"就作为封建统治阶级两种密切联系着的代表人物而出现。

可是这两种人物在我国封建社会中，从来就都属于其所代表的阶级的积极的成员，都是其阶级的代表人物。一般地说，他们都在共同为本阶级编造各种各样的幻想，为本阶级服务。

冯先生认为："春秋战国时期的统治者，认为孔孟的思想是

---

① 恩格斯：《自然辩证法》，27页，北京，人民出版社，1955。
② 《马克思恩格斯全集》，中文1版，第8卷，152页，北京，人民出版社，1961。

'迂阔'。这两个字正是幻想的形容词。汉以后封建社会的统治者们虽然把孔子和孟子捧到'师'的地位，但是，他们从来没有认真考虑实行孔孟的思想。"① 冯先生并把这样一种现象说成是中国思想史上的一条规律。事情果真是这样的吗？

从历史事实来看，以孔孟为代表的儒家思想在春秋战国时期还没有成为统治阶级的统治思想；但是，从战国时代起，孔子的儒家思想在社会中已经占有特殊的地位，成为当时的"显学"；到汉武帝时，由于董仲舒和汉武帝的共同提倡，这种思想就成为我国封建社会的统治思想，以后长时期地支配着我国封建社会的各个方面。

按《汉书·董仲舒传》记载，汉武帝在考试董仲舒时说："朕……欲闻大道之要，至论之极……盖闻五帝三王之道，改制作乐而天下洽和，百王同之。"这就是说，汉武帝自己已经看到要巩固封建统治就必须为他所代表的阶级编造一套幻想，以便从政治上和思想上更好地控制人民，发展其阶级利益。因此，汉武帝接着直接把问题提到了哲学的高度。他说：

> 三代受命，其符安在，灾异之变，何缘而起？性命之情，或夭或寿，或仁或鄙，习闻其号，未烛厥理。……盖闻善言天者，必有征于人，善言古者，必有验于今；故朕垂闻乎天人之应。

聪明过人的董仲舒在回答汉武帝的问题时，也就一下子满足了汉武帝的要求，用"哲学的语言"回答了"哲学的问题"。他说：

> 陛下发德音，下明诏，求天命与性情，皆非愚臣之所能及也。

---

① 冯友兰：《关于孔子讨论的批评与自我批评》，载《哲学研究》，1963（6）。

跟着就大讲其"天人相与之际"的问题了。我们可以看到，在他的《天人三策》和《春秋繁露》中，无非是通过他那一套天人感应的目的论唯心主义哲学宣传封建的纲常名教，并把它说成是天经地义、永恒不变的真理——也就是说"赋予自己的思想以普遍性形式，把它们描绘成唯一合理的、有普遍意义的思想"。

如果我们就汉武帝的策问一事做一些简单的分析，那就会看出：

（1）把封建的"纲常名教"用某种普遍性形式表现出来，这是汉武帝和董仲舒等人共同完成的。在汉武帝的"策问"中，已经包含了为其本阶级编造幻想的必然答案。他不是问如何进行具体统治，而是问"大道之要，至论之极"，问"灾异之变"，问"天人之应"。至于为什么要这样问，他自己也讲得很明白，是为了要使"天下洽和，百王同之"；是为了要使"今"的问题和"古"的问题联系起来，以说明其"永恒性"。对于这样的"高明"的问题，董仲舒的"对策"自然也就只能是"天命与性情"、"天人相与之际"了。在中国历史上，像董仲舒和汉武帝共同为本阶级编造幻想的事，绝不是个别的。汉宣帝的"石渠阁奏议"，汉章帝的"白虎观奏议"，梁武帝之与萧琛，魏太武帝之与寇谦之，如此等等，不胜枚举。

（2）汉武帝的"策问"和董仲舒的"对策"说明他们所考虑的都是其整个阶级的利益，并且企图用"普遍性形式"把反映他们一个阶级的利益的思想"描绘成唯一合理的、有普遍意义的思想"。汉武帝之所以召集"贤良文学之士"前后百余人，其目的就是要解决如何使他的统治（也就是封建地主阶级的统治）"传之无穷而施之无极"，"永惟万世之统"。董仲舒的回答也正是从这一点出发。所以"对策"一开始，他就说明，"天出灾异以谴告之"，这是为了使人君能够"改过迁善"、"强勉行道"。接着，他才用"幻想的语言"阐明"道之大原出于天,天不变道亦不变"的思想。在这里正好说明,首先是一个阶级政治上的代表集中地反映出这个阶级的整个阶级利益,接着才有这个阶级的著作家来从各个方面论证其阶级统治和阶级利益的合理性。因此,认为思想家是代表一个阶级的长远利益和根本利益,而政治上的统治者反而只代表其阶级的眼前利益和暂时利益,这不仅是把思想和政治(即一定的阶级统治)割裂开来,而且可以说是本末倒置。

(3) 汉武帝和董仲舒等作为地主阶级的"政治代表和著作方面的代表人物",和他们所代表的阶级之间的关系,正像马克思所指出的那样,"他们在理论上得出的任务和作出的决定"就是地主阶级的"物质利益和社会地位在实际生活上引导他们得出的任务和作出的决定"①。不过,在这些"政治代表和著作方面的代表人物"与该阶级从事实际物质活动的成员之间往往存在着一些矛盾的现象。例如董仲舒所提出的"阳德阴刑"、"限民名田"等等,对于某些豪强地主在当时也起着某些方面的限制作用。这种现象说明了汉武帝和董仲舒更能集中地反映他们所代表的整个阶级的利益,然而该阶级某些从事实际物质活动的成员反而因其个人的特殊利益而与整个阶级的利益发生着一定的矛盾。所以马克思和恩格斯说:"正因为各个个人所追求的仅仅是自己的特殊的、对他们说来是同他们的共同利益不相符合的利益(普遍的东西一般说来是一种虚幻的共同体的形式),所以他们认为这种共同利益是'异己的',是'不依赖'于他们的。也就是说,这仍旧是一种特殊的独特的'普遍'利益,或者是他们本身应该在这种分离的界限里活动,这种情况也发生在民主制中。"②

---

① 马克思:《路易·波拿巴的雾月十八日》,见《马克思恩格斯全集》,中文 1 版,第 8 卷,152 页。
② 马克思、恩格斯:《德意志意识形态》,见《马克思恩格斯全集》,中文 1 版,第 3 卷,38 页,北京,人民出版社,1960。

如果我们进一步探索我国封建社会中的"君"、"师"关系，就会发现"君"和"师"作为封建统治阶级的代表不仅不是对立着的，而且他们的分别也只有相对的意义，甚至往往是"一身而二任焉"的。

在中国历史上，可以说几乎没有一个重要的思想家不同时又是政治家（包括实际的国家活动家）；反过来，著名的政治家和著名的实际活动家又往往兼任思想家。"学而优则仕"，"仕而优则学"，道破了其中的奥妙。

后来被人们尊崇为"至圣先师"的孔子，在他生活的年代里，也并不是仅仅作为思想家而出现的。他做过鲁国的司寇，把政治处理得很好；他周游列国，希望自己的学说得到推行；他以能使"老者安之，朋友信之，少者怀之"① 作为自己的志向；他愿意得到为政治服务的机会，说"吾岂匏瓜也哉，焉能系而不食"②。但是由于他"生不逢时"，因此在他的生前并未得志。可是汉武帝以后，他的思想的核心部分在社会生活中长时期地起着作用，他的著作成为"经典"，被定为科举取士的教科书。就像这样一个被别人称为"迂阔"的思想家，也没有脱离过政治，他的思想一直是在为一定阶级的政治服务的。

当然，也许有人会说，举例不能代替论证，孔子这种"学而优则仕"的现象也许是个别的呢！不是的，我们在中国历史上可以看到，从孔子到孙中山几乎所有历史上著名的思想家，一般说来同时又是政治家——如果不这样，他就不可能成为历史上有一定影响的思想家。让我们再举出一些典型的、足以说明情况的例子。

南北朝时有不少著名的和尚，其中最有名的，一个是道安，

---

① 《论语·公冶长》。
② 《论语·阳货》。

一个是他的弟子慧远。道安对宗教和政治的关系就说过这样的话："不依国主，则法事难立。"① 慧远虽然有《沙门不敬王者论》之作，但他却明确地说："释迦之与尧孔，发致不殊，断可知矣。"② 因此他认为佛法同样有益于"教化"，有助于"治道"。这个时期的道士陶弘景，身披法服，却被尊为"山中宰相"，梁武帝有事还得派人到茅山去向他请教。③ 这都是一些最典型的例子，它们都说明一个阶级的"君"和"师"在为其阶级服务这一点上，他们的分工只有相对的意义。

明朝有个王守仁提出了这样两个口号——"破山中贼"和"破心中贼"。这说明王守仁已经明确地提出来剥削阶级对待劳动人民的两套办法，并且说明他已自觉地担起了统治阶级的思想家和政治家这样两副担子。正如列宁所说："所有一切压迫阶级，为了维持自己的统治，都需要有两种社会职能：一种是刽子手的职能，另一种是牧师的职能。刽子手镇压被压迫者的反抗和暴动；牧师安慰被压迫者，给他们描绘一幅在保存阶级统治的条件下减少痛苦和牺牲的远景……从而使他们忍受这种统治，使他们放弃革命行动，冲淡他们的革命热情，破坏他们的革命决心。"④ 当王守仁在江西、福建、广东、湖南一带镇压起义农民时，他执行的是刽子手的职能，用武器来"破山中贼"；当他在"破山中贼"的过程中，看到仅仅用"武器"并不能消灭农民群众的反抗，于是又企图用"思想的武器"来控制农民群众，这又是行使着"牧师"的职能了。王守仁的"致良知"学说就是他为其本阶级编造的幻想，"良知"正是一种用"普遍性形式"表现出来的超阶级的"爱"

---

① 《高僧传》卷五《释道安传》。
② 慧远：《沙门不敬王者论》，见《弘明集》卷五。
③ 参见《南史》卷七十六《陶弘景传》。
④ 列宁：《第二国际的破产》，见《列宁全集》，中文1版，第21卷，208页，北京，人民出版社，1959。

的思想。这种思想为封建统治服务的社会作用是十分明显的,哪里是为了"批判当时的政治,揭露社会的黑暗"呢?

在我国封建社会中,不仅思想家常常兼任政治家,而且政治家(包括政治上的最高统治者)往往也兼任着思想家。先秦诸子不必说了,他们差不多都是兼职的。前面提到的"石渠阁奏议",据载,宣帝甘露三年"诏诸儒讲五经同异,太子太傅萧望之等平奏其议,上亲称制临决焉"①。东汉时的"白虎观奏议",据载,章帝"深惟古人之道,助三正之微",于是"专命礼臣,撰定国宪,洋洋乎盛德之事"②。这次会议后,编订了《白虎通义》一书,它就是用超自然的幻想的形式把现实的统治力量肯定下来。梁武帝天监六年召集僧俗六七十人"批驳"范缜的"神灭论"思想,梁武帝并亲自撰文以批驳之。③ 唐玄宗召集道士编纂《一切道经音义》,并亲注《道德经》。④ 这些事实完全可以说明,政治上的统治者不仅需要这些幻想,而且他们也参与了编造本阶级的幻想。因此,怎么能说他们"明知他们的'师'的幻想不可能实行"而且也"从来没有认真实行过"呢!

上面我们强调"君"、"师"一致,并不是想否认在"君"、"师"之间也会存在一些矛盾现象,问题是如何分析这些矛盾现象。

在我国封建社会中,"君"、"师"之间产生某些方面的矛盾,分析起来,原因不少,如由宗教信仰引起的,由民族关系引起的,由地域关系引起的……但是我们还会找到一种最本质、最普遍的原因,那就是这些矛盾总是和封建等级制以及统治阶级本身分为不同的政治集团这个因素分不开的。

如果我们透过某些发生在"君"、"师"之间的矛盾现象,去

---

① 《汉书》卷八《宣帝纪》。
② 《后汉书》卷二十五《卓鲁魏刘列传》,卷三十五《张曹郑列传》。
③ 参见《弘明集》卷九、卷十。
④ 《宋史·艺文志》中有唐玄宗《老子道德经注》2卷、《道德经音疏》6卷。

分析产生矛盾的原因，就可以发现一些思想家反对当权的政治上的统治者（或某个政治集团），首先他们自己也是隶属于某个政治集团或者拥护某些政治上的代表人物的。唐朝的柳宗元、刘禹锡是当时的进步思想家，他们的诗文批判了当时的一些社会现象，反对当时当权的范缜和宦官（当时政治上的统治集团），因此，对他们在历史上的进步作用应有所肯定。但是同时，柳宗元和刘禹锡都是属于以王叔文为首的"政治革新"集团的，他们在思想上反对当权的政治统治者的斗争，首先是政治斗争。所以马克思、恩格斯说："本来一切阶级斗争都是政治的斗争。"①

人们常常谈到北宋时期关、洛、新、蜀等学派之间的斗争。然而分析起来，这些派别在思想上的斗争都是政治斗争的反映。王安石在进行政治革新的同时，配合着他的变法撰写了《三经新义》。洛学集团在思想上反对王安石的学术思想，首先也是反映这两个集团在政治上一定程度的对立。据载："（明道）昔见上，（上）称介甫之学，对曰：王安石之学不是。"② 为什么"王安石之学不是"呢？很显然，首先是因为"新法"不是。王安石自己也看到这一点。他说："终始谓新法为不便者，独司马君实耳。"③ 从这些情况看，在历史上某些思想家和政治上的统治者之间的矛盾，总是表现着不同的封建等级或不同政治集团之间的矛盾。

其实，像上述这种属于同一阶级的思想家和政治上的统治者之间的某些矛盾现象，不仅发生在某些思想家与政治上的统治者之间，而且也常常发生在思想家与思想家、政治上的统治者与政治上的统治者之间。前者如孟子的"距杨墨，放淫辞"，张载的非二氏，朱熹与陈亮的王霸、义利之争等等；后者如秦始皇与吕不

---

① 马克思、恩格斯：《共产党宣言》，见《马克思恩格斯全集》，中文1版，第4卷，475页，北京，人民出版社，1958。
② 《河南程氏遗书》卷二上。
③ 邵伯温：《闻见前录》卷十一。

韦的斗争，北魏时崔浩与长孙嵩的斗争，唐武则天与李氏的斗争等等，举不胜举。如果对这些矛盾现象，不从他们所代表的不同阶级或政治集团，也就是说不从不同的物质利益方面去分析，不把这样一些现象放在整个社会阶级斗争的环境中去分析，必定得不出任何正确的结论。

我们还必须看到，无论是统治阶级的思想家还是政治家，他们的根本任务都是维护本阶级的利益，发展本阶级的利益。也就是说，他们在根本上是一致的。认为统治阶级的思想家（包括起着一定进步作用的统治阶级思想家）"在平时"以"批判当时的政治，揭露社会的黑暗"为任务是没有根据的。南朝的范缜虽然在"神"、"形"问题上与梁武帝展开了针锋相对的斗争，但是他的学说、思想仍然是以巩固封建统治为目的。他所理想的社会政治是："小人甘其垄亩，君子保其恬素；耕而食，食不可穷也；蚕而衣，衣不可尽也。下有余以奉其上，上无为以待其下。可以全生，可以匡国，可以霸君，用此道也。"[①] 柳宗元虽有《捕蛇者说》之作，可是他的思想仍是以"夫富室，贫之母也，诚不可破坏……"[②] 为基础，其《封建论》又以论证封建制度的合理性为宗旨。因此，只要我们坚持阶级分析的方法，就能够透过历史人物的思想和活动的种种现象，揭示出其为一定的阶级、政治服务的实质，从而看到他们的思想和活动是如何由其阶级的物质利益和社会地位引出来的。

从历史事实出发，经过科学的分析，我们就会得出和冯先生完全相反的结论：

第一，在我国封建社会中，统治阶级的思想家（"师"）和政

---

① 《梁书》卷四十八《范缜传》。
② 柳宗元：《答元饶州论政理书》，见《注释音辨唐柳先生集》卷三十二（四部丛刊本）。

治家（"君"）都是该阶级的积极成员，是该阶级的代表人物，他们共同编造着关于本阶级的幻想。

第二，在我国封建社会中，统治阶级的思想家和政治家的"分工"只有相对的意义①，"学而优则仕"、"仕而优则学"对他们来说，是一个普遍规律。

第三，在我国封建社会中，统治阶级的思想家所编造的有关"共同利益的幻想"，是以维护和发展本阶级的利益为目的的。统治阶级的政治家不仅"准备接受这些思想和幻想"，不仅在现实生活中推行它，而且也亲身参与了它的编造。

第四，在我国封建社会中，统治阶级的思想家和政治家之间的某些矛盾现象，首先是反映着不同阶层和不同政治集团之间的矛盾，是整个社会的阶级斗争在思想上的反映。而且在维护本阶级的根本利益的问题上，思想家和政治家又是一致的。

(二)"治统"和"道统"

"治统"和"道统"相对抗的理论是我国封建统治阶级思想家所提出的重要的唯心主义理论之一。冯先生的文章不仅没有批判它，反而把它加以发展，使之系统化，并为它在马克思主义经典著作中寻求所谓"理论根据"。

"道统"这一名称最初见于宋李元纲《经门事业图》。其第一图曰"传道正统"。但"道统"这一思想由来很早。至少我们可以说，孟子已经有了比较明确的"道统"思想。他说："由尧舜至汤，五百有余岁，若禹、皋陶，则见而知之；若汤，则闻而知之。由汤至于文王，五百有余岁，若伊尹、莱朱，则见而知之；若文王，则闻而知之。由文王至于孔子，五百有余岁，若太公望、散宜生，则见而知之；若孔子，则闻而知之。由孔子而来至于今，百有余

---

① 这里所说的"分工"不是指的"统治阶级内部的精神劳动与物质劳动的分工"，而是指在"职业"上的有所不同，详见下。

岁,去圣人之世,若此其未远也,近圣人之居若此其甚也,然而无有乎尔,则亦无有乎尔。"① 这里,孟子根据他的道德理想,把历史上的一些人物加以美化,称他们为"圣人",并在他们之间虚构了一种前后相承的继承关系,这就是"道统"。孟子的这个观点是为了不使"圣人"的道德教化中断,而在实际上是企图把他自己的主观道德政治理想客观化,找出历史上的根据。因此,"道统"之说一开始就带有虚构的性质。

唐朝的韩愈受了佛教宗派传法的"法统"思想的影响,继孟子之后,更明确地把"道统"的传授规定下来。韩愈比孟子前进一步,首先说明了他所说的"道"不是老子和佛教的"道",而是"仁义"之"道"。他的"道统"是这样的:"尧以是传之舜,舜以是传之禹,禹以是传之汤,汤以是传之文、武、周公,文、武、周公传之孔子,孔子传之孟轲。"② 在孟子以后,"不得其传",显然只是到他韩愈才又上承孟子,把已经断了千余年的"道统"接上了。

到宋朝,谈"道统"的人就更多了,程朱学派也自认为上承孟子,把韩愈排斥在"道统"之外,认为韩愈还没有资格加入圣人的行列。这不过表明程朱学派在抬高自己的地位罢了。

从这个事实,我们也得出和冯先生完全不同的结论:"道统"之说本来就是封建统治阶级虚构的,其目的是要通过"道统"之说来宣传封建统治的合理性和永恒性。他们所用的方法是把思想和阶级割裂开来,认为是这种"思想"在进行统治,并使"这种思想统治具有某种秩序",在一个承继着另一个的思想统治之间存在着某种神秘的联系。"为了消除这种'自我规定着的概念'的神秘外衣",又把这种思想和某种人物(圣人)联系起来。这当然是

---

① 《孟子·尽心下》。
② 韩愈:《原道》,见《韩昌黎文集》卷一。

历史唯心主义的理论。

冯先生认为,只有思想家("师")才是编造幻想的,是属于"道统"方面。这就是说,政治上的统治者("君")不是属于道统方面的。这种看法与韩愈等人的看法不完全一样,但同样是错误的。照韩愈的看法,在"道统"方面既包括"由周公而上,上为人君"的那些人,也包括"由周公而下,下为人臣"的人,因此,过去的思想家也不过是只把"师"列入"道统",而把"君"排斥在"道统"之外。看来他们分别"道统"和"治统"并不是为了说明思想家和政治家的分工,至少可以说他们并不以"君"和"师"的分别作为区别"治统"和"道统"的原则。一般说来,他们认为"道统"指的是传"道"的行列,属于这个行列的是"圣人",不管是政治家也好,思想家也好,只要是"圣人"就属于"道统"方面。按照这个看法,虽不能把所有的"帝王"都列入"道统"方面,同样也不能把所有的"师"都归入"道统"方面,但是在历史上确实有些"帝王"被列入"道统"方面,因为他们具有"圣人"的品德,即所谓"内圣而外王",他们被认为是封建道德的化身。可见冯先生所主张的"君"属于"治统"方面,"师"属于"道统"方面,"君"、"师"的分工表现为"治统"与"道统"的对抗这种理论不仅是错误的,而且在思想上连文献的根据也很难找到。这里,我们当然无意为传统辩护,而仅仅是要指明,冯先生新创造的"治道对抗论"和传统思想在实质上一样,无非是改换了一下形式,来论证"君"、"师"对立,割断"政治"与"学术"的联系,否认"学术"为"政治"服务罢了。

照冯先生的说法,认为"君"和"师"、"治统"和"道统"相对抗并不是唯心史观,只是认为"道统"比"治统"更根本才是唯心史观。也就是说,冯先生认为,在历史上,"君"和"师"、"治统"和"道统"确实是相对抗的。这难道真的符合事实吗?

郭象的《庄子序》中有一句话可以说是中国哲学史讨论的重要课题之一，这就是"内圣外王之道"。如果把中国哲学史上有影响的哲学家加以考察，就可以看到很多人从他们的阶级利益出发都是自以为讲"内圣外王之道"的。

什么是"内圣外王"之道呢？简单地说，"圣"是指"圣人"，"王"是指"帝王"。封建时代的思想家认为具有圣人道德品质的人是"内圣"，从事治国平天下的人是"外王"。那种既有圣人的道德品质又从事着"治"、"平"事业的人就是"内圣外王"。讲如何成为一个具有圣人人格的帝王的学说就是"内圣外王之道"。这一学说表明，封建时代的思想家一方面虚构了"道统"与"治统"的对抗，"学术"与"政治"的对立；另一方面，从其阶级利益出发，又把封建道德学问与事功结合起来，要求"学术"为"政治"服务。

孔子认为"圣人"是能够做到"博施于民，而能济众"的人。虽然尧舜也难做到，但孔子的意思还是把它看成是理想的功业，能够实现这样功业的人就是"内圣外王"（"圣王"）。到两汉又有所谓"天人之际"的学问，也就是"内圣外王之道"。魏晋时代，何晏、王弼提出"名教"是"自然"的必然产物，认为"德合自然"的帝王是理想的圣王，郭象直接提出"内圣外王之道"，认为"帝王"在实际上也就是"圣人"，"未有极游于外之至，而不冥于内者也"[①]。宋明道学提倡《大学》，大讲其"大学之道，在明明德，在亲民，在至于至善"，大讲其"修"、"齐"、"治"、"平"之术。所有这些都说明，从孔子以来的两千多年中，封建正统思想家都在大谈"内圣外王之道"。

封建统治阶级的思想家讲"内圣外王之道"并不是一种偶然

[①] 郭象：《庄子注》卷三《大宗师注》。

现象，而是有其深刻的社会和阶级原因的。由于这些思想家大力宣传"内圣外王"，这样就在社会上造成一种印象，好像政治上的统治者同时也是"道德的化身"，是"全民的代表"，至少起着使人们希望有这种具有圣人人格的帝王产生的作用。这种学说就这样掩盖了封建剥削和压迫的实质，起着为封建统治服务的作用。

当然我们在历史上也会发现另外一种情况：有些思想家极力宣传"圣人"和"帝王"的对立、学术和政治的分家。例如庄子，一方面赞美不为当时统治阶级政治服务的"神人"、"真人"之类，把他们描绘成为"不食人间烟火"的怪物。如他说："何谓真人？古之真人，不逆寡，不雄成，不谟士。若然者，过而弗悔，当而不自得也。若然者，登高不栗，入水不濡，入火不热，是知之能登假于道也若此。"① 另一方面又攻击为当时统治阶级政治服务的人，说他们是"大盗"。然而只要透过事物的现象，就可以看到庄子的思想并不是真的不为政治服务了，而只是说明他的思想不为当时占统治地位的政治服务，而是为已经被推翻了的统治阶级的政治服务。像庄子这种"超政治"的思想正是没落阶级的思想情绪的表现，但是他仍然是为一定的阶级和一定的政治服务的。

有些事情很奇怪，一种思想和它的相反的思想有时竟出于同一人之口。如果我们读一读冯友兰先生的《新原道》就会发现，过去提倡"内圣外王之道"的，宣扬中国哲学精神是"极高明而道中庸"的，今天却又在他的《中国哲学史新编》等著作中强调"君"、"师"分工，"治"、"道"对立了。

在《新原道》中有这样两段：

> 在中国哲学史中，无论哪一派、哪一家都自以为讲"内圣外王之道"，但并不是每一家所讲底都能合乎"极高明而道

---

① 郭象：《庄子注》卷三《大宗师注》。

中庸"的标准……不过在中国哲学史的演变中,始终有势力的各家哲学,都求解决如何统一高明与中庸的问题。对于这个问题的解决,可以说是"后来居上"。我们于此可见中国哲学的进步。我们于以下十章,依历史的顺序叙述中国哲学史中各重要学派的学说,并以"极高明而道中庸"的标准为标准,以评定各重要派别的价值。

在该书的序中又说:

> 书凡十章,新统居一,敝帚自珍,或贻讥焉。然孔子曰:"文王既没,文不在兹乎?"孟子曰:"圣人复出,必从吾言。"其自信若是。……盖学问之学,各崇所见。当仁不让,理固然也。

如果把这两段话和冯先生今天的顺序对照起来看,虽然都不正确,但却成了两个极端。不需要多加分析就可看出这是由于时代不同所致。

冯先生在"道统"和"治统"问题上的另一重要观点就是:"道统"在两千年中没有变化,而"治统"方面经过很多朝代的变化。果真是这样吗?

在我国封建社会中,确曾有过"很多朝代的变化",这是由于生产力的发展、阶级斗争的推动引起的结果。但是,尽管朝代不断在变化,有一点却没有变化,那就是鸦片战争以前的两千多年中我国一直是封建社会。从这一点说,"治统"也没有什么变化。

至于说"道统",它也和"治统"的情况一样,在整个封建时期既没有变又在改变着。从封建统治阶级思想家和政治家所编造的"道统"的基本内容看,"道统"一直没有变化。正如董仲舒说:"道之大原出于天,天不变道亦不变。"从孔子到宋明道学家都无非是把封建的伦常关系作为"道"的内容,传授这种"道"的"圣人"的前后相继的关系就被叫做"道统"。韩愈说得好:"仁与义为定名,道与德为虚位……凡吾所谓道德云者,合仁与义言之也,天下之公言也。"① 韩愈的话确实在一定程度上表现了封建统治阶级的"道"的共同内容。当然从形式上或具体内容方面看,这两千年中,"道"也有很大的变化。有的把它称为"天道",有的把它称为"太极",有的把它称为"理",有的把它称为"良知",还有的把它称为"明德"等等。有的说"道"是客观的(如朱熹的"性即理"),也有的说"道"是主观的(如陆王的"心即理")等等。这样一些变化也正如"治统"的改朝换代一样,是适应着时代的要求而变化的。

总之,冯友兰先生由于沿用了封建思想家关于"道统"和"治统"的学说,并且在有些方面做了新的发展,这样就使自己深深地陷入了唯心史观之中。和在"君"、"师"分工问题上一样,这个"治"、"道"对抗的理论在实质上是割裂了"思想"和"阶级"、"学术"和"政治"的联系,把"思想"看成是自古以来没有变化的东西。

二

冯先生的"君师分工论"、"治道对抗说"之所以会和历史的实际情况完全相反,我们认为主要地不是由于他不知道历史的实际情况,而是由于他从不正确的理论出发,抓住历史上的某些个别现象,把错误的理论与片面的材料结合起来,从而导致的必然结论。因此,这一部分我们分析一下冯友兰先生"君师分工论"、"治道对抗说"的一些理论观点。

---

① 韩愈:《原道》,见《韩昌黎文集》卷一。

(一) 统治阶级内部的"精神劳动和物质劳动分工"

马克思、恩格斯在《德意志意识形态》中对统治阶级内部的精神劳动和物质劳动的分工做了历史唯物主义的论述。这段话的原文是这样的：

> 我们在上面（第35～39页）已经说明分工是先前历史的主要力量之一，现在，分工也以精神劳动和物质劳动的分工的形式出现在统治阶级中间，因为在这个阶级内部，一部分人是作为该阶级的思想家而出现的（他们是这一阶级的积极的、有概括能力的思想家，他们把编造这一阶级关于自身的幻想当作谋生的主要泉源），而另一些人对于这些思想和幻想则采取比较消极的态度，他们准备接受这些思想和幻想，因为实际上该阶级的这些代表才是它的积极成员，所以他们很少有时间来编造关于自身的幻想和思想。在这一阶级内部，这种分裂甚至可以发展成为这两部分人之间的某种程度上的对立和敌视，但是一旦发生任何实际冲突，当阶级本身受到威胁，甚至占统治地位的思想好像不是统治阶级的思想这种假象、它们拥有的权力好像和这一阶级的权力不同这种假象也趋于消失的时候，这种敌视便会自行消失。一定时代的革命思想的存在是以革命阶级的存在为前提的，关于这个革命阶级的前提所必须讲的，在前面（第37～41页）已经讲过了。①

冯先生认为，马克思和恩格斯的这一段话是说明，分工是指思想家和政治家的分工；对立是思想家和政治家的对立；分工使思想家代表其本阶级的长远利益和根本利益，政治家（包括政治上的统治者）代表本阶级的眼前利益和暂时利益，这是这种对立产生

---

① 《马克思恩格斯全集》，中文1版，第3卷，53页。

的根源。显然这完全歪曲了马克思的原意。

很清楚,马克思、恩格斯在这里所讲的统治阶级内部的"精神劳动和物质劳动的分工"是指思想家(包括政治家和政治上的统治者)和本阶级从事实际物质活动的成员之间的分工。

我们知道,由于思想家脱离本阶级其他成员从事的物质劳动(谋取现实经济物质利益的活动),专门从事编造幻想的思想活动,这就是他们可能赋予自己的思想以"普遍性形式"的重要条件,造成其阶级的革命和统治是为了实现某种"永恒真理","唯一合理、有普遍意义的思想"的假象,造成他们和本阶级从事实际物质活动的成员(如资本主义社会中的资产阶级工业家、商人、银行家等)的某种对立现象。这里,马克思、恩格斯所说的思想家显然是包括政治上的统治者在内的。因此,他们才明确地说,在造成"占统治地位的思想好像不是统治阶级的思想这种假象"的同时,也造成"它们拥有的权力好像和这一阶级的权力不同的这种假象"。这个"思想家"包括政治上的统治者的看法,在该书的后几页得到了完全的证明。马克思和恩格斯说:"要说明这种曾经在德国占统治地位的历史方法,以及它为什么主要在德国占统治地位的原因,就必须从它与一切思想家的幻想,例如,与法学家、政治家(包括实际的国家活动家)的幻想的联系出发,就必须从这些家伙的独断的玄想和曲解出发。"[1] 这里证明,马克思恩格斯所说的思想家,既包括法律家、政治家,也包括实际的国家活动家。他们所说的"思想家的幻想",就是指的包括法律家、政治家和实际的国家活动家的幻想。

在《路易·波拿巴的雾月十八日》一书中也清楚地证明,统治阶级内部的分工是指思想家、政治家和从事本阶级实际物质活

---

[1] 《马克思恩格斯全集》,中文1版,第3卷,56页。

动的成员的分工。马克思说：

> 不应该认为，所有的民主派代表人物都是小店主或小店主的崇拜人。按照他们所受的教育和个人的地位来说，他们可能和小店主相隔天壤。使他们成为小资产阶级代表人物的是下面这样一种情况：他们的思想不能越出小资产者的生活所越不出的界限，因此他们在理论上得出的任务和作出的决定，也就是他们的物质利益和社会地位在实际生活上引导他们得出的任务和作出的决定。一般说来，一个阶级的政治代表和著作方面的代表人物同他们所代表的阶级间的关系，都是这样。①

这里，马克思把"一个阶级的政治代表和著作方面的代表人物"看做一个阶级的代表人物，而把他们与该阶级从事实际物质活动的成员加以区别。这些"代表人物"是为其阶级创造"理论思想"的。可是他们创造的"理论思想"所得出的"任务"和"决定"也正是这个阶级的"物质利益和社会地位"引导他们得出的结论。因此，所谓"一个阶级的代表人物"就是指这个阶级整个阶级利益的代表。

根据马克思主义经典作家的指示，关于统治阶级内部的"精神劳动与物质劳动分工"的问题大体可以归纳为以下几点：

首先，"思想家"（包括政治家）是指的一个阶级的代表人物。他们之所以能成为"代表人物"，那是因为他们能代表整个阶级的利益，也就是说他们往往是在根本的方面代表着该阶级从事实际物质活动的成员的利益。

其次，由于统治阶级从事实际物质活动的某些成员追求着个人的特殊利益，就造成"一个阶级的代表人物"和该阶级从事实

---

① 《马克思恩格斯全集》，中文1版，第8卷，152页。

际物质活动的某些成员之间"某种程度的对立和敌视",发生"小店主背叛自己的代表"的事。在《路易·波拿巴的雾月十八日》中,马克思论述了在和波拿巴斗争时,资产阶级的思想家和资产阶级自己(按:指该阶级从事实际物质活动的成员)发生了分裂。马克思说,资产阶级从事物质活动的成员——金融家、工业家和商人,由于自己"最狭小最卑鄙的私人利益而牺牲自己的全阶级的利益即政治利益"①。他们以"对总统奴颜婢膝,诋毁议会,粗野地对待自己的报刊,从而促使波拿巴压制和消灭资产阶级中讲话和写文章的分子,即资产阶级的政治家和著作家、资产阶级的讲坛和报纸,而所有这一切都是为了使它能够在不受限制的强硬的政府保护下安心地从事他们私人的事情"②。这里,马克思说明了同一阶级这两部分人产生矛盾的原因,并且也是把著作家和政治家合在一起,称他们为资产阶级的代表。接着马克思还用"思想家"这个统一的称呼来概括他们以及他们和本阶级的从事物质活动的成员之间的矛盾:"资产阶级的演说家和作家,资产阶级的讲坛和报刊,一句话,资产阶级的思想家和资产阶级自己,代表者和被代表者,都互相疏远了,都不再相互了解了。"③ 这是因为,"这部分资产阶级表明:为了保持他们的公共利益、他们本阶级的利益、他们的政治权力而进行的斗争,是有碍于他们私人的事情的,因而只是使他们感到痛苦和烦恼"④。

再次,马克思、恩格斯在《德意志意识形态》中分析了统治阶级内部的"精神劳动和物质劳动的分工"和私有制之间的关系。他们说:"分工和私有制是两个同义语,讲的是同一件事情,一个

---

① 《马克思恩格斯全集》,中文1版,第8卷,201页。
② 同上书,201页。
③ 同上书,198页。
④ 同上书,200页。

是就活动而言，另一个是就活动的产品而言。"①

作为"私有制的同义语"的"分工"是指基于私有制的阶级对抗的压迫与剥削的社会制度。这个社会制度的特征就是：阶级的分裂与对抗，从而使个人必然隶属于阶级；个人的特殊利益总是"违反个人的意志"，发展为阶级的共同利益和阶级的普遍利益，并使阶级的普遍利益脱离个人的特殊利益独立起来，以虚幻的共同体的形式——国家——表现出来。国家作为整个剥削阶级压迫和剥削被剥削阶级的工具，它是整个统治阶级利益的体现，但同时对于剥削阶级个人也是一种"实行干涉"和"束缚"的力量。国家这种貌似独立的存在，以及统治阶级个人基于私有制而互相进行的竞争、排挤、不顾一切地追求个人利益，就往往会造成"国家"与统治阶级个人之间的某种对立。占统治地位的思想和权力好像不是本阶级的思想和权力，代表者和被代表者的某种"对立和敌视"就是在这样的情况下产生的。所以马克思和恩格斯说："只要阶级的统治完全不再是社会制度的形式，也就是说，只要那种把特殊利益说成是普遍利益，或者把'普遍的东西'说成是统治的东西的必要性消失了，那么，一定阶级的统治似乎只是某种思想的统治这种假象当然也就会完全自行消失。"②

最后，根据经典作家的指示，一个阶级的思想家和该阶级从事物质活动的成员之间某种程度的矛盾，首先它是一种假象，其次它只是在某种情况下才发生的。由于这两部分人同属一个阶级，从根本上说他们的利益是一致的，因此，他们之间的"对立和敌视"只是一种假象。这两部分人之间的矛盾，只是在所属阶级本身的利益不受威胁的情况下才有可能发生。我们知道，在封建社会中，农民反对地主的斗争是经常的，因此决不能说只是在农民

---

① 《马克思恩格斯全集》，中文1版，第3卷，37页。
② 《马克思恩格斯全集》，中文1版，第3卷，54~55页。

起义的时候，这两部分人之间的矛盾才消失。

因此，在"分工"的问题上存着两种完全对立的观点，一种是历史唯物主义的观点，另一种是历史唯心主义的观点。马克思和恩格斯在《德意志意识形态》一书中，树立了对"分工"问题做历史唯物主义分析的典范。照他们的看法，统治阶级内部"精神劳动和物质劳动的分工"是指一个阶级的"思想家"（包括政治家等）和该阶级从事物质活动的成员之间的分工；这种分工是和私有制相联系的；一定的思想以一定的阶级为前提；思想家和政治家，思想和政治之间有着内在的必然联系，无法分割，他们同是本阶级的代表人物，共同为本阶级编造幻想；他们的活动及其产品都是具有强烈的阶级性、党性的。

然而冯先生用他的"分工论"把思想家摆上了一个特殊的与政治脱离的地位，甚至把他们说成真的是和政治上的统治者对立的。这样一来，思想家就成为超阶级的人物，他们编造的幻想也就真的成为超阶级的思想了。当然，在这个理论的基础上就会产生一些这样的观点：统治阶级的思想家是以"批判当时的政治，揭露社会的黑暗"为己任的，他们的思想似乎并不只是反映自己阶级的利益，而是在一定历史条件下反映着"劳动人民的共同利益"。这正是离开了一定的阶级来谈"思想"，所以它是一种典型的唯心主义历史观。

(二) 经济、政治和文化

毛泽东同志指出："一定的文化（当作观念形态的文化）是一定社会的政治和经济的反映，又给予伟大影响和作用于一定社会的政治和经济；而经济是基础，政治则是经济的集中的表现。这是我们对于文化和政治、经济的关系及政治和经济的关系的基本观点。那么，一定形态的政治和经济是首先决定那一定形态的文化的；然后，那一定形态的文化又才给予影响和作用于一定形态的政治和经济。马克思说：'不是人们的意识决定人们的存在，而是人们的社会存在决定人们的意识。'他又说：'从来的哲学家只是各式各样地说明世界，但是重要的乃在于改造世界。'这是自有人类历史以来第一次正确地解决意识和存在关系问题的科学的规定，而为后来列宁所深刻地发挥了的能动的革命的反映论之基本的观点。我们讨论中国文化问题，不能忘记这个基本观点。"①

根据毛泽东同志的指示，我们知道研究中国文化的基本观点是：(1) 经济是基础；(2) 政治是经济的集中表现；(3) 一定形态的文化是一定形态的政治和经济的反映；(4) 一定形态的文化又可以给予影响和作用于一定的政治和经济。这也就是马克思主义的唯物历史观、马克思主义的能动的革命的反映论。

以毛泽东同志的这一思想为指导，来分析文化（作为观念形态的文化）和政治、经济的关系，那就会更加清楚地看到冯先生"君师分工论"、"治道对抗说"的唯心主义、形而上学的实质了。

1. "物质关系"和"思想关系"

马克思主义经典作家把社会关系分成"物质关系"和"思想关系"，并且指出"思想关系"归根到底应由"物质关系"来说明，同时"思想关系"又反过来影响"物质关系"。② 这里所说的"物质关系"是指的社会的经济基础，一定社会的生产关系；"思想关系"是指"物质的社会关系的上层建筑"，它不仅包括哲学、宗教、文学、艺术等意识形态，而且包括"政治关系"和"法律关系"。列宁说："对氏族制度的说明，不要在思想关系（例如法律关系或宗教关系）中而要在物质关系中去寻找。"③ 马克思也说：

---

① 毛泽东：《新民主主义论》，见《毛泽东选集》，第1版，第2卷，624~625页，北京，人民出版社，1952。
② 参见列宁：《什么是"人民之友"》，见《列宁全集》，中文1版，第1卷，131页，北京，人民出版社，1955。
③ 同上书，130页。

论"治统"与"道统" | 479

"随着经济基础的变更,在全部庞大的上层建筑中也就会或迟或速地发生变革。在考察这种变革时,必须时刻把经济生产条件方面所发生的那些可用自然科学精确眼光指明出来的物质变革,去与人们所借以意识到这种冲突并力求把它克服的那些法律的、政治的、宗教的、艺术的或哲学的形式——简言之,思想形式——分别清楚。"① 我们引这两段话是想说明,马克思主义是科学,因此每一个概念都有一定的内容,反映着客观存在的事物的本质。② 在这里所说的"思想关系"、"思想形式"和在《德意志意识形态》中所说的"思想"指的是和经济基础相对的"上层建筑",它包括着政治、法律、宗教、艺术和哲学等方面。冯友兰先生用"六经注我"的态度对待马克思主义,随心所欲地把马克思、恩格斯在《德意志意识形态》中所说的"思想家"变成"哲学家",把"思想"变成仅仅是"抽象的哲学概念"。这样一来,就把经典作家的原意弄得面目全非了。

马克思主义经典作家用"思想关系"、"思想形式"或"思想"来代表上层建筑,概括政治、经济、宗教、艺术、哲学等,用"思想家"来代表政治家(包括实际的国家活动家)、法律家、宗教家、艺术家、哲学家等为一定的经济基础服务的人们,不是没有意义的。这是为了说明:(1) 全部思想关系、思想形式为物质关系所决定,全部上层建筑为经济基础所决定;(2) 反映着一定物质关系的思想关系,其中各个部分,如政治、法律、宗教、艺术、哲学等,是密切联系着、统一着的,是互相影响着的;(3) 全部思想关系对物质关系起着统一的影响和作用。运用这种观点分析社会现象将有利于

---

① 马克思、恩格斯:《政治经济学批判序言》,见《马克思恩格斯文选》,第1卷,341页,莫斯科外国文书籍出版局,1954。

② 参见《马克思恩格斯书信选集》,421页,北京,人民出版社,1962。马克思把在事物和关系中存在的共同内容概括为它们的一般的思想交流形式,所以他的抽象只不过是用思维形式反映出已存在于事物中的内容。

我们更好地贯彻唯物主义的历史观，贯彻革命能动的反映论。

与此相反，冯先生把一部分思想形式（主要是抽象的哲学概念）从整个思想形式中分离出来，把同一经济基础的上层建筑中的一个部分和另外一个部分对立起来。这样一来，就为把"思想"看成是不为物质关系所决定，不服务于物质关系的某种"自我意识"开辟了道路。从实质上看，冯先生的"君师分工论"、"治道对抗说"正是要得出这样的结论。

马克思主义经典作家指出，生产关系就是社会的人与人之间的关系，在阶级社会中表现为阶级关系。普列汉诺夫指出："什么是阶级的互相关系呢？这首先就是人们在社会生产过程中彼此之间的关系：生产关系。"① 从这里可以看出，在阶级社会中，为一定的经济基础服务，也就是为代表这一经济基础的阶级服务。因此，任何"思想"都是有阶级性的。毛泽东同志说："在阶级社会中，每一个人都在一定的阶级地位中生活，各种思想无不打上阶级的烙印。"认为统治阶级的思想不为统治阶级服务，统治阶级不需要它的思想家来为它服务，实际上也就是说，上层建筑（或上层建筑中某些部分）不为其经济基础服务，经济基础也不需其上层建筑来为它服务。这种观点，离开了马克思主义的唯物史观，背离了马克思主义的阶级分析。

2. "政治是经济的集中表现"

毛泽东同志指出："诚然，生产力、实践、经济基础，一般地表现为主要的决定的作用，谁不承认这一点，谁就不是唯物论者。然而，生产关系、理论、上层建筑这些方面，在一定条件之下，又转过来表现其为主要的决定的作用，这也是必须承认的。"② 我

---

① 普列汉诺夫：《论一元论历史观之发展》，见《普列汉诺夫哲学著作选集》，第 1 卷，721 页。

② 毛泽东：《矛盾论》，见《毛泽东选集》，第 1 版，第 1 卷，300 页，北京，人民出版社，1952。

们知道，马克思主义对经济和政治的关系的看法是唯物辩证的，经济是政治上层建筑的基础，但是政治上层建筑又能集中地表现一定生产关系的要求。所以列宁说："政治是经济的集中表现。"就这个意义上说，"政治同经济相比不能不占首位"①。表现为一定政治统治的国家政权一旦建立起来，就能集中反映经济基础的要求，从而又对经济基础起着决定作用。所以马克思和恩格斯说："因为国家属于统治阶级的各个个人借以实现共同利益的形式，是该时代的整个市民社会获得集中表现的形式，因此可以得出一个结论：一切共同的规章都是以国家为中介的，都带有政治形式。"②

既然"政治"在社会生活中占有着如此重要的特殊地位，那么，它对上层建筑的其他部分例如宗教、艺术、哲学等意识形态无疑也是起着决定性的作用的。一般说来，意识形态的东西虽然归根结底要受经济基础的决定，但是"这些经济影响大都又只是在其政治等等的外衣下起作用"。所以恩格斯认为，对于"思想"产生直接影响的是政治，经济往往只是间接的影响。

毛泽东同志也特别强调了"政治"的重要作用，在这个问题上发展了列宁关于"政治是经济的集中表现"的思想。他指出："政治工作是一切经济工作的生命线。"③ 从这里出发，他更进一步阐明了"政治"是社会生活一切方面的灵魂，它起着统帅的作用。

在《在延安文艺座谈会上的讲话》一文中，毛泽东同志深刻地阐明了"政治"与"一切文化"之间的关系："在现在世界上，一切文化或文学艺术都是属于一定的阶级，属于一定的政治路线

---

① 列宁：《再论工会、目前局势及托洛茨基和布哈林的错误》，见《列宁全集》，中文1版，第32卷，71～72页，北京，人民出版社，1958。
② 马克思、恩格斯：《德意志意识形态》，见《马克思恩格斯全集》，中文1版，第3卷，70～71页。
③ 毛泽东：《严重的教训》一文按语，见《中国农村的社会主义高潮》，上册，123页，北京，人民出版社，1956。

的。为艺术的艺术，超阶级的艺术，和政治并行或互相独立的艺术，实际上是不存在的。"① 这就是说，一切文化都是为一定的阶级、一定的政治服务的，不仅认为"文化"比"政治"更根本是错误的，就是认为"'文化'与'政治'并行或互相独立"的观点也是错误的。这种"'文化'与'政治'并行或互相独立"的观点之所以错误，就在于它是超阶级、超政治的观点，而冯先生的"君师分工论"、"治道对抗说"的根本错误也正在于此。

首先，马克思主义经典作家认为，政治决定着文化思想，因此文化思想不仅不能和政治相对抗，相脱离，而且也不能互相独立。与此相反，冯先生不仅认为文化思想和政治思想相互独立，而且认为它们是相互对抗的。照冯先生的看法，"道统"与"治统"相对抗并不一定是历史唯心主义，只有认为"道统"比"治统"更根本才是历史唯心主义。其实，在马克思主义的历史唯物主义者看来，主张"'道统'与'治统'相对抗"同样是历史唯心主义。因为这种主张无异于说，"思想"和"主张"无关。这样的"思想"岂不成了"无源之水，无本之木"了吗？而且这种观点也就必然引出"'道统'比'治统'更根本"的观点来。不是别人而是冯先生自己的文章就包含了这样的观点。如上所言，冯先生认为思想反映着本阶级的"长远利益"、"根本利益"不就是这样的观点吗？

其次，马克思主义经典作家认为，一定的文化思想又给予政治以重大的影响和作用，也就是说，思想家是积极为政治服务的。与此相对，冯先生认为，一个阶级的"思想家"不是经常为其政治服务的。至少可以说，冯先生认为一个阶级中有一部分"思想家"不是为其本阶级的政治统治服务的。我们知道，一个阶级有

---

① 《毛泽东选集》，第1版，第3卷，822页，北京，人民出版社，1953。

很多思想家，他们创造了很多思想学说，这些思想学说从形式上看可能很不相同，甚至于在内容方面也有很大出入，他们之间互相攻击起来也是不遗余力、不留余地的。然而所有这些只是事情的一个方面，而且是现象的方面。如果对他们的思想做阶级的分析就可以看出，这些思想家的思想无非是从不同方面为同一阶级服务，在根本上都是为着巩固其阶级利益的。如果某种思想真的不为这个阶级的政治服务，那它就一定为另一个阶级的政治服务。在阶级社会中从来还没有出现过不为任何阶级的政治服务的思想。

从冯先生的"君师分工论"、"治道对抗说"的分析中，我们可以看到科学研究如果脱离开马克思列宁主义、毛泽东思想的指导，不管掌握多少材料，不管抓住多少事物的现象，都不能得出合乎实际的科学结论。在研究中国文化的问题上，我们必须牢牢记住毛泽东同志关于"文化和政治、经济的关系的基本观点"："一定的文化（当作观念形态的文化）是一定社会的政治和经济的反映，又给予伟大的影响和作用于一定社会的政治和经济。"

原刊于《北京大学学报》，1964（4）

略论魏晋玄学的发展（上）

一

先秦哲学主要讨论的是天道观问题，也就是有关宇宙构成的问题。唯心主义的哲学家大部分认为支配宇宙的力量是"天"（上帝），唯物主义哲学家则认为宇宙是自然而然存在着的，并且是由某种物质元素构成的。两汉的哲学在哲学形态上是承继先秦而发展下来的，它主要是对于先秦哲学所讨论的问题进行了科学的（如王充等）和神秘的（如董仲舒等）解释，这样就促使唯物主义和唯心主义都向前发展。魏晋玄学是中国古代哲学发展的一个新阶段，这个时期提出了若干重要的新问题，采用了新的方法论，运用了标志着人们的认识发展到一定阶段的若干范畴，因此它反映着哲学思想发展的深入和提高。

魏晋玄学是魏晋时代特定的哲学思想，它所讨论的中心问题是宇宙本体的问题，也就是所谓"本末有无"这样一类形而上学的学问。①"玄学"原来的意思是指玄远之义，即指在形式上的远离实际。实际有时指事物，有时指事务。远于事务，即所谓"出世"、崇尚"自然"，这就是当时关于"名教"与"自然"问题的讨论。远于事物，则重本体论，讲形而上学，这就是当时关于"本末有无"问题的讨论。《世说新语·德行》说："阮嗣宗……言皆

---

① 这里的形而上学一词，是指用思辨的方法来阐述经验以外的各种问题，如关于存在的始源、关于世界的实质等。（参见《马克思恩格斯全集》，中文1版，第4卷，133页译者注）

玄远，未尝臧否人物。"何劭《荀粲传》说："粲能言玄远，常以子贡称夫子之言性与天道不可得而闻也。"① 张衡《玄图》曰："玄者无形之类，自然之根，作于太始，莫与之先。"清谈、任达、荡易、狂任，言远于实际事务；讲本末、体用、有无、言意，指远于实际事物。这两方面虽有区别，但实际上是相联系的。这种思潮表面上看来讨论了一些远离生活实际的问题，但在实质上都要解决这一时代现实生活中所提出的问题，是这一时代的时代精神的体现。

现在看来，上述对魏晋玄学的说明虽揭示了这一思潮的特点，但还必须透过这一特殊的哲学形态，看到其中的唯物主义与唯心主义斗争的真实情况。

过去有一个看法，认为魏晋玄学既然都是研究远离实际的形而上学，因此都是唯心主义。其实不然，魏晋玄学和两汉经学、西欧中世纪的经院哲学一样，本身就包含着两条路线的斗争。魏晋玄学作为一种特定的哲学形态，与两汉的哲学有很大区别。两汉的哲学在形式上多半是具体和烦琐的，但到魏晋时代一反两汉之学风，而为抽象和简单。这是对立面的转化。其转化的重要条件除现实的阶级斗争，即除汉王朝的统治因农民起义而被推翻，致使经学思想失去其坚固的统治效力之外，尚有思想自身发展的要求。

东汉今文经学本身包含着很多谶纬迷信的成分，由于汉代采取通经致仕的制度，使经师章句之学得到空前发展。其弊病正如班固所说："一经之说，至百万余言。"② "说五字之文，至于二三万言。"③ 因此，作为统治人民的思想工具的今文经学具

---

① 《世说新语·文学》刘孝标注引。
② 《汉书·儒林传》。
③ 《汉书·艺文志》。

有两大特点：一是荒诞，一是烦琐。到汉末大乱之后，当它失去统治效力，统治阶级就要另找统治武器。原来对每一句经、每一件事，都用非常烦琐的道理来解释，这样就无法求得一个统一标准。为适应时代发展的要求，从思想发展看，自然也需要找一个统一的标准来作为纷纭众说的理论的根本道理，也就是说理论本身的发展体现了由"多"发展到"一"，由"具体"发展到"抽象"。因此，当时的玄学家就利用老庄哲学的"道"、"无"来解释儒家经典，《老子》、《庄子》、《周易》被称为"三玄"。

魏晋玄学与两汉经学存在着极大的差别，它的产生是经学的反动，它提出了若干新的哲学问题，如本体论方面的"本"与"末"、"体"与"用"、"有"与"无"的关系问题，社会观方面的"名教"与"自然"的关系问题。这些新问题的讨论，表明了人民的思想从旧思想中得到了一定程度的解放。这些问题的探讨正说明统治阶级在创造新的适应于当时社会阶级斗争所需要的思想工具。看起来，玄学用了老庄的"无为"思想来补充儒家的礼教，似乎是使社会阶级矛盾调和了，但在实际上现实矛盾只是被掩盖了，致使现实的矛盾更加复杂起来。

曹魏时的王弼、何晏是魏晋玄学真正的创造者。他们提出"以无为本"的唯心主义体系，史称"贵无"派。大约与他们同时而稍后的嵇康、阮籍继承了王充的唯物主义路线，发展了元气一元论的唯物主义思想。西晋初年的裴𬱟反对王、何等人的"贵无"学说，提出"崇有"的理论，认为"万有"本身就是宇宙的本体。晋末的郭象把"有"（存在）神秘化为绝对独立的存在，建立起以"独化"为核心的唯心主义。这就是魏晋玄学发展的一个粗略轮廓。下面就根据这一发展线索略述各家思想。

二

王弼（226—249）、何晏（190—249）是玄学的创始者[①]，但是在他们之前已经有了这种思想发展的重要思想资料。远的不说，在三国时由于人才的急需，就产生了评论人物的各种理论。刘劭的《人物志》就是解决这一问题的代表作。他的《人物志》讨论了识别人物的一般原则，特别是把"圣人"的问题提出来讨论，致使具体的政治问题带上了抽象理论的性质。

刘劭认为"圣人"的作用是致太平，如《三国志·魏书》云"非圣人不能致太平"[②]。圣人之所以能致太平，并不在于圣人什么都能干，而是在于圣人能够设官分职，任选材能，各当其宜，以成天功。作为圣王的人应是主中庸无为，这当是糅合儒道之言，以应当时之时变。他所生活的那个时代的圣人的人格当然与汉朝的不同，具有那个时代的时代精神。由于儒家思想已有所动摇，这样就不能把儒家所谓的"圣人"原封不动地保存下来，因此当时就以道家思想、法家思想、名家思想作为补充。刘劭说：

> 凡人之质量中最贵矣。中和之质必平淡无味，故能调成五材，变化应节。[③]

刘劭这里讨论的还是政治。论圣人，圣德中庸，平淡无名，不偏不倚，无适无莫，故能与万物相应；明照一切，不与一材同好，故众材不失任；知人论世，用人而不为人用，平淡而总达众

[①] 王弼的主要著作有《周易注》、《周易略例》、《老子注》、《老子微指略例》和《论语释疑》（今佚，部分散见于皇侃《论语义疏》中）。何晏的主要著作有《论语集解》、《道德二论》（已佚，部分散见于张湛《列子注》中）。

[②] 《三国志·魏书》卷十五《司马朗传》。

[③] 刘劭：《人物志》。

材，故不以事自任。因此，这时讨论人物综核名实，此亦称名理之学。

在刘劭那里，上述问题还没有提高到哲学高度来进行讨论，王弼、何晏才把这些问题作为哲学问题进行讨论。王弼说："至和之调，五味不形，大成之乐，五声不分。中和质备，五材无名。"[①]五材是根据"无名"而有，无味才可以调成众味。道常无名，朴散则为器（有名），圣王法道，故亦无名，但因天下百行殊类而设官分职，器源于道，故臣统于君。这样就由论人物过渡到论天道，由名理之学发展为玄学。

当时和刘劭一样用抽象理论来讨论人物的，还有钟会、傅嘏、荀粲等人。他们既评论人物，又是玄学家。由评论人物发展到讨论理想人物的最高标准，提出圣人"体道"，德合自然，这样就与老庄思想进一步结合。由具体问题到抽象问题的讨论，玄学就逐渐走向成熟了。

王弼、何晏的哲学体系是以抽象的概念"无"为本体的客观唯心主义，历史上称为"贵无"学派。[②] 他们都讲"以无为本"，然其哲学实有不同。王弼所言之"无"重点在"无"是"有"的本体，何晏所言之"无"则是"无"为"有"的本源。

何晏《道论》中说："有之为有，恃无以生。事之为事，由无以成。夫道之而无语，名之而无名，视之而无形，听之而无声，则道之全焉。故能昭音响而出气物，包神形而章光影。玄以之黑，素以之白；矩以之方，规以之员。员方得形而无此形，白黑得名

---

① 皇侃：《论语义疏·述而》引《论语释疑》。
② 史称王弼、何晏以及嵇康、阮籍均为"贵无"派，这是因为他们都重"自然"（天道），但是王、何与嵇、阮，无论在自然观还是政治思想上均不相同。在自然观上，王、何为"以无为本"的客观唯心主义，嵇、阮是元气一元论的唯物主义。在政治思想上，王、何主张"名教"是"自然"的必然产物，是为论证论证现存政权的合理性的；嵇、阮则是认为，"名教"应根据"自然"，但现实政治有违于"自然"，故反对现存政权。

而无此名也。"何晏贵无，以无为本，带有汉朝人所讲的宇宙构成论的意味，是讲宇宙万物的"生"、"成"。他认为，"有"（万有）实生于"无"，故"无"实是与"有"相对立的实体，故在"无"之外还有"有"，在道之外还有"器"（具体事物）。

王弼与何晏虽均主张"以无为本"，但尚有所不同。他所说的"道"（"无"）仅是超时空的本体，"有"（"万有"指现象世界）是"无"（本体）的现象、表现，"无"外无"有"，"本"外无"末"，"体"外无"用"，"道"外无"器"。因此，体用一如。

王弼说："天下之物，皆以有为生；有之所始，以无为本。将欲全有，必反于无也。"① 这是他对《老子》中"天下万物生于有，有生于无"的注解。在《老子》中还是讲的宇宙生成问题，"无"和"有"的关系如同"母"生"子"一样。而在王弼这里，"无"和"有"的关系就变成"本"和"末"的关系，也就是"本体"和"现象"的关系。王弼这句话有三层意思：（一）从"生成"的意义上说，是"有"生"有"，天下万物正是因为"有"才得以"存在"；（二）"无"不是构成"有"的本原或本质，而是"有"的本体，"有"之所以为"有"，"有"之所以存在，是因为它表现了"无"；（三）假若把宇宙万物作为一个整体看，那就是说"宇宙全体"就是"无"，"无"就是世界万物的根据，这就是说，王弼为"万有"创造了一个本体，这个本体就是"无"。

关于"无"的性质，王弼做了详细的论述。

首先，王弼认为，"无"就是"道"，是宇宙大全。他说："道者，无之称也。无不通也，无不由也，况之曰道，寂然无体，不可为象。"② 王弼认为，"无"就是"道"，它是不可言说、不可思议、无形无象、超绝时空的"存在"，因此它是个抽象的概念。但是，

---

① 王弼：《老子注》。
② 邢昺：《论语正义》引《论语释疑》。

它对万物来说又是无所不贯通，无所不根由，因此是万有之根据。其次，王弼认为，"无"是"一"（一般），"有"是"多"（个别），而"一般"是"个别"的本体，即"个别"是"一般"的表现。① 这就是说，王弼把从具体事物（多）中抽象出来的共相（一般）作为本体，并说它是第一性的，而把万物（多）作为本体的表现（末），是第二性的。这样就颠倒了"一般"和"个别"的关系，这就是王弼哲学的客观唯心主义的重要根据。正如列宁所说："原始的唯心主义认为：一般（概念、观念）是单个的存在物。这看来是野蛮的、骇人听闻的（确切些说：幼稚的）、荒谬的。"② 再次，王弼把"无"看成是"理"，故"无"是本体，而"有"是本体的表现。他说："物无妄然，必由其理。"③ 物之所以为物，世界之所以是有秩序有规律的，那是因为它是按照"理"而存在的。据以上三点，我们可以看出，王弼在客观世界之上又加了一个"无"作为本体，企图把多样性的物质世界统一在一个抽象的概念上面，并把世界万物看成不过是这一本体的表现而已。这种理论当然是一种客观唯心主义的理论。

王弼这样的"以无为本"的理论，不过是为了证明他所主张的"名教"是"自然"的必然产物的观点。王弼说："朴，真也。真散则百行而殊类生，若器也。圣人因其分散，故为之立官长，以善为师，不善为资，移风易俗，复归于一也。"④ "名教"对"自然"（天道）来说，它是"自然"的表现，因此圣人就应该根据"自然"来处理"名教"。由于"道"并非有目的地创造世界，世界万物本来就是道的表现，圣人的职能也应像"道"那样，"无为"而治。他之所以能"无为"，就在于他是根据"有"是"无"表现

---

① 参见汤用彤《魏晋玄学论稿》中的《王弼大衍义略释》一文。
② 《列宁全集》，中文1版，第38卷，420～421页，北京，人民出版社，1959。
③ 王弼：《周易略例·明象》。
④ 王弼：《老子注》。

的道理，设官分职，让百官反映他的意志，他只要高高在上就行了。

圣人的作用在于使"名教"反映"自然"。自然"无行无为"，而"成济万物"；圣人体道，故行无为之事，立不言之教，使众人各安其位，反朴归真。因此，圣人不仅是"不立形名以检于物"，而且要使众人"无欲无惑"。这样不仅圣人"无为"，而且百姓也"无为"了，那么天下就太平了，封建秩序自然就巩固了，"犯上作乱"之事不仅不会发生，就是这样的要求也不会有了。不难看出，王弼论"名教"与"自然"的关系，盖欲把封建制度客观化为合理的必然的永恒存在，以达到再度巩固封建统治、建立封建秩序的目的，并用超政治的手段调和阶级矛盾，麻痹人民反对剥削压迫的斗争意志。从这方面说，他的思想是适应曹魏政权建立的要求的，是汉末农民起义在思想上的反动。

王弼作为魏晋玄学的创始者还为这种哲学思潮提出了新的哲学方法，即"言意之辨"的问题。[①] 王弼于《周易略例·明象》中提出"得意忘言"这一新的哲学方法。他认为，"言"（语言，指概念）是"象"（本体的表象）的代表，"象"是"意"（本体）的代表。"言"、"象"二者都是工具，他们的作用都是表现"意"。但是本体的表象并非本体，故不能把表象看成本体。那么如欲"得意"，就必须忘言忘象。如果执著言象，就必误以言象为本体。这样就根本不能"得意"。"得意"在于"忘言"、"忘象"，也就是说最后还得靠直观的体会，即反本复命。所以他说："自然者无称之言，穷极之辞也。用智不及无知。"[②] 这里就不难看出他的"得意忘言"的不可知论的本质了。

王弼的"得意忘言"之所以成为魏晋玄学的重要方法，在于

[①] 参见汤用彤《魏晋玄学论稿》中的《言意之辨》一文。
[②] 王弼：《老子注》。

它是玄学论证"本末有无"的关系的重要方法，在于它能会通孔老，得以用老庄思想解释儒家经典。

原计划刊于《光明日报》，因"文化大革命"搁浅

略论魏晋玄学的发展（下）

嵇康（223—262）、阮籍（210—263）虽与王弼、何晏差不多同时①，但是他们去世得较晚，主要活动都在司马氏当政的时期，所以也可以说稍晚于王弼与何晏。司马氏代曹魏，虽属统治阶级内部矛盾，但这一政权的转移，对于巩固门阀士族的利益起着重大作用。由于社会阶级矛盾一个也没有得到暂时的解决，致使阶级矛盾与民族矛盾日益深化。然而晋王朝所依靠的统治集团不以国家民族为重，这个统治集团极其凶恶、险毒、猜忌、攘夺、虚伪、奢侈、酗酒、荒淫、贪污、吝啬、颓废、放荡，正所谓"侈汰之害，甚于天灾"。

嵇康、阮籍对现存政权采取了消极反抗的态度，他们的思想代表着并非当时当权的庶族地主的利益。他们虽然没有根本反对"名教"②，但是在他们看来，"名教"本是应根据"自然"（指天道）的。阮籍在《大人先生传》中说："昔者天地开辟……盖无君而庶物定，无臣而万事理。"一切政治措施，应当以"自然"为范本。天地是自然而然地存在着的，至于人为之政治如果不根据"自然"，那就会给人们带来灾害。因此治国本应是："崇简易之

---

① 嵇康的主要哲学著作均见于《嵇康集》中。阮籍的主要哲学著作有《达庄论》、《通老论》、《通易论》、《乐论》、《答伏义书》、《大人先生传》等。

② 有人认为嵇康、阮籍根本反对"名教"，其实不然。他们虽然反对当时的当权统治，但并不根本反对"名教"。如阮籍说："刑教一体，礼乐外内也，刑驰则教不独行，礼废则乐无所独立。……礼乐正而天下平。"（《乐论》）嵇康也说："不须作小小之卑恭，当大谦裕；不须作小小之廉耻，当全大让。若临朝让官，临义让生，若孔文举求代兄死，此忠臣烈士之节。"（《家诫》）至于嵇、阮在"名教"与"自然"的关系问题上尚有若干不同，当另文详论。

教,御无为之治,君静于上,臣顺于下。……群生安逸,自求多福,默然从道,怀忠抱义,而不觉其所以然也。"① 在他们看来,理想政治不应和"自然"对立,恰恰应该是它的反映。这样才会"庶物定"、"万事理",不会有"媚君上"、"欺父兄"之事。西晋时之所以"德法乖易,上陵下替,君臣不制",那是因为当权者不顺应"自然"才产生这样的混乱。这种思想,反映着农民起义处于低潮,统治阶级中有一部分人不满现状,但又找不到其他出路,因此采取了这种消极反抗的态度,故在当时多少起些进步作用。

嵇康、阮籍和王弼、何晏一样认为整个宇宙是一个统一的整体,但是他们认为宇宙万物统一的基础不是抽象的概念,而是元气。嵇康说:"元气陶铄,众生禀焉。"② 又说:"浩浩太素,阳曜阴凝,二仪陶化,人伦肇兴。"③ 阮籍也说:"自然一体,则万物经其常。入谓之幽,出谓之章。一气盛衰,变化而不伤。"④ 从这里可以看出,他们认为:(1)世界万物是统一于元气的基础上,一切都是由元气构成;(2)世界万物的千变万化,都是"自然"(指自然界)本身的变化,变化是有常规的;(3)人也是秉自然之元气而生成,其身体性情皆因自然而有,就是其精神活动也是为自然所驾驭。从这些地方看,嵇康、阮籍的自然观基本上是唯物主义的。

王弼把宇宙看成是一个整体,那是因为宇宙本体"无"是超时空的绝对存在;它是个先于具体事物而存在的抽象"一般",是物所以为物的"理"。嵇康、阮籍与此相反,他们把宇宙的统一性看成是自然界本身的性质。他们认为,自然是一个混沌状态的整体,万物都存在于其中;从部分说,虽各有区别,但从全体看,

---

① 嵇康:《声无哀乐论》。
② 嵇康:《明胆论》。
③ 嵇康:《太师箴》。
④ 阮籍:《达庄论》。

各个部分都是整体的一部分，故无分别。阮籍说："天地生于自然，万物生于天地。自然者无外，故天地名焉。天地者有内，故万物生焉。当其无外，谁谓异乎？当其有内，谁谓殊乎？"① 不仅如此，他们还认为，自然是一个整体，由于它是混沌无分别的，所以是"谐"。他们用音乐的和谐来说明宇宙的和谐，"风俗移易而同于是乐，此自然之道，乐之始也"②。这就是说，嵇、阮是反对有一个超自然的本体的。

裴頠（267—300），西晋时人，在他生活的时代，这一维护门阀士族利益的政权机构已经巩固，但由于政权所依赖的生活支柱是已经反动腐朽的门阀士族，因此生活危机在逐渐形成。裴頠由于"疾世俗尚虚无之理"③，为"矫虚诞之弊"④，而著《崇有论》。⑤ 看来这种主张对于纠正当时政治上和学术上的坏风气起着积极的作用。

裴頠著《崇有论》目的虽在反对"贵无"之谈，但是他并不是对"贵无"学说简单地否定。他认为，主张"贵无"（即崇尚自然、谈"无为"）的人看到"欲衍情佚"、"擅资专利"的危害，这是对的；但是他们夸大了这一面，从主张"无为"发展到反对"有为"，从崇尚"自然"发展到反对"名教"，那就是错误的了。因为在他看来，有社会就有人与人之间的关系，有贵贱的等级，有长幼的秩序，有各种礼节规仪，这样才可以维持人与人之间的正常关系。因此，他提出"居以仁顺，守以恭俭，率以忠信，行以

---

① 阮籍：《达庄论》。
② 阮籍：《乐论》。
③ 《世说新语·文学》刘孝标注。
④ 《三国志·魏书·裴潜传》注引陆机《惠帝起居注》。
⑤ 裴頠与郭象史皆称"崇有派"，然而他们的思想根本不同。前者在自然观上是唯物主义，在政治上主张对当时的政治进行改革；后者在自然观上是唯心主义，在政治上主张门阀士族的利益。因此，笼统地用"贵无"或"崇有"分别唯物与唯心、进步与反动是不对的。

敬让，志无盈求，事无过用"①，这就是圣人为政之由（"有为"）。

裴𬱟的《崇有论》不仅指摘时弊，而且于哲学理论亦有所阐发。裴𬱟首先反对在现实世界之后还有一个"无"作为它的本体。他认为，"有"（即指"万有"、"万物"，也就是"存在"的意思）之所以为"有"，并没有另外一个东西使它成为"有"，而是"自生"。既然是"自生"，那么它的本体就是它自身，"有"就是"有"的本体。所以他说："夫至无者，无以能生，故始生者，自生也。自生而必体有。"② 至于"无"，那不过是"有遗而生亏"，"无"就是"有"消失了的状态。裴𬱟又说："总混群本，宗极之道也。"③ 这句话的意思是，整个的无所分别的群有本身，即是最根本的"道"。这样的观点显然是反对王弼"以无为本"思想的唯物主义学说。裴𬱟还把事物看成是相互关联着的统一体。他指出，"存在"就要有其存在的条件，"凭乎外资"，而"存在"的条件也不是"无"，而是"有"，"济有者皆有也"。这里他更进一步反对了王弼的"贵无"理论。

裴𬱟是魏晋玄学中重要的唯物主义哲学家，但是由于他主要从事的是政治活动，加上他的著作大部分散佚，所以他的哲学体系不够完整和丰富。

郭象（252—312），是西晋时代重要的哲学家，他的哲学思想是为当权的门阀士族集团的利益服务的，他的重要哲学著作是《庄子注》。④

郭象的《庄子注》对《庄子》的唯心主义做了重要的发展。郭象抛弃了《庄子》中精神性的"道"，虚构了神秘的、绝对的"自足其性"的"有"（存在），否认世界的物质统一性。郭象发展

---

①②③ 裴𬱟：《崇有论》。
④ 目前学术界关于向、郭《庄子注》有不同看法。作者认为向秀与郭象的《庄子注》确有不同，而今本庄注当是郭象在向秀注的基础上完成的。

了庄子的相对主义思想，把每个事物都看成是绝对的独立存在，因此事物是不能认识的，"夫死者已自死，生者已自生，圆者已自圆，方者已自方；未有其根者，故莫知"①。庄子认为"名教"有违于"自然"，郭象认为"名教"即"自然"；庄子认为存在的未必是合理的，郭象则主张现存的都是合理的。庄子认为"穿牛鼻"、"落马首"违反牛马的本性，郭象认为只有"穿牛鼻"、"落马首"才符合牛马的本性。因此，庄子的消极没落的人生观，郭象把它发展成为当权门阀士族服务的处世哲学。

郭象的哲学思想的主旨正如他的《庄子序》所言："通天地之统，序万物之性，达死生之变，而明内圣外王之道，上知造物无物，下知有物之自造也。"② 归纳起来有两点：

第一是"上知造物无物，下知有物之自造"。郭象的哲学是从否定造物主，否定作为本体的绝对精神的"无"开始的。王弼贵无，以无为本；郭象崇有，以有为自有。王弼"贵无"，认为抽象的概念"无"是万有万象存在的根据；郭象"崇有"，只承认现实的真实性。从这里看来，郭象的学说似乎和裴頠的差不多，其实不然，因为郭象并没有就此止步。他进一步提出，不仅"无不能生有"，而且"有亦不能生有"。"有"（存在）是"自有"、"自生"、"自灭"，它们各自成为一个独立的绝对，"物各有性，性各有极"③，他把这种状态叫做"独化"。这里郭象所说的"有"就是一独立自足、与其他事物没有任何必然联系的神秘状态的个体。事物各自有各自的自性，各个独立存在的事物的自性各有各自的宗极、根据。郭象的"有"实际上就是把现象世界中的每一个事物都看成是一个独立的绝对。在庄子那里只有一个绝对的"道"，而

---

① 郭象：《庄子注》。
② 《庄子序》是否为郭象所著，一直有不同看法，作者认为从《注》中思想看，《序》当为郭象的作品。
③ 郭象：《庄子注》。

在郭象这里则有无限多个绝对的"有"。郭象实际上是把现象世界的"万有"都抽象化、绝对化，使之成为千千万万个神秘的自在之物。郭象创造了各自独立的绝对，从而取消了物质世界的统一性，进一步给予这一"存在"以神秘的性质，名曰"独化"，这样他就完成了其宇宙构成的唯心主义体系。

第二是"明内圣外王之道"。在郭象看来，万有都是各自独立地存在着，因此它们只要各自"自足其性"就行了。所谓"自足其性"就是每个东西都应各安其位，在各自的地位上尽其本分。他说："天性所受，各有本分，不可逃，亦不可加。"① 贫贱者应安于贫贱，富贵者是自得富贵。劳动者应该当牛马以至于死，剥削者应该享受一辈子荣华富贵。郭象还特别提出，这样的情况是现实社会中每个事物自己安排的，因此就必须在现实世界中实现它。玄冥之境实际上就是现实社会，内圣就是外王，名教就是自然，游外就是弘内，因而在庙堂之上，其心也无异于山林之中。这样的统治者即使从事政治活动，过享乐腐化的生活，也同样是至高无上的"圣人"。这里就充分暴露出这一思想的阶级实质。

看来魏晋玄学是这样发展的：王弼、何晏首倡"贵无"之学，提出"以无为本"的唯心主义体系；嵇康、阮籍提出以"元气"为宇宙万物构成的本质的唯物主义体系；裴頠反对"以无为本"的唯心主义，提出了"崇有"的唯物主义理论；郭象为适应晋王朝当权统治者的需要，把裴頠的"有"神秘化、抽象化，认为万有都是各自独立的绝对的存在，建立起神秘主义的"独化"学说。这一发展过程，始终贯穿着唯物主义与唯心主义的斗争。

东晋以后，佛教与道教逐渐流行，它们都深受玄学理论的影响。在东晋南朝时，佛教般若学分若干派别，其"本无"宗是直

---

① 郭象：《庄子注》。

接受了王弼的思想影响，"即色"宗则是接受了郭象的思想影响。道教的重要人物葛洪、陶弘景、寇谦之都在很多方面受玄学影响。这些都是题外的话，在这里就不去说它了。

原计划刊于《光明日报》，因"文化大革命"搁浅

图书在版编目（CIP）数据

哲学家与哲学工作者/汤一介著. —北京：中国人民大学出版社，2015.11
（汤一介集）
ISBN 978-7-300-21908-0

Ⅰ.①哲… Ⅱ.①汤… Ⅲ.①哲学-中国-文集 Ⅳ.①B2-53

中国版本图书馆 CIP 数据核字（2015）第 216846 号

汤一介集
哲学家与哲学工作者
汤一介 著
Zhexuejia yu Zhexue Gongzuozhe

出版发行	中国人民大学出版社		
社　　址	北京中关村大街 31 号	邮政编码	100080
电　　话	010-62511242（总编室）	010-62511770（质管部）	
	010-82501766（邮购部）	010-62514148（门市部）	
	010-62511173（发行公司）	010-62515275（盗版举报）	
网　　址	http://www.crup.com.cn		
经　　销	新华书店		
印　　刷	涿州市星河印刷有限公司		
开　　本	720 mm×1000 mm　1/16	版　次	2016 年 6 月第 1 版
印　　张	32 插页 2	印　次	2025 年 7 月第 2 次印刷
字　　数	384 000	定　价	79.00 元

版权所有　侵权必究　印装差错　负责调换